普通高等教育"十一五"国家级规划教材
新编高等学校公共管理专业精品教材

现代城市管理学

（第三版）

马彦琳　孙春霞　刘建平　主编

科 学 出 版 社
北　京

内 容 简 介

本书围绕社会主义市场经济条件下如何进行城市管理这一中心，按照现代城市管理的一般原理、现代城市管理的主体、现代城市管理的手段体系、现代城市管理的客体以及城市发展与城市管理的变革五个层次展开，系统地阐述了现代城市管理的基本原理和基本知识。本书配有多媒体教学课件和案例库，以方便教师授课和学生学习。

本书注重理论性与实用性相结合，可作为高等院校公共管理、行政管理、城市管理、公共事业管理等专业的基础课程教材，也可供各级城市管理部门人员培训选用。

图书在版编目（CIP）数据

现代城市管理学 / 马彦琳，孙春霞，刘建平主编 .—3 版 .—北京：科学出版社，2013

普通高等教育“十一五”国家级规划教材　新编高等学校公共管理专业精品教材

ISBN 978-7-03-036910-9

Ⅰ.①现…　Ⅱ.①马…②孙…③刘…　Ⅲ.①城市管理－高等学校－教材　Ⅳ.①F293

中国版本图书馆 CIP 数据核字（2013）第 041469 号

责任编辑：王京苏 / 责任校对：裴智俐
责任印制：赵　博 / 封面设计：蓝正设计

科学出版社 出版
北京东黄城根北街 16 号
邮政编码：100717
http://www.sciencep.com
保定市中画美凯印刷有限公司印刷
科学出版社发行　各地新华书店经销

*

2003 年 6 月第　一　版　开本：787×1092　1/16
2005 年 8 月第　二　版　印张：19
2013 年 3 月第　三　版　字数：444 000
2025 年 7 月第二十七次印刷

定价：48.00 元

（如有印装质量问题，我社负责调换）

第三版修订说明

2005 年 8 月，在科学出版社的鼓励和支持下，根据众多同仁提出的宝贵意见和城市管理发展的态势，在努力吸收学者们研究成果的基础上，结合我们的教学积累，我们修订并出版了《现代城市管理学（第二版）》。经修订后的第二版，内容上更趋合理，增加的内容均为现代城市发展中的热点问题，能够使读者更好地了解当代城市管理的基本原理和发展态势，也获得了同行们的认可，使用本教材的高校不断增加。2008 年，本教材获批为“普通高等教育‘十一五’国家级规划教材”，也令我们倍感振奋。基于世界城市快速发展中新理念、新探索推陈出新，城市管理的理论与实践不断发展，在日常的教学和科研中，我们更加注重加强教学积累，关注城市发展的实践，不断收集、整理同仁们的意见和学者们新的研究成果，为再次修订做好准备工作。2012 年年初，在科学出版社的关心下，我们开始了第三版的修订工作。

本次修订，在章节安排上基本延续了第二版的结构框架，只在部分章节上做了调整：

一是删除了原第十四章城市社会保障管理内容，增加了“城市危机管理”的内容。这主要是考虑到城市危机管理的紧迫性和重要性日益凸显，需要政府、企业、社会等共同面对。

二是在第十六章中删减了部分内容，增加了“智慧城市”的内容。这主要是考虑到新一代信息技术的发展给城市管理带来的挑战和机遇，需要城市管理者全面了解和把握智慧城市建设的基本思路。

三是在第十九章中删减了知识经济的内容，增加了“低碳经济”的内容。这主要是考虑到低碳经济、低碳社会正在成为城市实现可持续发展的路径之一，并作为一种新理念、新模式在全球范围内形成了共识，也应当成为学习城市管理知识的基本内容。

由于篇幅所限，案例的补充仍没有纳入本次修订中，我们将在制作的多媒体课件中提供一些现实案例，以帮助授课教师更方便地使用本教材。

21 世纪是城市的世纪，城市发展迅猛，新理念、新技术不断推动着城市管理实践的变革，不同的城市有不同的发展模式和道路，丰富多样的实践为理论的总结和提升提供着肥沃的土壤，需要我们进行不懈的探索。所以，本次的修订不是终结，而是对当前城市发展实践的一次积极探索。因水平和能力有限，本次修订必然还存在不少疏漏和不妥之处。因此，热忱欢迎专家学者和广大读者不吝赐教，以便本书再版时修订增补，更好地满足广大读者的需要，共同推进我国城市管理学学科不断向前发展。

编　者

2012 年 10 月

第二版修订说明

2003 年 1 月，在华中科技大学公共管理学院《现代城市管理丛书》编委会及科学出版社的大力支持下，在大量吸收前辈们研究成果的基础上，我们编辑出版了《现代城市管理学》。编写本书的目的在于向读者系统介绍城市管理的基本原理、基本方法和基本内容，使读者全面理解当代城市管理的主体、客体和手段体系，以及城市管理的变革和发展态势。本书出版后，许多高等院校有关专业都以此书作为基本教材，在短短的两年时间里，先后印刷 4 次，共计 15 000 册。在这期间，承蒙众多学者的关心和支持，提出许多宝贵意见，综合考虑同仁们的修订意见和城市管理发展的态势，以及我们的教学积累，编著者进行了这次修订工作。

本次修订，在章节安排上基本延续了第一版的结构框架，只在部分章节上做了调整：

一是考虑到城市规划既是城市政府的首要职责，更是城市政府进行城市管理的基本手段，以及城市法制建设和综合执法实践活动的发展，本次修订将城市管理的手段体系析出，将城市法制、城市规划及其管理归并为第三篇，并在城市法制中增加了城市综合执法一节。

二是在第四篇中增加了两章的内容，即城市交通管理和城市住房管理，删去了土地管理的内容，主要是考虑到城市交通问题和城市住房问题已经成为当代中国城市普遍存在的两大公共问题，是当代中国城市政府应当致力于思考和解决的城市难题。

三是考虑到当代城市竞争日益加剧，城市营销已经逐渐成为创造城市竞争优势的一条重要途径，所以在第五篇增加了城市营销的理论与实践一章。

同时，考虑到当代中国城市可持续发展面临严峻挑战的现实，寻求城市可持续发展的有效途径对中国城市健康发展意义重大，所以增加了城市管理与城市可持续发展一章。在此章中，力图通过对生态城市、知识经济和和谐城市的阐述，揭示出当前中国城市可持续发展的有效途径。

遗憾的是，由于篇幅和时间所限，案例的补充没有纳入本次修订中。

尽管我们竭尽全力投入本书的修订工作，但是，由于城市管理在我国是一个应用性很强的、交叉的、新兴的研究领域，在我国城市快速发展的今天，城市管理的许多重大理论问题和实践问题都尚无定论，还需要进行不懈地探索；同时，由于我们水平和能力限，致使本书必然还存在不少疏漏和不妥之处。因此，热忱欢迎专家学者和广大读者不吝赐教，以便本书再版时修订增补，更好地满足广大读者的需要，共同推进我国城市管理学学科不断向前发展。

编　者

2005 年 8 月

第一版出版说明

城市是一种极其复杂的社会历史现象和社会存在，城市文明是人类进步的象征。1800年，生活在城市里的世界人口比例为3%；1900年，这一数字上升至10%，2000年，已经有50%以上的世界人口生活在大大小小的城市里。一些专家预测：到2025年，世界人口将达到80亿左右，而城市人口约有50亿。这意味着在200年的时间里，世界城市化水平从3%发展到62%。历史表明，城市化是人类不可逆转的过程和趋势。未来的世界被认为是一个城市化的世界，所以新世纪有“城市世纪”或“城市时代”之称。

随着人类进入21世纪，城市已成为世界关注的焦点。这是因为，一方面城市是创造公共财富的最大基地，另一方面城市又是贫穷、社会分化、污染、交通堵塞、腐败犯罪的渊薮，城市已经成为社会全面发展的关键。随着经济全球化的发展和世界城市体系的调整，城市正在逐渐成为国际经济的管理中心。

随着人类进入21世纪，城市也日益成为中国政府和社会关注的焦点。这是因为，目前中国正经历由计划经济体制向市场经济体制的转变，生产要素流动性逐步提高，农村人口大规模流向大城市，2001年中国城市化水平已经达到36%，整个国家正在进入城市化“加速发展时期”；与此同时，中国进入WTO后城市发展的国际环境和国内环境都在发生变化，使得转型时期中国城市建设的规模扩大、速度加快、管理内容更加复杂。西方发达国家城市化过程中出现的众多问题也不断在中国出现，大规模城市发展伴随着一系列严重的社会、经济和环境问题，尤其是中国城市法制建设滞后，城市管理的法规体系尚不完善，城市政府职能正处于转换之中，如何实现城市的可持续发展已成为全社会可持续发展的关键。

联合国人类居住中心在《生境议程》中确认，人类可持续发展的战斗，其成功与失败将在城市内见分晓，而良好的城市管理将是成败的关键所在。

中国改革开放20年来，现代经济社会的发展，使人们逐渐认识到管理的重要性，尤其是国有企业改革和政府职能转变，使人们认识到仅有以企业为核心的微观管理和以国民经济系统为内容的宏观管理是远远不够的，城市管理作为介于宏观管理与微观管理的中间环节，在中国多年来受到了不应有的忽视。现在我国大、中、小城市存在许多经济、社会、环境问题，无一例外地都与城市管理不善有关。城市管理问题已经成为制约我国经济社会发展的重要因素。因而，加强城市管理的研究，已是一项十分紧迫的任务。而我国市场化取向的经济体制改革的不断推进使得城市管理复杂性和难度加大，如何认清和规范城市政府管理职能，掌握市场经济条件下城市发展的一般规律，正确处理有为管理和无为管理、人治与法治和导顺逆制的关系，更是迫在眉睫的任务。

编写本书，正是编著者基于以上对城市管理研究重要性和迫切性的认识而做的初次尝试，因笔者经验不足，加之城市管理是一个涉及城市政治、城市经济、管理科学和城市科学等学科的交叉性很强的研究领域，本书肯定存在许多不足之处和缺点，希望从事城市管理研究的专家、学者批评指正。

目　　录

第三篇 现代城市管理的手段体系

第四篇 现代城市管理的客体

第一篇 导论

本篇提要

现代城市管理学以城市为特定研究对象，着重回答谁来管理城市、怎么管和管什么的问题。本篇旨在阐述现代城市管理学的基本知识，内容主要包括现代城市管理的一般理论框架、城市产生和发展的一般规律以及市制的发展。

在中国，随着城市的发展，经济体制的转轨，现代城市管理与传统市政管理有着很大的不同，现代城市管理的主体和管理内容都发生了很大变化。简言之，现代城市管理是多元的城市管理主体依法管理或参与管理城市地区公共事务的有效活动。

城市作为一种客观存在，有其产生和发展的过程和规律，市制的诞生和发展是近代以来城市管理体制发展和演变的过程。本篇重点阐述了在当代中国城市化浪潮下城市发展的一般特点和表现，以及中国市制的特殊性，旨在全面分析现代城市管理的对象——城市和以“城乡合治”为特色的中国市制的发展。

城市管理的基本理论

1996年6月，联合国第二届人类住居大会在土耳其的伊斯坦堡通过了《生境议程》和《伊斯坦堡宣言》，这两个文件的主旨是重申“让全人类享有更高品质的生活水准、更大程度的自由”，强调“人人应享有适当住房”和“城市化过程中人类住居的持续发展”这两项全球性的共同目标。《生境议程》确认，可持续发展的战斗，其成功与失败将在城市内见分晓。随着进入21世纪，进入新的城市千年，人们正在形成这样一个共识：良好的管理将是成败的关键。2000年5月，联合国人类住区中心（生境中心）在内罗毕的“全面审查和评价《生境议程》实施情况的大会特别会议筹备委员会”第一届会议上提出“健全的城市管理”概念，其认为要达成以上目标，良好的城市管理是成败的关键，我们必须用健全的城市管理来实现《生境议程》所提倡的“包容性城市”① 的目标。

城市是人类历史发展的一个客观存在，是社会生产力发展到一定阶段的产物，是人类文明和人类进步的标志。世界的城市化趋势不可逆转。作为经济和社会发展的引擎，城市有着巨大的潜力，可以通过规模经济创造更多的工作机会。但今天的城市也会产生和强化社会排斥，使穷人、妇女、青年、宗教和民族中的少数以及其他边缘化群体得不到城市发展的利益。因此，我们要通过健全的城市管理建设“包容性城市”。

根据联合国人类住区中心《关于健全的城市管理规范，即建设“包容性城市”的宣言草案》文件，健全的城市管理应包括七方面的标准，即城市发展的各个方面的可持续性，下放权力和资源，公平参与决策过程，提供公共服务和促进当地经济发展的效率，决策者和所有利益攸关者的透明度和责任制，市民参与和市民作用，个人及其生活环境的安全。这些标准是相互依存的，又是相辅相成的。

① 所谓“包容性城市”，是指城市中的每个人不论财富、性别、年龄、种族或宗教信仰，均得以参与城市所能提供的生产性机会。包容既是目标也是一个过程，参与式的决策过程是实现包容性城市的重要手段。

第一节 城市管理概述

一、城市管理的含义和特征

（一）城市管理的含义

一般说来，管理（management）是一切组织的根本，它普遍存在于各种组织活动之中。考察人类城市的发展史，可以说，自从有了城市便开始了城市管理的实践。当代社会生活的一个显著事实乃是城市人口的迅速增加，城市政府管辖事务的日益繁重，城市政府组织的日见庞大。即使是未在城市中居住的人，也广受城市生活的影响。因此，城市的发展使城市本身的管理发生了很大的变化。在今天，现代化的城市管理已成为文明都市生存和发展的必要条件。

就城市管理而言，管理有多重含义。第一，管理不仅仅是施政。管理的概念涉及承认政府正式当局内部和外部都存有权力。在许多文献中，管理包括政府、私人部门和民众社会。第二，管理是一个中性概念。管理可以有多种表现：专横或仁慈，有效或无能。第三，管理强调的是“过程”。它确认，决定是基于许多参与者之间的复杂关系而做出的，而那些参与者均有着各自不同的、有时是相互冲突的优先事项。

在中国，传统意义上的城市管理有广义和狭义之分。广义的城市管理是指城市政府以城市为对象的、为实现特定目标对城市运转和发展所进行的控制行为和活动的总和，在计划经济体制下就是对城市所有单位、部门、产业的综合管理和公共管理，它贯穿于城市规划、计划、指挥、建设、监督和协调的全过程之中。狭义的城市管理基本等同于市政管理，主要是指政府部门对城市的公用事业、公共设施等方面的规划和建设的控制、指导。

随着社会经济的发展，城市本身的发展和增长已经带来了新的城市形态，经济体制的变革使得城市管理和政府职责更加复杂化，城市管理的内涵也在不断变化。但是，在一定的历史阶段，城市管理有其相对稳定的内涵。就目前而言，中国处于计划经济体制向市场经济体制转轨的过渡期，计划经济体制下城市管理的内涵和市场经济体制下城市管理的内涵有明显的不同。

出现城市管理内涵变化的原因可以从以下两方面加以理解：一是城市实体的变化；二是城市管理主体的变化。

城市是城市管理的空间实体，是一个随社会生产力发展而不断发展变化的社会经济有机体。从古代城市发展到近代城市，进而发展为现代城市，城市表现出经济繁荣、人口密集等许多外在的特征，而其内在的特征常常被人们所忽略。现代城市的内在特征主要有城市功能日趋多样化、城市生产活动日趋智能化、城市活动日趋社会化、城市系统日趋开放化，这些变化从根本上对现代城市管理的内涵提出了新的要求。

城市管理者是城市管理的主体，在中国传统计划经济体制下，以实行中央集权的计划经济为大背景，城市管理的主体是单一的，就是城市政府。在长期的社会管理过程中，中国形成了“大政府、小社会”模式，政府是全能政府、无限政府。随着社会的发展、政治的变革、体制的转轨，现代城市管理的主体开始向多元化发展，城市政府依然是城市管理者，但不是唯一的管理者。随着城市第三部门和市民社会的发展，社会中介组织、非营利组织、社团组织、社区组织等都将成为积极的城市管理者。这是在市场经济条件下，城市管理主体发展的必然趋势。

联合国人类住区中心在《关于健全的城市管理规范：建设“包容性城市”的宣言草案》中指出：城市管理是个人和公私机构用以规划和管理城市公共事务的众多方法的总和。这是一个调和各种相互冲突或彼此不同的利益以及可以采取合作行动的连续过程。它包括正式的体制，也包括非正式的安排和市民的社会资本。

概括而言，现代城市管理是指多元的城市管理主体依法管理或参与管理城市地区公共事务的有效活动，属于公共管理范畴。从现代城市管理主体的主角——城市政府角度出发，现代城市管理主要是以城市的长期稳定协调发展和良性运行为目标，以人、财、物、信息等各种资源为对象，对城市运行系统做出的综合性协调、规划、控制和建设、管理等活动。

城市管理是城市发展的客观要求，作为企业管理和国家宏观管理的中间环节，市场经济条件下的现代城市管理既包含了以城市政府为主体的城市管理者依据国家法规体系、通过国家计划和发展规划对城市运转和发展所进行的控制行为和活动，也包含了城市政府通过制定各种经济政策、城市管理法规对城市企业、城市公民、城市非政府机构的生产生活所进行的组织、控制、协调行为和活动。另外，最重要的是现代城市管理还包含着城市政府管理职能与非政府机构、非营利组织、社会团体、市民等参与城市管理的行为之间的相互协调和结合。

也就是说，现代城市管理是建立在民主和科学基础上的城市管理活动，不仅包括垂直调控的各种权力部门的行政性约束，同时也包括水平制衡的各相关部门、企业、组织、社团的建设性协作。其研究内容具有系统性和层次性。

台湾城市管理学家董树藩在论及都市管理的重要性时曾强调：“都市为人类的重要生活环境，必须管理得当，人类才能过着幸福快乐的生活。都市为文化发源地与传播中心，必须妥善管理，人类文化才能不断发展滋长。都市为各种制度的发展地方，必须管理适当，才能使都市中所存在的各种制度健全发展。都市乃国家兴衰所系，都市管理健全与否关系国运之昌隆与否。”这一阐述概括出城市管理的主要目的就是为了协调、强化城市功能，保证城市发展计划的实施，促进城市社会与人类的健康发展。

联合国人类住区中心在《关于健全的城市管理规范：建设“包容性城市”的宣言草案》中指出：城市管理是与全体市民的福利紧紧连在一起的。健全的城市管理必须使居民都能享受到城市公民的利益。基于城市公民资格原则上的健全的城市管理，强调任何人，无论男女老幼，均不得被剥夺取得城市生活必要条件的机会，包括适当的住房、房屋租用权保障、安全的饮水、卫生清洁的环境、保健、教育和营养、就业、公共安全和流动性。通过健全的城市管理，市民们得到发表意见的论坛，充分发挥其才智，以便改善其社会和经济状况。

（二）城市管理的特征[1]

从城市发展的过程来看，城市的规划、建设、运转、服务和管理的每个过程都需要管理。与传统的城市规划相比较，城市管理首先应该是一个分阶段逐步实施、连续运作、逐步改善的过程，而不是一步到位、只有一个终极目标的简单规划。在这个过程中，需要根据其阶段性的特点与环境条件的变化，对城市管理的方式、方法、制度、组织安排，甚至于目标和方向等因素进行不断的调整和修正，从而使得城市管理能够更好地满足每个阶段社会发展的需要。

基于城市社区的结构特征，以及城市的多重功能、管理内涵的多重要素，我们不难发现，现代城市管理的下列特征正日益凸显。

1. 管理的综合性

现代城市是高度复杂的社会综合体，社会、经济、环境资源等系统具有各自的运行规律和特征，既自成体系，又相互影响、相互制约，并同外界环境有着密切的联系，从而决定了城市管理具有综合性的特点。城市的综合管理任务首先是要保证城市正常运转，而不能仅限于对构成城市的某一因素的运转管理上，还应协调、控制城市构成各因素之间的相互联系，如政府对社会因素、经济因素、市政因素进行协调管理，对城市进行宏观控制，搞活企业以及组织和协调好城市功能的发挥等。无论是局部管理还是整体管理，我们都应从总体的规划和战略协调上进行综合性的管理。

2. 管理的开放性

城市是一个开放型大系统，它对自然资源的依赖及产品对市场的依赖迫使城市对外部区域开放。因此只有开放式的管理，才能增强城市的开放性功能。城市的开放表现在：对农村的开放，对国内市场的开放，对国外的开放，技术、文化、人流、物流、信息流、资金流的大规模输入和输出。

3. 管理的动态性

现代城市作为一个有机整体，各个局部的运转都会影响到整体的运行。因此，要掌握城市运转的规律，应从长远的、动态的角度来管理实施城市发展战略目标，进行总体动态规划，而不能静止地、独立地管理城市的各构成要素，不仅要管好局部，还要协调好总体的运行。

4. 管理的参与性

城市这一庞大的系统工程的正常运作需要社会的各个组成部分、城市各项活动的参与者对于城市经济社会活动的运行规则的建立，以及城市未来发展方向的选择达成共识。政府与社会的合作、公共项目及管理事务中社会的广泛参与，从经济意义上有助于提高公共投资项目的质量、效益、服务水平及风险管理能力，提高国有资产的价值和投资潜力，有利于整体经济的增长；从社会意义上有助于政府部门明确职责、提高管理效率和投资决策管理水平，也有利于各种社会组织之间的利益协调，提高城市项目实施中的有效性和可持续性。

二、现代城市管理的基本内容

现代城市管理是多元的城市管理主体依法管理或参与管理城市地区公共事务的有效

活动。城市地区的发展使得城市的空间物质形态日趋复杂，城市居民的基本生活需求和各种组织的生产经营活动，涉及大量的公共产品和公共服务，是城市地区专有的公共事务，包括城市广泛的经济、文化、教育、基础设施、社会福利、公共安全、交通、环境与卫生、城市住房、公用事业、游憩设施等公共事务。纵观城市发展的历史，城市管理的内涵与外延是随城市的发展而发展变化的。例如，早期的城市公共事务只限于城市的路灯、道路、桥涵、排水、供水、市容等与城市自身物态形式相关的方面。随着科学技术的发展和市民生活需求的多样化，现代城市的公共事务具有更为广泛而复杂的内容。

（一）城市规划管理

城市规划是指导城市可持续发展的依据，是国家和城市政府调控城市用地和发展建设的重要手段。它具有指导和规范城市建设的重要作用，担负着合理利用城市土地、协调城市空间布局和各项建设、发挥城市整体优化功能和效益的使命。世界各国都将城市规划列为各级政府的重要职责，将城市规划部门列为各级政府的重要综合部门。许多国家建立了与国家和地方经济社会发展规划相对应的"国土规划—区域规划—城乡规划"完善的空间规划体系。城市规划管理实际上就是实施城市规划的管理活动。城市规划是一项科学性很强的研究活动，也是一种具有法律效力的公共管理行为。城市规划经批准公布后，通过一系列的规划管理活动来实施，是城市规划管理的重要环节。

（二）公共设施的建设管理

城市公共设施包括城市基础设施和公共事业设施两大部分，是城市生产和人民生活必不可少的物质基础，而城市基础设施是保障城市存在和发展的前提，其作用尤其重大。城市基础设施包括的范围很广，实际上也渗透于或融合在上述的城市社会、经济与生态发展领域之内，具体而言，城市基础设施可细分为七个方面：①能源生产和供应设施；②给排水设施；③航空、铁路、汽车运输等对外交通设施，城市道路、城市客货运和城市交通管理等市内交通设施；④邮电通信设施；⑤环卫、环保、园林、绿化等设施；⑥防火、防洪、防震等城市防灾设施；⑦城市战备设施。随着生产力的发展和社会生活需求的提高，城市基础设施内容将不断增加。城市公共事业设施主要包括城市的公共教育设施、公共文化设施、公共卫生和体育设施等。当前要进一步发挥中心城市的辐射功能和吸引力，没有与高速经济发展相协调的现代化公共设施，就无法实现高效率的社会化大生产和现代化的生活。因此，对城市公共设施的建设与管理，首先要在思想上充分重视制定长远的、有效的规划，并将城市基础设施的改建与产业技术改造相结合，加速基础设施落后面貌的改变。其次，在政策上给予支持，改革投资制度及增加重点基建投资，使这部分资金来源得到保证。最后，要加强设施管理，实行经济责任制，提高城市公共设施的综合效益。

（三）城市交通管理

城市交通系统是城市社会经济系统的一个子系统，它维系着城市有机整体的正常运转，通畅的城市交通对城市的发展、用地开发、改善居民生活条件、提高劳动生产率、实现社会经济发展目标，具有重要的保证和促进作用。在社会经济发展的各个阶段，各个城市面临着种种不同的交通问题，交通问题一直是世界各国城市关注的焦点。解决复杂的交通问题必须采取综合的手段，制定城市交通政策，以保障城市交通高效运行和有序发展。从世界范围来看，城市道路的修建和养护，营建公共汽车站、码头等，改善已有的路线，改进城市交通，历来都是城市政府的基本职能。

（四）城市生态环境管理

城市生态系统是以人的集聚为中心，在开发和利用各类型的自然和人文景观资源的基础上形成的社会文化、经济活动相对集中的次生型生态系统。城市生态环境管理内容主要是指人类生存、生活及社交的环境：一方面要防治污染，不让自然环境变坏；另一方面通过绿化和美化，力求自然环境更好，创造一个健康、优美的高质量环境。

经济的发展与环境保护在各自的发展中会发生矛盾，但环境的恶化会带来人类的健康状况下降以致最终经济效益下降的后果，中国城市环境现状已证明了这一点。因此，中国城市环境管理应本着“全面规划、合理布局、综合利用、化害为利、全民发动、保护环境、造福人民”的总方针，端正指导思想，普及环境教育，从政策上和法制上确保城市可持续发展的战略地位。

（五）城市住房管理

居住是城市的基本功能之一，城市住宅是城市居民的基本生活资料，城市住宅建设和管理不仅是城市管理的重要组成部分，而且直接关系到市民居住条件的改善，关系到城市的健康发展，因此城市的可持续发展必须以城市住房的良性发展为基本前提。

从世界范围看，伴随着18世纪工业革命及城市化而产生的住房问题，一直是世界各国普遍关注的焦点问题，它与全球性的城市化历程密切相关。迄今为止，世界上几乎没有一个国家在工业化和城市化过程中，没有经历过住房短缺的严峻形势。尤其是进入20世纪后，由于经济迅速发展，城市化加速，加之20世纪上半叶的两次世界大战使城市和住房遭到严重破坏，特别是第二次世界大战后在世界人民争取和平取得成效的同时，住房问题日益成为国际关注问题。而当前住房供应紧缺与居民要求改善居住条件的矛盾仍然是世界各国普遍面临的问题。解决城市住房问题，努力为城市居民提供良好的居住空间，一直都是城市政府的基本职责。

（六）城市经济管理

经济的运行和增长是城市管理的传统中心内容，它直接关系到该地区城乡社会的进步和繁荣。正如马克思在一个半世纪前便揭示的：“……大工业造成一种绝对必需的局面，那就是建立一个全新的社会组织，在这个新的社会组织里，工业生产将不是由相互竞争的厂主来领导，而是由整个社会按照确定的计划和社会全体成员的需要来领导。”城市，特别是省会城市和大城市，它们在国民经济发展中处于中心地位，是中央纵向管理和省地区横向管理与社区经济微观调节的汇合点。因此，城市经济管理既不同于企业的管理，也区别于中央政府的经济管理。可以这样认为，城市经济管理是整个国民经济活动赖以正常进行和健康发展的基本手段之一，是一种中观经济的调控方式。

城市经济管理的内容十分丰富复杂，它要求城市政府要在国家的宏观计划指导下，遵循客观规律，正确发挥政府的经济管理职能，运用法律手段和经济手段对城市的各种经济活动进行科学、有效的综合控制、指导和协调，促进城市整体功能的正常发挥，以取得良好的经济效益和社会效益。

（七）城市社会管理

城市的社会管理主要是指对城市居民的生活管理。城市中的人按一定的社会关系和生产关系，在共同的环境里生活、生产。为了使城市居民生存在一个有序的、良好的社会环境里，我们必须对城市进行有效的组织，作整体、动态、综合、最佳效果的全面控制和管理。其管理内容又可细分为四部分：人口管理、社会治安与维护秩序管理、物质文化生活管理及思想文化建设，其中人口管理又是较重要的一环。①根据中国人口过多的国情，进行城市人口管理尤其要控制城市人口数量，提高人口素质，稳步提高人口城市化程度。②社会治安与维护秩序管理是为居民提供良好生活环境的重要保障。城市中人口流动量大，社会关系复杂，如果没有一个健全的法制机构体系来有效地维持社会的安宁与稳定，居民的人身安全也就无法得到保障。③城市社会管理的另一重要方面就是对城市人民的物质文化生活进行管理，并提供各种服务。除此之外，信息时代的城市社会管理，还应对信息的传递和沟通进行管理和建设，电话、报纸杂志、电视机等在城市居民的生活中所占地位日益突出，我们要积极引导居民接受健康信息，对内容不健康的信息要加以控制。④城市居民的思想文化建设的着重点是城市居民的思想道德和科学文化建设。在建设高度物质文明的同时，一定要努力建设高度的精神文明，用共产主义的思想体系，教育帮助市民树立正确的理想和人生观，加强科教文化建设，培育有文化、有知识的人才，这两方面要相互配合，渗透在整个城市管理和现代化建设之中。

三、城市管理发展趋向[2]

20世纪80年代以来全球化的加剧发展意味着福特-凯恩斯主义时代的完结，全球化将削弱国家在国际贸易和国内经济组织管理方面的作用和职能，将极大地提高城市在国际经济中的地位，使它们可以直接参与全球经济。由于全球化进程中城市的地位、作用、功能不断发生变化，全球性城市体系、城市网络正在形成，全球化背景下城市内部、外部的各种政治、经济和社会事务日趋复杂，都对城市管理的内容、模式、手段等不断提出了新要求。这将刺激城市不断改变其管理方式，以适应资本全球化所带来的机遇和挑战。

（一）城市管理柔性化

传统的城市管理是以技术、生产等物的管理为中心，以行政命令、制度约束为主导的管理手段，非人性化的管理相当突出。从20世纪80年代开始，城市管理向柔性化发展，即由传统管理进入文化管理阶段。城市文化管理以人为中心，人既是管理的出发点，又是管理的落脚点。尊重人、关心人、培养人、激励人、开发人的潜力，成为管理的核心内容。文化管理以人的自我控制、自查自律为主要手段，将理性管理和非理性管理相结合，是一种具有人情味的管理、人性化的管理，它依靠思想文化的灌输、价值观念的认同、感情的互动和良好风气的熏陶。这种管理实现了高效率与高士气的良性循环，适应了知识经济时代城市居民需要层次的提高。城市管理柔性化的另一特征就是从以人、财、物等“硬件”为重点的管理，转向以知识和学习等“软件”为重点的管理。知识资本由人力资本与结构性资本两部分构成。人力资本主要由知识和学习知识的能力、技能，发明创造力，完成任务能力等人力因素构成。结构性资本则表现为支持人力资本最大化的结构，如所有制，设备结构，数据库、信息技术应用程度，品牌、城市形象等。知识管理、学习管理、创新管理将是现代城市新颖的管理模式。未来知识型的管理者更注重想象力、灵感、原创性与主动性的发挥；更注重居民的心理状态和道德状态，人的素质提高；更注重激发人们的创意，提出更大胆的新观念，创造出更先进的工作方式。未来的企业更像一所学校，人们工作不再是单纯的谋生，而是学习知识、共享知识、创造知识、创造人类的精神享受。知识经济环境下的竞争，实质就是创造性的学习竞争。中国许多城市正在努力创建学习型城市、学习型社会。因此，柔性化的文化管理是现代城市管理的必然选择，传统的管理理念和管理方式终将被淘汰。

（二）城市管理数字化

20世纪80年代，发达国家已较普遍地将信息和网络技术作为现代城市管理的重要手段。中国信息化方面起步虽晚，但发展较快，目前已有不少城市开始进行数字化管理工作。现代城市管理要求管理者、决策者更多地运用数据，进行数字化管理，而不是主观臆断。城市管理数字化须建立城市综合管理模型，建设全面开放的计算机网络，使城市管理各方面各层次的决策都建立在迅速适应情况变化和相互有机联系的基础上，从而有效地提高城市管理效能。目前第一步是在城市内部联网，下一步将发展到各城市之间乃至结成全国的大网络，这对城市管理无疑具有重要意义。

为了推进城市数字化管理，城市行政管理者应经过公共管理硕士（MPA）的学习，并且其程序化和标准化工作应进一步加强，虽然这在一定程度上会影响创造性的发挥，但是对保证管理和服务的质量会起到监督和促进作用。

（三）城市管理民主化

城市管理民主化一方面是以国家整体上的民主政治来促进城市管理的民主化发展；另一方面是加强城市管理自身的民主建设。民主化不在于提多少口号，而在于采取措施，在于制度建设、法制建设。民主制度与法制建设不可分割。城市市民对城市管理的参与，有着广泛丰富的内容和深刻的内涵。它既包括接受城市管理的新理念，也包括积极参与某些重大事项的决策讨论过程，还包括改变自己的观念，建立新的生存价值取向，以及用符合现代城市文明准则去规范自己的行为方式。德国的城市法明确规定，任何一个城市的规划方案定案前，必须有一个月的时间广告市民、征求意见。美国地方议会讨论每一件事几乎都要通过有线电视向外转播，使市民能在家中看到会议的进程，并且可以随时反映自己的观点。民主化要求增加管理的开放度，一个完全封闭的系统宣称外界参与和民主监督那是十足的空话。增加城市管理公开性，加强城市管理的监督工作，对于维护社会主义民主，保障市民自身权利十分必要。

首先，要加强行政复议工作。行政复议是指公民、法人或其他组织认为行政机关或行政机关工作人员的具体行政行为侵犯其合法权益，依法向行政复议机关提出重新处理的申请，接受申请的行政复议机关根据相对人一方的申请，对具体行政行为合法性和适当性进行复查，并做出相应决定的一种行政行为。加强行政复议工作，可以加速城市管理的民主化，使市民行使对公共管理主体的监督权，同时可以加强上级管理机关对下级管理机关的有效监督。

其次，司法监督保证。人民法院通过审查城市管理行为对市民权利所做的裁定认定是否事实确凿，是否合乎程序，是否适用法律正确以及是否裁定公正。随着市民民主意识、法制观念的增加，司法监督将日益成为城市管理民主化发展的重要保证。

最后，权力机关的立法监督。目前行政立法日益扩张，一些不合法律依据的法规、规章大量出现，严重损害了公民的民主权力。而目前中国司法监督尚无对抽象行政行为监督的权力，这就要求权力机关必须行使自身监督职能，审查和撤销行政机关颁布的与宪法、法律相抵触的行政法规、条例、决议、命令、措施，以宏观的、总体的监督来保证城市管理民主化进程。此外，群众监督和社会及新闻舆论监督也是不可缺少的监督形式。

第二节　城市管理的一般原理

一、城市管理的一般过程

管理是一种人的行为，其本身就是一种过程。城市管理过程实质上是由各个管理环节组成的。城市管理是个人和公私机构用以规划和管理城市公共事务的众多方法和行动的总和。这是一个调和各种相互冲突或彼此不同的利益以及可以采取合作行动的连续过程。它包括正式的体制，也包括非正式的安排和市民的社会资本。

城市管理是一项十分复杂的工作，同其他管理工作一样，它应有始有终、有条不紊地进行。管理操作始终是各项管理工作连续不断地交叉进行和有节奏地循环的过程。

法约尔（H. Fayol）提出，管理就是实行计划、组织、指挥、协调和控制。按照《中外城市知识辞典》的定义，城市管理（urban management）是“对人们所从事的社会、经济、思想文化等方面活动进行决策、计划、组织、指挥、协调、控制等一系列活动的总和。或者说，是对城市中人的因素和物的因素进行整体管理”。从内容看，现代城市管理是一个非常复杂的系统工程，它包括城市自然管理、城市经济管理、城市社会管理和城市建设管理四个方面，是一个从宏观到微观，从整体到局部，从外部到内部，从物质到精神，从动态到静态，多层次、分系统、纵横交错的巨大网络。

城市管理之始，应有一个前提，就是情况明确、起点清楚。这就要首先了解掌握城市的现状、社会经济基础条件和外部环境条件及其变化趋势等情况。因而要有信息的收集、分析、整理、储存、使用的过程。有了足够的信息来源，才有可能有针对性地提出指导城市发展的正确意见。信息有两方面的来源：一是城市内部工作中的反馈信息；二是城市外部环境中输入的信息。

现代城市管理，不像一个小的集合体，可以根据问题就事论事地做出反应、提出对策。对城市这个大系统的发展的指导，需要深谋远虑。因此，城市发展战略的研究和制定是现代城市管理的首要一环。发展战略是指导城市各项管理工作的纲领，城市发展战略是对城市发展的长远的、全局性的根本谋划。它的指导思想、指导方针、发展目标、战略重点和战略措施都必须科学地加以确定。

战略制定之后就要把战略及时转化为城市规划和计划。我们认为，城市规划是城市经济、社会、建设发展的总体规划，一般具有长期性。计划可以是各项产业、各项工作的中短期计划。规划和计划是指导城市各项工作的具体蓝图和依据。

战略、规划、计划确定之后，就要由城市管理机构逐项形成“指令”付诸实行。“指令”，就是提出城市经济、社会、建设各方面发展事项和工作的具体决定、指示、规定、条例、措施，要求城市所属单位和人民按期、保质、保量完成。

接着，自然就要进入“指令”的执行阶段。

下达指令及贯彻执行，一般管理者都是容易做到的，也是比较严格的。问题是城市管理工作，至此远没有结束。更重要的和更有意义的，应是对所进行的工作做认真的检查。一是对管理工作质量进行检查，二是对城市发展成果进行检查。只有通过监督检查，才能了解管理的效率和效果究竟如何，原来意图是否正确、是否合乎客观情况、是否吸取了经验教训，从而进一步改善和提高城市管理工作。没有认真的检查，办事有头无尾，往往是工作缺乏实效的主要原因。

在一般情况下，城市的长期规划和计划在执行一段时间之后，就会因为新情况的出现和人认识的提高而需要进行调整。调整是合乎辩证法的，不调整是形而上学的。究竟如何调整要通过工作检查形成反馈信息，反映到决策主管部门进行新一轮的决策谋划，然后再执行、再检查、再调整，这样循环往复，以至无穷。

反馈到城市决策机构的信息，可以作两类处理：较小的调整可以通过改变指令来解决，较大的调整则需要对信息进行认真加工之后，对战略、规划、计划进行调整。较小的调整是指城市发展战略规划目标和基本结构不发生改变或改变幅度很小的“微调”；但是，城市发展的复杂性和长期性，会导致城市发展战略目标和结构的调整。例如，单一功能的城市发展为综合功能的城市，以煤炭生产为主的城市发展为以石油化工生产为主的城市，小城市发展为大城市，都会引起城市战略目标和城市结构的改变，因而对城市发展战略及其相应的管理工作要有较大的调整。

当然，引起战略改变的信息，不能仅仅靠城市管理执行机构内部提供的反馈信息，还要靠来自城市外部的大量信息，如市场形势的变化情况、资源的变化情况以及社会政治生活的变化情况等。国家对城市的指令也属于城市外部的重要信息。城市的发展成果，是检验城市管理成效的重要信息，一般为城市自己所掌握，属于内部信息；但它有时也要依赖外部的反映和评价，则属于外部信息。所有这些信息对城市的发展都十分重要，不仅对城市发展的较大调整有用，而且对城市的“微调”也十分有用。因而它不仅要经常提供给城市战略制定部门，而且要同时提供给战略执行部门。信息收集、处理、加工工作是城市管理中一项十分重要的工作，因而信息收集、处理、加工的部门，应是城市管理工作中十分重要的部门。

上述工作过程及其相互关系，可以大致用图 1.1 表示。它得当与否还需实践的检验和进一步的研究。但是，有一点是确定无疑的，即管理程序的完善会大大提高我们的城市管理水平。

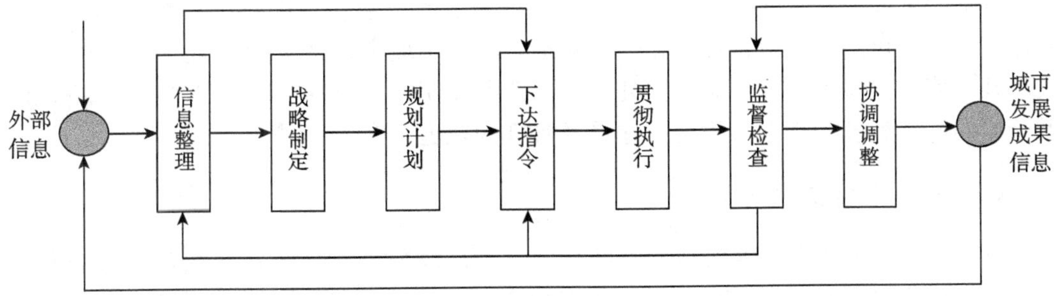

图 1.1　城市管理一般工作程序和过程示意

综上所述，城市管理和改善城市管理是一项极其复杂的社会系统工程。城市管理切忌“头痛医头、脚痛医脚”，而要高瞻远瞩，寻求系统解决问题和根本解决问题的方法[3]。

二、城市管理的一般原则

现代城市的管理，要求科学化、合理化。而管理科学化、合理化的实现，必须制定相应的管理原则和方法，以确保社会主义城市充分发挥各种功能，满足人民生产、生活的多种需要。城市管理原则，就是管理者在对城市进行管理时所必须遵守的行为准则与规范。尽管每个城市的条件、实现的目标不一，所遵守的原则也各不一致，但总体来说必须共同遵守以下一些基本原则。

（一）以人为本的原则

城市管理以人为本的原则包含三个方面的内容：①城市管理必须最大限度地满足城市居民的需要，方便人的活动和生活。这是社会主义城市建设的根本目的。这里所谓的最大限度，是指在当前经济条件尤其是在当前生产力条件下能够满足人民需要的最大限度。为城市居民创造合理、美好的生活和工作环境，是每一个城市发展中应追求的目标。②城市管理必须有全体市民的共同参与，公共参与在城市管理中具有重要地位和作用。公众参与率越高，城市管理现代化程度就越高。“只有当人民城市人民管蔚然成风时，城市管理现代化才能真正实现”。③要坚持不懈地提高市民素质。现代化的城市管理需要市民积极而有效地参与活动，而市民公共参与的有效性与市民素质密切相关。所以，提高城市公民素质，吸引公众积极参与，是搞好现代化城市管理的重要方法和基础。

（二）统一规划、统一投资、统一建设、统一管理的原则，即系统管理的原则

系统一般具有三个特点：①系统是一个由若干部分（要素）以一定结构组成的互相

联系的整体；②系统整体可以分解为若干基本要素；③系统整体有不同于各组成部分的新的功能。城市管理中坚持系统的原则，就是要将系统的思想和方法作为研究、分析和处理城市管理问题的准则。这也是现代城市管理区别于传统城市管理的重要特点之一。城市是个完整的系统，各子系统只有在城市政府的统一规划指导下，各行各业之间才能合理布局，合理投资建设。历史已经证明，计划经济时期条块分割的管理体制，割断了城市各部门之间的有机联系，使其各自为政，造成重复建设。同时，只考虑局部合理，而违背了“城市的本质就是社会化”的原理，阻碍了城市发展。20 世纪 70 年代开始的改革开放使中国城市管理体制目前处于新旧两种体制转换时期，因此管理必须要从过去的分割局面转到统一规划、投资、建设及管理的轨道上来。

（三）可持续发展原则

可持续发展原则是指经济效益、社会效益和环境效益三者统一、相互促进的原则。城市现代化应以可持续发展为目标，达到社会、经济、人口、资源和环境的协调发展。城市管理既要满足现在居民物质文化不断提高的需求，又要为城市未来的发展留有余地。城市的生存与发展是千年大计，任何短期行为都是城市建设管理的大敌。在制定城市经济社会发展战略时，必须把近期建设与长远发展统筹考虑，特别是要合理利用土地、节约用水、控制污染，把人口的增长、经济的发展、环境的保护相互协调，使城市在良性的轨道上持续发展。坚持可持续发展原则就是要从城市总体战略目标出发，对经济活动、社会活动、环境条件作全面的综合的规划管理，以使城市社会效益、经济效益、环境效益得到协调发展。高度的社会化生产没有相互配套的基础设施不行，高效能的基础设施没有高质量的空间环境也不行。在城市建设与管理中，一定要兼顾三方的利益，取得最佳综合效益。考核城市效益的指标也不应是单纯从经济上作投入产出分析，而应是深层次、系统化、多向度的目标体系，促使城市的经济建设、城市建设、环境保护协调发展。

（四）因市制宜的原则

不同的城市自然条件与发展方向不同，发挥功能也不一样。例如，首都北京是全国的政治、文化活动中心；上海是综合性经济中心；深圳是经济开发特区；而香港、澳门又是一国两制的社会经济发展特区。这些城市性质不同，在城市规划建设及管理中都应区别对待，而不能脱离实际，教条主义地盲目管理。

（五）保护生态平衡，合理利用资源的原则

各国现代化进程中都曾面临一个共同的问题，建设和管理城市没有从生态平衡角度来考虑协调发展，对水、地等自然资源的任意使用，对排放毒物、污染环境的问题没有高度重视，使得当前许多城市出现了能源紧张、水源不足、人口膨胀、环境污染等社会问题。因此，中国城市现代化必须牢记前车之鉴，应清醒地认识到城市生态平衡的重要性。我们应防治污染，调整物质循环，限制滥用国土资源，节水节地，控制人口规模等，建设一个美好的人类居住地——生态城市[4]。

（六）法制化原则

城市法制化是指城市政府及其各职能部门的一切重大的、原则性的管理活动，都要有相应管理法规的授权，按相应的法规执行，并受法规的约束和监督，政务要公开，管理要透明化、民主化，要从根本上消除管理者无章可依、个人说了算的体制。城市管理法制化是实现城市现代化不可或缺的要求。

（七）合理控制城市规模的原则

城市人口规模的大小主要是由城市土地、自然资源、经济发展水平等因素决定的。如果城市人口剧烈膨胀，甚至超过当地自然力的“负荷极限”，便会产生一系列城市社会问题，西方学术界称之为“城市病”。其普遍的症状是环境污染、住宅紧张、交通拥挤、就业困难等。这些社会问题在中国的一些大城市尤其是特大城市中暴露得比较突出。毋庸置疑，城市管理要为城市居民提供良好的劳动条件和生活条件，其基本前提是要合理控制城市人口规模，它包括两方面的含义：第一，通过对人口自然增长和机械增长幅度的合理调整，把城市人口规模控制在适度的范围内。不同人口规模的城市具有不同的特点，控制城市人口规模应当因地、因具体条件而异，防止“一刀切”。如何根据这些不同类型城市的特点，有区别地、合理地控制城市人口的规模，乃是搞好城市管理的重要条件。第二，合理疏导、调节城市人口在各个地区的分布密度。这里需要重点研究城市土地的管理问题。因为，虽然城市的土地规模是随城市的人口规模而发生变化的，但反过来，城市土地控制合理与否也会影响到城市的人口规模，尤其是城市的人口分布密度。中国大城市目前在这方面存在的普遍问题是：城市人口在各地区的分布很不平衡，一般表现为市中心地带人口高度集中，高度拥挤，而边缘地带人口相对稀少[3]。

三、城市管理的目标和手段

规模经济和集聚经济是当代城市发展的核心动力。与之相呼应，城市在空间上高度集聚，人口高度集聚，物质资源高度集聚，经济成分高度集聚，科技要素高度集聚，交通网络高度集聚。集聚是工业经济的必然要求和结果，它创造了繁荣的城市经济，促进了人类的物质拥有。但是，高度集聚使得城市中人口和环境的平衡受到影响，造成了一系列城市问题，城市的发展急需有力的城市空间布局调控，合理的人口密度和疏导，有效的资源配置和使用，灵活的产业结构调整，持续的改善交通状况，不断促进环境质量的改善与提高。因此，城市管理要达到的目标就是实现城市整体的协调运转。

城市管理作为过程，包括调研、决策、计划、实施、协调、反馈等环节，在现代城市社会中，为达到一定的目标，其管理手段应该是综合的，应该建立“以法制为规范、以行政为主导、以社会自治为基础”的城市管理的手段体系。

（1）“以法制为规范”。城市管理必须立法，同时做到有法可依、有法必依、执法必严、违法必究，这是国外的成功经验，也是我们的体会。除了宪法、刑法、刑事诉讼法、民法、民事诉讼法等国家大法外，各个城市还需依据自己的实际和需要，制定城市管理的各种法规。例如，规划管理法、人口管理法、交通管理条例等，使城市管理有一个能体现城市整体利益和居民根本利益的、有权威性的行为规范，否则，城市这样复杂的大系统将无法进行管理。

实践表明，法规的制定要配套，法规的执行也要互相配合，这样才能加强法制的整体作用，减少由于互相冲突而带来的干扰和障碍。但是，目前在推行依法治市的过程中，最有害的还是长官个人意志和以言代法的问题。这个问题不彻底解决，立法也形同虚设，甚至可能破坏城市建设的整体性，影响城市的协调运转。因此，在城市管理中，真正运用法制手段，还需要一个艰苦的过程。

（2）“以行政为主导”。城市的各级政府及基层组织等行政机构，是城市管理任务的承担者和执行者，这是城市管理的性质和特点所决定的，从这个意义上说，城市管理就是城市政府对城市的行政管理。

但是，城市政府执行管理任务所使用的手段，不一定也不应该是单纯的指令性的行政干预手段，而是多层次、多类型手段的互相配合。例如，我们可以运用法律、经济、教育、社会舆论等手段。这些手段，在各个层次的管理过程中，可以针对实际情况的变化和需要，灵活配合使用，不过，最后要以行政手段来作决策，并以行政手段（如政府发文件）贯彻决策意图、付诸实施，这就是以行政为主导的意思。在诸多手段中，过去最不常用的是经济手段，在当前从旧体制向新体制转变的过程中，学会运用这个手段是十分必要的。因为城市管理中，很大一部分工作是调整人与人之间、单位与单位之间的经济利益关系。很多影响城市协调运转问题的产生、矛盾的激化，重要原因之一，就是经济利益没有得到合理的分配。调整经济利益关系的最好手段就是使用经济手段，如信贷、价格、税收、技术有偿转让、有偿咨询等。当然，伴随经济手段的使用，还应辅之以思想教育、政策的宣传，以扩大经济杠杆的成效。

（3）“以社会自治为基础”，就是要培养、提高社会的自治能力，发挥社会的自我管理功能，科学界定政府、市场、社会在城市管理中所担负的职责，这是中国改革开放进程中的必然趋势，是中国政府职能改革中实行“政企分开、政社分开”的必然结果。在中国市民社会的发育、发展过程中，启发市民的觉悟，提高市民参政议政的意识和能力，培育民间组织（包括非营利性组织、非政府机构），提高其参与城市管理的能力，让全社会都能自觉地同城市政府一道来维护城市的协调运转，是无论哪个层次的城市管理都应有的基础。

社会转型时期的中国，政府与社会（民间组织）的关系正在发生转折性的变化：管理与被管理的关系正在为彼此合作和良性互动的伙伴关系所取代。随着市民社会民间组织独立和自治进程的加快和自身实力的发展壮大，它将逐步获得与政府之间建立伙伴关系的资格和能力。

与市民社会的民间组织建立合作伙伴关系，联合国和一些西方国家的做法值得借鉴。

在西方多数国家，政府同民间组织之间正在形成较为稳定的制度化的合作伙伴关系，以共同致力于社会经济发展活动。制度化伙伴关系有各种形式和机制，它涉及各方对目标与前景的认同，对资源、经验与信息的分享等。根据不同的角度，制度化伙伴关系有不同的类型，如咨询性伙伴关系、协调性伙伴关系和合作性伙伴关系、决策性伙伴关系等。

在联合国和多数发达国家，都设有专门的机构来处理同民间组织的关系，已经具有制度化管理的形态。近十多年来，各国政府愈益重视民间组织在社会经济各领域里的作用，并通过各种手段支持和鼓励民间非营利性组织的活动。发达国家的民间组织不仅从政府处获得相当数量的资助，而且还越来越多地参与政府的政策和计划的制订过程，同政府展开对话，在各类社会经济发展项目中进行协作。从发展中国家的情况看，民间组织同政府之间的关系在不同的地区、不同的国家之间差异很大。但越来越多的发展中国家的政府认识到建立一个强大的、独立的非政府组织部门对社会经济发展是有利的。就世界总的情况看，各国政府大都承认民间组织在社会经济发展中的积极作用及其存在的正当性，已经或者正在着手同民间非营利性组织建立某种程度的伙伴关系。国际社会也普遍鼓励各国政府与市民社会民间组织进行合作与对话，建立起伙伴关系。1992 年联合国里约环境与发展大会通过的《21 世纪议程》第 21 章要求，各国政府与民间组织要建立起有效的对话机制，以便在可持续发展过程中充分发挥各自的独特作用。国外的这些做法值得我们借鉴。鉴于政府在社会中所处的领导地位，政府与市民、社会民间组织之间在建立伙伴关系上，政府处于主导和开创者的地位。

关于城市管理的手段，还有一个现代化的问题，也是科学管理发展的问题。从手段来说，就是计算机、网络技术在城市管理中的应用是必然的趋势。城市管理要摆脱传统的落后状态，一个重要的标志就是要充分利用信息技术、加快城市基础数据库的建设、加强定量的分析研究，以提高城市管理水平和管理效率。目前，在中国城市管理中，计算机、网络技术还是辅助系统，“数字城市”和电子政务正在发展，但还没有发展到可操作的阶段。但从发展来看，在将来的信息化社会中，计算机和网络技术将要深入到城市管理的各个环节中去。例如，数字通信网，医疗、教育信息体系，无人交通体系等，使城市成为“数字城市”，能充分运用电子计算机技术、网络技术，拥有高级信息机能。届时城市的运转，通过应用计算机、网络技术进行管理，将会及时调整得更加协调[4]。

➢复习思考题

1. 简述现代城市管理的含义及特征。
2. 现代城市管理包括哪些基本内容?
3. 试述现代城市管理的一般原则。
4. 试分析现代城市管理的手段体系。

第二章

城市及其发展

城市是指一定规模及密度的非农业人口聚集的地方，是一定层级地域的经济、政治、社会和文化中心。城市是与乡村对应的术语。城市是系统性存在，也是历史存在和社会存在。城市作为一种居住群落体系，是一个历史范畴。城市文明是人类社会进步的重要标志。城市是社会经济发展到一定阶段的必然产物，城市的产生基础是人类劳动的社会大分工。因此，城市既是社会经济发展的产物，同时也是社会经济发展历史过程的体现。研究城市的起源和发展，认识城市的发展规律和运作特点，对有效地开展城市管理，具有重要的意义。

第一节　城市及城市化

一、城市概述

（一）城市的内涵

就直观而言，城市是一个地理的、经济的、社会的空间实体，是各种自然要素和人文要素聚集的组织系统。在人类历史的长河中，城市是一个不断发展的空间地域实体，人们对城市的认识也是随城市的发展而不断深入的。

最早对城市进行观察、研究的是城市地理学。城市地理学强调城市的空间特征，认为城市是有一定人口规模、并以非农业人口为主的居民集居地，是相对于乡村而言的一种相对永久性的大型聚落（settlement），是聚落的一种特殊形态。

城市经济学强调城市经济活动的特征，认为城市是各种经济活动因素在地理上的大规模集中的结果，从而以此展开对人口、厂商及其他生产要素的空间聚集与布局的机制、过程、后果等城市现象与问题的研究。由此，城市经济学将城市定义为：一个坐落在有限空间地区内的各种经济市场——住房、劳动力、土地、运输等——相互交织在一起的、并与域外相互联系的网状系统。城市社会学认为，城市是特定区域内，由从事各种非农业劳动的密集人口所组成的具有共同文化维系力的社会，是人类生存的特殊社区。而城市政治学认为，城市不仅是市场中心的所在地和有法律规范的地域，更是不同团体间确定政治关系的制度化共同体。

以上的种种表述是各个学科从不同角度对城市的内在性质和属性进行揭示的结果，它们对全面理解城市的本质起着积极作用。

城市是一个历史范畴，从这个角度讲，城市是社会经济发展到一定阶段的产物，是一个客观存在和系统性存在。它的本质特征表明，城市是一定规模及密度的非农业人口和非农产业聚集的地方，是一定层级地域的经济、政治、社会和文化中心。

（二）城市的特征

与乡村区别，城市具有如下基本特征：

（1）空间上的聚集性。聚集性是城市所特有的根本属性之一。城市不仅聚集了大量的人口、资源和社会经济活动，而且将其限定于一定的地域之中。从而与乡村相比，城市具有稠密的人口、密集的建筑、频繁而大量的社会经济活动等特殊景观，成为人流、物流、信息流的高聚集地。城市的这种特性，有时也被称为“空间聚集性”或“集中性”。

（2）经济上的非农业性。这是城市的经济特性。城市作为一个经济实体或经济地域，是工业、商业、运输业、服务业等非农产业的聚集地，它与乡村的农业经济在专业与地域方面有明显的分工。也正因如此，才表明了城市是社会发展过程中专业化分工加深的结果，它代表了先进的生产技术和生产方式。城市经济与乡村经济相辅相成、分工协作，共同维系并推动着整个国民经济的发展。城市经济的这种非农性质在空间上又表现为非农业的土地利用，因此，在很多情况下，城市的范围是以非农业的土地利用来界定和衡量的。所以，城市的这一特性有时又被称为“非农业的土地利用”。

（3）构成上的异质性。这是城市的社会属性，有时又称之为“多样性”、“流动性”。城市与乡村相比，其人口的种族或民族构成、风俗与心理构成、语言与交往方式的构成，以及宗教信仰、道德观念和政治意识的构成，都具有很强的异质性。城市也是不同文化的交汇、融合的区域[5]。

二、城市化

城市化是世界瞩目的重要问题，是经济发展的必然趋势，是社会分工发展到一定历史阶段必定会产生的社会现象。城市化的过程以城市人口比重的迅速提高和城市的生产、生活方式的不断扩大为主要标志。

（一）城市化的定义

所谓城市化，就是指国内人口由分散的农村向城市集中的社会进步过程。由于文化背景和历史条件的限制，人们对城市化可以有不同的理解和定义。例如，在经济学的观点看来，城市化就是城市经济向外缘农村地区扩散的过程，也是城市内部产业新组合的过程。随着人口密度的增大，对第二、第三产业的需求大大增强，这就改变了社会阶层的构造，使社会活动更复杂化。从社会学的观点出发，其又可以分为狭义的城市化和广义的城市化。前者是指初级阶段，如人口逐渐集中，交通有所便利，但市政设施落后，贫民窟现象普遍；后者是指成熟阶段，郊区有所扩大，形成新机能的卫星城，特别是实现了交通、通信、社会服务手段的现代化。换一种说法，狭义的城市化概念就是由于近代产业的发展而发生的农村地域向城市地域的质变；而广义的城市化概念是在聚落或者地域中城市的因素逐渐增大的过程，显示了一个国家整体实力，包括科技、管理、文化、组织、生产等综合因素的提高。

综合各个学科的解释，我们可以定义城市化为一种社会经济变化的地域空间过程，它有四层基本含义：①人口向城市集中的过程，包括集中点的增加和每个集中点的扩大；②城市人口占全社会人口比例提高的过程；③第二、三产业向城市集中和发展的过程；④城市对农村影响的传播过程，以及全社会人口接受城市文化的过程。

美国学者弗里德曼将城市化过程区分为城市化Ⅰ和城市化Ⅱ。前者包括人口和非农活动在规模不同的城市环境中的地域集中过程、非城市景观转化为城市景观的地域推进过程；后者包括城市文化、生活方式、价值观念在乡村的地域扩散过程。前者是可见的、物化了的或实体性的过程，而后者则是抽象的、精神上的过程。

（二）城市化的衡量指标

城市化衡量指标有单一指标和复合指标两种。由于城市化内涵丰富，单一指标不能对城市化特征作较完整的反映，因此从理论上看，城市化衡量指标应是复合性的。但是在实践中，至今没有形成能反映城市化丰富内涵，并具有时空可比性以及被普遍接受的复合指标。目前，世界通用的城市化指标都是单一指标，主要为城市化水平指标。

城市化水平可以通过城市人口占总人口的比重、城市劳动力构成、城市三类产业的产值构成，以及城市人口收入水平、消费水平、教育水平等方面反映出来。其中，最简明、资料最容易得到、可比性最强，因而也是最常用的指标是城市人口占总人口（国家或地区）的比重。目前，世界性组织及各国在对城市化水平作衡量时，采用的就是“人口比重”的城市化水平指标。此指标的公式是

$$\mathrm{PU}=U/P\times100\%$$

式中，U 为城市人口；P 为总人口。

在使用这一指标时，应注意把城市人口的增长与城市化水平的提高区别开来。如果城市人口在某期间只有绝对量的增加，而城市人口在总人口中的比重没有提高，我们只能说城市人口的数量增长了，但不能由此说城市化水平提高了。这种增长依靠的是城市人口的自然增长，与人口向城市的迁移和集中没有必然联系，不能反映城市化水平的提高。只有在城市人口增长速度快于总人口或乡村人口增长速度的前提下，即存在乡村人口向城市净迁移时，城市化水平才可能提高。

（三）城市化的动力机制[6]

城市化是多种动力共同作用的结果，从多种动力的构成关系看，最重要的是经济发展所产生的动力。经济发展不仅是城市化进程的第一动力源，而且是其他动力的发生基

础和实现前提。从城市化的共性看，经济发展所产生的动力主要在于三个方面，即农业的发展、工业化和第三产业的发展。

（1）农业的发展是城市化的初始动力。城市是非农产业和人口的集聚地。区域农业生产力水平及剩余粮食生产能力是城市形成生存的第一必要前提，区域农业剩余劳动力是城市形成生存的第二必要前提。区域农业生产力的发展才使城市的兴起和成长在经济上成为可能。正是基于这一原因，历史上的第一批城市都诞生于农业发达地区。

（2）工业化是城市形成、发展的核心动力。进入工业革命时期，工业化成为城市化的核心动力。工业化是指工业生产在城市地域形成聚集的过程。工业化对城市形成发展的作用主要体现在：工业革命结束了城市手工业生产方式，极大地促进了工业生产效率的提高，带来工业生产专业化的发展。企业为了寻求规模效益及提高竞争能力，集中布局工业企业，形成各类相对集中的工业地域，这种由于工业化带来的工业集中地域成为工业化时期城市地域分布形态和地域格局形成的核心动力。

进入20世纪50年代，西方发达国家的第三产业发展规模已超过第二产业，工业化对于加速城市化历史进程的作用相对减弱，第三产业的作用则日益增强。当前广大的发展中国家生产力发展水平仍然比较落后，工业化仍然是广大发展中国家城市形成发展的核心动力。

（3）第三产业的发展是现代城市发展的主要动力。现代城市化过程，是第二产业和第三产业在城市地域的聚集过程。工业化客观上要求供水、供电、供气、邮电、通信、交通运输等生产性第三产业超前发展。同时，商贸、金融、保险、房地产等服务性第三产业贯穿了整个工业化过程，教育、科研、文化、医疗等基础性第三产业在工业化过程及城市发展中发挥着日益重要的基础作用。

三、中国的城市化进程及其特点

新中国成立后，随着社会主义经济建设的发展，中国的城市化进程开始起步。六十多年来，中国城市化发展的起落与国家政治经济发展基本上是一致的，大致可以分为五个阶段：1949～1957年城市化起步与正常发展阶段，1958～1960年城市化过度发展阶段，1961～1965年城市化调整阶段，1966～1976年严重停滞阶段，1977年至今城市化恢复正轨并健康发展阶段。与其他国家的城市化进程相比，中国城市化有着不同的特点。

（一）城市化的发动与发展是以政府为主导

与其他国家的市场主导型不同，中国的这种政府主导型城市化主要包括以下内容：

1. 城市的建立和发展受政府控制

政府主导的工业发展模式和地域交通系统，从工业布局上对城市的建立和发展起着根本性制约作用。在计划经济体制时期，这种作用主要是以中央政府为主导，形成政治中心、经济中心与行政中心三位一体的城市体系。

2. 农村人口向城市的转移受政府控制

政府作为城市化主体，通过各种有力措施、制度限制农村人口向城市的转移，如户籍、就业指标、粮油关系和住房等。1980 年以后，这些限制逐渐减弱或消除，目前对农村人口向城市转移的限制，仅是户籍管理性的，不再是就业和口粮性的。

3. 城市化初始阶段的资金积累以政府政策为保障

城市化的初始阶段其实就是国家工业体系的构建和开始工业化的过程，这个阶段需要大量的资金积累作为构建工业体系和启动工业化的前提条件。世界上绝大多数国家在此阶段是通过殖民掠夺、发动战争、利用外资这三种方式来进行资金积累的。中国城市化初始阶段的资金积累主要来自农业，这种积累方式不是通过货币储蓄和税收，主要是通过政府的工农业产品“剪刀差”政策实现的。

4. 城市化速度受政府调控

中国城市化的迅速发展期，如“一五”时期和改革开放时期，以及城市化的调整期、停滞期，主要的调控力来自政府。政府通过各种政策的实施对城市化的速度加以调控，这是中国城市化的鲜明特色。一般来说，政府调控城市化速度的手段有调整设市标准，调整国民经济计划和工业化发展模式，调整户籍管理和人员流动管理政策，调整劳动就业政策和粮食供给政策，以及组织动员城市居民下乡等。

（二）城市化水平低，滞后于工业化，城市化发展的地区差异显著

1990 年世界城市人口占总人口的比重已达 50%，同期全球已有 70 多个国家和地区城市人口占总人口的一半以上，高收入国家的城市化水平已达到 78%，中等收入国家为 62%，而中国 1997 年才达到 30%，目前估计在 34%左右，城市化总体水平很低。同时，中国城市化还有一个突出的问题是城市化滞后于工业化。就中国工业化水平而言，1990 年已经达到工业化国家 20 世纪 60 年代的平均水平，但城市化却比 20 世纪 60 年代高收入国家低 40 多个百分点，比 20 世纪 60 年代中等收入国家低 5 个百分点。这种滞后不仅直接影响了城市化水平，更影响了城市化质量，导致经济结构的不合理等一系列问题。

另外，中国城市化发展的地区差异日益显著。1994 年，全国共有 50 万人口以上的大城市 74 个：东部 38 个，占 51.4%；中部 28 个，占 37.8%；西部 8 个，占 10.8%。东西部城市密度相差近 10 倍。这一差距甚至比 1984 年拉大了 3 倍，形成了东密西疏、东高西低、由东向西递减的城市化地区布局，这种布局给中国尤其是西部社会经济发展带来了许多不利影响。

（三）中国城市化出现乡村城镇化的新模式

改革开放以来乡村农业发展、农村经济体制改革和乡村工业的迅速发展，促使中国非农产业较集中的乡村中心区域向小城镇转变，出现乡村地域变为城镇地域、农村人口就地转变为城镇人口的乡村城镇化现象。1978 年中国建制镇数为 2 850 个，至 1998 年年底增加到 18 925 个，净增 6 075 个，是 1978 年的 6.6 倍。不同于发达国家农村人口向城市集中的传统的单一城市化模式，这一变化表现出农村人口向城市集中的“人口城市化”与农村地域转变为城镇地域的“乡村城镇化”的双重模式。新模式的出现，既合理发挥了大中城市，尤其是大城市在城市化中的主导作用，又充分发挥了小城

镇在城市化中的生力军作用，减轻了农业剩余劳动人口向大城市转移的压力，扩大了农业劳动力转换的途径和范围，有力地促进了城镇体系的完善和农村社会的发展。

乡村城镇化新模式，对于农村人口基数大、工业化水平较低的发展中国家具有普遍意义，它有利于避免或减少工业化中的“城市病”。

（四）农村剩余劳动力的职业转换先于地域转换

从农村剩余劳动力向城市集中这一角度看，中国的城市化仍然有不同于其他国家的特点，即中国农村剩余劳动力的职业转换先于地域转换。世界上出现过的农村劳动力的转移方式主要有英国圈地运动方式、德国容克赎买方式、美国农民自由迁移方式、苏联指令式迁移方式等。所有这些方式都有一个共同点：农村劳动力向非农产业的转移，都走的是地域转移在先而职业转换在后的方式。中国大规模的农村剩余劳动力向非农产业的转移发生在改革开放后的 20 世纪 80～90 年代。在此期间，大多数甚至绝大多数进入城市第二、第三产业就业的农村劳动力，并未获得城市居民的身份，其农村人口的身份未变，在农村的土地与居住关系未变，“民工”就是对这类“户”在农村未动、“人”在城市就业的农村劳动力的称谓。中国城市化的这一特点，对于中国的城市化和农村发展究竟具有什么样的意义，仍是个尚待探讨的课题。

（五）人口的高增长量是制约中国城市化发展的主要因素

中国城市化背负着十多亿人口的巨大包袱，这在世界上是极其少见的。中国的人口压力来自三个方面：一是人口基数大，2000 年年底，中国内地人口总数已达到 12.6 亿人，现已超过 13 亿人；二是较长时间的高自然增长率；三是人口自然增长的高增长量，在自然增长率控制在 12‰时，每年净增人口仍有 1 400 万左右，出现“低增长率、高增长量”的形势。人口的自然增长对城市化进程有直接影响，具体地说，主要是通过影响社会剩余农产品的数量、社会可用于扩大再生产的能力和资源、城市就业岗位的数量这三个途径制约着城市化进程[7]。

第二节 城市性质、规模和类型

一、城市性质

城市的政治、经济、文化等各个领域的活动可以划分为两部分：一部分是为本城市服务的，称为非基本部分；另一部分是为城市外的需要服务的，称为基本部分，它是从城市以外为城市所创造收入的部分，是城市得以存在和发展的经济基础，是城市发展的主要动力。城市的这两部分的发展常常互相交织在一起，但基本部分是主动和主导的因素。

（一）城市职能与城市性质的概念

城市职能是指某城市在国家或区域中所起的作用、所承担的分工。城市职能的着眼点就是城市的基本活动部分。

城市性质是指一个城市在国家和地区的政治、经济、社会、文化生活中的地位、作用，代表了城市的个性、特点和发展方向，是城市主要职能的集中反映。

城市性质是一个城市在社会经济发展到一定历史阶段所具有的本质属性，体现了各城市间相互区别的基本特征。

（二）城市性质和城市职能的异同

城市性质和城市职能是既有联系又有区别的概念。

联系在于城市性质是城市主要职能的概括，是指一个城市在全国或地区的政治、经济、文化生活中的地位和作用，代表了城市的个性、特点和发展方向。确定城市性质一定要进行城市职能分析。

城市性质并不等同于城市职能。城市职能分析一般利用城市的现状资料，得到的是现状职能，城市性质一般是表示城市规划期里希望达到的目标或方向；城市职能可能有好几个，职能强度和影响的范围各不相同，而城市性质关注的是最主要、最本质的职能；前者是客观存在的，可能合理，也可能不合理，而后者是在认识客观存在的前提下，揉进了人的主观意念，可能正确，也可能不正确。

为了科学地制定城市的规划性质，有必要在理论上赋予城市职能和城市性质的概念一个时间尺度，以区别城市历史上的职能和性质、城市现状的职能和性质、城市规划的职能和性质。在实践中要避免如下一些倾向：

（1）既要避免把现状城市职能原封不动地照搬到规划的城市性质上，又要避免脱离城市职能现状完全理想化地确定城市性质。

（2）城市性质的确定一要跳出“就城市论城市”的狭隘观念，在方法论上一定要眼睛向外，运用区域分析方法、城市间对比的方法、城市经济结构分析的方法。

（3）城市性质对主要职能的概括深度要根据使用场合的不同而区别对待，用于区域规划和城市规划时，表达不宜过泛，以便于指导实践，城市性质所代表的城市地域要明确。

中国城市建设和管理的实践证明，凡是城市性质确定比较合理的，其城市发展战略和总体规划就比较科学，城市结构就比较合理，城市用地矛盾就比较少。例如，长春市的城市性质，尽管有过争议，但最后正确地确定长春市是以汽车制造为主的运输机械工业城市，使得长春市的建设和发展比较顺利，整个城市的功能和结构也较合理；相反，杭州和苏州这两个历史文化名城和旅游胜地，在新中国成立后的相当长时期内，片面认为工业发展得愈多，就愈符合生产性城市的标准，结果把城市性质搞偏了，一度发展了一些损害当地特点和风貌的重化工业，给其造成了重大损失。

二、城市规模

（一）城市规模的内涵

在一个区域或国家，因各城市所处的内外条件不同，会形成城市间不同的职能分工，同时也形成不同的城市规模。城市规模是人口、经济、科学技术等在城市的聚集规模，城市规模主要有人口规模和用地规模两种表达方法。因前者资料比较容易取得，因而其更为常用。城市人口规模常常是城市一种极重要的综合性特征。现代城市最大的人口已达上千万人，小的只有千百人。

但是，由于城市人口数量受国内总人口、城市化水平、城市数量、城市分布、社会经济状况等因素的影响，城市人口规模的分级标准相差很大。例如，中国把 20 万人口以下的城市定为小城市，而俄罗斯把 10 万人口以上的城市定为大城市，把 2 万～10 万人口的城市定为中等城市，2 万人口以下的城市定为小城市。此外，由于城市按地域可分为城市地区、远郊区、近郊区、市中心区，居住在城市的人口有常住人口和临时居住人口，人口中除了绝大部分从事非农业生产外，有一小部分从事农业生产，这样，城市人口的统计和计算口径也不一致，从而影响到城市人口数量的确定。一般来说，我们以市区的常住非农业人口作为衡量城市人口规模的标准。

（二）城市规模分布

城市的规模分布一般是指在一个国家或地区，不同城市规模之间的比例关系，如大中小城市在城市体系中各自所占的比重。观察分析世界各国城市发展和城市规模分布情况，可以发现城市规模分布是有一定规律的。

1. 城市首位律

一国最大城市与第二位城市人口的比值，被称为首位度，它是衡量城市规模分布状况的一种常用指标。一般而言，首位度大的城市规模分布，就叫首位分布。

城市首位律（law of the primate city）是马克·杰斐逊在 1939 年对国家城市规模分布规律的一种概括。他认为，一个国家在它的城市发展早期，无论什么原因而产生的一个规模最大的城市，都有着一种强大的自身继续发展的动力。它作为经济机会的中心而出现，把有力量的个人或活动从国家的其他部分吸引到这里，逐渐变成一个国家、一个民族的象征，在很多情况下，就成为首都。

2. 城市金字塔

把一个国家或区域中许多大小不等的城市，按规模大小分成等级，就有一种普遍存在的规律性现象，即城市规模越大的等级，城市的数量越少，而规模越小的城市等级，城市数量越多。把这种城市数量随着规模等级而变动的关系用图表示出来，就形成了城市等级规模金字塔。金字塔的基础是大量的小城市，塔的顶端是一个或少数几个大城市。不同规模等级城市数量之间的关系可以用每一规模等级城市数与其上一规模等级城市数相除的商（K 值）来表示。

城市金字塔只是给我们提供了一种分析城市规模分布的简便方法。只要注意采用同样的等级划分标准，对不同国家、不同省区或不同时段的城市规模等级体系进行对比分析，还是很有效的，我们能够从中发现它们的特点、变化趋势和存在问题。

3. 位序-规模法则

位序-规模法则（rank-size rule）是从城市的规模和城市规模位序的关系角度来考察一个城市体系的规模分布状况，即一个城市的规模与它在国家所有的城市中按人口规模排列所处的位序之间有密切的关系。一般来说，一个城市的位序乘以该城市的规模，其乘积为一个常数，它恒等于最大城市的人口规模数。这个规律可以用下面的公式表示：$P_i=P_1/R_iq$，式中，P_i 为第 i 位城市的人口，P_1 为规模最大的城市的人口，R_i 为第 i 位城市的位序，q 为常数[6]。

三、中国城市的主要类型

城市分类是根据一定的分类原则划分城市的类属，以示城市之间的区别。众所周知，通过分类可以更深入具体地分析各类事物的质的规定性，了解各类事物在各方面的区别，掌握各类事物的特点和发展规律。因此，分类是认知和研究客观事物的重要方法和手段。

中国的城市可以依据不同标准或原则进行分类。

（一）按照城市的性质或功能分类

（1）综合性城市。综合性城市集多种功能于一身，既是政治中心，又是工业生产、交通运输、商品流通、科学技术、文化教育、金融、信息中心，对全国或地区的社会经济发展有着比较大的影响和作用。

（2）工业城市。工业城市以工业生产为主，工业部门的产值和就业人口在整个城市的国内生产总值（GDP）和总就业人口中占有较大的比重。工业城市根据其主导产业的不同又可以具体分为钢铁工业城市、轻纺工业城市、机械制造工业城市，如鞍山、南通、十堰。

（3）矿业城市。矿业城市以开采挖掘某种地下矿产资源为主，并围绕采矿业加工生产一系列相关产品，如大庆、玉门、茂名、淮南、大同等。

（4）交通港口城市。交通港口城市的交通地理位置优越，随着对外交通运输的发展而发展。根据交通运输条件的不同，交通港口城市又可分为铁路枢纽城市，如徐州、郑州、鹰潭、襄樊；海港城市，如大连、塘沽、湛江；内河港埠城市，如裕溪口。

（5）商业金融城市。商业金融城市一般依托优越的交通运输条件和其他有利条件，成为商品的集散地和资金流通中心，如武汉。

（6）风景旅游城市。风景旅游城市以优美奇特的自然风光、宜人的气候、罕见的名胜古迹闻名于世，旅游业是城市的主导产业，带动着城市其他产业的发展，如桂林、黄山、曲阜、敦煌。

（7）科学文化城。科学文化城是以科学研究和文化教育为主要职能的城市。

（二）按照城市的行政地位分类

（1）直辖市。直辖市是与省同级的行政单位，受中央政府的直接领导和管辖。目前，中国的直辖市有北京、上海、天津、重庆四个。

（2）副省级市。副省级市相对于准直辖市，在不改变现有行政隶属关系的前提下，具有省级计划决策权和经济管理权。目前，中国的副省级市有哈尔滨、长春、沈阳、大连、成都、西安、武汉、济南、青岛、南京、杭州、宁波、厦门、深圳、广州。

(3) 地级市。地级市受省、自治区政府的直接领导和管辖，一般均为设区的市，如苏州、无锡、常州。

(4) 县级市。县级市是不设区的市，具有与县相平行的行政地位，如锡山市、武进市。

(三) 按照城市的人口规模分类

(1) 超大城市。超大城市是指市区非农业人口超过200万人以上的城市。

(2) 特大城市。特大城市是指市区非农业人口在100万～200万人的城市。

(3) 大城市。大城市是指市区非农业人口在50万～100万人的城市。

(4) 中等城市。中等城市是指市区非农业人口在20万～50万人的城市。

(5) 小城市。小城市是指市区非农业人口在10万～20万人的城市。

(6) 镇。镇的非农业人口在2 000人以上、10万人以下。

(四) 按照城市的地理位置分类

(1) 沿海城市。沿海城市是指沿海岸线建立并发展起来的城市，一般以港口为依托，如烟台、连云港。

(2) 内陆城市。内陆城市是指既不靠海、又不靠近边境线的城市，如宜昌、九江。

(3) 边境城市。边境城市是靠近国境线的城市，如凭祥、满洲里、二连浩特。

(五) 按照城市的结构进行分类

(1) 单中心城市和多中心城市。这是按市中心的规划结构类型分的。如果城市的主要职能多集中于一处，形成中心性很强的市中心，则为单中心城市；如果城市的主要职能分散于几处，则为多中心城市。

(2) 封闭式城市和敞开式城市。这是按城市建成区内部与郊区农业用地间的结构关系即城郊结构分的。封闭式城市是指建成区与郊区截然分野，几乎没有穿插，形成封闭式的城市自然生活环境。敞开式城市一般采取风扇叶式规划结构，构建城市和郊区的通道，将城市人造环境和郊区自然环境密切结合起来。

(3) 集中式城市和分散式城市。这是根据城市各功能用地，特别是生活居住用地和生产用地的相对位置分的。

(4) 此外，按照城市辐射范围的广度和辐射力的强度，城市可分为国际性城市、全国性城市和地区性城市；按照城市发展历史的长短，城市可分为新兴城市、古老城市；按照城市外观形态的不同，城市可分为团状、带状、环状、放射状、组团状、星座状城市等[7]。

第三节 城市体系

城市体系（urban system），又称城镇体系，是指在一个相对完整的区域或国家中，不同职能分工、不同等级规模、联系密切、互相依存的城镇的集合。它是以一个区域内的城镇群体为研究对象，而不是把一座城市当做一个区域系统来研究。

一、城市体系的形成

城市体系是区域社会经济发展到一定阶段的产物，是城市带动区域的最有效的组织形式。城市体系的产生，既反映了社会分工的扩大、生产社会化程度的提高和市场经济的进一步发展，又是城市自身建设和发展的客观要求。

（一）城市间的空间相互作用

地表上的任何一个城市都不可能孤立地存在。为了保障生产、生活的正常运行，城市之间、城市和区域之间总是不断地进行着物质、能量、人员和信息的交换，我们把这些交换称之为空间相互作用（spatial interaction）。正是这种相互作用，才把空间上彼此分离的城市结合为具有一定结构和功能的有机整体，即城市体系。

城市空间相互作用产生的条件有三个：第一，互补性。从实际情况看，并不是相邻的城市就一定会发生相互作用，也不是距离相近者作用力就一定强，城市空间的相互作用必须建立在经济互补的基础上。既有需求又有供给，城市空间才会发生相互的作用，而且只有供需关系旺盛，作用力才会强。第二，中介性。产生空间相互作用的城市并不总是毗邻的，它们往往要经过第三者予以中转和传递。第三，可运输性。城市空间作用实现的途径是交通和通信的联结，只有在此基础上才会有物流、人流、商流和信息流。

由于社会分工的存在，城市与城市之间、城市与乡村之间总是存在着物质、能量、人员、信息的频繁交换，这种交换就是城市空间的相互作用。可以说，城市体系是城市空间相互作用的结果，凡是城市空间相互作用十分频繁的地区，就会形成一个有机的网络，网络的节点是规模不等的城市。

（二）城市体系的形成

综上所述，相邻城市间存在着空间的相互作用，那么，它们又依据什么原则形成一个完整的城市体系呢？对此，经济地理学中的中心地理论做了系统的分析。中心地理论是德国经济地理学家克里斯泰勒在 1933 年出版的《德国南部的中心地》一书中提出来的。他在杜能的农业区位论和韦伯的工业区位论的启发下，创造性地把经济学中的价值观点与地理学中的空间观点结合起来，用抽象演绎的方法揭示了一定区域内中心地等级、规模、职能之间的关系及其空间结构的规律性。克里斯泰勒认为，不同等级的中心地按照一定的功能控制关系和数量关系构成一个等级体系，它们在空间分布上必须遵循以下三个原则：

第一，市场原则。根据市场原则，每一个低级中心地均为 3 个高级中心地所分享，这样每个高级中心地实际上辖有其自身所包含的一个完整的低级中心地、其他 6 个低级中心地的 1/3，这个高级中心地的面积就是这些低级中心地的面积的和，等于 3 个完整的低级中心地，故称为 $k=3$ 原则，即补充区的面积按等级由上而下 3 倍递减。

第二，交通原则。根据交通原则，居民点尽可能布置在大城镇间的交通线上，这样，每一个低级中心地位于两个高级中心地连线的中点，即一个低级中心地从属于两个高级中心地，因此一个高级中心地辖有其自身所包含的一个完整的低级中心地、其他 6 个低级中心地的 1/2，这个高级中心地的面积就是这些低级中心地的面积的和，等于 4 个完整的低级中心地，故称为 $k=4$ 原则，即补充区面积按等级自下而上 4 倍递增。

第三，行政原则。根据行政原则，不同等级的中心地的分布受制于行政管理和政治控制的需要，低级中心地及其补充区完全被包含在高一级中心地的控制范围内，这样，补充区和行政区实际上趋于一致。行政原则要求一个高级中心地辖有包括其自身在内的 7 个完整的低级中心地，故称为 $k=7$ 原则，即补充区面积按等级自上而下 7 倍递减。

克里斯泰勒认为，上述三个原则对城市体系的形成起综合的、交叉的作用，但又有侧重。一般来说，在经济和交通发达的开放地区，市场原则最占有优势；在与外界联系不便的偏僻和较封闭地区，行政原则是最主要的；在新开发地区，交通原则最为重要。因此，城市体系的形成有赖于以市场范围为代表的经济力量、以行政区划为代表的社会力量、以交通条件为代表的自然力量三股力量的综合作用[6]。

二、城市与区域

区域是城市存在和发展的地域空间，是城市发展的基础。城市与区域具有不可分割的内在联系，它们的关系是点与面、局部与整体的关系。一方面，城市是区域的核心和焦点，是区域社会经济的发展极，对区域社会经济的发展起主导作用；另一方面，区域是城市发展的腹地和基础，区域的资源条件、经济条件和交通条件等制约着城市的发展方向和规模。

（一）传统的“核心-腹地”模式

19 世纪以来，随生产力的提高、农产品剩余产品大量增加，资本主义商品经济愈益发达，相应地出现了一批以工商业经济职能为主的城市，新城镇兴起，同时城市规模不断扩大，城市发展迅速。进入 20 世纪，随着世界人口急速增长，以及社会生产力的迅速发展，人口、工业和其他非农经济活动向城市集中程度加深、速度加快，城市功能向动态性和综合性特点发展。现代城市，特别是综合性的大城市，其生产、生活的各种物质供应量、消耗量与日俱增，联系范围、规模日益扩大，活动频率不断提高，城市周围的乡村地区成为城市的直接经济腹地，区域内形成“城市核心-乡村经济腹地”的纵向联系模式，以中心城市为核心的经济区域已成为区域社会经济发展中最重要的地域空间经济形态。

（二）区域功能性城市体系和全球城市体系

20 世纪 90 年代以来，由于信息产业的发展，城市的集聚功能进一步加强，经济全球化推动了管理、金融和服务业的国际化进程。以金融、法律、管理、创新、开发、设计、行政、个人服务、生产技术、保存、交通，通信、批发、广告、情报服务、保密、储藏等为主要内容的服务性经济占据主导地位。伴随世界经济生产服务业的快速增长，世界主要大城市的商务和金融服务的就业专门化程度迅速提高，使城市成为世界经济的区域节点或全球节点，在区域经济发展过程中发挥动力源的作用，城市成为区域发展的真正核心。生产性服务业城市与城市之间的功能竞争和分工协作开始影响更大区域甚至全球的经济发展，城市作为核心的地位已经突破原有的“核心-经济腹地”模式，代之以城市间的网络系统或称功能性城市体系，若干全球信息节点城市发展成为世界城市或国际性城市，越来越控制和主宰着全球的经济命脉。区域经济联系及其运行以区域内纵向联系为主转向区域间、国际间横向联系为主，传统的“核心-腹地”模式发生变化，世界各国的主要城市都在迅速调整他们的全球城市功能和内部空间分工，城市功能开发和提升的潜力与趋势决定着城市及其所在区域的未来。

（三）城市经济区

1. 城市经济区的内涵

城市经济区是以城市为中心，以城市体系为骨架，以城乡间、城市间的分工协作和经济文化交往为基础的地域经济综合体，它是市场经济发展到一定阶段后，由于经济发展与布局、经济结构调整、自然资源、地理环境等方面的内在联系，自然形成的网状式的经济综合体。城市经济区的基本结构包括四部分内容：

第一，经济中心。这是经济区赖以形成的核心，其力量的强与弱、功能的全与偏，直接影响到经济区范围的广与窄、结构的紧与松。

第二，便捷的交通条件和畅通的流通渠道。这是经济区形成与否的标志和能否顺利运行的前提。如果交通不便、关卡林立、壁垒森严，则根本不可能形成经济区。

第三，一定面积的地域范围。经济区一般由地理位置毗邻、经济联系密切、经济结构相似、发展水平相近的几个地区构成的。

第四，业已形成的经济网络。经济网络是经济有机体之间出于内在的需要，通过一定的渠道和方式形成的相对稳定的、经常化的经济联系。一体化的经济网络能降低资源配置的成本，提高资源配置的效率。

2. 城市经济区的特点

（1）城市经济区是市场经济的产物，是建立在较为发达的地域分工和专业化协作的基础上的，依靠在长期的经济交往中自发结成的彼此依存关系，因而是内在经济力量的地区结合。

（2）城市经济区是建立在平等协作、等价交换、互惠互利的基础之上的，从而组合为比较紧密的利益共同体，成员间共存共兴、俱损俱荣。

（3）城市经济区没有明确的地域界限，经济区之间往往犬牙交织，相互渗透，重叠复合，我中有你，你中有我，且经常变动。

（4）城市经济区在组织形式上以网络的形式存在和维持[7]。

➢复习思考题

1. 分析城市化的动力机制。
2. 阐述城市与区域的关系及其演变过程。

市　　制

“城市”与“市”是两个性质不同但又相互联系的概念。“城市”相当于英语中的“city”，是指一个人口密集的居民点，通常是工商业较为发达、社会经济文化水平较高，居民大都以从事非农业生产为主的地方，是其邻近区域的政治、行政、经济、文化的中心，也是邻近居民的社会活动中心。它是一个社会、经济、地理概念，是一种历史存在、一种空间现象。“市”则相当于英语中的“municipality”，它是一个行政概念、政治概念和法律概念，是国家依据一定的标准和条件，按照法定程序设置在城市地区的地方行政建制。市是与省、县等行政建制相对应的术语。

第一节　市制概述

一、市制的概念

一般而言，市制是指城市管理体制，包括城市的行政组织结构、职能结构、行政管理方式和行政运行机制的总和，是国家政治体制的重要组成部分。有时，市制就是指市的建制和市的管理体制，后者也称市政管理体制。市政的一般含义是指市的全部政权机关，即人们通常所说的市的权力机关、司法机关和行政机关，为有效管理市辖区域内的各项社会公共事务而开展的各项活动的总和；市政的特定含义是指市的政权机关中的行政机关为维护市辖区内的公共秩序，满足市民总体利益需要而开展的各项活动的总和。从职能上看，市政是指市的行政机关对市辖区域内的社会公共事务实施的各项管理活动，既包括对市的各项社会公共事务所进行的决策、执行、计划、组织、协调、监督、服务等活动，又包括经济管理、规划管理、环境管理、社会管理、文化教育管理、科技管理、卫生管理等各项专门管理活动；从组织上看，市政是指参与实施市的各项管理活动的行政机关和人员。中国市的行政机关包括市人民政府，市辖区人民政府，市、区人民政府的各职能部门及不设区的市和人民政府的派出机构。实际上，先有市的建制，才可能有市政管理体制。因此，市制是市的建制和市政管理体制的总和。现代市制的两个基本特征是：首先，它是城乡分治的城市型行政建制；其次，它的政府体制实行市民自治制度。

严格意义上的市制是指市的建制制度，也称城市行政区划体制。一般说来，城市型政区是中国行政区划的重要类型，是国家按照特定的标准为加强城市的行政管理而专门设置的行政建制单位，因此它首先具有行政区划一般意义上的三个基本内容：一是行政区域，即城市型政区的区域管辖范围，有确定的边界，有一定规模的人口和面积，有时行政区域也称政区；二是行政单位，行政单位是指“行政区域”的政权机构，城市政权机构驻地被称为城市型政区的行政中心，其行政机关包括权力机关［立法机关，即城市人民代表大会（简称人大）］、行政机关（城市政府）和司法机关（城市检察院、法院），它们构成城市型政区的行政中心；三是行政建制，行政建制包括城市型政区的行政级别与行政隶属地位。中国是社会主义单一制国家，城市行政建制上下级行政隶属关系及其行政等级十分重要，不同的行政建制等级有不同的行政地位，享有不同的行政权力。按《中华人民共和国宪法》（简称《宪法》）和《中华人民共和国地方各级人民代表大会和地方各级人民政府组织法》（简称《地方各级人民代表大会和地方各级人民政府组织法》）规定，中国市的建制行政等级分省级（直辖市）、地级（省辖市）和县级三个层次。但改革开放进程中部分省会城市和计划单列市升格为副省级市，使市的行政等级多了一个层次。此外，加上与行政建制相对应的城市政区名称，这些构成了中国市制制度的基本内容[8]。

市制问题是一个具有重大的理论和实际意义的课题。由于中国国情的特殊性，特别是处于由计划经济体制向市场化、社会化、现代化转轨和发展时期，作为上层建筑的城市行政区划制度，对中国城市的规划、建设和管理，对城市和区域经济社会的发展乃至环境生态都产生着巨大的作用。

二、市制的由来

市是国家在城市地区设置的地方政府单位，是国家在进入工业社会，基于城市在国家政治生活中的重要地位与作用，应城市地区城市事务的专门管理需要而设置的。一定规模的城市是设市的基础和前提条件；没有一定规模的城市为依托，就不可能设立市的行政建制。一旦城市设置了市的建制，便称为建制市。一般意义上的城市转化为有行政建制的城市过程称为“设市”，它是以一定的条件为依据，并通过严格的行政法规程序而完成的。早期的市政府就是城市政府。但其后随着市辖域的扩大，乡村地区与大量农业人口划归市的管辖后，市政府已不再是单纯的城市政府。但对其所在城市而言，其仍承担城市政府的职责，这一点在当代中国显得更为明确。

市作为城市地区地方政府单位的设置，首先出现于产业革命的发源地英国。这一方面同当时英国国情相关，另一方面也同英国原有的自治城市体制有关。在中世纪领主城堡与商业市场区分离的基础上，商人通过组成同行公会，在与封建领主斗争和以金钱赎买方式并行下，获得对商业市场区的自治权利，形成了自治城市。至 12 世纪时，英王开始颁发特许证，承认城市自治的法律地位。但市并未作为地方政府单位加以组织和管理。直至 1835 年英国议会通过《市自治政府法》，市制被最后确立，市成为地方自治政府单位。法国的市制建立于法国大革命时的拿破仑时期，1884年公布的《市镇法》奠定了现代法国市镇的组织基础。美国市制源于英国的自治城市体制，但由于国家结构采用联邦体制，地方政府单位的设置，属于各州的权限范围，因而市制类型五花八门。日本市制始于1889年，但缺乏自治的内涵。

三、市与国家和上级政府单位的关系

市作为地方政府单位，是国家政治体系的组成部分，因而必然同国家以及其他政府单位之间存在相应的关系。由于国家结构不同，地方政制的不同，各种市与国家及其上一层级政府单位之间的关系，呈现出不同情况。

从国家结构方面看，单一制国家的市是由中央政府代表国家设置的，因而其行为受到国家的直接干预。联邦制国家的市是由组成联邦的成员单位设置的，联邦成员单位政府与市的关系与单一制国家中央政府与市的关系相同；但代表国家的联邦政府则与市之间不发生直接联系，因而不存在直接的干预。所谓干预，包括为市的政府行为制定法律规范，进行法律监督，直至直接的命令、指挥。

从地方政制看，实行地方自治的市，依法在法定自治权限范围内自主地行使权力，其他政府单位对其行为只能进行依法监督。但作为国家的一种地方政府单位，市也有责任完成国家在本地域的行政任务（包括上级政府在本地域的行政任务）。它或者以法定的形式，或者以授权委托形式，由市政府完成；对此类任务的完成，国家与上级政府拥有相应的行政监督权力，市政府在这类任务完成上要对国家和上级政府负责。

在不实行地方自治的国家里，市作为国家的一个行政单位，其行政机关也是国家的地方行政机关，是上级行政机关的下级机关，因而存在直接的命令与指挥关系。两者的关系以行政分权或行政权力下放等形式确立，下级政府必须为其行政工作对上级政府负责。

当代中国市制中市的地位与上述两者都不相同：一方面，市政府的权力机关由市民选举产生，其地位性质与地方自治的市议会相同；另一方面，由权力机关产生并对其负责的执行机关，作为行政机关，又是国家的地方行政机关，因而是上级行政机关的下级机关，其地位性质又相同于不实行地方自治的市的行政机关。有人将其称为混合型的地方政府。

第二节 中国市制的发展

一、中国市制的产生

在中国城市发展的4 000多年的历史中，虽有较为发达的城市，但都不是一级行政区划，没有形成单独的行政建制。真正产生具有近代意义的城市行政区，在法律上承认市、镇是一种独立的地方行政建制则始于清末和民国初年。进入近代以来，中国城市行政管理体制开始由分割向自治过渡，虽然全国大多数城镇依旧保持着封建管理体制，但在上海和北京等少数大城市，城市管理机构和城市区域已开始从传统的地方政权机构以

及政区体系中逐渐剥离。

中国现代市制始于清末，最早的城市行政区首先在受资本主义影响最大的上海出现，然后再逐渐遍及全国。1895 年，上海的沪南地区设立了“上海南市马路工程局”。1900 年，上海闸北地区的地主和绅商又建立了“闸北工程总局”。这是一个自治性的、以开发建设闸北地区为主要目的市政管理机构，也是中国人自己筹办的第一个近代城镇区域的管理机构。

20 世纪初，清朝政府为挽救其摇摇欲坠的统治，被迫宣布进行宪政改革，其中一项措施即为仿效欧美、日本推行地方自治，为此，清廷于 1909 年 1 月 8 日颁布了《城镇乡地方自治章程》，这一章程是中国城镇管理体制向近代化转变的重要标志。

1911 年辛亥革命后，江苏省成立了临时省议会，决定在全省继续推行地方自治，公布了《江苏暂行市乡制》。该法令规定：“凡县治城厢地方为市，其余市镇、村庄、屯集等各地方，人口满五万以上为市，不满五万者为乡。”即将清制中的“城”、“镇”统一改称为“市”，第一次提出了市制的概念。

1921 年，民国北京政府以大总统教令形式，公布了《市自治制》。这是中国第一部由中央政府颁布的关于设置市建制的正式文件，从国家意义上开创了中国市制。此后，虽然设市标准及行政地位等不断发生变化，但市作为城市地区政府单位的名称，一直被沿用到今天[8]。

二、人民共和国成立后市制的发展

新中国成立六十余年来，中国的市制有很大的发展和变化，城市行政管理体制沿袭了市作为地方国家行政单位组成部分的内容和市县分治的行政区划体系，与地方的省—地区—县三级管理体制相平行设有直辖市（省级）—设区市（地级）—不设区市（县级）三级体制。

（一）设市标准的变化

中华人民共和国成立后正式公布的市设置标准，始见于 1955 年 6 月国务院《关于设置市、镇建制的决定》。该决定明确规定“市是属于省、自治区、自治州领导的行政单位，聚居人口 10 万以上的城镇，可以设置市的建制。聚居人口不足 10 万的城镇，必须是重要工矿基地、省级地方国家机关所在地、规模较大的物资集散地或者边远地区的重要城镇，并确有必要时方可设置市的建制”。

1986 年，全国人民代表大会（简称全国人大）六届四次会议通过的“七五”计划指出，应切实防止大城市人口规模的过度膨胀，有重点地发展一批中等城市和小城市。同年国务院批准试行新的市镇设置标准。这次市镇设置标准调整内容主要在于：①降低了市镇设置的人口标准，由 10 万人降低为 6 万人（非农业人口）；②提出了市镇设置中的国民生产总值标准，体现了新时期以经济建设为中心的特点；③试图通过农民自带口粮进城办第三产业等措施打破城乡之间业已根深蒂固的人口身份界定；④提出了县改市的标准。

党的十四大确立了社会主义市场经济体制以后，中国国民经济步入一个高速发展阶段，国民经济年平均增长率达 11.2%，居世界各国之首。经济体制转轨、经济高速增长、产业结构调整等一系列社会经济变革，强有力地推动着中国城市的发展。1993 年，国务院批准试行新的城市设市标准。这次市镇标准调整的主要内容在于：①重视区域差异，不同人口密度的地区具有不同的设市标准，反映了国民经济结构调整的要求和趋势；②提出了设立地级市的标准。

（二）行政地位的变化

中华人民共和国成立以前，市仅有中央直辖与省直辖两类，行政地位分别相当于省、县。中华人民共和国初期，曾出现中央直辖、省直辖和专署管辖的三类市，经大力整顿后，专署辖市大量减少，仅存在少数省区。1958 年在中央放权过程中，专署辖市又一次被普遍采用，各省区的市普遍被分为省辖和专辖两种。1967 年后的“文化大革命时期”，地区革命委员会（简称地区革委会）成为一级政权机关，专辖市变为地辖市，市正式成为三级——中央、省、地区三级管辖的三类市。1978 年后，地区恢复作为派出机关辖区，所有的市都为省辖，但分为省直辖、省辖地区代管两种。1983 年后，正式采用地级市、县级市的名称。市的行政地位正式分为省、地、县三级。

（三）纵向管理体制

管理体制上的重大变革始于 1958 年，在此之前市管县作为特例存在于少数地方。1958 年时，在部分地方，首先是在北京、上海两个直辖市出现了市管县的情况。1959 年全国人民代表大会常务委员会（简称全国人大常委会）发布《关于直辖市和较大的市可以领导县、自治县的决定》，各地区迅速推广之，在 1960 年时，全国一度达到 1/8 的县归市管的状态，但随后即逐步被放弃。到 1965 年时，全国仅有 24 市实行市管县，且管县数仅 78 个。1983 年以来，市管县又一次得到巨大发展，目前全国将近有 2/3 的县和县级市由直辖市、地级市管辖。

从以上中国市制的发展可以看出，市制出现的变化包括三个方面，即设置标准、行政地位和管理体制。因此，当代中国的市制同以往的市制，从性质上、形式上、管理体制上都有了巨大的改变，本为专门管理城镇地区的市政府单位，已经不再纯然是一个城市政府[9]。

第三节 当代中国的市制

一、设置现状

广义地讲，市制包括一切设置在城镇地区的地方政府单位。目前中国这类地方政府单位有三种，即市、市辖区、镇。

（一）市

按行政级别分组，中国的建制市有省级、副省级市、地级市与县级市。截至 2010

年年底，中国内地共有建制市 657 个，其中直辖市 4 个、副省级市 15 个、地级市 268 个、县级市 370 个。

1. 直辖市

中国现有北京、天津、上海和重庆四个直辖市，是中国城市型政区中层次最高、规模最大、直接隶属于中央人民政府管辖的市，在国家政治经济生活中具有举足轻重的地位。按照我国《宪法》和《地方各级人民代表大会和地方各级人民政府组织法》规定，直辖市设区、区下辖派出机构——街道办事处；又规定直辖市可领导县，几十年来实行直辖市—区—街道、市—县—乡镇的垂直行政区划体制。与一般的省、自治区和地、县级市相比较，中国直辖市建制具有以下显著特点：①直辖市与省、自治区相比，它是设于特大城市地区的地方行政单位；②直辖市与省一般的市相比，它是最高一级的城市型政区单位，享有地方立法权，是具有特殊地位和意义的城市地方行政单位；③直辖市与省、自治区同为辖区的地方最高一级行政单位，但直辖市下设区，可以直接管辖区行政事务，但不设市；④直辖市的行政区划体系，在城市为市—区—街道，即“二实一虚”制，在郊县为市—县—乡（镇）三实制，它明显不同于一般的省和自治区。上述特点决定直辖市在国家政治经济生活中的特殊地位和其经济社会功能定位、机构设置与编制等方面的特殊要求和相对应的管理体制。中国的直辖市与国外大多数国家的直辖市、特殊区、首都区、特别市等一个显著的区别是辖区范围和农村比重较大，兼有地域型政区的特点。

2. 副省级市

副省级市是改革开放以来中国城市行政等级中出现的一个新行政层级的建制市，它最早的原形是国务院所确定的所谓较大的城市，后来又称为计划单列城市，1994 年以后才由中央编制委员会正式确认为副省级市，其审批管辖权不在民政部，而在中央机构编制委员会办公室（简称中央编制办）。副省级市包括部分省会城市和一些计划单列城市，它们是广州、武汉、哈尔滨、沈阳、成都、南京、西安、长春、济南、杭州、大连、青岛、深圳、厦门、宁波 15 个城市。副省级城市属于省辖市，仍由所在的省政府领导；市直工作部门定为副厅级，内设机构为处级；市辖区级其工作部门的级别比照市直机关相对应的关系确定；市辖县和代管的县级市的级别仍为处级，其工作部门定为科级。

副省级市的设置给中国城市等级制度带来了重大的挑战。客观上这些城市拥有中心城市的地位，提高它们的行政等级，有利于加快这些中心城市的经济社会发展进程，有利于发挥这些中心城市的辐射作用，带动区域经济的发展，促进中国地区经济协调发展。副省级市的设置客观上反映了城市规模扩张对城市等级地位变革的需求，同时也给城市规模实力的扩张提供了新的动力，调动了一些大城市，尤其是一些省会城市建设副省级市的积极性。副省级市已经成为中国宏观区域经济中的中心城市，在国民经济中发挥着重要的作用。

3. 地级市

地级市是行政地位相当于地区（原称专区）或自治州一级的市，新中国成立之初称为省辖市。1954 年颁布的《宪法》规定，直辖市和较大的市分为区，这里“较大的市”

就是相当于现在地区一级的市。国务院1955年颁布的《关于设置市、镇建制的决定》规定，人口在20万人以上的市，如确有分设区的必要，可以设市辖区，这些设区的市即相当于地区一级的市。1983年5月18日，劳动人事部、民政部在《关于地市机构改革中的几个主要问题的请示报告》中，按市的行政地位将市分为地区级市和县级市，同年在国务院有关行政区划批复中正式使用地级市这一名称。

同原来使用的“省辖市”相比，地级市更具有准确性和科学性。根据《宪法》和《国务院关于设置市、镇建制的决定》有关条款规定，除直辖市以外，市按管辖关系分为省辖市、自治区辖市、自治州辖市，不少地级市由自治区管辖，用省辖市表示地级市不全面，也不科学。现在的县级市尽管由省委托地区管辖，但根据宪法规定应由省直接管辖，在法律上属省辖市范畴，所以省辖市无法明确市的行政级别。而且民国时期的省辖市都是相当于县一级的市，使用省辖市表示地级市容易造成混乱。为了澄清地级市与县级市的级别，1985年民政部在编辑《中华人民共和国县级以上行政区划沿革(1949～1983)》一书时，对原来的市逐个予以认定，统一将市分为地级市和县级市。

截止到2010年年底，中国内地设有268个地级市。从市结构看，地级市绝大多数都设市辖区、下辖县（包括县级市）。

4. 县级市

县级市是行政地位相当于县一级的市。中国市制创立之初所设的特别市、1928年以后设立的普通市和1930～1948年设立的省辖市，以及中华人民共和国成立以后设立的自治州辖市、“专区辖市”、“地辖市”和部分省、自治区管辖的市，都是相当于县一级的市。但是，“县级市”之名直到1983年劳动人事部、民政部上报的《关于地市机构改革中的几个主要问题的请示报告》中才首次使用。

同传统使用的“专区辖市”、“地辖市”相比，县级市的优点是等级明确，便于对市进行划级且有利于开展市的历史比较研究，也廓清了“专区辖市”、“地辖市”以及“省辖市”所引起的市制层级的混乱[8]。

以往中国设市模式大都为“切块设市”，尽管城区面积不大，但大多数居民为城市非农业人口。1980年后中国设市模式多为“整县设市”，造成绝大多数市不仅辖有大片乡村地区，而且乡村居民的比例也大大超过城市居民，市很难与真正意义上的城市等同。极端的事，例如，1995年新疆哈密市面积达8.5万平方公里，而城区面积仅17平方公里；湖北天门市2000年人口总数达到161.34万，而城镇人口仅42.57万，仅占总人口的26.39%。1980年至1997年年底，全国新设县级市459个，其中切块设市43个，占9.4%，“整县设市”416个，占90.69%。1993年以后，“切块设市”模式完全被“整县设市”模式所取代。县级市与地级市一样，已经从城市型行政建制转变成一种广域型行政建制。

截止到2010年年底，中国内地设有370个县级市，县级市几乎都辖有乡镇。

（二）市辖区

在新中国成立以前，中国一些较大的市也分设有区，但并未设置一级地方政府单位。新中国成立后，市辖区成为一级地方政府单位。中国城市设置市辖区的标准，尽管也考虑了人口规模、经济社会发展水平等因素，但实际可操作性的首要标准是市的级别，即直辖市和地级市可以设置市辖区，县级市不允许设置市辖区。截至 2011 年年底，中国内地共有市辖区 860 个，4 个直辖市均设市辖区，在所有地级市中，只有嘉峪关、三亚、东莞和中山 4 个市未设市辖区，也不管辖县（县级市）。

市辖区行政地位等同于县，其下在城市地区内设有区的派出机关街道办事处，在郊区乡村地区则辖有乡镇。

（三）镇

镇原本为县辖域内城镇地区设置的地方政府单位。近年来，在整县改市的影响下，不少地方将整个乡改为镇。在有些地方，几乎全部乡都改设为镇。乡、镇之间几乎不存在什么区别。截止到 2011 年 3 月，中国设有镇 19 522 个。

二、市领导县体制和整县设市

（一）市领导县

新中国成立初期，中国实行高度计划经济体制，依据“市县分立、城乡分离”的设市初衷，以县（自治县、市）的部分行政区域设置市，形成了“城市工业、农村农业”的二元经济结构，这种做法被称为“切块设市”。这种模式在新中国成立初期的城市管理体制中被广泛使用。由于计划经济体制使城市人为地脱离周围地区孤立发展，其经济增长日益陷入块块分割、条条分割和城乡分割的困境之中。鉴于这些弊端，中国城市行政管理体制开始试行新的领导体制——市领导县体制。

1950 年中国在辽宁省旅大市（今大连市）试行市领导县体制（领导金县、长山二县），1956 年本溪市又领导本溪县。截至 1958 年年底，全国就有 28 个市领导了 118 个县。但由于当时实行市领导县体制的出发点是为了保证城市的蔬菜、副食品供应，因此只限于部分直辖市、省会、自治区首府和少数大城市。1959 年 9 月全国人大常委会发布了《关于直辖市和较大的市可以领导县、自治县的决定》，市领导县体制逐步在一些经济比较发达的地区试行推广，1960 年年底已有 48 个市领导 234 个县、自治县。但是由于紧接着经历了中国的三年自然灾害，这一时期的市领导县体制只是被当做战胜经济困难的临时措施，三年自然灾害后大多数地区又逐渐自行废止了。1982 年，中共中央提出在经济发达的地区，撤销地区行署，实行市领导县，市领导县又一次得到巨大发展，大量的县级市升格为地级市。

“市领导县”体制是指以地级市管辖若干县级政区，以经济相对发达的中心城市带动周围农村的行政管理体制。“市领导县”体制设计的初衷是以城市带动乡村，迅速实现城市化、工业化，形成城乡一体的区域化整体，是中国内地城市行政管理的主要体制之一。截至 2008 年年底，中国内地共有领导县、代管县级市的地级市 269 个，共领导县 1 237 个，代管县级市 307 个。

在“市领导县”体制下，地级市辖域内乡村面积及人口都大大超过地级市所在城市的面积与人口，特别是那些设在规模较小城市而又辖县较多的地级市，情况更为突出。

福建省三明市所辖地域面积超过 2.2 万平方公里，人口总数有 270 万左右，但地级市政府所在的城市三明，城区面积 20 多平方公里，城区非农业人口也不足 20 万人。在这种情况下，很难把三明市政府认定为是城市政府。三明市政府的主要职责和大量工作是面向整个三明地区的。三明市下辖有两个市辖区，在对城市地区管理中显然起着重要作用。

（二）整县设市

市的设置本意是为满足城市地区专门管理需要而设置一种地方政府单位，通过城乡分治，以集中管理城市地区事务。因而早期的市都是从县辖域中划分出城市地区而设的。尽管出于其城市本身生存和发展的需要，其也划入了部分邻近的乡村地区，但城市人口在市辖域内始终居于绝大多数。这种切块设市的做法，在 20 世纪 80 年代以后出现了根本变化。1983 年以后，将整个县改设为市的做法日益增多。1986 年民政部正式确认了这种做法，并规定了相应的标准。此后，不仅整县改设的情况日益增多，而且原有的一些切块设置的市也相继与邻近的县合并。目前中国几乎不存在切块设置的市。由于在市场经济体制下，整县改市的设市模式存在一定弊端，1997 年，民政部冻结了“整县设市”。

整县设市后的县级市与县存在一个重要的不同。在县制下，县政府所在城镇地区设有镇作为县的下级政府单位，因而在通常情况下，县政府对所在城镇不承担直接管理职责。县设市后，市所在城镇地区不再设置下级政府，因而县级市所在城镇外的乡村地区，县级市政府是通过下属的乡镇来完成对辖域的管理；而对县级市政府所在城镇，县级市政府则要承担直接管理职责。

县级市政府所在城镇地区通常设有派出机构街道办事处，但非一级政府单位，只是按县级市政府的要求完成一部分管理事务。

近年来中国市制出现的上述变化，使人们有必要对城市政府与市政府做出区分。城市管理学所讨论的是作为城市管理的重要主体——城市政府及其管理活动，相关论述与结论同市政府有极为密切的关系，但并不包括市政府及其管理活动的全部内容，而仅仅涉及市政府在完成对所在城市地区管理时，作为所在城市的城市政府应发挥之功能。

城市政府本义是指设置在城市地区，对整个城市承担集中统一管理职责的政府单位。在中国现行的市制下，市所在城市不另外存在这样一个对整个城市承担管理职责的政府单位，因而只可能由市政府自身来承担这一角色。然而，市政府所管辖的地域并不只包括城市及其邻近的小片乡村地区，而是包括更大范围的地域，是辖域内许多下级政府单位的上级政府，市政府通过这些下级政府单位完成对全市的管理。

因此，在当代中国市制下，市政府对其辖域内的居民扮演双重角色：在所在城市地区是承担直接管理职责的城市政府，在所在城市地区以外，则是其他下级政府单位的上级政府。只有明确这一点，我们才能对城市管理的主体有更为准确的认识[9]。

三、中国市制的主要特点

中国的市以城市为依托建置，因此，中国的市政管理体制具有一般市政管理体制的共同特点。但是，在其漫长的发展过程中，由于受到诸多特定因素的影响，形成了许多自身的特点，特别是20世纪80年代以来推行市领导县、地市合并、整县设市，对中国的市政管理体制产生了巨大影响，使其性质、职能、层级结构、管理方式等都发生了相应的变化，形成了目前“城乡合治型”市政管理体制。中国的市政管理体制主要具有以下几个方面的特点。

（一）建制双重性

中国的市既具有一般地域型行政建制的性质，又具有专门市镇型行政建制的性质。一般说来，市是设置在城市地区的专门类型的地方行政建制，不管辖大片的农村地区。而中国推行市领导县体制，特别是整县改市，使得市的行政区域不仅包括大片的农村地区，而且管辖人口中农业人口所占比例较高，有的甚至高达80%，改变了市是纯粹城市地区地方行政建制的性质，从而使市兼具一般地域型地方行政建制的性质。市政府不仅要对辖区内的城市地区实施专门的管理，而且还要按地域对辖区进行一般管理。

（二）结构同一性

中国《宪法》、《地方各级人民代表大会和地方各级人民政府组织法》和有关法律对市的政权组织形式做了统一规定，市政权由市人大、市人民政府、市人民法院、市人民检察院组成。中国所有的市的政权组织基本都是按这一模式设置的，具有高度的同一性。此外，市辖区的基层政权也是按这一模式设置的，由区人大、区人民政府、区法院、区检察院组成。

（三）法律地位非自治性——民族自治地区的市除外

中国《宪法》和《地方各级人民代表大会和地方各级人民政府组织法》规定，“地方各级人民代表大会是地方国家权力机关”，“地方各级人民政府是地方国家权力机关的执行机关，是地方国家行政机关”，“对本级人民代表大会和上一级国家行政机关负责并报告工作”，“全国地方各级人民政府都是国务院统一领导下的国家行政机关，都服从国务院”。宪法同时还规定，民族自治地方的自治机关，除行使宪法规定的地方国家机关的职权外，还“依照宪法、民族区域自治法和其他法律规定的权限行使自治权”。这些规定明确地表明，除民族自治地区的市以外，中国的市都不是独立自治的政治实体，而是享有一定自主权的地方行政单位。

（四）行政地位等级性

由于中国不实行地方自治体制（民族自治地区除外），因此，各级行政机关之间存在着行政隶属关系。一级人民政府既是本级权力机关的执行机关，又是上一级国家行政机关的下级机关，必须对其负责，接受其领导，服从其指挥。同时，它还必须领导下级人民政府的工作。市人民政府也一样，它在整个国家行政系统中处于某一等级，行使相应的职权。中国的市按其行政地位来划分，可分为直辖市、副省级市、地级市、县级市，不同等级的市享有不同的职权，如直辖市直接隶属于中央政府，行政地位相当于省和自治区一级，有权制定地方性法规，而县级市则不拥有这一权限。

（五）职能广泛性

在中国，市政管理的内容十分广泛复杂，它集工业、商业、农业、财税、金融、卫生、教育、科技、文化、体育、环保、城建、民政、公安、司法行政于一体，具有很强的综合性。市政府不仅要管理城区的各行各业，而且还要管理郊县的农副业；不仅要管理常住的非农业人口，而且还要管理常住的农业人口和大量外来的流动人口；不仅要承担繁重的城市规划和建设任务，以保证城市协调有序地发展，而且还要抓好农村地区的基础设施建设，以加快农村的城市化发展；不仅要推动城市经济、社会、科技、文化、教育的发展，而且还要发挥城市的辐射和集聚作用，带动郊县经济和社会各项事业的发展；不仅要解决城市发展带来的人口膨胀、能源短缺、污染严重、交通拥挤、住房紧张、就业困难等问题，而且还要做好农村保护耕地、科学种植、保护生态平衡、治污防污等工作。

（六）内设层级的混合性

中国市的内部层级大都是混合设置的。在设区的市为二级（城区）和三级（郊区和县）混合设置，即为市—区和市—区、县—乡、镇。在不设区的市为一级（城区）和二级（郊区）混合设置，即为市和市—乡、镇。通常市辖区域内城市地区的层级设置少于农村地区。为了管理的需要，市辖区、不设区的市的人民政府，经上一级人民政府批准，还设立了若干街道办事处，作为它的派出机关（图 3.1）[8]。

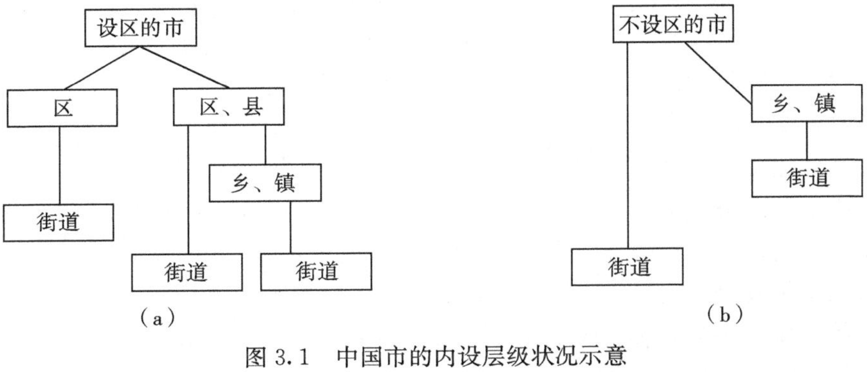

图 3.1 中国市的内设层级状况示意

➢复习思考题

1. 简述城市和市的区别和联系。
2. 什么是市制？新中国成立以来中国市制的发展变化有哪些特点？
3. 试述中国现行市政管理体制的特点。

第二篇 现代城市管理的主体

本篇提要

本篇着重回答现代城市管理的主体问题。

首先从是否拥有正式直接决定和执行城市公共政策权力的角度出发，把城市管理主体分为城市权力系统和城市非权力系统。进而进一步阐述了两大系统的组织体系，其中城市权力系统包括中国共产党的城市组织体系、城市权力机关组织体系、城市行政组织体系、城市司法机关组织体系，城市非权力系统包括非权力的政治系统（有城市居民委员会、市人民团体、市民主党派组织、市政治协商会议）、非权力社会系统（有营利性企业、非营利性组织和非政府机构）。本篇并论述了市民参政的概念、意义、作用和途径。

其次，对城市政府体制、政府职能进行了分析。其中，通过中外城市政府的体制的对比，介绍了市政府体制的一般特点；通过中外市政府职能的比较，介绍了市政职能的一般概念、意义、范围与实现方式。并对市场经济条件下中国城市政府职能转变的必要性、目标、任务和基本思路进行了论述。

城市管理的组织体系

在管理过程的各个环节中，决策（目标设置）、组织、实施和控制是其中重要的环节，这些环节的活动（或称管理活动的进行）总是要依托一定的组织体系，而组织体系的核心是管理权限的分配和协调，即权力结构。同样，城市管理总离不开一定的形式和载体，也就是说，城市管理必须依赖于一定的组织体系和管理机构来运作。现代城市管理与传统城市管理的最大区别在于，现代城市管理的主体已经向多元化发展，形成以城市的权力系统为主角、其他非权力系统和市民广泛、积极参与的局面。

第一节　城市管理的组织体系概述

一、权力内涵

城市政府的权限来自于法律的授予，取决于代表国家的中央政府的意愿。但在通常情况下，中央政府只可能把那些需要或必须分地域治理的地方社会事务交给地方政府去处理，而且还必须是不致影响国家统一和政治统治的那些社会事务。

城市政府管辖范围内的事务，通常可分为两大类：①固有事务，即那些必需也只可能由城市政府来管理的社会事务，也就是通常所讲的城市地方事务（城市社会事务、城市建设事务）；②委托事务，即那些本应由国家或上级政府管理，基于效益、效率等原因的考虑，通过立法或行政的方式，委任城市政府代行管理职责的那些社会事务。

城市政府运用权力来实现职责时，其权力的运用具体表现为三种情况：应该如何来治理所在城市，应该如何实现这种治理，怎样通过具体的管理来完成治理的意愿和目标。它分别表现为议决权、执行权和行政权三种权力。

（1）议决权是决定城市应如何治理的权力，显然这要取决于全体城市居民的意愿。通过选举产生出来的代表机构承担这一职责。无疑，全部居民意愿的反映不太可能取决于一个人或少数几个人。它需要由较多的人，通过会议的形式，经过充分讨论，尽可能将居民不同的意见和愿望表达出来，然后在此基础上形成共识，取得多数的认同。因此，议决权需要由一个有相当规模的机构通过会议形式来实现。

（2）执行权是决定应该如何去实现居民对城市治理的愿望。它要通过一系列具体活动来完成，它要求以最经济有效的方式，将这种意愿付诸实现。因此，执行权通常都需要通过具体的活动来实现，并讲求效率。因此，执行权需要而且只能由一个人或一小群人（委员会）来实现。

（3）行政权是对社会事务实施公共管理的权力。居民治理城市的意愿，以及这种意愿的实现，最终落实到对城市地方事务的各项管理上。行政权是一种管理性的权力，是完成执行意愿的具体行为。因而它需要一个有一定规模的数量较多的工作机构，在一位负责人的指挥下去完成，这些行政机构作为有相互关系的分工各异的工作部门，需要有一个总的负责人来加以协调、指挥、监督。

正是由于行政权与执行权两者之间既存在直接的关联，而又有相同的特性和共同的权力行为特征，在大多数情况下，两者总是结合在一起，即由行政机关承担行政的职责。需要指出的是：议决权与执行权是政治权力，是代表阶级统治的意愿的，而行政权本是一种社会公共权力，在有阶级社会里，才成为国家的权力（行政权）。

二、城市管理体系

根据是否拥有正式直接决定和执行城市公共政策的权力，城市管理体系可以分为两大系统：城市权力系统和城市非权力系统。

（一）城市权力系统

城市权力系统是指拥有某种正式直接行使城市公共政策制定和执行权力的各种组织有机结合的总体。

当今社会主义国家，城市权力系统又包括两部分。

其一，以国家名义和强制性方式出现的城市国家权力系统，包括城市的各级国家权力机关、行政机关、司法机关，即通常所谓的城市国家政权系统或广义的城市政府系统。这在中国为：市的各级人大及其常委会、市的各级人民政府、市的各级人民法院、市的各级人民检察院。

其二，以执政党名义和督导性方式出现的城市非国家的权力系统，包括共产党的市委员会、区委员会及街道委员会等。

需要指出的是，这里把市的各级党委列入城市权力系统之内，其原因在于：中国共产党是执政党，长期以来，党的市委员会（简称市委）一直是中国城市拥有全权的领导机构，对城市重大事务拥有决策权力，并可直接或与市政府联名向社会发布决定，因而实质上是城市权力系统核心或中枢。随着中国政治体制改革的不断推进，即使实行党政职能分开，市委也并不从权力中心消逝，而是改善了这种领导地位，仍然决定着市的大政方针、重大的人事安排，并对市的人大、政府、法院、检察院等机关起着领导和监督作用。因此党的市委仍将是市权力系统的组成部分，同时又是非国家权力系统的领导核心，包括城市基层群众自治组织居民委员会（简称居委会）和城市政治协商会议（简称政协）及各民主党派组织，都必须接受城市共产党组织的领导。

时任中国共产党总书记的江泽民在中国共产党第十六次代表大会上指出，发展社会主义民主政治，最根本的是要把坚持党的领导、人民当家做主和依法治国有机统一起来。改革和完善党的领导方式和执政方式，对于推进社会主义民主政治建设，具有全局性作用。党的领导主要是政治、思想和组织领导，通过制定大政方针，提出立法建议，推荐重要干部，进行思想宣传，发挥党组织和党员的作用，坚持依法执政，实施党对国家和社会的领导。按照党总揽全局、协调各方的原则，规范党委与人大、政府、政协以及人民团体的关系，支持人大依法履行国家权力机关的职能，经过法定程序，使党的主张成为国家意志，使党组织推荐的人选成为国家政权机关的领导人员，并对他们进行监督；支持政府履行法定职能，依法行政；支持政协围绕团结和民主两大主题履行职能；加强对工会、中国共产主义青年团（简称共青团）和妇女联合会（简称妇联）等人民团体的领导，支持他们依照法律各自的章程开展工作，更好地成为党联系广大人民群众的桥梁和纽带。

就城市权力系统是否具备齐全的功能、完整的结构，又可以将现代城市权力系统分为以下五个系统：

（1）决策系统。它是城市管理体系的核心，是指有权就一定范围内城市管理问题做出有权威决定的领导集团或领导个体。在中国包括中共市委、市人大及其常委会、市政府及其市长等。

（2）执行系统。它一般是指市的国家行政机关。在中国，主要包括市人民政府组成部门的职能机构（厅、局、委、办）及办事机构（处、室）等。

（3）情报信息系统。它一般是指中共市委、市人大、市政府机构中提供信息、情报的调查研究中心（室）以及有关的新闻传播媒介等。

（4）参谋咨询系统。它是指充分发挥专家学者作用、广泛开发社会智力、协助决策中枢系统进行决策的各种形式的现代组织，如某些市（如武汉市）所建立的数据库和领导决策信息中心等。

（5）监督系统。它是指对城市管理决策和执行进行监督的组织体系，在中国包括中共市委及中国共产党市纪律检查委员会（简称市纪委），市人大及其常委会，市政府及其监察局、审计局、技术监督局，市司法机关等。

（二）城市非权力系统

城市非权力系统是指虽不具有正式市政决策和执行权力，但对市政决策和执行有积极影响作用的群体、组织和个人的总称。它的组成随国情和市情的不同而异。一般而言，它包括城市非权力政治系统和城市非权力社会系统。

城市非权力政治系统是指城市各种党派组织（社会主义国家城市各级执政党的委员会例外）、各人民团体，城市非权力社会系统包括各种社会利益团体、民间组织和市民等。二者的功能是进行利益表达、利益聚合，向城市权力系统施加影响，从而使城市政策的制定和执行，更好地体现自身利益。

充分发挥城市非权力系统的功能，是现代城市管理在上层建筑领域的一项基础工程，需要给予充分重视。有没有一个发达的非权力系统，是城市政治区别于乡村政治的一个显著标志。能不能充分发挥城市非权力系统的巨大影响作用，是现代城市政治区别于传统城市政治的一个重要标志[7]。

第二节 中国城市管理的权力系统

一、中国共产党的城市组织体系

中国共产党在城市权力政治系统中，乃至在城市社会政治生活中，起着核心领导作用：在政治上，其拥有大政方针的决策权；在思想上，握有导向权；在组织上，享有重要人事安排的推荐与提名权。党的城市组织体系从市委书记、副书记、市委常委这个最高层，到各行各业各界最基层的党支部，构成了强有力的、纵横交错的、金字塔形的组织体系。

（一）市级组织机构

党的市级组织及其机构主要包括：

（1）市委。它是中国共产党设在市一级的地方领导机关，由市一级的党的代表大会选举产生。直辖市、省辖市和县级市委员会委员和候补委员，一般分别为 60 人、40 人、30 人左右。在党的代表大会闭会期间，它执行上级党组织的指示和本级党的代表大会的决议，领导本地方的工作，定期向上级党委会报告工作。

（2）市委常委。它包括书记、副书记和市委常务委员，由党的市委全体会议选举产生，并报上级党委批准。直辖市、省辖市和县级市的市委常委成员，一般分别为 9～15 人、7～13 人、7～11 人，书记和副书记分别为 1 人、2～4 人。在市委全体会议闭会期间，它行使市委职权，是主持市委日常工作的领导核心。

（3）市纪委。即党的市纪律检查委员会。它是中国共产党的市级纪律检查机关，由本市每届党的代表大会选举产生。直辖市、省辖市和县级市的纪委委员，一般分别为 20～50 人、15～30 人、10～15 人。其常委成员、书记和副书记，由市纪委全体会议选举，并由市委通过，报上级党委批准。市纪委在市委和上级纪委双重领导下进行工作，其主要任务是维护党章、党纪，协助党委整顿党风，检查党的路线、方针、政策和决议的执行情况；检查和处理党的组织、党员违反党章、党纪和国法的大案、要案，决定和取消对这些案件中的党员处分，受理党员的控告和申诉。

（二）区、街党的组织

区、街党的组织主要包括区委员会、街道委员会及居委会党支部和区、街辖域内有关的企事业单位党组织等。

（1）区委员会。在区党代表大会闭会期间，它执行上级党组织的指示和区党代表大会的决议，领导本区党的工作，定期向市委报告工作。

（2）街道委员会。它不是一级党的地方组织，而是地域性的党的领导机关。它执行区委的决议指示，对街道各项工作负有全面的领导责任。

(3) 居委会党支部。它是城市中党的基层组织，有各种不同的组织形式，其任务各有特色，但所有居委会党支部，都必须履行党章规定的基层组织的八项任务，抓好支部自身建设，发挥先锋模范作用，做好居民思想政治工作，调解居民邻里纠纷，支持居委会做好居民的自我教育、服务和管理，向上级反映居民意见，密切党群关系。

(4) 企业事业单位党组织。它包括区属和街道属的企事业单位党支部，以及实行“属地化”领导后新划归区、街道党委领导的省、市属企事业单位的党组织[7]。

二、城市国家权力机关组织体系

由于城市行政地位不同，城市行政区划各异，如有的设区，有的辖县。因此，城市国家权力机关组织体系较为复杂。从纵向而言，有市、区及县人大及其常委会。

(一) 市人民代表大会

(1) 性质与任期。它是中国城市的国家权力机关，在市的行政辖区内代表人民行使国家权力。市人大在城市国家政权组织体系中，依照宪法规定是权力最大、地位最高的，也是城市中其他国家机关权力之母。换言之，城市的国家行政机关、司法机关，都由它产生、对它负责、受它监督。市人大代表由区、县人大选举产生，区人大代表、县级市人大代表由选民直接选举产生，每届任期为 5 年。

(2) 职权。市人大行使职权主要为决定权、执行权、任免权、监督权和地方立法权。

(3) 常设机关。市人大常委会是市人大的常设机关，由本级每届市人大第一次会议从代表中选举的主任、副主任和委员若干人组成，下设办事机构和若干专门工作委员会。常委会会议由主任召集，每两个月举行一次。直辖市、设区的市由人大常委会正、副主任和秘书长组成主任会议，县级市的人大常委会由正、副主任组成主任会议。主任会议处理常委会的重要日常工作。市人大常委会对本市人大负责并报告工作；每届任期同本市人大每届任期相同，行使职权到下届本市人大选出新的常委会为止。

(二) 区人民代表大会

(1) 性质与任期。它是设在市辖区的地方国家权力机关，由选民直接选举产生的人大代表所组成。区人大每年至少举行一次会议，由区人大常委会召集，经 1/5 代表提议也可临时召集，大会由选举产生的主席团主持，决议以全体代表过半数通过，每届任期 5 年。

(2) 职权。区人大行使的职权主要有：组织和选举区的人民政府、人民法院、人民检察院；选举产生出席市人大的代表，依照法律规定的权限，通过和发布决议，审查和决定区经济、文化建设和公用事业建设计划，听取和审查本级人大常委会的工作报告，撤销或改变区人大常委会不适当的决定；听取和审查区人民政府不适当的决定和命令等。

(3) 常设机关。区人大常委会是区人大的常设机关，由本级每届区人大第一次会议从代表中选举主任、副主任和委员若干人组成，一般组成人员为 11～19 人，最多不超过 29 人，会议由主任召集，每两个月至少举行一次[7]。

三、城市政府行政组织体系

市人民政府是市人大的执行机关，是城市的国家行政机关。作为市人大的执行机关，市人民政府必须执行市人大及其常委会的决议，对市人大及其常委会负责并报告工作，接受市人大及其常委会的领导和监督。作为城市的国家行政机关，市人民政府是组织和管理本市行政区划内行政事务的机关，它必须执行上级国家行政机关的决议和命令，对上一级国家行政机关负责并报告工作，接受上一级国家行政机关的领导和监督，并服从最高国家行政机关即国务院的统一领导。市人民政府的这种双重性质和地位，既保证了中央和上级行政机关对城市行政事务的统一领导，又利于因地制宜地发挥市人民政府的积极性和主动性。市政府行政机关，就纵向而言，有市人民政府、区人民政府及其派出机关街道办事处。

（一）市人民政府

（1）性质和组成。市人民政府是市人大的执行机关，是设在城市的地方国家行政机关，它由市人大产生，向市人大和上级国家行政机关负责并报告工作，人大闭会期间向市人大常委会负责并报告工作。市人民政府由市长、副市长、秘书长（或办公室主任），厅长（局长）、委员会主任等组成。直辖市、设区的市、不设区的市的人民政府每届任期为 5 年。

（2）职权。其职权主要有：执行市人大及其常委会的决议，以及国务院、省人民政府的指示、规定和命令；领导所属工作部门和下级人民政府的工作，改变或撤销县、区政府和市政府所属工作部门不适当的决议、指示和命令，讨论制订和组织执行国民经济年度计划和长期规划，决定与生产建设和人民生活有关的重大措施；讨论制定年度财政预算，决定实现预算的重大措施；依照城市建设的总体规划，研究确定和组织实施城市建设的重大工程项目，决定加强城市管理的重大措施；讨论研究区划变动，县级单位建设，市政府各部门副科级以上和区、县政府局（科）级干部的任免，以及政府工作人员的奖惩；讨论研究发展科学、文化、卫生、体育事业中的重大措施；依照国家法律规定，讨论研究维护社会秩序；保护国家财产、保障公民权利、保护少数民族权利方面的重大事项，管理本市范围内的外事工作，确定涉外的重大活动；办理国务院、上级人民政府和本级人大常委会交办的其他事项。

（3）机构设置。科学设置政府的工作部门（机构），是城市管理高效运转的基本保证。机构设置应当遵循需要原则、精干原则、法制原则和效能原则。根据工作需要，中国城市市人民政府一般设 30～40 个工作部门（小市少于 30 个，直辖市和特大城市可多于 40 个）。这些工作部门一般分为六大类：综合经济管理机构、专业经济管理机构、监督管理机构、社会管理机构、安全司法机构和内务管理机构。而国外市政府机构数相对较少，一般大城市 15 个，小城市 10 个。例如，日本东京都在知事之下设总务局、财务局、主税局、民生局、卫生局、劳动局、经济局、建设局、建筑局、港湾局 10 个机构；德国科隆市政府设置了 9 个工作部门，它们是综合厅、财政厅、环保厅、教育厅、体育厅、青年厅、文化厅、城市规划厅、高低层建筑厅。国内城市以上海市为例，2011 年，上海市市政府的工作部门共有 47 个，包括发展和改革委员会、经济和信息化委员会、商务委员会、教育委员会、科学技术委员会、民族和宗教事务委员会、公安局、监察局、民政局、司法局、财政局、人力资源和社会保障局、城乡建设和交通委员会、农业委员会、环境保护局、规划和国土资源管理局、水务局（海洋局）、文化广播影视管理局、卫生局、人口和计划生育委员会、审计局、人民政府外事办公室、国有资产监督管理委员会、地方税务局、工商行政管理局、质量技术监督局、统计局、新闻出版局、体育局、旅游局、知识产权局、绿化和市容管理局、住房保障和房屋管理局、交通运输和港口管理局、安全生产监督管理局、人民防空办公室（简称民防办公室）、人民政府合作交流办公室、人民政府侨务办公室、人民政府法制办公室、金融服务办公室、口岸服务办公室、人民政府新闻办公室、人民政府发展研究中心、粮食局、监狱管理局、食品药品监督管理局、社会团体管理局。

（二）区人民政府

（1）性质和组成。区人民政府是由市辖区人大选举产生的区国家权力机关的执行机关。截至 1996 年年底，全国共有市辖区 718 个。区政府由区长、副区长和秘书长及各工作部门首长组成，每届任期 5 年。

（2）职权。依据有关法律规定，它应行使县级以上人民政府的职权，主要是：执行区人大及其常委会的决议，执行市政府的决议和命令；组织安排好人民群众的经济和社会生活，帮助解决人民群众各种困难；规划区内部分城市建设和市政设施；管理街道企业，安排就业青年；加强精神文明建设，维持社会治安，搞好市容整顿，搞好爱国卫生和计划生育工作。

（三）街道办事处

街道办事处是市辖区、不设区的市人民政府的派出机关，是城市地区的基层行政组织。截至 1989 年全国共有街道办事处 5 099 个。根据派出它的人民政府的授权，行使基层政权的部分权力，管理本地区的行政工作。

街道办事处的职责主要有八个方面：①贯彻宣传党和政府的方针、政策、措施，及时反映街道群众意见；②领导管理监督辖区市容、交通、环境保护、卫生绿化、防汛防台、违章建筑等；③对街道、居委会主办的以劳动、加工、综合服务事业为主体的企业事业单位进行管理；④对辖区的待业人员进行登记、管理，教育和文化、技术培训，向社会输送合格的劳动力；⑤按规定发放待业人员救济金，对街道文化设施（图书馆、文化站）和社会福利事业进行管理；⑥举办街道社区服务事业，为居民和街道企事业单位提供生活和后勤服务；⑦协调辖区内工厂、商店、机关、学校、医院及居民点的关系；⑧指导居民委员会的工作[7]。

四、城市司法机关组织体系

（一）市各级人民法院

它是设在市的地方国家审判机关，代表国家依照法律独立行使审判权，依法审理和判决刑事案件、民事案件、经济案件、行政案件等。

市人民法院由院长、副院长、庭长、副庭长和审判员组成，设立审判委员会，还设立刑事审判庭、民事审判庭和行政审判庭等，此外，还设有一定数量的助理审判员、书记员、执行员、法医、司法警察等人员。直辖市设市高级人民法院、市中级人民法院和市基层法院（市辖区人民法院）。地级市设市中级人民法院、区级人民法院。县级市设市人民法院（基层法院）。市高级人民法院和市辖区人民法院及县级市人民法院院长由本级人大选举产生，市中级人民法院院长以及所有地方各级市人民法院副院长、庭长、副庭长和审判员均由本级人大常委会任免。

市高级人民法院审理的案件是：法律规定由它管辖的第一审案件，下级人民法院移送审判的第一审案件，对下级人民法院判决和裁定的上诉和抗诉案件，人民检察院按照审判监督程序提出的抗诉案件。市中级人民法院审理的案件为：法律规定的由它管辖的第一审案件，基层人民法院移送审判的第一审案件，对基层人民法院判决和裁定的上诉案件和抗诉案件，人民检察院按照审判监督程序提出的抗诉案件。市基层人民法院审判一般刑事和民事的第一审案件，处理不需要开庭审判的民事纠纷和轻微刑事案件，指导人民调解委员会的工作等。

（二）市人民检察院

它是设在市的地方国家法律监督机关，代表国家依照法律独立行使检察权。

市人民检察院分为：直辖市人民检察院，直辖市人民检察分院和省辖市人民检察院，县级市、市辖区人民检察院。其分别由直辖市、省辖市、县级市和市辖区人大选举产生。

市人民检察院内部业务机构称为“处”、“室”等，如刑事检察一处、刑事检察二处、法纪检察处、监所检察处、经济检察处、控告申诉处、技术侦查处、后勤装备处及政治处、办公室、研究室等。

直辖市人民检察分院、市辖区和县级市人民检察院内部业务机构称“科”、“室”等，一般设审查批捕科、审查起诉科、法纪检察科、申诉控告科、经济检察科、监督检察科及人事科、办公室等。

市各级检察机关的职权主要有以下五个方面：

（1）对于叛国案、分裂国家以及严重破坏国家的政策、法律、法规、政令统一实施的重大犯罪案件，行使检察权。

（2）对于直接受理的刑事案件进行侦查。

（3）对于公安机关侦查的案件进行审查，决定是否逮捕、起诉或者免予起诉，并对于公安机关的侦查活动是否合法实行监督。

（4）对于刑事案件提起公诉、支持公诉，并对于法院的审判活动是否合法实行监督。

（5）对于刑事案件判决、裁定的执行和监狱、看守所、劳动改造机关的活动是否合法实行监督[7]。

第三节　中国城市管理的非权力系统

一、城市非权力政治系统

（一）城市居委会

1. 居委会的含义

根据第七届全国人大常委会第十一次会议通过并自1990年元旦起施行的《中华人民共和国城市居民委员会组织法》（简称《城市居民委员会组织法》）规定：居委会是城市居民自我管理、自我教育、自我服务的基层群众性自治组织，不设区的市、市辖区的人民政府或者它的派出机关对居委会的工作给予指导、支持和帮助。

2. 居委会的任务

（1）宣传宪法、法律、法规和国家的政策，维护居民的合法权益，教育居民履行依法应尽的义务，爱护公共财产，开展多种形式的社会主义精神文明建设活动。

（2）组织执行居民会议的决定、决议和居民公约。

（3）发展集体经济，开展便民利民的社区服务活动。

（4）办理本居住地区居民的公共事务和公益事业。

（5）加强民族团结教育，提倡各民族互相信任、互相帮助、互相尊重、互相支持、互相学习。

（6）调解民间纠纷，促进家庭和睦和邻里团结。

（7）协助有关部门搞好社会治安综合治理，落实治安承包责任，做好治安防范和对劳动改造释放人员、解除劳动教养人员的帮教等工作，维护社会治安。

（8）协助人民政府或者它的派出机关做好与居民利益有关的公共卫生、计划生育、优抚救济、残疾人保障、青少年教育、扫盲教育和妇女儿童合法权益保护等工作。

（9）组织居民开展多种形式的社会主义精神文明建设活动，教育和支持居民移风易俗、尊老爱幼、扶贫济困、团结互助。

（10）向人民政府或者它的派出机关（街道办事处）反映居民的意见、要求和提出的建议。

3. 居委会的组织

根据居民居住状况，按照便于居民自治的原则，居委会一般在100～700户的范围内设立。它的设立、撤销、规模调整，由不设区的市、市辖区的人民政府决定。它由主任、副主任和委员共5～9人组成，他们由本居住地区全体有选举权的居民或者由每户派代表选举产生，根据居民意见，也可以由每个居民小组选举2～3人代表选举产生。其每届任期3年，成员可以连选连任。它一般下设人民调解、治安保卫、公共卫生等委员会，还可分设若干居民小组，小组长由居民小组推选。

（二）市人民团体

1. 市人民团体的界定

市人民团体是指以表达和维护一定阶层的群众的具体利益为基础，担负着部分社会管理职能，起着依照各自的切身利益协调社会各部门之间关系的作用，并按照一定章程组织起来的群众性的社会政治团体。在中国，这些团体一直成为党和政府联系工人阶级和其他城市人民群众的桥梁和纽带，在社会主义初级阶段已开始成为党和政府了解各界、各阶层群众要求，实现不同阶层的城市公民议政、参政，并逐步在城市政治生活中发挥重大作用的团体。它包括市总工会、市共青团、市妇联、市科学技术协会（简称市科协）、市归国华侨联合会（简称市侨联）、市文学艺术界联合会（简称市文联）等八个人民团体。这些团体都是参加市政协的单位，也是我们研讨的重点内容。这里，仅对其中市总工会、市共青团、市妇联（简称工青妇）的组织状况予以简介：它们是党领导的工人阶级、先进青年、各族各界妇女的群众组织，是党联系群众的桥梁和纽带，是国家政权的重要社会支柱。

（1）市总工会。它是全国总工会组织的一部分，以工资收入为主要生活来源的脑力劳动者和体力劳动者作为会员，是市工人阶级的群众性组织，是工人阶级利益的代表者。市工会组织包括市总工会以及几十个职业性工会组织。

（2）市共青团。它在市的组织，是共青团市代表大会及其所产生的市委员会。团市委是在中共市委和上级团委领导下的、负责全市共青团工作的领导机关。团市委可以根据工作需要，设立适当的工作部门，一般设办公室、研究室、组织部、宣传部、城区青年工作部、郊区青年工作部、青工部、大学中专部、中学部、少年部、文体部、统战联络部、青少年权益部等工作部门，分别负责团市委各方面的工作。团市委还可以派出自己的代表机关。

（3）市妇联。它是全市性的妇女群众组织，是代表全市妇女、儿童合法权益，保护和教育妇女、儿童的群众团体。市妇联每 5 年或 3 年举行一次妇女代表大会，选举产生市妇联执行委员会（简称执委会）。市妇联执委会负责贯彻执行市妇女代表大会决议，讨论决定本地区妇女工作的重大问题。执委会选举主任一人、副主任若干人、常务委员若干人，组成常委会，领导本市妇联的日常工作。市妇联下设权益部、儿童部、城乡服务部、联络部、宣传教育部、组织部、办公室等业务工作部门。市妇联实行团体会员制度。城市里的企业、事业，机关、团体等单位的工会女工工作委员会等，都是市妇联的团体成员。团体会员有参加妇联组织活动，并对其工作提出批评、建议的权利，有向联合会反映妇女群众的意见和要求，向妇女群众传达贯彻市妇联的决议、号召，执行各项妇女工作任务的义务。

2. 市人民团体的作用

市人民团体在城市政治体系中的作用，主要有以下四个方面：

（1）代表所联系群众的利益，反映所联系群众的呼声，维护职工、青年、妇女儿童等的合法权益。坚决反对和抵制侵害所代表群众的正当权益，损害群众身心健康、民主权利和打击报复行为。采取各种形式为青年、职工、妇女儿童等服务。

（2）努力做好职工、青年、妇女儿童等的思想政治工作，向他们进行爱国主义、集体主义、社会主义教育，以及法制教育和职业责任、职业道德教育，组织文化科学技术学习，开展文体娱乐活动，办好群众文化、教育、体育事业。

（3）动员和组织城市职工、青年、妇女儿童等积极参加城市两个文明建设，为城市建设献计出力，开展各种劳动竞赛及评选等活动。

（4）积极参政议政，参与市委、市政府的政策制定和市人大有关法规的起草，参加政治协商、民主监督。

（三）市民主党派组织

1. 市民主党派组织的界定

市民主党派组织是指中国八个民主党派（中国国民党革命委员会、中国民主同盟、中国民主建国会、中国民主促进会、中国农工民主党、中国致公党、九三学社、台湾民主自治同盟）在直辖市、部分地级和县级市建立的组织体系。根据 1989 年 12 月 30 日《中共中央关于坚持和完善中国共产党领导的多党合作和政治协商制度的意见》精神，中国共产党是社会主义事业的领导核心，是执政党；各民主党派是各自所联系的一部分社会主义劳动者和一部分拥护社会主义的爱国者的政治联盟，是接受中国共产党领导的、同中共通力合作，共同致力于社会主义事业的亲密友党，是参政党。城市各民主党派一般在定期（5 年或 3 年）召开的代表大会的基础上，选举产生各民主党派的市委员会，由主任委员、副主任委员、委员（包括常务委员）和秘书长组成，并根据需要设立必要的工作部门。

2. 市民主党派的作用

“长期共存、互相监督、肝胆相照、荣辱与共”，是中共城市组织与各民主党派合作的基本方针，充分发挥和加强市民主党派参政和监督的作用是最为重要的内容。具体地说，市民主党派组织在中国城市政治生活中所起的作用，主要有四个方面：

（1）参政与监督作用，发扬社会主义民主。各民主党派参政，主要是指参加城市国家政权，参与城市大政方针和市政领导人选的协商，参与市政事务的管理，参与法律规范的制定执行。发挥各民主党派的监督作用，主要是指在四项基本原则的基础上，发扬民主，广开言路，鼓励和支持各民主党派人士对城市方针政策和各项工作提出意见、批评、建议，做到知无不言，言无不尽，并且勇于坚持正确的意见。

（2）为城市建设出力献计。各民主党派的智力结构具有多学科、多方面、多层次的特点。利用这种优势，采用多种形式，为城市建设和管理献计出力，是民主党派发挥作用的重要方面。例如，就城市经济、文教、科技等方面的重大问题，进行专题调查和研究，向市里有关部门反映情况，提出意见和建议；利用其智力优势，开办业余学校、夜校、补习班、培训班和各种专题讲座，为城市建设培养各方面急需人才；面向社会，开展教育、科技、医药、文化等方面的咨询服务，通过各种途径和关系，为引进城市建设所需要的技术、设备、资金和人才铺路搭桥等。

（3）协助有关部门团结和争取海外人士和港澳台同胞，扩大和巩固爱国统一战线。

（4）维护市内各民主党派成员的合法权益，组织成员学习，加强自我教育。

（四）市政协

市政协是城市中具有广泛代表性的爱国统一战线组成，是城市全体社会主义劳动者和爱国者的政治联盟。市政协是在共产党市委领导下和全国政协指导下，实现党派合作的形式，也是在城市中发扬社会主义民主，实现政治协商、民主监督的重要形式。

政协市委员会委员，由市的共产党组织、各民主党派组织、无党派知名人士、人民团体、各少数民族和全市各界的代表以及台湾同胞、港澳同胞、海外侨胞的代表组成。凡赞成政协章程的党派和团体，经市政协委员会常委会协商同意，可以参加政协市委员会；个人经政协市委员会常委会协商邀请，亦可参加。市政协每届任期与同级人大相同。政协市委员会的参加单位、委员名额和人选，应由政协上届市委员会常委会协商决定。每届市委员会任期内个别参加单位变更、委员名额增减、吸收新的人选，由本届政协市委员会常委会协商决定。

市政协常委会主持会务，它由主席、副主席、秘书长和常务委员组成。市政协会议分全体会议和常务委员会会议。全体会议每年至少举行一次，常务委员会根据需要举行。

全体会议的职权是：选举市政协委员会主席、副主席、秘书长和常务委员；听取和审议常务委员会的工作报告；讨论并通过有关决议；参与对国家和城市事务中重要问题的讨论，提出批评和建议。

市政协的具体任务主要有下列八个方面：①就本市的大政方针、群众生活和统一战线问题进行协商；②对本市党委和国家机关提出建议和批评，协助其改进工作、提高效率、克服官僚主义；③兴办和支持市公益事业，组织调查研究，视察检查，为城市建设献计出力；④进行思想、道德、纪律等宣传教育，推进精神文明；⑤宣传和贯彻执行党和国家的各项方针政策；⑥调整和处理市政协各方面的关系及其合作共事的重要事项；⑦组织政协委员学习方针政策和时事政治；⑧征集、研究、出版文史资料工作。

市政协的作用是：发展和巩固市的爱国统一战线，进行政治协商、民主监督、参政议政，推进社会主义物质文明和精神文明建设，开展人民外交和对台工作。

市政协不是国家机关，不享有国家权力。但它却与城市国家政权机关有着十分密切的关系。这表现在：市人大召开会议时，一般都吸收市政协委员列席参加，在必要时，市人大常委会和市政协常委会举行联席会议，商讨有关问题，市人大和市政协一般同时召开会议、分合穿插，以便广泛讨论和协商城市的各项重大问题，并把共产党市委和市政府的方针、政策、决议、决定等及时贯彻下去，直辖市人大代表视察工作时，也同时组织市政协委员一起参加，市委、市政府做出重大决策前举行座谈会，征求市政协意见[9]。

二、城市非权力社会系统

现代社会中存在大量的社会组织。广义地讲，人类社会中的一切人群组织都是社会组织。在狭义上，对社会组织的理解涉及对国家与社会之关系的理解。一般认为，在“普天之下莫非王土，率土之滨莫非王臣”的古代社会，任何独立于国家（皇权）之外的社会组织是不存在的。伴随着市场经济的发展、市民阶级的成长，以及资产阶级革命对封建帝王的统治权的剥夺和公民权利的发展，一个在国家权力之外、与国家权力之间构成某种“委托-代理”之契约关系的社会领域才获得了生存、发展的经济和政治条件，社会终于从国家强权的统治下第一次分离出来，国家与社会的二元结构才得以形成。社会组织是社会活动领域的人群组织，市场经济的发展使社会领域（市民社会）从政治领域（国家）中分离出来，因而，真正自主的社会领域（市民社会）是现代世界的产物。在现代世界，国家与社会（市民社会）的二元结构的形成，意味着在国家之外存在着一个独立于国家的社会领域，在这一社会领域里的一切组织，都属于社会组织。按照这一关于国家与社会的“二元分析框架”，不难理解，所谓社会组织，简言之，就是指国家（政府）组织之外的其他一切组织，或者说，所有组织可以分为两大类：国家组织与社会组织。社会组织既包括经济（企业）组织，也包括政府与企业以外的非营利性组织。西方市民社会理论的发展进一步将社会组织中的经济组织（营利性组织）和非经济组织（政府与企业以外的非营利性组织）进行了划分，提出“三元分析框架”，即国家—市场—社会。在这种界定下，我们很容易区分城市非权力社会系统，其主要包括营利性企业、非营利性组织（NPO）和非政府机构（NGO）两部分。

（一）营利性企业

在城市发展过程中，各种营利性企业是市场经济的微观经济主体，它们主要通过追求利润最大化的经济行为推动城市经济的发展，并通过其利益群体——城市社会中的非政府机构（如行业协会、私营企业主协会、商会等）参与城市的管理。

众所周知，许多公共物品不具有纯公共物品的特点，是准公共物品或称“俱乐部物品”，其消费对象不是全体社会成员，而是特定的消费群体。因而，对这些消费者进行收费即能解决投资者的回报问题，从而吸引营利性企业将资金投向公共事业。以公路为例，公路一般意义上是可以供任何人使用的，然而一旦建成封闭的高速公路，那么原来属于纯公共物品的公路就转变为俱乐部物品。向俱乐部成员（公路使用者）收费，即能解决投资者收益问题。私人公司修建收费公路，曾经是推动工业革命时期英国近代公路系统获得大规模改善的主要动力；中国近十年来公路建设的惊人发展，同样得益于向使用者收费的制度。

通过建立使用者付费制度来吸引民间资本投向公共物品供给的领域十分广阔，如公路、桥梁、文化活动室、游览景点、体育场（馆）等，均具有准公共物品的特征，可通过使用者收费制度来吸引营利性企业将资本投入生产、增加供给。例如，中国的城市道路清扫、路面护养、垃圾处理、公共设施管理等，原来都由城市政府有关部门直接提供，现在则可以通过城市政府出钱、企业或其他社会主体提供服务的办法来解决。随着中国社会主义市场经济的发展，企业参与城市管理的能力和程度都将不断提高。

（二）非营利性组织和非政府机构

非营利性组织和非政府机构具有非营利、志愿者、慈善性、非政府等特点，又被称为“第三部门”。美国学者塞拉蒙指出，非营利性组织具有六个基本特征：第一，正规性。非营利性组织必须具有正式注册的合法身份，同时还要有法人资格，即民事责任能力。那些临时聚集在一起的人群或经常活动的非正式团体应被排除在外，尽管它们也有重要的社会功能。第二，民间性。非营利性组织应从组织机构上与政府分离。它不是政府机构的组成部分，其决策层也不是由政府官员控制的董事会领导。第三，非营利性。非营利性组织不为其拥有者谋求利润。它在一定时期内积累的盈余，不得在组织缔造者之间分配，必须投入组织的宗旨所规定的活动中。第四，自治性。非营利性组织要能控制自己的活动，有不受外部控制的内部管理程序。第五，志愿性。在非营利性组织的活动和管理中均有显著的志愿参与成分。特别是形成有志愿者组成的董事会和广泛使用志愿工作人员。第六，公益性。即服务于某些公共目的和为公众奉献。非营利性组织的第二和第五个特征使它区别于政府组织，而第三和第六个特征使它区别于营利性组织。中国学者秦晖从政府、企业和第三部门这三类组织之间的基本逻辑关系出发，认为在现代社会中存在三种机制：市场——以志愿求私益，国家——以强制求公益，第三部门——以志愿求公益。由此，可以把包括国家在内的各种组织（部门）按公益与私益、志愿与强制这样四个维度，组成四个逻辑组合：以强制提供公益的部门——政府部门，以志愿提供私益的部门——市场（企业）部门，以志愿提供公益的部门——第三部门，以强制提供私益的部门——强权与特权集团。最后一种组合在传统专制时代弥漫于所有部门中，现代化和公民社会的任务就是消除这一部门。

随中国城市政府职能转变，继政企分开后，政社分开将极大促进城市第三部门的发展，城市第三部门的发展势必增强其参与城市管理的能力和频度。近几年，江苏省徐州市民间环保组织发展迅猛，据统计，有正规名称，在民政部注册并经常开展活动的就有15家，成员达万人之众。其中徐州市环境文化协会成立于1991年，成员有机关干部、企业法人代表、社会名人、科普作家等，研究的课题涉及企业污染行为、生态环境失衡、生产与消费等多个方面。徐州市云龙区环保协会推广“环保楼道文化”，动员市区各大宾馆、饭店创建“绿色宾馆”。矿务集团中学生环境小记者团成立于1985年，历经十几年的发展，已培养了四万多名小记者，与睢宁县大余小学一起荣获联合国环境署授予的“全球500佳”称号。民间人士周美恩创立的“绿色之家”，先后获得“地球奖”和“保护母亲河奖”。2001年设立的徐州大学生环保组织更为城市环保事业的持续发展增添了新活力[10]。

三、市民与市民参政

市民是指居住在城市所辖区域内、持有本市户籍的公民，其类别非常纷繁复杂。市民是城市社会的主体，是中国城市管理体系的主人。从本质上说，城市一切公共设施和政治活动都是围绕着市民展开并服务于市民的。

1. 市民的权利与义务

在中国，城市公民依照法律规定，享有广泛的影响市政决策的一系列权利和自由，并履行相应的义务。这些权利和自由是：

（1）公民的选举权和被选举权。即公民有按照自己的意愿选出自己的代表，组成全国和地方各级人大代表、担任国家公职的权利；有监督代表、罢免违法乱纪或者严重失职的代表资格的权利；有在代表在任期内因故出缺而进行补选代表的权利。

（2）公民依法享有言论、出版、集会、结社、游行、示威等各项政治自由。

（3）公民依法享有对任何国家机关和国家机关工作人员提出批评和建议的权利，对任何国家机关和国家机关工作人员的违法失职行为，有申诉、控告或者检举的权利等。

（4）公民的合法权利由于国家机关和国家工作人员的侵犯而受到损失时，有依照法律规定取得赔偿的权利。

（5）公民的政治权利和自由绝不是绝对的、不受限制的，所有公民都有遵守宪法和法律的义务，都不得破坏社会主义法制。

2. 市民参政及其途径

市民参政，亦称市民政治参与，是指市民个人或群体通过一定途径和形式向政府及其领导人员提出各种利益要求和建议（亦称市民的利益表达），向有关部门进行检举揭发，行使选举权、罢免权等权利，监督权力的行使，阻止或促成某项政策的行为。

市民参政对社会主义国家的城市来说，是社会主义政治民主建设和实现人民当家做主的重要内容，也是城市规划、建设、管理和使改革开放始终沿着正确方向发展的根本保证及力量的源泉。市民参政可大大增强主人翁的责任感，有力地促进城市政治民主的发展，并对有效地推动廉政建设，提高市政透明度，具有重要的政治意义。

市民参政议政的途径包括利益表达、行使监督权、行使选举权和罢免权。

1）市民利益表达

市民利益表达，是指城市公民的群体、个人和组织，通过一定途径和方式向城市权力执掌者提出政治和经济等方面要求的行为。例如，市民的上书、请愿等活动，都是典型的利益表达方式。市民利益表达是市政决策的重要参照系，也是城市民主政治建设的一个重要内容。

市民利益表达的方式一般有两种：一是个体表达。即采用直接或间接的口头表述、署名的文字表述（写信，向报刊、电视台、电台写稿件等）。在中国，个体表达突出地表现在就自身利益（如有关获得住房、就业、贷款、救济等）向有关市政领导反映并发生接触，还可能在范围较广泛的问题上试图表达自己的意见。有的对市政设施不满，就通过市长公开电话陈述个人意见，有的对市政工作人员的贪污、受贿行为给市长写信进行揭露。二是集体表达。其多为有共同利益要求的群体，或者既有共同利益又经过利益要求的聚合形成的一定的群体组织。例如，中国当前的城市工青妇群众团体等，是共产党领导下的城市国家政权的重要支柱，是市政府联系工人阶级和人民群众的桥梁纽带，在维护全国人民总体利益的同时，对各自所代表的群众具体利益要予以及时代表和表达。

就其渠道而言，市民利益表达在法律允许的范围内有：

一是个人联系渠道。这是一种最古老、最传统的方式，在特定情况下利用家庭、学校、地方和社会等各种血缘、地缘或其他亲友关系，来接近有关市政府上层人物，直接反映其利益要求。

二是特定人物代理渠道。这是指在政治系统内居于特殊地位并具有重要影响的个人，通常由集团推选其成员，进入城市权力体系内部，担任市行政官员或议会议员，直接参与政策制定，以作为一定社会集团利益愿望的代理人。在中国，市人大和市政协都有各人民团体的代表，即属此类。

三是大众传播媒介和内部通报渠道。在西方所谓民主国家，大众传播媒介是公民个人和集团向决策者传送政治要求的主要手段。在中国，新闻舆论是党的喉舌，其主要任务是宣传党的路线方针政策和国家的法律法规，对于与党的现行政策不同的要求和呼声，一般采取内部通报方式予以反映，有时亦有选择地见诸报端。

四是抗议示威。这是现代民主法制所允许的一种利益表达方式。在西方国家，一般认为，抗议示威是在社会中最无权无势集团的种利益表达渠道，如黑人、青年学生、失业工人等。在中国，一般具有广阔和通畅的渠道，但不排斥其特例。但凡在公共道路和露天公共场所举行的集会、游行、示威，必须遵守《中华人民共和国集会游行示威法》，在各市，如在北京市还应遵守北京市人大常委会通过的《北京市实施〈中华人民共和国集会游行示威法〉办法》。但是，无论是社会主义国家，还是资本主义国家，当抗议示威达到危及国家安全和社会根本原则的时候，都会对其采取严格的限制措施。

2）市民行使监督权

宪法和法律赋予公民以广泛的监督权力。市政府必须接受市民的监督，这是使市政府不会腐败变质的根本保证。为了使市民有效地行使监督权力，必须做到市民享有知情权、提高市政透明度、强化市民监督意识等。

（1）市民享有知情权，是指市民有了解城市政府政务活动及其过程的权利。在一些西方国家，为了方便市民了解市政过程，他们采取了一系列立法和措施。其主要内容有：一是一切法律规则、工作制度程序，未经公布告示于众者，不能作为城市政府职务活动的依据；二是市政府行政机关做出有关城市公民的决定和处理时，必须把处理的主体、依据、程序、结果公开，否则，该行政处理不发生法律效力；三是社会组织和公民（不仅是本市市民）向城市政府了解有关法规和规章、政策和程序时，城市政府必须履行提供和解释的义务；四是市政府负有公开运用情报、形成决策的过程，说明其决策的情报来源和根据的责任。公民享有了解政府的情报收集和运用情况、进行监督、获取公开情报等的权利。

（2）提高市政透明度。中国近年来，随着政治体制改革的展开和逐步深化，提出了城市政府政务公开化、提高透明度、破除神秘化的目标。一些城市进行了政务公开化的尝试，初步收到良好的效果。概括起来，有以下七个方面：①设立市长公开电话，随时解答市民提出的问题；②实行现场公开办公制度，有关部门开赴现场，就地公开办理事务，解决困难问题；③建立市政府发言人制度，定期或不定期地举行记者招待会，公开市政府近期工作状况和目标；④举行公开的市政对话会或市政讲评会，由城市党政机关主要负责人与市民直接对话，并对市政领导进行评议；⑤实行公开办事制度，把机构职责、权力、工作方式、工作程序，以及工作人员的姓名、年龄、性别和具体职责等，张榜公布，实行挂牌服务；⑥公开城市党政机关重要领导人的活动、去向，包括出国、出访、住房、用车、子女、财务、电话费等；⑦允许记者采访、报道有关会议，并创造条件，允许公民旁听某些会议。

（3）强化市民监督意识。市民的监督作用主要表现在市民个人凭着其良知和正义感，对其视野之内违法乱纪现象，进行揭发检举、申诉、控告。实行市政公开，增加市政透明度，有利于市民群众了解事实真相，为同违法乱纪行为作斗争创造有利条件。但是，这并不等于所有的市民都会积极主动地行使监督权利。这就需要通过加强思想政治教育，加强法制宣传和普及工作以及公民权利义务教育，提高市民的思想政治觉悟和法律知识水平，增强其同各种丑恶现象作斗争的自觉性和责任感。同时，应采取切实措施，保护检举、揭发者免遭非法迫害。这样就一定能够调动市民群众的积极性、主动性，形成强大的群众监督力量。

3）市民行使选举权和罢免权

中国宪法规定，中华人民共和国的一切权力属于人民。同时还规定了由公民直接行使选举权、罢免权等。这是市民参政最正式、最权威的形式。

（1）选举权。选举权是指公民依照法律规定选择一定公职人员的权利。公民行使选举权，被认为是人民行使主权的最主要方法。在中国，公民的选举权仅限于选举人大代表。城市公民直接选举的范围，包括市区人大代表的选举、县级市人大代表的选举。设区和辖县的市人大代表，由区、县人大选举。市、区主要行政官员由市、区人大及其常委会选任或委任。公民行使选举权遵循普遍、平等、直接、秘密投票等原则。

（2）罢免权。罢免权是选民对于代议机构的代表或行政官员，于其任职届满之前，以投票的方式，免除其职务（或资格）的权利。罢免权的行使，在外国地方自治团体较为广泛。例如，美国及瑞士各邦（州）均允许原选区的选民投票罢免其议员；在堪萨斯州，选民不仅可以罢免选举产生的官吏，而且可以罢免任命的官吏；此外，各州的法官也有很多可由公民罢免。但公民直接罢免任命的行政官员和法官的制度，在学理上颇有争议。尤其是人民罢免法官，嫌有碍司法独立。依据中国宪法和选举法的规定，中国原选区的选民可以罢免由它选举产生的市辖区、县级市的人大代表[7]。

➢复习思考题

1. 当代中国城市管理的组织体系包括哪些内容？
2. 试举例分析城市非权力社会系统在城市管理和城市发展中的积极作用。
3. 什么是市民参政？其途径有哪些？

现代城市政府

城市政府作为现代城市管理的重要主体，其组织体制、权力配置以及职能的发展变化是良好的城市管理的基本前提。中外不同国家因政体的不同，市政府体制有很大不同。同样，不同国家、不同发展阶段，城市政府职能的范围、内容、实现方式也有很大不同，它们在城市政府管理城市的过程中发挥着重要作用。本章主要介绍现代城市政府的权力配置状况和组织体系，以及城市政府的职能及其发展。

第一节　市政府体制

市政府体制又称市政体制，它是以城市政治权力配置为中心内容的各种具体制度的总称，即关于市政府的建制、地位、职责和内部权责关系的各种制度规范的总和。它是支撑市政府系统的骨架，其核心是权责配置问题。

一、市政府体制的特点

（一）权力的分配

市政府体制包括城市国家政权由哪些机构组成及其相互关系。从世界范围内看，其一般多由市议会、市行政、市司法三部分机构组成，它们各自分掌一部分公共权力；有的只有一个议行合一的委员会组成；有的不包括城市的司法系统；有的由市行政系统与执政党紧密结合构成市政府核心，而市权力机构和司法机构围绕这个核心运转，构成实质上的“城市政府”。

可见，市政府的权力配置，其核心问题在于：市政府应该只有一个权力中心，还是应该存在两个中心，即代表政治统治的议决权与执行权应是由一个权力中心来行使，还是由两个权力中心来行使。前者称为“议行合一”体制，后者称为“议行分立”体制。

主张“议行合一”体制的人认为：人民的统治权力（主权）是一个完整的权力，不可分割，不能分授予不同人，因此只能由一个经人民选举产生的代表机关，代表人民集中行使全部权力。

主张“议行分立”体制的人则认为：凡是不受制约的权力，必然会导致权力的滥用，在少数服从多数原则的运作下，有可能出现“多数人的暴政”；因而有必要形成相互制约的平衡机制，为此，应将代表人民的权力分为两部分——表达意愿和利益的议决权，以及正确理解和实现这种意愿和利益的执行权，并且由两个彼此互不隶属的代表机关来行使。

在前一种情况下，人民只经过一次选举产生一个权力中心，行使全部权力；在后一种情况下，人民则通过两次选举，产生两个权力中心，分别行使议决权和执行权。而对社会进行公共管理的行政权，则总是由行使执行权的那个权力中心承担。

但在大多数情况下，特别是一个有相当规模的代表机关，直接行使执行权，完成对社会的公共管理是很困难的，因而，通常都由它产生一个对它负责、受它监督的执行机关，并由这个机关来承担行政职责。因此，“议行合一”分为两种：直接行使执行权的绝对的“议行合一”和不直接行使执行权的相对的“议行合一”。

“议行分立”体制通常都要通过两次选举活动产生两个机关，在现实生活中导致很大的不便和浪费，因而有些国家则以法定形式规定议决权与执行权的分立，但在选举上则只采用一次投票，即人民把选择执行者的权力委托给他所选出的代表，由他们代表人民选出一个执行长官。后者产生后则依法独立行使职权，不受议决机关的干预。这种“议行分立”称为相对的“议行分立”，有别于通过两次选举形成的绝对的“议行分立”。

特别需要指出的是：管理社会的公共行政机关在任何情况都是不可缺少和必须单独存在的，它可能不存在一个统一领导各行政部门的行政长官，它也可能不是一种执行机关而是一种纯行政机关。

（二）市政府体制的特点

(1) 法律上，它一般由效力高的法律予以确定。美国的市政体制，由州议会制定市的宪章确定。英国市政体制，由英国议会制定的地方政府法规定。法国市政体制，有专门的市政法典。在中国，旧中国由民国的市组织法规定。社会主义新中国，由全国人大通过的《地方各级人民代表大会和地方各级人民政府组织法》确定。这些法律，一般都是仅次于宪法的基本法律，其制定和修改都有特定程序，而且很多是直接对市政府的专门法律法规。这就表明了市政府体制在国家政治体制中的特殊地位。

(2) 内容上，它具有一般地方政府体制共性基础上的特质。一般来说，城市政府既是一级地方政府，又是一个自治团体。因此，城市政府的职权、职责，它与中央、省(州、邦)的关系以及其内部权力配置，既有一般地方政府的共性，又有其自身的特性。例如，行政首长负责制、“议行合一”制，是中国各级地方政权体制的共性，在城市政权机构同样得到体现；而计划单列体制则为城市政府所特有。在与中央的关系上，城市政府往往拥有相对的较为自主的地位和权力，而一般地方政府则更多的是执行上级的政策。

(3) 内部权力配置上，其市行政系统相对突出。在市长—议会制的城市，多数是以市长为中心的强市长制；在议会—经理制里，市经理是市政专家，在处理市行政管理问题时拥有全权。在中国市人大—市人民政府制的体制下，真正拥有实权、最为人们关注的，也是城市国家行政机关。而市的司法机关——市法院等，在市政体制内虽占有一席之地，但通常人们更倾向于把它看做是国家司法体制的一部分，很少在市政体制内加以探究。

（4）历史沿革上，其既有继承性又有变迁性。城市社会商品经济发展较为迅速，城市居民接受新生事物和变迁意识较强，同时城市职业种类繁多，使具体经济利益要求多元化，物质文化生活需求多样化。这就要求市政体制在保持基本稳定、保持总的框架历史延续性的基础上，根据新情况的变化而变革。在中国，如市带县体制，在新中国成立初期曾一度发展较快，后来由于形势的变化而逐渐缩小范围。党的十一届三中全会以后，随着城乡经济的发展，为促进城乡共同繁荣，市带县体制又普遍发展起来。近年来，随着以城市为重点的经济体制改革的深入，中央对一些中心城市实行了计划单列体制，这是市政发展史上的一个创举[9]。

二、西方国家的市政府体制

（一）“议行合一”的市政府体制

“议行合一”体制可分为绝对与相对的两种模式。在绝对的“议行合一”体制下，由议会直接行使执行权，并承担执行的职责；相对的“议行合一”体制则由议会产生的执行机关承担行政职责，或议会行使全部政治权力，但另设行政机关负责社会公共管理。

1. 绝对的“议行合一”体制

（1）英国议会委员会制：①市议会。英国市议会是政治权力的中心，负责立法，一般由市民选举产生的议员组成。市议员任期四年，通常每两年改选三分之一；1972 年英国废止参议员制度，市议会不再设参议员，少数名士可以当选为名誉参议员。市长由市议员和名誉市参议员共同选举产生。市长担任市议会主席，任期一年。市长为议会全体会议政策发言人，并正式出席其区域内的各种典礼，如公共的集会、新建筑物的开幕，及国家的庆祝会。他又代表本市欢迎正式访问的外宾，并到其他各市去访问。但他除为议会主席之外，并不比其他议员享有较多的权力，在议会与议长或市长之间，并无权力的区分，一切权力均属于议会全体。一些较大的城市和地位重要的城市市长，称为大市长，其权力比一般市长大一些。市议会中还有一重要职务，即市秘书，他并不是专门负责一般事物的官吏，其重要性不亚于市长，在市议会的许多重大决策中起着重大作用。②市委员会。市委员会是市议会的执行机构，负责行政事务。委员会曾分为“得设委员会”（permissive committee）与“应设委员会”（obligatory committee）两种。得设委员会，是根据法律中的任意条款而设置的，其设置与否，由市议会根据需要自由决定。应设委员会，则是法律规定必须设置的，市议会无选择的自由。各种委员会，除财政委员会及警察委员会，其全部委员须为议员以外，其余各委员会可纯由议员组成，也可包括议员与非议员二者[11]。

议会对于委员会的控制有三点：第一，它不给予委员会以征税及借款的权力。因此，各委员会为实现其政策，必须向议会获得经费的许可。议会每年给予各委员会一个预算，各委员会要在自己的预算范围内才有广泛的支用权。第二，各委员会不得出卖或购买财产，或订立正式契约，此类事宜必须得到议会清楚的许可。第三，委员会必须保管议事记录，并经常定时向议会提出报告。这些限制，使地方议会对于委员会可以保持一定的控制，地方事物也可沿着正常的轨迹发展。

(2) 美国市委员会制。美国的市委员会没有权力的分立，除如教育部、图书馆委员会与计划委员会等特殊事例以外，所有市立法与行政权，统一由一个委员会掌握。委员会由 3 人、5 人或 7 人组成，这些委员是在全市范围内由公民直接选举产生的。委员会履行市议会的职能，定期举行会议，以制定市的规章和政策。委员会举行全体会议时，通常选举一名委员主持会议，该委员被授予市长或议长的称号，在会议时担任主席，但他除行使一个委员的职权以外，很少有其他权力，他也不拥有最后决定权或否定权。每一委员是一个行政部门的首长。因此，委员会委员具有双重的资格，在集体方面，他们构成市的立法集团；在个人方面，他们是行政部门的首长。行政部门的划分，因委员会的大小而有不同，但由五个人组成的委员会，通常设有公共安全、财政、公共工程、公共事物及卫生与福利五个机构。

市委员会制将城市政治权力与责任集中于一个小团体，克服了分权带来的麻烦，这符合精简原则，立法与行政一体化，行政决策效率高。但它也有一定的缺点，委员会缺少一个能协调所有行政部门工作并监督行政活动的行政首长，委员们在执行拨款和制定法令的权力时各行其是，无异于一个市政府中有五个不同的市政首脑，没有监督的机构，无法发挥统制的作用。而且委员由选举产生，往往缺乏专业才能和市政经验，导致施政困难。委员会制还缺少一群永久而专业的行政人员。这种管理体制相对适宜于小城市，大城市极少采用。目前全美国三百多个采用这种管理模式的均为中小城市。

2. 相对“议行合一”体制

(1) 美国的市经理制。市经理制是委员会政府的一种产物，其目的在于补救委员会制的缺点，同时又不失其优点。它是美国体现市政管理专业化、科学化原则，将企业管理方式移植于市政管理的一种市政体制。它有两个特点：①议会负责制定城市政策；②由一个对市议会负责的市经理对市政实行专业性管理。选民通常以全市为单一选区，选举产生一个由 5～9 人组成的议会。议会一般每届任期 4 年，议员每 2 年改选一次，一次选 3 人，一次选 2 人。议会有权聘任、监督及随时撤免市经理。市经理是专职的、保持“政治中立”、受过良好教育和专业训练的市政管理专家。他的任期长短与其才干和政绩相关。市经理有全权更换不适宜的公务员。市议会议员不监督各部门工作，此项任务完全由市经理负责。市经理对市议会负责，市议会则对选民负责。在这种制度之下，市设有市长，但他没有行政权。他担任议会主席，即为市政治上和礼仪上的首长。

一般都认为市经理制是美国市政府制度中较好的一种，它能提供最有效而且最经济的市行政。它提供一个统一的市政首长，明确地集中全市及所有各部门工作的责任；它在市政管理中便于网罗专家；它提供职能分工而不割裂事权；它消除了对市长掌握的官职的争夺，使公众对选举的兴趣从人物转向问题。但市经理制缺乏一个强有力的政治领导，市经理缺乏政治号召力，并且很难觅得知识全面、才能较高的市经理。

（2）北欧各国的执行委员会体制。北欧各国市议会从议员中选出一个执委会，在执委会下设置各种专门委员会，其下有各自的办事机构，由雇用的职员完成具体事务工作。执委会负责执行议会的决议，协调和领导各专门委员工作。

（3）德国的市行政主任制。德国有些市，议会外另设有行政机关，议长作为市长只承担礼仪性职务。议会产生一个管理委员会为执行机构，由管理委员会任命一位行政主任作为市的行政首长，在管理委员会领导下进行工作。

（二）“议行分立”的市政府体制

“议行分立”体制也可分绝对与相对的两种模式。前者由选民通过两次选举，直接分别产生议决机关和执行长官（行政首长）；后者则由选民选出的议决机关产生执行长官（行政首长），产生后依法独立行使职权。

1. 绝对的“议行分立”体制

（1）美国市长议会制。此制设有立法、行政、司法三种机构，以行使市的职能。市长由地方公民选举，为市的行政首长。市长之下设有不少行政官员，有些是由选民直接选出，有些由市长任命，另一些则由市议会选举。市议会是市的立法或决策机关，行使由州赋予市的立法权力。此外，与委员会及经理制一样，市又设有地方法院，以解释及执行地方规章。

市长议会制可分为弱市长议会制和强市长议会制。所谓弱市长议会制，即市长空有其名，缺乏行政权，政府各部门的首长，都由市民直接选举或推派人员担任，市长只能委任少数不重要的人员，且须征求市议会的同意。市长无法对下属使用处分权。对市议会的决议，市长虽有否决权，但市议会多数议员通过的决议，可使市长的否决权无效，市长的监督权也等于零。弱市长议会制的缺点在于，责任划分不清，行政不统一，市政容易被政治斗争所影响。

19世纪后期，强市长议会制崛起，行政权集中于市长之手，政策的拟定，为市议会与市长的共同职责。在美国的强市长议会制下，负责立法的市议会，与负责执行的市长，同为选民直接选出，互相制衡。在此制下，市长是市的行政首长，负责指挥和协调大部分的市政事物；市长有权无需经过议会同意而任命大部分市行政部门的首长；市长有权监督各级行政部门提出预算，经议会通过后，负责执行预算；有权否决议会的立法案，但若经议会再度以绝大多数通过后，不得再否决。市长对选民负责，市民有权任免市长，不受市议会的制约，市议会只具有行使市政决策及立法和监督职能，不能干涉市行政事务。强市长议会制的缺点在于，政治与行政不能密切配合、相互联系，因而不能充分发挥城市的政治功能。

（2）日本的市长议会制。日本的市长议会制中，执行长官作为行政首长拥有比美国强市长议会制下市长更大的权力：有权解散议会，紧急情况下行使立法权。但市长只能解散一次议会，即新选出的议会如再度提出不信任案时，市长则必须辞职。

2. 相对的“议行分立”体制

相对的“议行分立”体制出现在法国的市镇。法国的市政组织与美国的市长议会制大体相同，一方有市议会掌立法权，另一方有市长掌理行政，二者各尽其职，不相侵越。但法国市长由市议会选出，不像美国市长及议会议员均由人民选举，故法国的市政体制又被称为议会市长制，以有别于美国的市长议会制。

（1）市议会。市议会由普选的方法产生，任期 6 年。全国所有市议会都是在 5 月以内同一日期举行选举。议员人数随城市人口多寡而有所不同，如人口在 5 万以下的市有议员 11 人，人口超过 6 万以上的市也只有 37 人。市议员候选人的资格与选举人的资格相同。但省长公署的职员、判事、警察官吏、中央及省内其他官员以及市内带薪的公务员，不得参与候选。市议会的权力主要是：批准市镇预算，负责税收，制定市政规划、文化教育、卫生及娱乐等事项。市议会会议由市长主持，辩论公开进行，决定由有效票的多数做出。

（2）市长。市长是城市政府行政首脑，领导市政府。市长和副市长由市议会在市议员中选举产生，通常在每届议会第一次会议上举行选举，原则上需要绝对多数方能当选；市长一般为议会中多数党领袖，可以同时兼任国会议员；市长和副市长组成市政府，他们的任期与市议会相同。换届时市长和副市长同时改选。

市长具有双重身份：市长作为国家官员，代表国家，执行国家公务；市长作为市政官员，执行市政公务[11]。

三、当代中国市政府体制

人民代表大会制度是中国的一项根本政治制度。在中国，一切国家权力属于全体人民，由人民选举代表组成人大，代表人民行使国家权力。其他国家机关都由它产生，对它负责，接受它的监督。城市人大是中国城市的国家权力机关。

中国的市政府体制就是城市中行使国家权力的各种国家机关按照一定方式组成的系统，包括城市权力机关、行政机关和司法机关等，它们各自执掌一部分权能，并且相互支持、相互配合，构成中国市政府体制的基本内容。

各权力主体在市政府体制中的地位是不同的。中国共产党的市委是市政府体制中总的领导者，居于城市政治生活的核心地位。中国的各类城市都设有党的委员会，它的决策和主张，一般不直接对社会发生拘束力，而是通过某种法定程序转化为市的国家机关的意志后，才产生法律的拘束力。它实际上执掌着城市的“公共权力”，成为市政体制的核心部分。

市政府体制中的城市权力机关——市人大，是中国政体在城市的根本体现。它在城市的国家政权机关体系中具有最高的法律地位。市委、市人民政府的许多政策主张、计划，需要通过它的表决，变成它的决定、决议，并以它的名义公之于众，才能获得必要的法律权威，从而得以严格地遵守和执行。虽然它在城市国家政权机关体系中法律地位最高，但它并不是一个主动的管理者或设计者，而是一个确认者或批准者。它的许多作为，都必须基于市政府的建议、议案。它可以否决市人民政府、市人民法院以及市人民检察院提出的议案，但却不能由它自己提出替代议案。它可以撤销市人民政府不适当的决定或命令，却不能直接改变市人民政府的决定或命令。概言之，宪法赋予它的在市国家政权机关中的最高法律地位，并不意味着它可以代行行政或司法机关的权力。

市人民政府是城市的地方国家行政机关。在政治上，它是市委的执行者；在法律上，它是市人大的执行者。无论是对市委、还是市人大其都有某种从属性。但它绝不是一个被动的执行者，它拥有广泛的行政管理职权，拥有广泛的行政决策权力，可以发布决定和命令，规定行政措施，是城市里最主要的设计者和筹划者之一。

市人民法院、市人民检察院是城市的司法机关。它们依法独立行使审判权、检察权。政治上，它们接受市委的领导；法律地位上，从属于市人大及其常务委员会，对其负责，受其监督；业务上有很强的独立性。在一般情况下，无论是市委、还是市人大都不干涉具体案件的审判和检察。

作为中国城市政府，市、市辖区、镇地方国家机关的设置与一般地方相同；市、市辖区属于县级以上，镇属乡镇一级。

第二节　现代城市政府职能

一、城市政府职能的一般概念

城市政府职能是指城市政府在城市公共事务的管理过程中依法履行的各项职责和功能的总称，是城市政府管理活动的基本方向。具体而言，市政府职能主要是指城市政府在城市环境、城市规划、城市建设、城市服务和城市管理等方面职责和功能的总称。

正确理解和把握市政府职能概念，需要注意以下几个方面的问题：

（1）市政府职能状况取决于一个国家的性质和城市政府在国家政权体系中的地位，不同国家的城市有着不同的市政府职能。中国是单一制国家，城市政府是一级地方政府，服从国务院和上级政府的领导，执行国务院和上级政府的决定，履行国家法律、法规和政策规定的各项职能，受中央政府和上级政府的委托，代理完成国务院和上级政府在本辖区的一些行政事务。

（2）市政府职能是历史的产物，不同历史时期的城市政府有着不同的市政府职能。因此，市政府职能将随着城市的发展而不断发展变化，是国家职能社会化的缩影。在不同国家和同一国家的不同历史时期，市政府职能具有不同的内涵和特征。

（3）市政府职能的主体是城市人民政府。一个城市的行政管理往往是该城市党委机关、立法机关、行政机关的复合行为。但在法理上和具体的管理分工中，城市人民政府无疑是确定、调整和实现市政府职能活动的主体，在这一过程中，党委机关负有政治指导职能，人大负有审查、议决和监督功能等。但这丝毫也不能影响城市政府的管理主体地位。

（4）市政府职能的客体是城市公共事务。在中国，城市公共事务是地方公共事务的重要组成部分。由于人口聚居所产生的公共服务需求，造成了公共机构、公共设施、公共产品和公共服务的高度集中，从而，与其他地方行政事务相比，城市行政事务更加具有公共性质。

（5）实现市政府职能的主要途径和方式是法制化、科学化、现代化的公共管理。政府职能的实现必须做到依法循制，按照既定的规则来进行。这就要求城市行政法规和制度必须符合科学管理的规范，反映现代化的需要。

二、市政府职能的意义

城市政府管理系统主要是为了实现政府的各项职能而设立的，在这个系统内，任何法定的单位、部门和机构，都服务于政府的整体职能目标的实现，在相互依存、相互作用中发挥着各自的局部功能，目的在于实现城市政府的公共目标，对城市公共事务进行有效的管理。可以说，市政府职能是城市政府管理系统赖以存在和发展的主要依据，其重要意义主要体现为以下几个方面：

（1）市政府职能是城市政府各项公共事务及其管理活动的组织化，代表了城市政府活动的基本方向，反映了城市政府行为的基本目的和宗旨。从理论上说，市政府职能的范围、内容、分工、程序和目的，都从不同侧面反映着市民的愿望、要求和支持，代表了市民的共同意志和根本利益，体现了城市政治与社会制度的根本性质。

（2）市政府职能决定着城市政府管理范围和组织规模。从逻辑上说，城市公共事务的数量和管理质量要求，决定着政府的职能及其范围，而市政府职能又是确立政府管理范围的基本依据，进而，政府的组织规模又取决于政府的管理范围、管理质量和管理现代化水平。

（3）市政府职能既取决于国家和地方行政体制，又在不断地影响和改变着城市各级政府上下左右的行政关系，是中央、省和城市政府权责分工和事务分割的重要依据。在中国的城市中，集合着国家事务、地方事务、城市事务、区街事务和市民自治事务，它们之间的事务范围与合理界限，直接取决于城市政府的职能范围，关系着城市管理体制和国家行政体制。

（4）市政府职能是城市政府实施“三定方案”的重要依据。一般而言，事权关系到职能，而职能和机构又是相互对应的，每一项职能都要求有相应机构和人员来承担。职能范围越广，职责划分越细，组织机构也就越庞大，反之，职能范围越小，职责关系越简单，其组织机构就越少，政府规模也就越小。同时，政府职能关系着城市政府机构改革的基本方向。中国过去所进行的多次机构改革，由于在职能转变上未有大的突破，往往只是机械地进行机构撤并、人员精简，结果常常陷入“精简—膨胀—再精简—再膨胀”和“一收即死，一放即乱”的恶性循环之中。因此，抓好职能转变是城市政府机构改革的关键。

（5）市政府职能是否科学合理，直接关系到政府管理的绩效和成败，关系着城市的发展和未来。

三、西方国家城市政府职能的范围与实现方式

（一）西方国家市政府职能的历史发展

工业化是城市化和城市发展的基础。西方国家的市政府职能的历史发展大致经历了前工业化阶段、工业化阶段和后工业化阶段三个阶段。

1. 前工业化阶段

前工业化阶段即工业化之前的市政府职能发展时期，其中有代表性的是18世纪中期以前的欧洲城市。当时的市政府职能往往仅限于户籍、治安、消防、道路、路灯、水道、卫生等方面的管理，城市公共事务的管理比较简单，管理手段单一，管理方式也比较原始，有些事务和服务由于社会需求尚未形成规模，没有从社会中分离出来，具有私人性质和宗教性质。

2. 工业化阶段

工业化阶段是欧洲城市迅速成长的时期，大约始于18世纪后期至20世纪40年代。随着工业化的迅速发展，欧美国家的城市化进程不断加速，城市人口不断集中，城市规模不断扩大，一些新的城市事务不断涌现，这对城市管理也提出了更高的要求，从而使城市政府开始进入了一个成长期，市政府职能的范围和内涵也不断扩大，其主要表现是：

（1）人口开始大规模从农村向城市集中，催生了以服务业为主体的城市第三产业，进而，公共服务业规模已明显扩大。

（2）城市政府管理权限不断扩大，公共服务范围越来越广。

（3）城市自治权限的扩大，市政府行政职权相对独立，“部局制”开始逐步代替“委员会制”，以及随之而来的公共财政规模的迅速扩大等。

在这个时期，城市政府的新增职能主要有能源、供水、照明、医疗、保健、福利、住宅、环境、教育等。同时，一些前工业化时期的市政府职能的技术含量不断提高，以适应工业化高速发展的需要。

3. 后工业化阶段

后工业化阶段大约始于20世纪40年代以后，尤其是在60年代以来，随着发达国家城市产业结构的调整和改革，以信息和服务业为主体的第三产业、以高新技术产业为主体的第二产业开始在许多城市崛起，结果使市政府职能出现了划时代的转变，其主要表现形式是：①城市人口开始到近、远郊区疏散，市中心的高楼大厦和成群结队的城市贫民形成了鲜明的对比。②教育的集约化发展、大众传播的普及和市民素质的提高，使市民参政获得了空前的发展。③随着政府权力的下放和职能的分化，公共管理和公共服务开始出现分散化和民营化趋势。④政府规模和职能范围不断缩小，但城市公共设施、公共管理和公共服务的技术含量却日益提高。⑤市民生活质量提高，市政府管理趋向国际化等。

在这个时期，城市政府的大部分职能都有明显的萎缩，原因是政府有计划地把一些职能下放给社会，把一些公共机构转化为企业或中介机构，如保安、污水和垃圾处理、能源、交通、电信、片区开发、住宅、医疗卫生、文化教育等；而另一些职能则得到强化和改善，如外向经济职能、治安、防灾、环保、福利保健、救济和公共服务等。

（二）西方国家市政府职能的范围

纵观西方发达国家的市政府职能，其范围虽然越来越大，但市政府管理的法制化、科学化和现代化程度越来越高，市政府管理公共事务的总量不是增加而是减少，因为整个市政府管理已经由工业化时期的“大政府”模式发展为“小政府，大社会”模式，管理的方式也由过去的直接管理为主转化为间接管理为主。从范围上看，西方发达国家的市政府职能主要包括：

（1）规划职能，以土地规划和区域综合开发计划为主。英国的城市规划分为制定和执行两个阶段，其制定阶段又分为两部分：一是结构规划，即战略性的长期发展规划。二是地方规划，即在结构规划范围内由各小区域规定的详细发展计划。计划拟订后，公民和机关按规定利用土地时，要先取得市议会的许可证。市政府除负责规划的执行外，也可强制征购土地，自己执行规划中的项目。

城市规划也是美国市政府的一项重要职能。美国的城市规划机构在市政府结构中所居的地位差异较大，主要有三种类型：一是作为独立活动的自治或半自治的计划委员会。此种形式盛行于第二次世界大战之前，一般由5～9人组成，一旦任命，他们在法律上不再向市政府首脑负责。目前，这种形式已较少采用。二是作为行政首脑之下的参谋部门，直接对行政首脑负责。这一形式在近年较为流行，它比较适合于采用议会、市经理制的城市。三是作为市议会的决策职能机构，其成员从属于议会。

（2）公共服务职能。公共服务职能是西方发达国家市政府职能的主要内容，从文化教育、交通运输、产业振兴、人力资源、福利保障、环境卫生、治安消防到市民生活，涉及市政府管理的方方面面。

教育服务主要是指对中学、小学、幼儿园、市立高等学校等进行有效的政策指导，强化各种业余性、回归性的社会教育，特别是对青少年的教育，防止不良化，提高市民素质。这是各国市政府较为普遍的一项传统职能。

文化服务主要是指为提高市民的整体素质，丰富市民生活，对图书馆、博物馆、科学馆、文化馆、体育馆、美术馆等的修建、维护和管理，以及对建筑物绘画、传统技艺、名胜古迹和历史文物的保护等方面的公共服务。

交通运输服务主要是指道路、桥梁、港湾、机场和停车场等的设置和管理，以及使用这些设施的权利的相关规定，轨道事业、汽车运输事业、船舶及其他运输事业的经营、通勤对策等方面的公共服务。

产业振兴方面的公共服务主要是为振兴工商业（特别是中小企业）和农业等产业所进行的技术援助和产品奖励，以及为此而建置完备的设施（工业用水道、试验研究机构），促进农地开发事业以及旅游开发事业等方面的公共服务。日本在这方面比较突出，主要服务有：组织协调城市基础设施建设；制订和实施经济社会发展计划，制定和执行振兴城市经济的产业政策；提供信息和咨询服务；扶持中小企业；劝诱私人企业投资等。

人力资源服务主要包括劳动技能培训与教育、雇佣的促进、失业对策与生活保障等。此外，还有公用事业服务、公共住宅服务、社会福利保障、环境卫生服务、治安和消防服务等。

（三）西方国家市政府职能的实现方式

多数西方国家市政府职能的实现方式是多途径、多元化的，但主要采用以下几种模式：间接管理为主，直接管理为辅；宏观调控为主，微观监控为辅；法制手段为主，经济和行政手段为辅；公共服务为主，公共管理为辅。这些成熟的经验是值得中国城市政府借鉴的。

（1）制定法规、政策和指导性社会经济发展计划。西方各主要发达国家的城市政府均有相对独立的自治权，制定市政府管理的法规、政策和某些指导性计划，为企业法人、社团法人、特殊法人和市民提供一个得到普遍认同的、框架性的行为规范和努力目标，用以引导、激励、鞭策企业、社团、机构和市民趋向于市政府职能目标，启发企业、社团、机构和市民的自律意识和自觉行动。

（2）直接经营和控制某些公益事业。西方国家的煤气、供水、电力等与市民生活紧密相关的公益事业，通常由城市政府进行垄断经营，尽管在20世纪80年代以来许多西方国家的城市政府大力推行公益事业的民营化，允许私人经营公益事业，但对其价格、服务时间、服务质量实行严格的管制，以防止其不良行为和唯利是图的倾向。

（3）依法规定各种审批、许认可程序，对和市民息息相关的事务进行巡视检查和实时监督。为了掌握城市社会基本状况，减少民事纠纷，法律明确规定了各种公民或法人在进行各种合法行为时（如开张营业、订立合同、停业、结婚、离婚、迁徙、收入、私人土地使用等），都要履行申报、登记、审批、公证、验证等手续，以便及时发现问题、及时加以纠正。此外，市政府行政部门还进行一些巡视、检查、监督等公共服务。

（4）通过政府投资和支持开发新技术，引导、刺激经济发展。西方国家城市政府主要通过投资建设良好的城市基础设施、花钱做广告等吸引外地企业到本市投资、从事工商活动，此外它还直接扶持中小企业，给予其财政援助；有些城市还拨款支持新技术的开发和引进，以支持新的小批量生产的工厂和企业的发展。

（5）委托私人企业从事公益事业，提供公共服务。由于公有企业经营成本较高、效率较低，英、美、日等国家的一些城市，放弃了对一些公益事业的直接经营，以订合同方式委托信誉较好的私营企业经营公益事业，私营企业必须严格按照合同规定，提供公共服务，接受政府的检查和监督[7]。

四、中国城市政府职能及其特点

由于中国的各类市政府具有双重地位（即作为一级地方政府，市政府既是中央人民政府的执行机关，又是市人大的执行机关），所以，中国的市政府职能一般包括国家在该市行政区域内的政治、经济、文化和社会管理方面的事务，是城市政府的重要职责和功能，在市政府管理过程中体现为法律、法规和上级政府决定的执行；同时也包括组织本辖区的政治、经济、文化和社会活动，管理地方公共事务，为城市居民提供优质高效的公共服务和公共产品。

市政府职能是历史的产物，不同历史时期的政治、社会、经济发展环境不同，城市政府有着不同的市政府职能。在中国，城市政府职能的发展与国家政治的发展、城市民主化的进程密切相关。新中国成立以来的半个多世纪里，中国城市政府职能的历史发展可以划分为两个阶段：计划经济时期和市场经济时期。

（一）计划经济时期中国城市政府职能的基本特点

在传统的计划经济体制下，中国政府是一个无限政府、全能主义政府，什么都管。同样，城市政府的管理职能也非常广泛，几乎涵盖了所有方面。其概括起来有：①管理经济的职能，包括对工业经济和交通运输业的管理，对商业、饮食服务业的管理，对邮电通信业的管理，对农业、林业经济的管理，对海洋、内河渔业的管理，对外贸经济的管理，对土地、房地产、建筑业的管理等。②城市建设和管理的职能，包括对城市规划、城市建设、城市环境的管理。③管理教科文卫的职能。④对城市社会控制与保障的管理职能，包括安全管理、司法管理、民政管理、劳动管理、人口与计划生育管理等。

由此可见，中国市政府职能的内容十分广泛，城市政府不仅要管理城区的各行各业，而且要管理所辖郊县的农副业；不仅要推动城市经济、社会的发展，而且要发挥城市的集聚和辐射作用，带动郊县经济和社会各项事业的发展。但其核心内容不外是执行国家的法律、法规、政策和上级政府的决定，实施同级人大的决定，管理城市政府辖区内的地方公共事务。其实现方式是以直接、微观管理为主，行政手段为主。与西方国家相比，计划经济体制下中国城市政府职能有很大的不同，具有六个方面的基本特点。

1. 政企不分、政社不分，职能严重错位

长期推行计划经济体制，不仅导致了高度集中的城市政府管理体制，而且片面地把城市政府的经济职能等同于城市政府直接管理企业的微观经营活动，从而形成了一套“以政代企”、“政企不分”的城市经济管理体制，政府通过多层行政系统的条块和指令性计划来控制城市企业的生产经营活动，对企业经营管理活动统得过死、包得过多、管得过细，迫使企业成为政府的附属物。在社会职能方面，长期以来，中国城市中普遍存在着政府办社会和公共服务匮乏等现象，严重影响了社区管理的活力和基层民主自治的发展，社会的自治功能受到严重制约，同时也加重了政府的负担，限制了政府公共服务的能力，造成了不同程度的恶性循环。

2. 经济管理职能广泛而突出

管理城市经济是中国城市政府的首要职责。中国城市政府管理经济的机构庞大、部门林立，既有综合性的经济管理部门，又有专业的经济管理部门；不仅进行宏观控制，而且进行微观指挥，并贯穿于国民经济的一切过程。

3. 对其负责的事务的管理控制程度高

这表现为控制面广和控制强度高。城市的工业、商业、教育、科技、文化、卫生、体育事业、城市公用事业等，几乎都由城市政府直接管理；不仅企业、事业单位，而且更为具体的领域，包括居民的衣、食、住、行等，几乎都由市政府负责管理；同时，其几乎都运用强制性的行政手段。

4. 综合性的社会保障服务职能较弱

社会保障是政府为了保证社会成员最低生活水平以及抵御各种风险的能力，参与国民收入再分配过程的行为。它是一种政府责任，理当由政府承担。但由于中国经济力量不足以及思想认识不够，城市政府承担社会保障的范围有限。许多社会保障、社会福利由企业承担，城市政府的民政部门负担保障责任仅限于退伍军人、残废军人、革命烈士、残疾人、军烈属、孤寡老人等。这样，广大的城镇集体经济、个体经济、合营企业、外资企业的职工和市郊农民，均不在目前国有企业职工保障范围之内，他们的医疗、养老尚得不到应有的保障，天灾人祸等各种风险给他们带来经济损失也难以得到应有补偿。这无疑会影响到城市社会的安定，也给企事业单位的劳动人事制度改革造成困难。

5. 独立性的职权较少

这表现为中央集权过大，城市政府的权力无法律保障，上级可随意解释或随时上收与下放权力，使城市政府难以适应，难以调动城市的积极性、主动性。

6. 职权与职责相脱节

这表现为许多方面有权者不负责任，或者负责任者无权力，以及有责而无利。例如，在层层审批的制度下，建设的责任在城市，决策的权力在上级。又如，权力下放以后，城市政府自身不负有相应的经济责任，以致出现争投资、争项目的情况。再如，许多本应由政府负责的社会管理职能推给企业，企业有责而无利，甚至企业在这些方面做得越好，其经济损失也越大[7]。

（二）市场经济时期中国城市政府职能的转变

政府职能转变是一个全球性的课题，这是因为随着新技术革命与经济全球化的不断深入，各国政府均面对很多新情况和新挑战。如何适应新形势，调整政府职能，从而在全球化进程中趋利避害，不仅是发展中国家政府面临的课题，也是发达国家政府面临的课题。在经济全球化背景下，政府职能调整的基本目标，就是要充分反映市场的要求，通过提高政府管理与服务的效率，使本国市场具有更强的国际竞争力，从而在不违背国际规则的前提下最大可能地增强本国经济的国际竞争力。

中国自 1978 年改革开放以来，开始逐步建立社会主义市场经济体制，计划经济体制向市场经济体制转型。这个转型的过程就是政府职能转变、政府审批权力减弱、个人生活权利的空间逐渐扩张及个人对政府依附性减少的过程。虽然中国三十多年的改革已经取得了明显的进展，但是，与其他国家相比，中国政府职能转变相对滞后，政府管理体制改革滞后于经济体制改革的总体进展，政府职能的转变滞后于政府机构改革，政府职能的定位还需要从根本上得到明确。

从世界各国政府职能的定位来看，在市场竞争条件下，政府承担的是为市场和企业提供服务、信息、协调社会秩序的角色，政府职能应定位于纠正市场失灵、弥补市场不足，以更好地发挥市场机制对资源配置的基础性作用。具体而言，主要是在遵守市场规律的前提下，通过创建一系列制度安排来规范市场、稳定市场和引导市场发展，并通过提供必要公共产品的形式来弥补市场供应的不足，政府不一定要自己来生产某种产品。由此，中国城市政府必须以“小政府、大市场”为目标，按照政企分开、政事分开、政社分开的原则，彻底转变其经济与社会职能，整合城市规划、建设、管理和服务职能，建设服务型政府。

1. 由政府包揽一切向政企、政事、政社分开转变，增强社会的自治功能

计划经济体制下城市政府的统制功能过强，而社会的自治功能过弱。“政府全能”

的观念导致市级政府职能严重错位，管了许多“不该管、管不好、管不了的事”，给城市经济和社会的发展造成了不良的后果。因此，转变政府职能必须从市场经济下政府的作用以及政府与市场、社会的关系入手，对市级政府现有的权力进行剥离，把企业的生产经营权和投资决策权真正交还给企业，把社会可以自我调节和管理的职能交给社会中介组织，把群众自治范围内的事情交给群众自己依法办理，切实实现政企分开、政事分开、政社分开，使城市政府的职能真正转到经济调节、社会管理和公共服务上来。

2. 由以经济管理为重心向社会管理和服务为重心转变，优化城市政府的职能结构

根据国际经验，在现代市场经济条件下，城市政府的职能以社会管理、环境管理和公共服务为主，包括进行城市的功能定位，制定城市的发展规划，控制人口规模和人口密度；发展城市的教育、文化、科技、体育、卫生等社会事业，提高人口的综合素质；建立和完善多层次的社会保障制度，保障低收入者的基本生活；加强社会治安综合治理，保护市民的生命和财产安全，维护社会稳定；提供必需的社会公共服务，并对众多的社会公共服务部门实行委托管理和依法监督；指导和帮助城市社区组织的建设，充分发挥基层社区的民主自治和互助功能；依法保护城市的各类资源和生态环境综合治理污染，进行生态再造，努力实现城市的可持续发展；科学调整城市的布局和结构，塑造良好的城市形象，提高城市的吸引力、凝聚力和市民的自我约束力等。因此，要积极创造条件，弱化市级政府的经济管理职能，同时强化其社会管理、生态管理和公共服务职能，促进城市的持续、快速、健康发展。

作为经济中心和工商业聚集地的城市，其政府的经济管理职能不可能完全取消。但是，市级政府的经济管理职能从目标、内容到手段、方式都应发生根本的转变，做到既不干预企业的日常生产经营活动，又努力为企业创造良好的外部环境，建立起市场经济条件下政府运用法律和经济手段对经济发展进行宏观调节和间接管理的新型管理体制。当前，城市政府在经济管理方面主要负责以下几方面的工作：一是加强对国有资产的管理和监督，实现国有资产保值增值；二是加强对市场的管理和监督，规范和维护市场秩序；三是制定经济发展规划和产业政策，对企业实行指导和间接调控；四是动员全社会的力量推动城市经济发展[12]。

综上所述，中国城市政府职能转变的基本思路可以概括为撤销部分职能、转移部分职能、增加部分职能、强化部分职能。

（1）按照政企分开的原则，撤销部分职能。即把资源的基础配置权逐步由政府转交给市场，政府及其所属机构同企业之间不再保持上下级的隶属关系，通过国有资产控股公司，使城市政府逐步退出竞争性经济领域和城市社会自治领域，撤销其企业经营管理职能。由政府包揽一切向政企、政事、政社分开转变，增强社会的自治功能。

（2）按照“政企分开”、“政社分开”的原则，转移部分职能。即将资源配置、生产经营和社会自治职能转移出去，交由市场、企业、社会中介和自治组织承担。

（3）增加部分职能。即在政府职能转变中，要大力增加城市社会公共服务职能，制定各项社会援助、社会福利、社会保险、公害治理、生态环保等方面的法则与条例，健全社区管理体制，培育市场服务和社区服务体系，使市民有一个良好的生存与发展的社会和生态环境。

（4）强化部分职能。即加强城市政府的宏观调控职能，如加强决策、咨询、信息和综合服务、调节、仲裁、监督等宏观调控部门的职能，以逐步形成强有力的宏观调控机制和良好的市场环境，尤其要加强行政执法和监督部门的职能，建立依法行政责任体系，做到有法可依、有法必依、执法必严、违法必究，不断提高城市政府的行政执行和行政监督能力。

（三）市场经济条件下中国城市政府职能的范围[13]

根据国际经验和中国国情，现阶段中国城市政府职能范围应包括四方面的内容。

1. 制定科学、合理的城市规划

制定科学合理的城市规划，是城市政府的首要职责。科学、求实和法制化的城市规划及其管理，对城市建设起主导作用。城市规划是城市政府管理城市的龙头，是城市政府管理城市的有效手段。在市场经济条件下，城市规划是国家对城市发展重要的调控手段，国务院在1994年就指出“要切实发挥城市规划对城市土地及空间资源的调控作用，促进城市经济和社会协调发展”。现阶段，中国城市规划的编制要求以区域城市体系规划为基础，在大都市地区，要求率先编制区域宏观发展规划。

2. 提供有效的城市公共产品和公共服务

城市的公共产品大致可以分为两类：①城市基础设施。其包括城市能源系统，供水、排水系统，城市供电、供气系统，城市交通系统，城市通信系统，城市环境建设和保护系统，城市防灾系统等。②城市公共设施。其包括体育馆、文化馆、图书馆、博物馆、电影院、剧院、俱乐部、医院、学校（主要指中小学建设）等场所。

公共产品具有的特性是消费（需求）上的非排他性和生产（供给）上的排他性（垄断性）。消费上的非排他性，是指一个人消费不能阻止别人消费，每个人都有“搭便车”的心理。不出钱可以消费这种公共产品的公益性的特点又造成其供给不足。生产上非排他性又决定了公共产品具有自然垄断的因素。这种特性决定了公共产品由政府经营是最经济的选择。政府提供公共产品，并不是政府亲自组织生产公共产品，也不要求政府一手操办，全部包下来。政府要把这项职责承担下来就是政府要管起来，但政府未必都要亲为，也不是政府垄断公共产品的生产。政府可以运用多种制度规则或多种方式来提供公共产品，如可以采用承包制等形式由私人提供城市供水和污水处理，由私人投资办医院和学校，或采用合资、合作的方式来承办城市公共产品。政府应制定鼓励私人兴办公共产品的政策。政府通过应用多种手段将社会各类资金充分运用起来，但政府的有限资本主要用于调节宏观经济运行。

3. 对市场进行必要的监管

维护公共秩序、打击假冒伪劣产品、反对垄断、建立统一的市场是城市政府的主要职能。政府必须承担对市场的监管。监管市场主要表现在以下几个方面：①维护自由竞争，反对垄断，反对欺行霸市行为。②维护和保护知识产权、专利权，打击侵权行为。③维护名牌产品，维护著名商标，打击假冒商标、品牌和对商标、品牌侵权的行为。④维护公平交易行为，打击短斤少两、以次充好、制假掺假的市场行为。

对市场进行监管涉及的部门很多，其中主要有工商、税务、审计、计量、质量、物价、城管、城监、卫生等，因此要密切配合。监管市场同传统意义上的管理企业完全不同，传统意义上的管理是政府直接管到每一个企业，企业的大小事务，政府说了算。监管市场则完全不同，它只管市场而不直接管企业，只管那些在市场上违规的企业，那些破坏市场秩序，制假贩假的行为。例如，一个企业在市场上正当地经营，政府不必管，但当这个企业制售伪劣商品时，政府就要出面制止和打击。而对于遵纪守法、诚信本分的经营者和企业，政府不仅不干预，而且还要经常给予表彰。

4. 建立覆盖城市所有居民的社会保障制度

为城市居民建立社会保障制度是城市政府义不容辞的责任，是城市政府的主要职能。城市社会保障制度是指政府给城市居民提供一种能保障其基本生活权利的社会安全制度。其中最主要的是给城市居民建立一套社会保险制度。社会保险制度主要是指由城市居民本人及工作单位和城市政府共同筹集资金，用于帮助劳动者遭遇疾病、失业等风险或年老时保障其基本生活的制度。在社会保险制度中包含着三条最低保障线，即城市政府强制规定的城市职工就业的最低工资标准，政府规定的职工失业、下岗的生活救济金标准和城市家庭人均最低生活标准。一个城市家庭的人均收入水平如低于这个城市人均最低生活标准所需的经济收入，则由城市政府给予补助或救济。

➢复习思考题

1. 什么是市政府体制？它有哪些特点？
2. 试分析中国与西方国家在城市政府职能及其实现方式上的异同。
3. 市场经济条件下中国城市政府职能如何转变？

第三篇 现代城市管理的手段体系

本篇提要

本篇着重回答现代城市怎么管的问题。

法制是城市管理的重要方法，城市法制在城市政治系统内部，在城市政治与行政的运行过程中具有重大作用。城市法制建设的基本要求包括有法可依、有法必依、执法必严、违法必究。城市法制建设的内容包括加强城市立法、严格城市执法、增强市民法律意识等。结合中国城市法制建设的进程及其特点，本篇着重阐述了城市综合执法的内涵、意义和作用，对中国当前城市综合执法工作中需要关注的问题也进行了讨论。

城市规划既是城市管理的重要内容，更是进行城市管理的依据和重要手段。做好城市工作，首先要搞好城市规划。城市规划是城市建设和发展的蓝图，是建设和管理城市的基本依据。城市规划搞得好不好，直接关系城市总体功能能否有效发挥，关系经济、社会、人口、资源、环境能否协调发展。所以，从城市管理的手段来讲，本篇着重阐述了城市规划思想的发展、城市规划的作用，以及中国城市规划的发展与编制要求，最后，对城市规划的实施与管理进行了介绍。

城市法制

城市政治系统的建立与维系，市政府政治与行政职能的行使，市政府进行决策、执行、监督、反馈等一切城市管理过程，都必须依据一定的规则，使其有秩序地进行。同时，城市政务的推行，也必须借助于一定的国家强制力。这就要求有一个健全的城市法制系统。它不仅是城市政治系统的运行规则，也是城市政府进行管理的有效手段。因而，城市法制管理是现代城市管理系统的一个重要组成部分，是现代城市管理的一个重要方法。

第一节　城市法制概述

一、城市法制的含义

要弄清城市法制的含义，必须先了解“法制”一词的含义。所谓法制，有三种基本含义：其一，它是指法律和制度的总称，或法律制度的简称，它是以国家强制力为保障的行为规则；其二，它是指立法、执法、守法全过程的总和；其三，它是指在法律约束、保障下的一种有秩序的良好社会状态。

通常人们使用“法制”，总是在上述三种含义上不断地变化，时而三义并用，时而单取一义，时而以一义为重。例如，当我们讲“要有完备的法制”时，通常指第一种意义上的法制，即制定齐全的法律、法规；当我们讲“应遵循法制”时，主要讲第二种意义上的法制，即根据依法办事的原则去处理问题。当我们讲“加强法制建设、健全法制”时，三义并用。

由此，所谓城市法制，就是指有关城市管理的一系列法律制度的立法、执法、守法全过程的总和，以及在法律约束、保障下的一种有秩序的良好的城市社会状态。

城市法制是一个完整的体系，仅就其法律制度而言，包含两方面的内容：一方面，它是城市政府自身运行的规则。其广义，是有关城市立法机关、行政机关、司法机关等的组织法和程序法；其狭义，是有关城市行政组织法、程序法，含城市政府各部门的分工、职责权限、工作程序、行政纪律等内容。另一方面，它是城市政府管理公共事务的依据，亦称城市管理法，是有关管理的原则、标准、要求、方法等。

二、城市法律规范的类别

城市法律规范的类别或部门，可以从不同的角度进行多种划分。

按照城市法律规范的适用范围不同，可将它分为三类：①城乡都适用的法律规范，如宪法、刑法、民法等；②只适用于城市不适用于乡村的法律规范，如城市规划法、城市居民委员会组织法等；③只适用于特殊个别城市的法律规范，如广东省人大常委会制定的《深圳特区条例》等。

按照城市法律规范的主客体不同，可将它分为三类：①市政府自身组织管理的法律法规，如市政府组织法等；②城市公共事务管理的法律法规，如市工商行政管理条例等；③城市公民的权利和义务的法律规定，如《北京市实施〈中华人民共和国集合游行示威法〉办法》等。

按照城市法律规范的调整对象不同，可将它分为下列若干类别或若干法律部门。

（一）城市建设管理法

人们凭借适宜的自然条件，按照一定的规划设计、建造城市以及在规划、建设过程中和城市形成之后进行相应的管理的创造性活动，这在中国统称为城市建设，简称城建，亦称为城市建设管理。

城市建设管理法，是调整有关城市建设和管理特有的社会关系和社会矛盾的法律制度，是城市法制重要的组成部分。按照国务院法制局以及住房和城乡建设部的设想，将以下列法律规范构建组合为相对独立、完整的一个法律部门。

其一，城市规划法。它是调整在制定和实施城市规划、在城市规划区域内进行建设过程中的各种社会关系的行为规则。《中华人民共和国城市规划法》（简称《城市规划法》）已经于1989年12月26日由第七届全国人大常委会第十一次会议通过并公布，自1990年4月1日起施行。其内容主要包括：城市规划的制定；城市新区开发和旧区改建；城市规划的实施，对违反城市规划行为法律责任的追究和制裁。同时，国务院城市规划行政主管部门和省、自治区、直辖市人大常委会将根据城市规划法分别制定实施条例和实施办法。可以预见，城市规划法的贯彻落实，必将推进中国城市规划科学技术水平的提高，促进城市建设的现代化发展。

其二，城市建设法。它是调整城市建设过程中的各种社会关系的行为规则。其适用范围，包括城市道路、公共交通、城市水资源、供水、排水、防洪、供气、供热、园林、房屋、文化娱乐等各种工程设施建设的规划、用地、勘察设计、招标、投标、施工、检查验收等方面。现行的地方性法规和规章有《北京市建设工程施工招标管理暂行办法》、《北京市人民政府关于外国建筑企业在本市承包建设工程管理的暂行规定》、《北京市城市建设开发企业经营管理暂行规定》、《北京市建设工程承包企业经营管理暂行规定》、《上海市建设工程施工招标投标管理暂行办法》、《上海市城市建设规划管理条例》等。

其三，城市住宅与房产法。它是调整城市居民之间的住房关系和城市经营管理上的社会关系的行为规则的总称。其适用范围是产权管理、公房管理（包括公房的分配、租赁、修缮和公房租金的管理）、私房管理（包括一般私有房屋及私改房、代管房、宗教团体房、华侨私房和外国人私有房管理）、住宅与房产管理建设、房屋拆迁管理等。

其四，城市环境保护法。它是调整在城市环境保护中的各种社会关系的行为规则的总和。其内容包括保护自然环境和防止工矿企业、城市生活的废气、废水、废渣、粉尘、垃圾、放射性物质等有害物质和噪声、震动、恶臭等对环境的污染和危害。

（二）城市经济管理法

它是调整城市政府进行经济管理活动中各种社会经济关系的行为规则的总和。其适用范围包括工业、农业、交通运输、财政、金融、工商管理与市场物价、对外经济贸易等方面。

这方面的法规是城市法律规范中内容最丰富的。仅上海市人大常委会和人民政府自1979年至1988年年底就制定了五十多件地方性法规，二百多项地方行政规章，特别是制定了中国第一部《制止不正当竞争暂行规定》。还有《上海市工业企业节约能源暂行规定》、《上海市废钢铁管理办法》、《上海市城市建设维护税实施细则》、《上海市关于发行股票的暂行管理办法》等。

（三）城市教科文卫管理法

它是调整城市政府管理城市科技、教育、文化、卫生等工作中的社会关系的行为规则的总和。这方面的法规也日渐增多，如《上海市科学技术进步奖励规定》、《上海市普及义务教育条例》、《北京市新技术产业开发试验区暂行条例》、《北京市经营中国字画管理暂行办法》、《北京市郊区电视转播台管理暂行规定》、《上海市医院实施两种医疗收费标准的暂行办法》、《上海市体育场地管理办法》等。

（四）城市劳动人事管理法

它是调整城市政府管理劳动人事工作中的各种社会关系的行为规则的总和。这方面的法规，近年来随着劳动与人事分开管理，其法律规范性文件也分开制定，有《北京市劳动保护监察条例》、《北京市工人技师考评和聘任暂行办法》、《国营企业劳动争议处理暂行规定》、《上海市国营企业实行劳动合同制的暂行规定》、《上海市县级以上地方各级人民政府任免工作人员暂行办法》等。

（五）城市治安、民政管理法

它是调整城市政府在治安、民政管理中的各种社会关系的行为规则的总和。这方面的法规有《上海市对部分刀具实施管制的暂行办法》、《上海市外来寄住户口管理试行办法》、《上海市旅馆业治安管理暂行规定》、《上海市化学危险物品安全管理办法》、《北京市关于企业建立护厂队的试行办法》、《北京市社会福利事业单位收养残疾人、老人收费办法》等。

（六）城市政府机关工作法

它是调整城市政府机关工作中的社会关系的行为规则的总和。这方面的法规或规定有《北京市人民政府工作规则（试行）》及其附件一（《市政府秘书长工作规则》）、附件二（《关于市政府会议组织工作的规定（试行）》）、附件三（《市政府办公厅值班工作制度（试行）》）、附件四（《关于各部门邀请市政府领导同志参加活动的规定（试行）》）、《北京市实施〈国家行政机关公文处理办法〉的若干规定》等。

三、城市法制的作用

城市法制在城市政治系统内部、在城市政治与行政的运行过程中具有重大作用。

（一）规范市政府行为，提高政府工作效率

健全的城市法制，为市政府机关及其工作人员提供了一套科学的行为规范，以提高市政府的工作效率和工作质量。具体说，这种规范作用体现在五个方面：①使市政府工作标准化。通过具体明确的法律规定，为市政府进行工作提供一整套处理问题的标准，不至于同样的问题，由于不同人、不同地区，在处理上出现畸轻畸重、左右摇摆、宽严不一的现象。②使市政府工作科学化。通过规定科学的管理原则、方法、标准、程序，进行科学指导，弥补市政府工作人员专业科学知识的不足，把因工作人员知识不足造成的非科学因素降到最低限度。③使市政府工作有序化。通过科学系统的工作程序规定，使市政府工作按照一定程序进行。④使市政府工作廉洁化。通过廉政立法、行政纪律、专门监督，监督制约城市政府工作人员的行为，使之为政清廉。⑤使市政府工作高效化。城市法律规范中，除了规定科学的管理原则、方法、措施、程序、标准外，还规定办事的期限，简化办事手续，必然会提高工作效率。

（二）保护城市生态环境，改善城市生活环境

城市社区与环境中，影响人类生存和发展的各种天然的和经过人工改造的自然因素，如大气、水体、土地、风景等，存在着一种共生平衡的关系。社区的居民若只单纯追求自身利益，而忽视与环境的共生关系，其结果必然造成资源的枯竭、环境的恶化。城市规划建设和环境保护的法律，对城市人口和生产力、建筑物和道路等的空间结构布局，都做了符合城市生态要求的明确规定，对人们追求短视的私利行为，也做了严格限制。当这些法律制度得以严格地执行和遵守，城市的生态环境就得到了保护，城市的生活环境也就得到了改善。

（三）指导个人和组织的行为，维护城市社会秩序

城市社会有机体的生存和发展，不仅取决于它与自然环境之间良好的平衡共生关系，而且还取决于社会机体内部协调的人际关系。这就要求一个共同遵循的社会行为规范，指导和约束城市中的个体和群体的行为，使其按照符合共同利益的原则活动。城市法制就是这样一种规范和社会约束机制，它维护着正常的工作、生活、教学、科研、经

济、交易等社会秩序。

（四）调整市民与政府关系，保护公民合法权益

城市政府和城市法制共同执行着保护公民合法权益的职能。但在现实生活中，往往出现城市政府及其工作人员侵犯公民权利的情况。这种情况一旦出现，城市政府自身往往难以做出公正的判断和处理。这就需要通过法制的轨道来解决。和市政府发生关系的公民，不仅有本市公民，也有外地甚至国外公民，国内外市政法律中都有保护这些公民权利的条款或专门的法典。此类法律规范主要包括公民权利的内容、侵权行为的标准及处理、公民诉讼程序等。1989 年 4 月 4 日全国人大通过的《中华人民共和国行政诉讼法》（简称《行政诉讼法》）规定，公民、法人和其他组织认为国家行政机关及其行政工作人员的具体行政行为侵犯其合法权益，可以依法向人民法院提起诉讼。

第二节　城市法制建设的内容

一、城市法制建设的基本要求

法制包括立法、执法、守法三个基本环节。城市法制建设也必须从这三个基本环节入手，建立和健全城市的法律体系，有效地组织实施，并使城市的党政机关、企事业单位、社会团体和全体公民严格遵守，做到有法可依、有法必依、执法必严、违法必究，实现依法治市。这就是城市法制建设的基本要求。

（一）有法可依

有法可依是指国家和城市应高度重视和加强城市立法工作，根据城市建设和管理的需要，逐步地、及时地制定完备的城市法律规范，使各项事业和活动有所遵循。没有法律固然谈不上法制，法律不完备，法制也不可能健全。因此，有法可依是城市法制建设的前提。

（二）有法必依

有法必依是指普遍守法，即城市里的一切国家机关、社会组织和公民，在自己的活动中，必须严格遵守和执行城市的法律规范，依法办事。这是健全城市法制的关键。

（三）执法必严

执法必严是指市行政机关、司法机关及其工作人员，都必须严格、严肃、严明地执行法律，切实地依照法律规定的内容、精神和程序办事，认真负责地维护法律的尊严和权威性。这是维护城市法制尊严的要害。

（四）违法必究

违法必究是指对一切违法犯罪行为都必须依法平等地予以追究和制裁，任何组织和

个人都不能例外，绝不允许任何人凌驾于法律之上享有法律规定以外的特权，更不允许国家公职人员执法犯法而逍遥法外。这是市政法制的保障。

二、加强城市立法

城市立法有两种基本含义：一是指全国人大及其常委会和国务院就城市的政治、经济、规划、建设及教科文卫等方面的问题，制定专门法律、法规、规章的活动；二是指依照法律规定享有立法权的城市，根据其市情和需求，依照法律规定和法律程序而制定、颁布实施于本行政区域的地方性法规或地方行政规章的活动。

这里所讲的城市立法，是指后一种含义上的立法。其特征有四：必须由享有立法权的城市行使；必须依照一定的法律程序；不得与宪法、法律和上一级立法、行政机关的法律、法规、决议、命令相抵触；只能实施于本行政区域内。依此，本书着重阐述下列五个方面的问题。

（一）城市的立法权限

根据中国宪法和地方组织法的规定，城市享有的立法权限为：

其一，制定地方性法规的权力。根据《宪法》第 100 条的规定：直辖市的人大及其常委会，在不同宪法、法律、行政法规相抵触的前提下，可以制定地方性法规，报全国人大常委会备案；按照《地方各级人民代表大会和地方各级人民政府组织法》的有关规定，同时报国务院备案。根据《地方各级人民代表大会和地方各级人民政府组织法》第 7 条和第 38 条规定：省、自治区的人民政府所在地的市和经国务院批准的较大的市的人大及其常委会根据本市的具体情况和实际需要，在不同宪法、法律、行政法规和本省、自治区的地方性法规相抵触的前提下，可以制定地方性法规，报省、自治区的人大常委会批准后施行，并由省、自治区的人大常委会报全国人大常委会和国务院备案。

其二，制定地方行政规章的权力。根据《地方各级人民代表大会和地方各级人民政府组织法》第 51 条规定，直辖市以及省、自治区的人民政府所在地的县和经国务院批准的较大的市的人民政府，可以根据法律和国务院的行政法规，制定规章。

其三，规定行政措施及发布决定和命令的权力。根据《宪法》第 107 条及《地方各级人民代表大会和地方各级人民政府组织法》第 51 条规定：县以上地方各级人民政府有权规定行政措施，发布决定和命令。由于中国城市的最低行政层级是县级，因而，中国所有城市都享有这一立法权。

1978 年以来，国务院先后批准了 14 个计划单列城市，14 个沿海开放城市，4 个经济特区城市，再加上 1987 年起海南省，72 个经济体制改革试点城市，在不同程度上扩大了城市的管理权限，也相应地扩大了立法权。

（二）城市的立法原则

城市的立法工作必须遵循一定的原则，不能随意进行，否则就会造成混乱。市人大及其常委会和市政府在立法过程必须遵循和坚持的原则是：

其一，法制统一原则。城市立法必须在宪法和法律规定的职责范围里履行，不得超越宪法和法律的规定，在内容上不能与宪法、法律和行政法规相抵触。同时，城市法律规范体系内部，不同部门之间在不同时间起草、制定的法规、规章，要注意协调一致，不能自相矛盾，造成执行上的困难。

其二，完整配套原则。城市立法的内容要完整，做到每个法规、规章都有法律或政策依据，有主管机关，适用范围明确等。有关的各种法规、规章、实施细则等，要相互衔接，配套出台。

其三，具体严密原则。城市立法都是针对具体问题的，要求在立法技术上不宜过多使用“弹性”条款，条文内容要尽量具体实在，有数量标准，便于执行和操作。文字要简明、准确、严密，避免过于笼统和易于产生歧义的措词。

其四，恪守程序原则。法律对城市地方性法规和城市行政规章两类地方法律文件，都规定了严格的制定程序。市人大和市政府在立法过程中，必须严格遵守法定的立法程序。这既是保障法律严肃性的需要，也是法律有效性的一个重要标志。

（三）城市的立法程序

立法程序通常包括立法建议的提出、法规草案的起草、法规草案的审议修改、法规的通过及其发布四个阶段。由于城市立法包含有市人民政府做出的决定和命令，因而在其程序的具体做法上略有差异。

中国城市的立法过程，在实际工作中通常是：

(1) 提出。由市人民政府法制局（有少数市称经济法规中心，有的市称法制办公室或法制处）提出五年或年度的立法规划，经市政府办公会议讨论通过，并报市人大常委会备案。

(2) 起草。市人民政府经济法规研究中心或市政府办公厅法制局（处）负责调研，草拟法规，召集有关部门进行讨论修改。

(3) 审议。根据法规的级别不同，由市人民政府常务会议或市人大及其常委会讨论、审议、修改。

(4) 通过。市人民政府常务会议或市人大或市人大常委会通过法案，并公布实施。

（四）城市的立法重点

城市立法务必适应改革开放、治理整顿的需要，突出城市规划、城市建设、城市管理的重点，急需的先立、快立，力求及时地起到推动和加强城市管理工作的作用。

当前在城市立法活动中需要建立健全的有三个方面的内容：

一是城市建设法律体系，包括城市规划立法、市政管理立法、住宅立法等；

二是城市经济法律体系，包括城市生产单位的联营和技术协作、节能和经济效益，鼓励和保护正当竞争，稳定市场物价等；

三是城市环境保护和治理法律体系，包括城市生活环境和生态环境的保护，园林建筑保护等。

（五）城市法规规章的清理

市政府的法制局，应该根据国务院公布的明令废止和宣布失效的法规目录，以及本市法规制定情况，经常对现行法规规章进行检查清理，该废止或自行失效的，要明令废止或宣布失效，同时做好现行法规、规章的汇编工作。

三、严格城市执法

立法贵在执行，执法不严等于无法，甚至比无法还有害。城市执法由行政执法和司法执法两部分组成。

（一）城市各级行政机关严格执法

城市各级政府及其工作部门，在具体的行政活动中，必须严格按照有关的法律、法规、规章执行任务，即依法行政。严格执法是城市法制建设的基本环节和关键工程，首要的是城市政府行政机关对法律的执行。尤其随着《行政诉讼法》的施行，市国家行政机关的具体行政行为若侵犯了公民、法人和其他组织的人身权和财产权等合法权益，就可能成为被告，与作为原告的公民、法人或其他组织，以平等身份出庭应诉，接受司法审判，并可能承担诸如赔偿等相应的法律后果。这无疑对市行政机关依法行政、依法治市要求更高了。这要求行政行为要有法可依，行政管理手段要有相应的法律依据等。为此，当前应抓好以下几个方面：

其一，增强领导的法制观念。执行法律和整个城市法制建设一样，关键在领导。各级各类市政领导应该清醒地认识到：严格行政执法是改革开放和治理整顿的需要，是发展有社会主义市场经济的需要，是提高政府效率和管理社会事务的需要，一言以蔽之，是增强党政领导机关在人民群众中的威信、取信于民的需要。增强领导法制观念，不仅要对各级领导进行法制教育，还要建立严格的责任制，使城市各级领导同志真正重视起来。

其二，雷厉风行，执法如山。执法疲软现象是中国城市行政执法中特有的现象。法律制定了不严肃执行，该罚不罚，该管不管，当重罚轻，大事化小、小事化了，在当前中国行政管理活动中尤为突出。法律对一些人来说是约束，但对整个国家的发展和人民根本的利益是保证。例如，环境保护法对大气的成分有具体规定，这从总体上说，对人民的身体健康和保证法制建设大有好处，但严格按规定执行，就会使一些工厂搬迁、停工整顿或转产。因此，严格执法可能会伤害一些人，损失一些经济利益。但是如果不严肃执行，人们就会误认为这是可执行可不执行的，最后就不执行了。因此，严格城市执法就必须坚决克服执法疲软现象，铁面无私、执法如山、雷厉风行。只有这样才能维护城市法律的尊严。

其三，跟踪监督检查。市人大或市政府的法规、规章颁布以后，要经常进行监督检查，建立日常执法检查工作制度，区、县政府主管部门对法规规章的执行情况要组织自查，边查边改。新法规、规章施行半年后，主管部门要进行一次全面检查，向市政府报告执行情况。在检查监督中还要充分发挥市政府监察机关执法监察的职能，市监察局要定期对各职能部门贯彻执行法规、规章的情况进行检查，在向市政府报告的同时，向有关部门提出监察建议，督促其履行职责。

其四，建立执法工作目标责任制。要把抓好执法工作作为领导者的一项责任，层层制定执法工作目标责任制，使执法工作逐步走向制度化、规范化。只有这样，才能从制度上保证法律的执行有人抓、有人管、经常抓、经常管。

（二）城市各级司法部门严格执法

它是指城市的法院、检察院，依据法律规定，对各种违法犯罪行为所进行的制裁处罚活动，是城市人民法院、人民检察院在国家宪法和法律规定的职权范围内，按照法定程序，具体依法对刑事案件、民事案件、经济案件和行政案件等进行审判和处理的专门活动。

城市司法部门的执法活动，所执行的是国家的基本法律，如民法、刑法、经济法、行政诉讼法等，它是一种被动的执法形式，只有在具体的刑事、民事等案件发生后才能引起。它是城市行政执法的后盾和重要补充，二者相辅相成。严格城市各级司法部门的执法活动是城市法制建设的重要内容。

四、增强市民的法律意识

公民普遍守法是城市法制建设的重要任务。深入进行普法教育，培养公民的法律意识，增强人民的法制观念，使广大市民成为法律的主人，使法律成为人民手中的工具，是市民自觉守法、维护法律尊严的前提。

当前对市民的法制教育应当做好两方面的工作：

一方面，在公民中继续普及法律常识的工作。1985 年 11 月 22 日第六届全国人大常委会通过了《关于在公民中普及法律常识的决议》，其中规定：从 1986 年起，争取用五年左右时间，有计划、有步骤地在一切有接受教育能力的公民中，普遍进行一次普及法律常识的教育，并且逐步做到制度化、经常化。普及法律常识的基本内容是：中国的宪法、刑法、刑事诉讼法、民事诉讼法（试行）、婚姻法、继承法、经济合同法、兵役法、治安管理处罚条例以及其他与广大公民有密切关系的法律常识。在城市的各级党委和政府的统一领导下，由党委宣传部门和司法部门主管，组织公安机关、检察机关、法院（简称公检法），工青妇、文化、教育、新闻、出版、工业、农业、交通、财贸等各部门通力合作。普及法律常识的步骤分为准备阶段、实施阶段、总结考核阶段。目前在城市公民中普及法律常识的工作已基本结束，今后要继续抓好经常性的法律普及教育，使之制度化、经常化。

另一方面，及时宣传城市管理的行政法规、地方性法规和行政规章。对于城市公民来说，仅仅了解基本法律常识是不够的，还必须了解与他们工作生活息息相关的城市管理法规、规章。例如，《城市节约用水规定》、《市容环境卫生条例》、《道路交通管理条例》、《禁止随地吐痰的规定》等，必须被及时地进行广泛的宣传。城市政府的领导人、法制工作机构和各主管部门应通力合作，做好法规、规章的宣传工作。凡需广大市民和企、事业单位共同遵守的新法规、规章，均应争取新闻单位的支持，在城市的报纸上全文发表，在市电台和电视台全文播发，其他法规、规章摘发、摘播；将本市新法规、规章及时编入《最新法规专辑》公开发行，同时把与市民生活密切相关的行政法规和本市的法规、规章进行整理摘编，编辑出版《市民办事指南》、《市民必备》等小册子，务使广大群众都能见到。重要的法规、规章，主管领导同志要亲自上电视台、电台宣讲。各主管部门和大型企事业单位要经常进行多种形式的法规宣传活动，力争做到家喻户晓，人人皆知[9]。

第三节 城市综合执法

一、城市执法管理模式及其问题

中国现行的行政执法体制，仍囿于计划经济体制的窠臼，其主要特征是执法主体部门化、多元化。行政立法和行政执法带有明显的部门倾向，往往出台一部法律、法规，就要设立一支执法队伍。行政执法权划分过细、执法机构林立，各部门分散执法，执法职能交叉，行政处罚权分散，实践中经常出现重复和多头的执法或发生执法空档的问题，这在行政事务相对复杂的城市管理领域尤甚。这种执法管理模式被称为“条条”管理，即法律法规所确立的各种类型的执法行为都指定由一个具体的政府部门来实施，如行政许可、行政征收、行政检查、行政处罚等，造成了多头执法、重复执法、执法软弱、执法扰民（胡乱收费、随意处罚），或推诿扯皮、执法主体不明确等问题。在城市管理领域，“一条马路几家管，一件违章多家罚”可谓司空见惯。

城市管理是一个涉及众多执法部门的领域，归纳起来主要有七个方面：市容环境卫生管理、城市规划管理、市政管理、园林绿化管理、环境保护、工商行政管理、公安交通管理。由于执法机构分立，条条分割，各管一摊，在实践中，管市容的不管破坏绿化的，管破坏绿化的不管违章建设，管违章建设的不管街头无照摆摊……由于职能交叉，责任不清，有好处的事争着管，没有好处的事互相推诿扯皮，造成执法效率低下。结果，只能靠市长、区长协调，搞集中整治，打突击战，好了几天后又旧景重现，形成“乱了治、治了乱”的怪圈。近年来经济社会的快速发展，对城市管理的要求越来越高，城市管理执法方式也随之不断调整，经历了从专业执法到委托执法继而再到联合执法等一系列变革。这些都为城市的繁荣和稳定起到了积极作用。但是，面对着城市发展，现有的执法管理模式还存在不少问题。

1. 职权交叉，相互扯皮，城市管理责任难以落实

当前，城市管理体制不顺在中国是普遍的问题。其管理机构在国家是住房和城乡建设部，到省里是建设厅，而在地方，则分成城管、环管、规划、市政、园林、建工、房管等若干个职能部门。在具体操作中，涉及城市管理工作的还有公安、工商、交通、卫生、环保等其他系统的主管部门。由于相关部门众多，职权交叉，责任分散，造成城市管理责任主体不明，责任追究机制难以形成，工作缺乏相应压力。同时，受本位观念影响和利益驱动，有些部门往往画地为牢，忙于自己的“主业”，而忽视了其他一些应该履行的职责。由于工作侧重点不同、着力点不同，各忙各的，加上缺乏自上而下的有机协调，其步调很难一致，“齐抓共管”很难真正有效落实。

2. 重复执法，多头收费，群众合法利益难以维护

由于重复执法、多头收费，或互相推托、放任不管，一方面造成管理资源的浪费和

行政执法效率的低下；另一方面，使一些行政相对人，尤其是无证摊主认为向政府缴纳了费用就“合法”了，堂而皇之地占道经营，给查处违法行为带来严重阻力，致使一些违法违章现象长期存在，极大地损害了群众的合法利益。

3. 条块分割，政令不畅，政府工作难以贯彻到底

为了加强城市市容管理，各地多数采取了“统一领导，分级负责，条块结合，以块为主”的管理模式。这种传统的城市管理体制，是城市管理的初级形式，在一定时期起到了积极作用。但是，就目前情况看它至少存在两大问题：一是“条条”指挥不动“块块”，很难实现有机“结合”；二是“块块”管理的不统一性和无序性，难以规范城市管理行为。

4. 投入不足，忽视管理，执法水平和队伍素质难以提高

现有城市管理执法队伍，其人员来源多样，文化水平普遍偏低，名为执法队员，但缺乏相应的法律素养，身处执法岗位，多数将其看做谋生手段，责任意识淡薄。

5. 联合执法不具备执法主体资格

为了改变多头执法的不良状况，中国许多城市都采取了在城市管理领域实行建管分离、联合执法的办法。即成立城市综合管理办公室，专司城市管理事务，并从有关部门抽调人员组成联合执法队伍，代表各自部门分别对各种违法行为进行检查处罚，收到明显效果。但这种联合执法仅属于一种工作方式，并不具备执法主体资格，不能承担法律责任，不符合《行政诉讼法》的规范[14]。

二、城市综合执法及其意义

1996 年，全国人大八届四次会议出台了《中华人民共和国行政处罚法》（简称《行政处罚法》)。该法第 16 条规定：“国务院或者经国务院授权的省、自治区、直辖市人民政府可以决定一个行政机关行使有关行政机关的行政处罚权，但限制人身自由的行政处罚权只能由公安机关行使。”这是中国首次以法律的形式确认相对集中的行政处罚权，从而为中国的行政执法体制改革提供了法律依据，也为在城市管理领域确立新的行政执法体制奠定了法律基础。

1997 年 5 月北京市宣武区城市管理监察大队宣告成立，北京成为全国第一个综合执法试点城市。自 1997 年以来，至 2002 年 8 月，按照国务院有关文件的规定，23 个省、自治区的 79 个城市和 3 个直辖市经批准开展了相对集中的行政处罚权试点工作，并取得了显著成效，对深化行政管理体制改革、加强行政执法队伍建设、改进行政执法状况、提高依法行政水平，起到了积极的作用。实践证明，国务院确定试点工作的阶段性目标已经实现，进一步在全国推进相对集中行政处罚权工作的时机基本成熟。2002 年 8 月 22 日国务院发布国发［2002］17 号《国务院关于进一步推进相对集中行政处罚权工作的决定》文件，授权省、自治区、直辖市人民政府在行政区划内有计划、有步骤地开展相对集中的行政处罚权工作，开始在全国推进相对集中行政处罚权工作。

所谓城市综合执法，是指一个行政机关或具有公共事务管理职能的组织根据一定的法律程序，按照国务院授权的执法范围，相对集中行使市容市貌、环境卫生、园林绿化、市政道路、规划建设、公安交通、工商摊贩管理等多部门全部或部分行政处罚权的一种行政执法制度，其涉及的是以市容市貌管理为主要内容的行政执法。城市综合执法

的范畴所涉及的领域是以城管、城建为基础的跨行业综合，即城市建设和管理系统的市容市貌、环境卫生、市政工程、环境保护、园林绿化、规划建设、房屋土地、城市公用等专业执法资源全部或部分集中，此外，对跨行业，涉及工商、公安管辖的无证设摊、易地经营、占路堆物、静态交通管理等违法行为，适度集中其对应的部分或者全部行政处罚权。

城市管理综合执法的核心，是由经过国家有关机关批准成立的综合执法组织根据有关法律规定，集中行使城市过去若干个执法部门的行政处罚权，对公民、法人和其他组织遵守城市管理方面法律法规的情况进行监督检查，并对违法行为进行处罚。它有两个特点：一是城市管理综合执法组织具有独立的执法主体地位。它完全不同于过去的联合执法，也不是几个行政执法部门的简单联合。而是根据政府机构改革的要求，按照精简、统一、效能的原则，经有关国家机关批准组建的集中行使行政处罚权的组织，是同级政府在城市管理方面的一个综合执法机关。当然，根据城市规模大小，其又可以设立分支机构，分级或分片来进行管理。它体现城市管理的重心下移的原则，街道办事处也将在城市管理方面发挥重要作用。二是综合执法组织的职能实现了审批、收费与处罚的分离。综合执法是相关行政执法部门原有执法职能和权力的重新配置和调整。综合执法组织集中行使城市管理方面，如市容环卫、园林绿化、工商管理、城市规划、公安交通、环境保护等部门的全部或部分行政处罚权，不再履行审批、收费等职能，可避免重审批、轻监察，以收代管、以罚代收等问题。综合执法后，凡是集中行使的行政处罚权原来的部门均不再行使，职能全部转移的执法机构则予以撤销。

城市综合执法是城市管理执法体制、行政体制改革的重大举措，是提高行政执法水平、效率，降低成本，建立精简、统一、高效行政执法体制的有效途径，是维护人民合法利益、促进依法治市的重要组成部分。它体现了以民为本、依法行政和文明执法的法治观念，树立了政府和执法人员的新形象。这是国家对现行行政管理体制的重大改革。实行城市管理相对集中行政处罚权制度，对于解决城市行政管理中长期存在的多头执法、职权交叉重复和行政执法机构膨胀等问题，提高行政执法水平和效率，降低行政执法成本，建立“精简、统一、效能”的城市行政管理体制，具有十分重要的意义。

（1）实行城市管理综合执法，有利于明确职责，加大力度营造整洁有序的市容环境。城市管理实行综合执法后，有关城市管理主要方面的行政执法内容，诸如市容环境卫生管理、城市规划管理、市政公用设施管理、园林绿化管理、户外广告和无证商贩管理、环境噪音管理、交通道路管理等，都依法相对集中于一个行政机关管理执法。

（2）实行城市管理综合执法，有利于政令畅通，有效接受社会监督和保护群众利益。现代城市管理是政府履行职能、营造良好投资环境和人居环境、为市民百姓造福的系统工程。机构重叠、职能交叉、职责不清、互相扯皮、政令不畅、相互内耗，必然导致人浮于事，甚至玩权弄法、滋生腐败，严重影响政府威信。实行城市管理综合执法，一方面可精简机构，减少环节，上下协调，政令畅通；另一方面由于一队多能，必然大幅度减少行政开支，使政府以较小投入获得最大化和最优化的社会效益。

（3）实施城市管理综合执法，有利于建立一支高素质的城市管理队伍，树立良好的政府形象。实行综合执法，首先保证了执法队伍的相对稳定。综合执法既符合行政执法人员应该具备公务员资格的法律要求，而且通过重新组建、择优录用，也把素质低、形象差的聘用人员拒之于综合执法队伍之外，把好了人员“进门关”，保证了队伍的高起点、正规化建设。其次，有利于对城市管理综合执法队伍的统一教育、培训、考核等日常管理。实行综合执法，不仅能够统一对人、财、物的管理，更重要的是对整个队伍可以从能力、素质、纪律、作风等方面全方位培训管理，提高队伍的战斗力，树立有法必依、执法必严、违法必究的城市管理执法队伍的良好社会形象，这也是政府形象的重要部分[14]。

三、城市管理综合执法的关键

通过多年的试运行，全国城市管理综合执法工作取得了初步成效：一是解决了城市管理中多头执法、重复执法、执法扰民和执法主体不明确等问题，提高了行政执法的效率和力度；二是形成了新的行政执法机制，在一定范围内实现了审批权与监督处罚权的适度分离，逐步建立起了适应社会主义市场经济体制，保证政令畅通、协调统一、调控有力的行政执法体制。实践表明，实施城市管理综合执法应当解决以下关键问题：

1. 要更新观念，敢于打破旧的模式

现代城市的高速发展，其集聚效应和强大的辐射功能，已使其成为一个国家或地区经济的重心、现代社会的窗口。如何管好现代城市，已成为当代社会的共同课题。多年来，人们习惯于任何一项工作都由政府牵头、数个部门共同完成，其实，城市管理是最具地方特色、驰骋空间最大、最富创造性，最能体现城市政府素质、水平和效率的一项工作。城市管理得好不好，不在于有没有对口的上级主管部门，不在于有没有标准模式，关键在于各级领导要充分认识到改造城市环境就是发展生产力，认识到提高城市现代化管理水平是摆在我们面前必须解决的历史性课题，像重视抓城市建设那样抓城市管理，争取尽早实施城市管理综合执法。

2. 加强地方立法，使集中行使行政处罚权有法可依

《行政处罚法》第 16 条的规定，使城市管理实施综合执法有了法律可能性，即如果经过批准，可将有关城市管理相关部门如市容环境卫生管理部门、城市规划管理部门、城市绿化管理部门、工商行政管理部门、环境保护管理部门、市政道路管理部门、公安交通管理部门等实施的有关与城市市容管理密切相关的行政处罚权交由一个行政执法机关行使。但是，具体怎么实施，如何妥善处理综合执法部门与原相关部门的业务关系，还必须依法制定关于综合执法的地方性法规或政府规章，使城市管理集中行使行政处罚权做到有法可依。

3. 加强组织建设

《行政处罚法》第 16 条的授权，意味着可由现有的行政机关承担综合性的执法职能，其他有关部门的执法权发生转移；也可以按政府组织法成立一个新的机关，专门行使行政处罚的综合执法权。目前，在实践中多采取第二种方式，经批准组建一个独立的职能部门，列入行政编制序列，财政全额拨付经费，明确职能、内设机构、人员编制，从而使综合执法主体的身份合法化。

4. 以人为本，重组一支廉洁、勤政、务实、高效的城市管理执法队伍

公共行政是高度职业化、专门化的活动，综合执法机关集中了若干传统行政部门的行政处罚权，公务员的行政素质必须达到相应的专业、行政经验和行政伦理要求，应当

与对公务员法律的普遍实施相结合，实行持续有效的培训和管理。目前，各地从事市容和环境卫生管理工作的有相关的许多个部门，他们都在执行本系统的有关法律法规，并建有各自独立的执法队伍。实施综合执法，并非将这些队伍人员机械地合并、拼凑成为一支综合执法队伍，而是需要建立一支能胜任整个城市市容环境卫生管理执法的、善于协调和处理方方面面矛盾、具有执法主体资格、能最大限度发挥其综合执法效益的队伍。

5. 加强配套制度建设

公告公开是法治国家的基本原则。公共权力机关的设立、组成、职能、执法依据、执法程序、职员岗位等应当合法化、公开化。成立综合执法机关，应当对外公告法律依据、批准程序、成立决定等，否则属于不合法。

城市管理领域相对集中行政处罚权的行政综合执法改革还在进行中，按行业划界的管理模式依旧存在，通过行政综合执法改革集中部分行政职权，只是前进了一步。这只是行政处罚权的统一，还不是综合执法改革的理想成果。但是，无论如何，相对集中行使行政处罚权，实行城市管理综合执法，是时代的呼唤，是城市管理迈入现代化、法制化轨道的有效途径，它必将推进城市长效管理，有效发挥城市功能，使城市真正成为承载现代文明的“美的空间、人的乐园”[14]。

➢案例

1. 执法机构林立，各部门分散执法

北京市1988年行政执法共有27个部门、45个机构、4万执法人员，到1997年，已增加到55个部门、110个机构、6万多执法人员。南宁市仅城市管理领域就有城市建设管理监察支队，建筑、市政公用事业、市容卫生、园林绿化、房地产、环境保护等管理监察大队以及各区城市管理监察大队等多支执法队伍。这些机构各执其法，各行其是，而许多违法问题又常常涉及几个执法机构。

2. 实施综合执法后，执法体制初步理顺，执法效率明显提高

深圳市罗湖区实行综合执法后，执法队伍由原来的7支整编为1支，执法人员由560名缩减为140名，执法效率大大提高。北京市宣武区规划局负责查处违章建筑的只有5人，而且无权拆除违章建筑。区城管监察大队综合执法后，集中力量依法拆除违章建筑，短期内便使全区29条重点大街和14个重点区域的违章建筑以及无照经营和脏乱差现象得到较好治理和监控。北京市宣武区还结合管理重心下移的改革，放给街道办事处对城管监察分队的日常指挥权，使街道办事处有了参与城市管理的法律手段和主动权。这就为解决“管得着的看不见，看得见的管不着”和“条条管不到底，块块管不到边”的问题提供了有效途径。

➢复习思考题

1. 什么是城市法制？它有什么作用？
2. 什么是城市综合执法？它有什么意义？

城市规划及其管理

城市是人类文明的载体，同时也是国家和地区社会经济发展中心，是增长极。现代城市是一个多功能、社会化的有机综合体，是一个高度复杂的动态大系统。城市内部功能、结构的合理化迫切需要城市规划的引导，城市建设本身不可能自发地朝着可持续方向健康有序发展。因此，城市规划是城市复杂系统运转、创造良好的人居环境的根本保障，否则，将严重阻碍国家与地区社会经济的发展。科学合理的城市规划能为国家与地区的建设带来巨大的综合效益。

城市规划具有指导和规范城市建设的重要作用，担负着合理利用城市土地、协调城市空间布局和各项建设，发挥城市整体优化功能和效益的使命。促进城市土地资源的合理配置、确定城市公共物品的提供、推动城市经济的发展、降低城市土地利用的交易费用、减少城市土地管理中的寻租行为是城市规划及其管理的主要制度作用。1989年年底中国颁布的《城市规划法》，是中国城市建设管理方面的一部重要法律。随着社会主义市场经济体制的建立，中国城市政府正在把城市建设作为首要的职能。而城市规划是城市建设的龙头，科学、求实和法制化的城市规划及其管理，对城市建设起主导作用。由此可见，城市规划及其管理是城市政府的重要职责，对于市政府工作和城市发展，具有决定性意义。

第一节　城市规划概述

一、城市规划的由来

（一）第一代城市规划的理念——城市规划脱胎于建筑学

城市规划是伴随着城市的产生而出现的，它是人们把自然环境改造为以人工环境为主体的城市环境的一种有效手段。早期的城市规划源于人类对自然环境的改造，是在大量的城市物质形体建设规划基础上发展演变而来的。

早在奴隶制社会，很多城市的布点及其建设和发展就具有一定的规划意图，如古埃及的卡洪城，西亚的巴比伦城，希腊的米列都城，古罗马城，中国的商、周都城等。中国商代先后形成的两个都城和周王城，都有整齐的道路系统和规划的城市布局。周初为选城址，进行了大量的规划，曾绘制洛阳一带的地图。这就是最早的城市规划图。

中世纪的封建社会，以中国为典型代表，明、清两代的北京城和一些地方的封建统治中心（省会、府、州、县等），都是在一定规划设计下发展起来的。例如，唐长安城，人口最多时达到100万人左右，城市布局严谨、浑然一体，皇城居中偏北，东、南、西为居住坊里，由南北、东西向道路组成整齐的方格式道路系统。在这一时期，从建筑角度以注重城市物质形体特征的城市规划思想已经成型。

近代城市规划始于法国。17世纪，路易十四在法国巴黎城郊采用轴线对称放射式的布局建造了凡尔赛宫，使城市形象发生了根本的改变，虽也掩盖了城市发展中的深层次疾病，但这使人们普遍认识到了物质形体规划在改造城市形象与面貌方面的重要作用。由此，学界一般认为，这一时期是城市规划的萌芽阶段，源于建筑学的物质形体规划等同于早期的城市规划，形成了古典主义的形体规划思想。

（二）第二代城市规划理念——城市规划的整体观

18世纪中叶发端于英国的工业革命不仅使工场手工业实现了向机器生产的飞跃，而且改造了各部门经济的活动手段和生产方式，改变了产业结构的传统模式，世界由此进入了工业化、城市化时代。工业化在城市中创造了许多的就业机会，引起城市内容与形式的转变，带来了物质文明的空前繁荣，使城市的资源利用率大幅度提高，城市迅速扩展，极大地丰富了城市居民的物质文化生活，加速了城市的发展，但同时也带来了各种复杂的社会矛盾，导致住房短缺、交通拥挤、环境污染、穷人恶劣的居住环境及由此而来的城市病等。以18世纪末和19世纪初的英国为例，其城市人口死亡率远远高于其他地区，这一现象给了当时政府很大的压力，并导致了政府对市场的首次干预，采用卫生法、建筑法等来规范社会行为。与此同时，一些社会改革家们也纷纷发起运动以改变穷人恶劣的居住环境。在此背景下，人们进一步认识到物质文明不是改善城市环境的根本手段，相反更进一步加剧了城市的弊病。从而使众多学者从开始城市环境角度探讨城市规划的本质与内容。现代城市规划从单纯的物质形体规划中脱颖而出，着手解决城市中的种种弊病，产生了诸如霍华德的“田园城市”规划思想以及沙里宁的“有机疏散理论”，开始把城市看做一个统一的整体，即把包括物质与社会诸要素、人与自然的融合作为规划思想的基本点，首次动摇了物质形体规划建设等同于城市规划建设的基本思想，现代城市规划的整体观形成。

需要指出的是：现代城市规划的创始者本质上是一群社会改革家，虽然他们当时关注的是物质空间环境问题，但其思想的核心却是社会公正。

发生在20世纪20～30年代的西方经济危机再次证明了自由放任的市场经济的负面影响，说明了政府有必要采取措施来管理控制缺乏理性的市场，在这样的思潮下，城市规划被认为是一种防止市场失效、促进经济发展的工具。

（三）第三代城市规划的理念——城市规划扩展到社会经济等宏观规划领域

城市规划的真正成熟是在第二次世界大战以后。第二次世界大战后的欧洲面临着战后重建和发展问题，凯恩斯主义所主张的国家全面干预经济的思想，成为第二次世界大战后许多西方政府制定经济政策的指南。而当时社会政策的制定也同样信奉社会干预。这样的社会环境为城市规划的发展创造了良好的土壤。英国 1947 年城乡规划法也正是在这样的背景下应运而生的。它将制定城市规划与建设管理两种职能集于城市规划当局一身，强调严格的规划许可制度，并通过财政资助和授权使地方当局拥有强有力的土地征用能力和干预城市建设的能力。需要指出的是：英国 1947 年城乡规划法影响甚广，超出了英国及其殖民地范围，成为西方城市规划发展史上一个重要的里程碑。

第二次世界大战以后的科学技术方面的发展变化是：随着系统分析、政策科学和社会物理等学科的发展，世界城市科学发展呈现综合化趋势，科学规划和技术推理成了进步和发展的同义词，逐步推进了第二次世界大战后第三代城市规划的形成。以帕克为代表的学者在综合分析城市社会、经济、环境等一系列弊病的基础上，首次将生态学基本理论应用于城市社会，构建了城市人类生态学理论思想体系，把城市看做为一个社会、经济、文化等构成的综合实体，是自然而且尤其是人类属性的产物。这样的城市不再是简单人工建筑的堆积，而是伴随人类活动脉搏跳动而进行新陈代谢的有机整体，从而城市规划的理念必然要从物质形体规划扩展到社会经济等宏观规划领域。

可见，现代城市规划以城市中的自然、社会、经济、政治和法规等问题为研究对象，从宏观的社会经济角度、整体角度出发，用社会理性干预人类的行为，调配社会资源，构筑城市空间环境，引导城市健康快速发展。它在城市自然资源持续利用、社会资源合理分配、群体利益妥善协调等方面起着极其重要的作用[15]。

二、城市规划的作用

（一）宏观层面上看，城市规划具有的基本作用

（1）城市规划是经济建设与城市建设的结合体，它从城市建设上保障经济建设的发展。城市规划和城市建设的龙头是城市性质，即城市的主要职能或主导产业。经济计划和经济建设的核心是产业结构，即确定主导产业及其与辅助产业的关系。经济计划和经济建设从质量、数量和效益等方面安排主导产业和辅助产业；城市规划和城市建设从用地、建筑和区域等方面布局主导产业和辅助产业。不仅如此，主导产业和辅助产业的生产都离不开基础设施，而基础设施的部署和建造，是城市规划和城市建设重要的组成部分。

（2）城市规划是城市发展的蓝图，它指明城市的性质、发展目标和发展规模。城市规划根据国家的生产力布局等确定城市的主导产业，根据主导产业的需要配置辅助产业；再根据产业规模确定城市的人口规模和用地规模；进一步根据产业、人口和用地的规模，配置基础设施。科学的城市规划，有利于提高城市的综合效益，减少城市各种资源的浪费。

（3）城市规划是用地和建筑的规范，它调控个别和城市整体的土地和建筑的空间关

系。城市规划是城市政府的规划部门审批城市用地和建筑的法律依据。它处理城市整体的、区域的和个别的用地、建筑之间的效益关系，并塑造城市平面和立体的形象。

（4）城市规划是市民生活质量的卫士，并通过指导产业设施、基础设施和生活设施的建设，提高市民的生活水平。公共绿地、道路、居民的住房阳光权利和住宅区的其他公共服务设施，是市民生活质量的基本保障，城市政府的规划部门有职责制止和处罚各种损害上述市民生活质量保障的行为。随着生产力和城市现代化的发展，城市规划部门还有职责规划和指导建设图书馆、公共体育场地和设施、森林公园、博物馆和美术馆等，满足市民日益增长的物质文化生活的需求[7]。

（二）从微观层面上看，城市规划具有的制度作用

在中国现行的城市土地管理制度下，城市规划不只是提供技术服务，还具有以下制度作用。

1. 促进城市土地资源的合理配置

城市规划从宏观和微观两个层面来参与城市土地的配置。首先，在总体规划阶段对城市土地利用进行宏观层次的配置，确定了城市不同区域的功能和土地利用的主要方向；其次，详细规划阶段则从微观的角度对具体地块的土地用途、容积率等做出规定，进一步明确土地配置的具体内容。城市规划促进城市土地资源的合理配置，还表现在产业发展在城市空间的合理布局。城市土地因为其能够带来巨大的经济效益，从而显得比其他地域的土地更加稀缺。在城市，不同区域、不同地段的土地也具有不同的投资收益，对应不同的投资收益存在着不同的土地价格（地租），而对应于不同的土地成本的则是不同产业分布。城市土地利用的内部结构要求城市规划按照经济利益的原则来安排产业在城市空间的布局，并按照这个原则来调整原有的城市土地利用空间结构，达到合理配置，使城市土地充分发挥其经济效益，促进城市产业发展、经济的增长。另外，城市规划还要确定城市公共性用地和商业性用地的比例和位置，使其合理配置，促进城市环境保护、城市功能完善和城市经济发展的协调，达到城市可持续发展的目的。在城市的各个发展阶段，由于发展目标迥异，往往对城市土地利用也有不同的方向，而土地利用开发成本大，年限长，一经开发使用就不易更改。因此，预测未来城市发展方向，预留城市发展空间，保持城市发展的弹性，也是城市规划的主要任务和目的。

2. 确定城市公共物品的提供

根据资金来源和使用中的排他性可以将社会经济生活中的各种物品分为公共物品和私人物品两种类型。公共物品可定义为：个人消费这些物品或享受服务不会有损其他任何人的消费，不具有排他性和收费困难的物品往往就是公共物品。由于私人提供公共物品存在收费困难、“搭便车”现象严重等问题，因而在当今世界上，公共物品多由政府提供。但在实际生活中，公共物品和私人物品的划分并不是绝对的，许多物品兼具两类性，因此每一个消费者都会强调物品的公共特性，为私人消费提供公家补贴。城市是提供公共物品最多、最集中的区域，如城市交通设施、公园、市政管网、博物馆、义务制学校等，只有在政府提供这些公共物品的前提下，城市功能才能正常发挥。但是，从财政能力以及公平性的角度出发，政府不可能提供消费者认为的所有的公共物品，如何确

定公共物品与私人物品的界限，如何配置公共物品成为政府部门的主要工作。城市规划制度的设计在这一方面发挥了重要的作用。城市公共物品的配置最终应落实在土地使用这一层面上，城市规划部门通过对各类城市设施的服务对象和性质的分析来判定该类城市设施是属于公共物品还是私人物品，以确定投资主体，减少“搭便车”现象的发生，为政府投资公共物品提供依据。

3. 推动城市经济的发展

城市规划在制定、实施城市经济政策等方面发挥着重要的作用，城市规划也是生产力。首先，科学的城市规划能够准确地进行城市功能定位，确定城市的产业发展方向，为制定行之有效的经济发展政策提供依据。其次，城市规划在创造优良的投资硬环境方面起着决定性的作用。评价一个城市的投资环境，主要考察软环境和硬环境两个方面。软环境主要是指政策法规、服务管理水平、人文习俗、科学文化水平等方面；硬环境则包括城市自然环境、基础设施，如交通运输系统、邮电通信系统、能源动力系统、给水排水系统、环境保护系统以及住宅、商业网点、文化教育、医疗卫生、娱乐旅游及其他服务性设施等。可以看出，对硬环境的评价实际上就是对城市规划水平和工作的评价，城市规划决定了硬环境的方方面面。最后，科学的城市规划有利于树立良好的城市形象，在对外招商引资和文化交流等方面发挥积极的作用。

4. 降低交易费用，减少寻租行为

城市土地使用权的出让和获得，实质上也是一个交易行为。土地所有者和土地使用者在法律上处于平等的地位，二者通过谈判来确定土地出让的具体细节。但作为土地出让者的政府，可能会借口保护公共利益，而对土地出让附加一些条件，这些条件有一些是正确合理的，有一些也可能是出于其他目的。土地使用者出于利润最大化的考虑，也会对土地使用提出一些要求。政府和土地使用者为达成共识，需要进行多次沟通和谈判，大大增加了交易费用。城市规划制度将城市规划部门设计为政府与土地使用者之间的一个技术服务机构，它公正、科学地评判双方的用地条件，降低土地出让过程中的交易费用，提高社会经济运行效率。城市规划在土地管理中的另一个重要作用是减少寻租行为。土地国有和土地有偿使用是土地出让和管理中产生寻租行为的根源，一方面土地的稀缺性使得土地管理者可以在选择土地使用者的时候进行寻租；另一方面，土地出让的附加条件，包括用地性质、容积率等也可以成为土地管理者的寻租内容。土地管理过程中的寻租行为扰乱了正常的土地市场，侵害了公共利益。寻租可以实现的主要原因一方面与土地管理的不规范、缺乏公正科学的监督机构和评判机构有关，另一方面也与土地出让过程中土地用途和容积率的随意确定有很大关系。随着城市规划的逐步深入，土地的用途和容积率等一些基本控制要素得以科学确定，使得土地出让的透明度增加，减少了土地管理者因为土地使用控制要素的随意性而进行寻租的现象，从而可以树立政府机构的廉洁形象，提高办事效率[16]。

三、中国城市规划及其发展

（一）中国城市规划的发展历程

早在新中国成立的前夕（1949 年 5 月），当时的北平市就成立了都市计划委员会。

1951年，政务院中央财政经济委员会成立城市规划处，开始了配合第一个五年计划的重点城市规划工作。半个多世纪以来，除了十年“文革”时期规划工作基本停滞以外，其前后经历了两个不同的历史时期：以计划经济为主导的开创时期，以社会主义市场经济为主导的发展时期。这一时期约50年，大体上是两个完整的规划周期。这是在两种经济体制下的两次伟大的社会实践，深刻地影响着城市规划工作的方方面面。

1. 以计划经济为主导的开创时期

“一五”计划开始是中国城市规划的第一个春天，它开创了以计划经济为主导的城市规划工作，迎来了八大重点城市的成功和城市规划在全国的普遍开展。计划经济体制下的规划工作，强调集中统一，将规划本身作为法律，以比较经济的办法，建设起一批重点工程和重点城市，规划设计的形式也比较严整有序。

2. 以社会主义市场经济为主导的发展时期

改革开放后中国城市规划迎来了第二个春天，城市化的迅速发展，城市生活和城市面貌发生了巨大变化，这对城市规划提出了新的挑战。社会主义市场经济体制下的城市规划，既要根据国家计划，又要按照市场要求，规划设计要求灵活、滚动，适应开发经营，其形式也趋向多种多样，符合多种目标的需要。进入21世纪，中国又面临着新的机遇和挑战：城市化将向更高的水平发展，城乡建设将向可持续发展的方向更为理性地前进；谋求更高水平的城市化和更加理性的可持续发展已经成为社会共识和国家政策，对城市规划工作的要求也就更高、更为迫切。面对21世纪的更大规模的城市建设和可持续发展两大目标，规划工作的职责和城市化的新发展，必然会把城市规划推向新一轮的发展和提高，中国城市规划工作正迎来了第三个春天[17]。

（二）中国城市规划的特点

市场经济体制下的城市规划的职能不同于计划经济体制下的。计划经济下的城市规划是国民经济计划在空间上的具体安排，其主要任务是把国民经济计划确定的建设项目和内容落实到蓝图上，通过综合平衡求得空间的秩序。这一职能决定了中国城市规划的传统是以物质规划为主，即便在今天，中国的城市规划也并未脱离物质规划为主的传统。大量的规划行为和实践活动表现为绘制城市或地段设计蓝图，我国规划师的构成也以建筑师、设计师、工程师为主。

改革开放以后，中国逐步引入了市场经济机制。市场机制的引入，既给中国的城市发展带来了前所未有的活力和速度，同时也不可避免地给其带来了前所未有的城市新问题，这些问题成为摆在中国规划师面前的新课题。随着越来越多的投资者介入城市开发，城市的发展过程变得日益难以把握和控制，城市建设行为的利益多元化趋势越来越明显，城建开发从项目内容、选址到最终建设的过程越来越受市场规律的左右。由于我们尚不熟悉市场运行的规律，加上对市场经济下的城市规划干预手段等认识不足，在西方曾经“上演”过的市场机制的正反两方面效应都开始在中国的城市中大量出现。

（三）中国城市规划的发展

西方的城市规划是市场经济发展的产物，中国的国情虽然不同于西方，中国的城市规划模式不可能也不应该照抄西方，但这并不妨碍我们借鉴有丰富的处理市场经济经验的西方国家的经验和教训。他们经过近百年的实践，积累了不少有关城市规划干预市场经济（典型的如土地空间资源分配）的经验和教训，因此有可供我们借鉴之处。

从西方城市规划理论与实践的发展历程中，我们可以得到许多的有益启迪。针对中国目前的现实，尤其值得注意的是以下四个方面的内容：

首先，在市场经济条件下，城市规划作为社会理性的代表，承担着避免和防止市场失效、促进经济发展的职责。如果说市场代表着一种有效的资源分配方式，但并不代表着公平的资源分配方式，因此，市场经济下的城市规划核心问题是围绕着空间资源分配的社会公正。可以说，西方城市规划理论发展的历程就是探寻城市规划如何更合理更公平地界定社会公正（公众利益）的过程。但是，市场经济下城市规划的这一最重要职能目前尚未在中国全体规划师中获得共识。中国的城市规划又如何在社会主义市场经济体制下探求达成社会公正与效率的手段和方法更尚在起步研究阶段。

其次，公众利益的界定必然涉及价值观，西方规划界已经走过了单纯由技术专家决定的历程，尝试引入更民主的公众参与、讨论、协商从而达成一致的意见。但是，今天中国大多数城市规划的拟定尚停留在专家决定、领导决定的阶段，公众参与只停留在浅层面的向公众宣传阶段，公众意见的采集、吸收尚未形成系统有序的渠道和方法。需要指出的是：随着社会的转轨，个体利益多元化的倾向将日趋明显，公众对空间资源分配导向性的重视也将不断增强，由专家、领导负责界定公众利益的方式显然不能适应未来发展的要求。

再次，西方城市的发展历程表明：市场存在失效，政府规划干预也有失效。因此，一种辨证客观的态度是寻求一种混合体制：既能让市场发挥其效率，又能保障社会公平。因为可持续发展需要交融的效率和公平。应该说，中国社会主义市场经济的体制为效率和公平的兼顾创造了西方社会不具备的宏观政治经济架构；但是，如何在这样的宏观政治经济架构下找到具体可行的操作方案和手段，是一个我们目前尚未找到答案的崭新问题。

最后，城市规划自身需要不断发展，西方的城市规划正是在回应各种社会需求、变革和挑战的背景下，不断地发展、壮大、成熟。中国惊人的发展速度加上体制转轨期的社会巨变，昭示着未来新的社会需求将不断出现，我们的规划再不能延续前面的老面孔，必须适时更新，寻找合适的理论、方法来适应变化越来越快的社会。而要做到这一点，我们规划界的专业构成急需多元化，我们规划师的知识面急需进一步扩大，规划师需要了解市场经济运行的规律，规划师需要了解变革引发的社会变化，规划师需要掌握规划作为一种政府干预的手段，以及一种有机的社会过程中的许多知识和技能[18]。

第二节 城市规划的编制

中国的城市规划是由城市权力机构制定，并经上级政府批准的在一定年限内关于城市性质、规模和发展目标等部署，以及城市用地、建筑和设施等布局的地方性法规或有法律效力的文件。

一、中国城市规划编制的原则

（一）从实际出发，与国家和地方的经济技术水平相适应的原则

《城市规划法》第13条规定："编制城市规划必须从实际出发，科学地预测城市远景发展的需要；应当使城市的发展规模、各项建设标准、定额指标、开发程序同国家和地方的经济技术发展水平相适应。"

做好城市的规划工作，首先必须了解城市形成的自然环境（地质条件、地貌要素、气候状况），弄清城市发展的历史（其成因和发展），弄清城市自身的经济社会文化位置等各方面的条件，以及它与周围地区的联系。其次必须根据国家的经济和社会发展计划，把握国家对城市发展的要求，采用定性与定量相结合的方法取得城市发展所需要的各种数据，预测城市发展的趋势。最后在充分考虑到根据国家和城市现阶段经济技术水平和未来发展趋势的基础上，量力而行，科学地制定城市发展规划，确定城市的性质、发展规模、各项建设标准、定额指标、开发的程序和方式。

（二）保护城市生态环境和历史文化遗产的原则

《城市规划法》第14条规定："编制城市规划应当注意保护和改善城市生态环境，防止污染和其他公害，加强城市绿化建设和市容环境卫生建设，保护历史文化遗产、城市传统风貌、地方特色和自然景观。"

中国是技术和经济比较落后的国家，人们的环保意识不强，城市的环境污染非常突出。许多城市的大气污染物和浮尘量超过国家规定的标准，每年排泄的工业废水和生活废水总重达到370亿吨，城市垃圾、粪便大部分没有经过无害化处理，城市噪声也达到了令人难以容忍的地步。城市环境污染造成的严重后果，影响城市的生态环境，危及人民生命健康，也给经济上带来巨大损失。因此，在城市规划中要始终体现和贯彻环境保护原则，坚持环境、经济、社会三个效益的统一，从空间的布置上为提高城市的环境质量创造条件。

城市是人类文明的结晶。一座大、中城市往往是长期历史发展的产物，有着悠久的历史文化传统和地方民族特色，有着宝贵的文化遗产。保护城市历史遗产，保持其文化传统、地方特色和民族传统，是城市规划工作的一项重要任务，必须贯彻始终。

（三）有利生产、方便生活、促进流通、繁荣经济、促进科学文化教育事业的原则

《城市规划法》第15条规定："编制城市规划应当贯彻有利生产、方便生活、促进流通、繁荣经济、促进科学文化教育事业的原则。"贯彻这一原则必须处理好两个方面的关系。

首先，要处理好生产和生活的关系。城市规划既要把生产的发展及其布局作为首要问题加以考虑和安排，又要对生活的需要做出周密安排；既要注意物质生产组织和商品

流通的布局和衔接，又要充分考虑科技文化教育事业的需要；既要为城市生产创造良好条件，又要为城市居民提供必要的住宅、较齐全的公共服务设施、相应的智力开发条件和良好的生活环境。

其次，要处理好地上和地下设施的关系。在统筹安排地面上各类建筑物、构筑物和各种设施之间的关系的基础上，注意城市防火、防爆、抗震、防洪、防泥石流和治安、交通管理、人民防空建设等要求；在可能发生强烈地震和严重洪水灾害的地区，必须在规划中采取相应的抗震、防洪措施。

（四）合理用地、节约用地的原则

《城市规划法》第 16 条规定：“编制城市规划应当贯彻合理用地、节约用地的原则。”

中国土地资源有限，每人平均土地面积和耕地面积，都只有世界平均数的 1/3 强，而且随着城市人口的增加，城市规模的扩大，城市土地愈益紧张。每人平均占有的城市土地面积愈来愈少，如广州市，人均用地只有 30 平方米。而在世界其他国家，城市人均用地一般达 290 平方米。因此，城市规划的目标之一，就是要达到城市土地的集约利用，限制城市用地规模的盲目扩张，在城市土地扩张中，要尽量注意节约耕地，防止多征、早征。在现有城市土地利用中，要精打细算、合理布局，严格掌握设计定额，杜绝土地浪费[11]。

（五）以人为本的原则

城市规划和城市建设关系到市民的日常生活利益，因此，遵循以人为本原则，显得尤为重要。以人为本原则的含义之一是一切从人的需要出发，在城市规划和城市建设中坚持以人为本原则，一要方便生活，无论是城市规划的总体布局，还是基础设施和生活设施的具体设计，都应处处体现方便群众生活的用心，特别要重视在公共设施中推广方便残疾人的无障碍设计；二要使市民参与成为城市规划和城市建设的内在机制；三要在满足市民物质生活的同时，更注重满足市民的精神生活需求。

二、城市规划编制的程序

根据《城市规划法》和原建设部的《城市规划编制办法》，中国的城市规划分为三种类型：城市总体规划、城市分区规划、城市详细规划。城市总体规划是指导城市建设的纲领性文件，是分区规划和详细规划的基础，是城市政府进行城市规划管理的法律依据。

城市总体规划的期限一般为 20 年，建制镇总体规划的期限可以为 10～20 年。

编制城市规划，一般分为下列两个阶段进行。

（1）第一个阶段，编制城市总体规划。城市总体规划，是指在一定年限内各项建设综合平衡、合理安排的规划，是关于城市各项建设的战略部署。它一般规定了城市发展总的原则性问题。编制城市总体规划又分为下列步骤：

第一步，勘察、搜集和分析城市的基础资料。市政府的规划部门负责勘察、搜集和分析城市的基础资料。城市规划所需要的基础资料有：城市的自然条件和历史的资料；

城市经济技术资料；城市建设现状资料；城市环境资料。

第二步，编制城市总体规划纲要。需要编制城市总体规划纲要的，由市政府负责组织编制。城市总体规划纲要包括下列内容：①论证城市国民经济和社会发展条件，原则确定规划期内城市发展的目标；②论证城市在区域发展中的地位，原则确定市（县）域城镇体系的结构与布局；③原则确定城市性质、规模和总体布局，选择城市发展用地，提出城市规划区范围的初步意见；④研究确定城市能源、交通、供水等基础设施开发建设的重大原则问题，以及实施城市规划的重要措施。

第三步，起草城市总体规划。市政府的城市规划部门负责起草城市总体规划。城市总体规划分为下列部分：第一部分，指导思想；第二部分，发展规划，包括城市的性质、规模和发展方向；第三部分，布局规划，包括总体布局、中心城的布局、卫星城的布局，以及郊县城镇布局；第四部分，专业规划和工程规划；第五部分，规划的实施。

第四步，上级政府部门、专家学者和市民评议城市总体规划草案。对城市总体规划中比较重要而又有争议的部分，应当进行多方案比较选优，征求各方面的意见。征询专家学者的意见，可以由学会组织讨论，使城市总体规划具有科学性。听取市民群众的意见，可以采取发小册子、进行问卷调查、举办展览会和开座谈会等形式。征求上级政府部门的意见，对于使城市总体规划符合法律、行政法规、部门规章和上级政府的有关决定，对于上级政府部门审批城市总体规划，都是很重要的。

第五步，城市政府全体会议讨论、通过城市总体规划草案后，由市政府向市人大提交关于城市总体规划的议案，提请市人大审议和通过城市总体规划。《城市规划法》明确规定："城市人民政府和县级人民政府在向上级人民政府报请审批城市总体规划前，须经同级人民代表大会或者其常务委员会审查同意。"这样做是为了增强城市规划的权威性、法制化和民主性。城市总体规划经过城市权力机构的审议和表决通过，并经国务院或省级政府批准后才能实施，这体现了城市规划的权威性。

第六步，上级政府审查、批准城市总体规划。中国的城市规划实行分级审批的制度。直辖市的总体规划，由直辖市政府报国务院审批。省、自治区政府所在地城市，城市人口在 100 万以上的，以及国务院指定的其他城市的总体规划由省、自治区政府审查同意后，报国务院审批。其他设市的城市和县政府所在地镇的总体规划，报省、自治区、直辖市政府审批，市管辖的县级政府所在地镇的总体规划，报市政府审批。其他建制镇的总体规划，报县级政府审批。城市分区规划由市政府审批。

第七步，城市总体规划的修改。城市政府可以根据城市经济和社会发展需要，对城市总体规划进行局部调整，报同级人大常委会和原批准机关备案；但涉及城市性质、规模、发展方向和总体布局重大变更的，须经同级人大或者其常委会审查同意后，报原批准机关审批。

（2）第二阶段，编制城市详细规划。设市城市的详细规划由市政府的城市规划部门负责组织编制。县政府所在地镇的详细规划由县政府的城市规划部门负责组织编制。其他建制镇的详细规划，由镇政府负责组织编制。城市详细规划对指导城市的各项建设有着重要意义，它起着使各项建设统一协调，使更多的个体形成群体，构成完美的城市空间布局的作用。

在编制城市详细规划时，我们可以提出多种方案，从功能、经济、环境、景观等效果和建设次序、周期等方面进行综合的比较和论证，然后选定实施方案。城市详细规划具有作为各项工程设计依据的性质，应当遵守国家和地方政府颁布的各种法规、技术标准和规定。

编制城市总体规划和编制城市详细规划并不截然分开，而往往是同时进行、相互补充的。例如，在编制城市总体规划阶段研究市中心、车站广场、重要街道或重要地段时，可以通过编制一些详细规划的草案来深入研究其综合功能、规模容量、空间布局等问题，以便使总体规划的有关内容较为切合实际。

控制性详细规划包括规划文本、附件和规划图纸。规划文本应含规划范围内土地使用和建筑管理规定，规划说明和基础资料收入附件。修建性详细规划包括规划设计说明书和规划图纸[7]。

第三节　中国城市规划的实施和管理

人们常说："三分规划，七分管理。"城市规划管理是实施城市规划的重要手段。实施城市规划，就是指按照法定程序编制和批准的城市规划，依据国家和各级政府颁布的城市规划管理的有关法规和具体规定，采用法律的、社会的、经济的、行政的管理手段，对城市的各项建设用地和建设活动进行统一的安排和控制，引导和调节城市的各项建设事业有计划有秩序地协调发展的一系列管理活动。

一、城市规划的管理机构及其体制

中国住房和城乡建设部城乡规划司是国家对城市规划的主管部门。其主要职责是：拟订城乡规划的政策和规章制度；组织编制和监督实施全国城镇体系规划；指导城乡规划编制并监督实施；指导城市勘察、市政工程测量、城市地下空间开发利用和城市雕塑工作；承担国务院交办的城市总体规划、省域城镇体系规划的审查报批和监督实施；承担历史文化名城（镇、村）保护和监督管理的有关工作；制定城乡规划编制单位资质标准并监督实施等。

各省、自治区政府的住房和城乡建设厅负责本省区内城乡规划管理工作，并下设城乡规划处负责处理日常事务。它们的管理是间接管理，主要依法组织编制和实施城乡规划，拟订城乡规划的政策和制度，组织编制全省城镇体系规划，承担省政府交办的城市总体规划和区域城镇体系规划的审查报批和监督实施工作，参与土地利用总体规划的审查，承担对历史文化名城（镇、村）的审核报批和保护监督工作，指导城乡规划的执法和监察等。对城市用地、建筑等的直接规划管理由各城市的政府负责。

在直辖市中，北京市人民政府设城市规划委员会，上海市人民政府设规划与国土资源管理局，天津市、重庆市人民政府设规划局。这些部门都是主管城市规划工作的市政府组成部门，主要承担研究和编制城市规划、对城市规划的实施进行管理和监督检查的职责。其规划管理方面的主要职责包括：根据本市国民经济和社会发展总体规划，具体组织编制城市总体规划、分区规划、重要地区的详细规划及市政府其他指令性规划，对其他专业系统规划进行综合协调与平衡；指导区县编制职责范围内的各类规划；依法审核、审批各类规划；依法实行建设项目选址意见书、建设用地规划许可证、建设工程规划许可证管理制度；对建设项目审批后到竣工验收前规划执行情况实行跟踪监督。

省会城市、经国务院批准的较大的市和多数地级市的市政府，都设立了专门负责城市规划工作的规划局，以加强城市规划的管理工作。一般的县级市，由市政府的住房与建设局或规划管理局负责管理城市规划，行使城市规划日常管理的职能。

中国各级城市政府的城市规划管理部门与土地管理部门出现加强协调或合署办公的趋向，这是因为对土地进行规划管理，是市政府城市规划管理部门的核心职能之一，而市政府的土地管理部门，具有代表国家行使国有土地所有权和代表政府行使土地行政管理权的双重身份，也负责管理土地。至今，有些城市已经合并这两个部门，设置规划与国土资源管理局，如上海、武汉、沈阳等；有些城市虽然还是两个部门分设，但已建立起协调机制。

二、实施城市规划的管理活动

（一）规划区内建设用地的规划管理

城市的发展建设离不开土地，因而城市土地利用是城市规划的核心内容之一；要实现合理用地、节约用地、保证用地，就应该充分发挥城市土地的价值和作用，按照城市规划进行科学的规划管理。

1. 对建设用地提出选址意见书

在城市规划区内进行建设需要申请用地，建设项目无论是使用原来已有的土地，还是申请新的用地，建设单位和个人都要向城市规划部门提出建设用地选址的书面申请，并附国家或地方批准建设项目的计划文件和有关资料。城市规划部门应在一定期限内做出选址批复和提出规划设计要求。

2. 审定建设项目的初步设计方案中的用地位置和界限

在城市规划部门提出选址意见书的同时，应向建设单位和个人提出规划设计要求。建设单位和个人委托设计单位按照规划设计要求，初步编制设计方案。城市规划部门根据各项技术规定、规划设计要求和节约用地的原则，审定初步设计方案中的用地位置和界限。审定用地位置和界限后，一方面可以据此申办用地规划许可证手续，另一方面建设单位和个人即可委托设计单位开始设计施工图。

3. 核发建设用地规划许可证

建设单位和个人在城市规划部门核定初步设计方案后，就要在一定期限内，提交用地范围图和建筑设计方案，并填写申请表，向规划部门申请核发建设用地规划许可证。城市规划部门在接到申请后，发征询单征询区、县政府规划部门的意见，主要是了解农田分界，土地上有无乡镇企业需要另行择地安置，农田水利和通信管线是否会有阻塞或须改道等情况。规划部门还要根据建设项目的性质，分别征求环保、消防、卫生防疫、机场净空、河港岸线和文物等管理部门的意见。城市规划部门在综合各方面意见的基础上，审查通过并签发建设用地规划许可证。建设单位和个人在取得建设用地规划许可证后，方可向县级以上地方政府土地管理部门申请用地，经县级以上政府审查批准后，由土地管理部门划拨土地；建设用地上有房屋需要拆迁的，还应按照拆迁房屋管理办法，向房产管理部门办理审批手续。

4. 对土地的其他方面进行规划管理

（1）任何单位和个人必须服从城市政府根据城市规划做出的调整用地的决定。

（2）城市公共绿地、专用绿地、道路、广场、公共活动用地、高压供电走廊、体育运动场地和学校用地等，必须妥善保护，任何单位和任何个人不得任意占用或改变用途。

（3）在城市规划区内进行挖取砂石、土方等活动，须经城市规划等部门批准，不得影响城市规划的实施，破坏城市环境。

（4）私房的修建，不得扩大原有宅基地的面积，不得妨碍道路交通。

（二）规划区内建设工程的规划管理

（1）对一般建筑核发建设工程规划许可证。首先，在城市规划区内新建、扩建和改建建筑物、构筑物、道路、管线和其他工程设施，建设单位和个人必须填报《建设工程规划设计送审单》，并附地形图、土地使用权属证件和建设项目批准文件，向城市规划部门提出申请；城市规划部门应在一定期限内核定设计范围，并提出规划设计要求。其次，建设单位和个人在一定期限内向城市规划部门报送建筑设计方案，城市规划部门予以复核同意。最后，建设单位和个人填报《建筑工程执照申请单》，并附施工图及消防、卫生防疫等有关部门的审核意见。城市规划部门在审查施工图与批准的建筑设计方案相符合后，即可核发建筑工程执照即建设工程规划许可证。

（2）对城市基础设施中的管线铺设核发建设工程规划许可证。管线管理，是城市规划部门根据城市的工程管线规划，与城市政府的路政部门和管线铺设公司相协调，在城市基础设施的管线建设和维修中，监督处理地下管线与地上建筑、地下管线之间关系的一种城市规划管理。城市规划部门进行管线管理的内容是：①会同城市政府的道路管理部门和管线敷设公司，编制年度道路与管线修建综合计划，统一施工。②审查管线平面设计图，确定管线位置，管线相互间水平距离和垂直距离，以及管线交叉点。③核发建设工程规划许可证。在规划区内修建城市基础设施的各类管线，除了按规定向市政府的路政部门和交通管理部门申请掘路执照和道路施工许可证外，都必须向城市规划部门申请核发建设工程规划许可证。

（3）对城市基础设施中的道路桥梁施工核发建设工程规划许可证。新建、改建道路桥梁，除了按照规定先申请城市建设用地规划许可证外，也需要按照规定协议设计要点，申请建设工程规划许可证。城市规划部门对道路桥梁审核建设工程规划许可证的内容有：①道路的走向，道路的中心线不能改变；②坐标和标高，道路桥梁的标高必须和两旁房屋建筑的标高相吻合，如果过高或过低，会造成积水；③道路宽度；④道路等级；⑤交叉口设计；⑥道路横断面设计，须和地下管线相配合。

（4）对建筑的其他方面进行规划管理：①在城市规划区内进行临时建设，必须在批准的使用期限内拆除，禁止在批准临时使用的土地上建设永久性建筑物、构筑物和其他设施；②私房的修建，不得妨碍道路交通和消防安全，并依法处理截水、排水、通风和采光等方面的相邻关系。

（三）对建设用地、建设工程的检查和奖惩

市政府的城市规划部门不仅要严格核发建设用地规划和建设工程的规划许可证，更重要的是要根据城市规划法和规划许可证，对建设用地和建设工程进行严格的检查，并予以相应的奖惩，这是实施城市规划的保障。

（1）对建设用地、建设工程的检查：①城市规划部门有权对城市规划区内的建设用地、建设工程是否符合规划要求进行检查，发现有违反的，须责令建设单位和个人切实加以纠正；②沿道路建造的建筑工程，建设单位和个人应向城市规划部门申请建立道路规划红线的界桩；③经检查发现有违章建筑，要坚决拆除，严肃处理；④城市规划部门可以参加城市规划区内重要工程的竣工验收；⑤城市规划区内的建设工程，建设单位和个人应当在竣工验收后半年内，向城市规划部门报送竣工资料。

（2）对建设用地、建设工程检查结果的奖惩：①对实施城市规划做出显著成绩，或城市规划管理人员忠于职守做出显著成绩，或检举违反城市规划的建设活动、城市规划管理人员以权谋私经调查属实的，由城市政府或城市规划部门给予表彰和奖励。②在城市规划区内，未取得建设用地规划许可证的，建设用地批准文件无效，占用的土地由县级以上政府责令退回。③在城市规划区内，未取得建设工程规划许可证或违反规划许可证的规定进行建设，严重影响城市规划的，由县级以上政府的城市规划部门责令停建，限期拆除或没收违法建筑物，影响城市规划，但可以采取改正措施的，由县级以上政府的城市规划部门责令限期改正，并处以罚款。④对违反规划许可证的单位有关责任人员，由所在单位或上级主管机关给予行政处分。⑤对违章建筑，除了罚款外，严重影响城市规划的，限期拆除；可采取措施改善的，限期改正；无不良影响的，限期补照。⑥对逾期不拆除的临时建筑物，由城市规划部门责令搭建者限期拆除，并处以罚款。⑦当事人对行政处罚决定不服，可以向做出处罚决定的机关的上一级机关申请复议，对复议决定不服，可以向法院起诉，也可以在接到处罚通知后直接向法院起诉；当事人逾期不申请复议，也不向法院起诉，又不履行处罚决定，由做出处罚决定的机关申请法院强制执行。⑧对阻挠城市规划部门的监察员依法执行公务、违反治安管理处罚条例的，公安机关应及时处理；情节严重构成犯罪的，依法追究刑事责任。⑨城市规划部门工作人员以权谋私或玩忽职守，由其所在单位或上级主管机关给予行政处分，构成犯罪的，依法追究刑事责任。

（四）旧城改造与新区开发

旧城改造与新区开发，是实施城市规划的重要组成部分，但它同上述实施城市规划日常管理最大的区别在于：实施城市规划的日常管理是对某方面建设或某个建设项目的管理，而对旧城改造与新区开发的管理，是全面的、综合的、区域性的城市规划管理。旧城改造与新区开发中的城市规划管理的基本内容有：

1\. 统一规划，合理布局

旧城改造必须遵照城市总体规划和分区规划，编制和执行旧城改造规划。调整产

业、改建住宅区、健全基础设施和改善布局景观，是旧城改造的重点。新区开发，也要遵照城市总体规划和分区规划，应编制详细规划，并严格执行。

2. 制订分期实施的开发计划

城市规划部门会同有关部门，制订和监督执行开发计划。旧城改造要因地制宜，从范围看，有某一地段的重点改造，沿道路或河流的沿线改造，以及工业区或居住区的成片改造；从程度看，有拆除重建，基础设施和房屋局部的改建，以及仅在房屋内部进行改建。新区开发，范围较大的，宜分期分批实施；范围较小的，也可以整体开发，一气呵成。

3. 基础设施、事业设施与生产设施、生活设施配套建设

遵循“先地下，后地上”的原则，基础设施优先于其他设施进行建设。教育、文化、卫生、体育等事业设施是居民生活必不可少的，应根据居住区规模来配置。在旧城区改建各类建筑物，应改善建筑过分密集的状况，增加绿地。

4. 综合开发，调整产业结构，形成投入产出的良性循环

成功的旧城改造和新区开发，主要靠调整产业结构、综合开发本地区资源获得改造和开发的资金来源。综合开发是旧城改造和新区开发的核心，产业转移是旧城改造和新区开发的连环。其应把一部分占地面积大或有环境污染的产业从旧城迁往新区，在新区进行技术改造，安装环保设施；在旧城区建设城市型的第二、三产业，使城市经济形成新的增长点。

5. 保护有纪念意义的建筑

在新区开发，尤其是在旧城改造中，对体现传统风貌和地方特色、有重要历史和革命纪念意义或有文化艺术价值的建筑，城市规划部门应会同文化部门采取有效措施，坚决予以保护[7]。

➢复习思考题

1. 什么是城市规划？它有什么作用？

2. 中国城市规划有什么特点？从西方国家城市规划理论与实践的发展过程，我们可以得到什么有益的启迪？

3. 实施城市规划的管理活动包括哪些内容？

第四篇 现代城市管理的客体

本篇提要

本篇着重回答现代城市管理具体管什么的问题。

根据现代城市事务的主要内容、特点和中国城市政府管理的实际情况，现代城市政府的管理职能（即具体管理的内容）可以分为专门管理职能和一般管理职能。专门管理的事务主要是城市特有的或特别突出的公共事务，主要有城市规划、城市交通、城市环境、城市住房、城市基础设施等。其中，城市规划既是城市管理的重要内容，也是城市管理的重要手段，所以城市规划的内容调至第三篇进行介绍；城市基础设施建设和管理对城市的可持续发展起着关键作用；城市环境管理也是城市政府的重要职能；城市交通、城市住房管理对城市的发展有着重大作用。

一般管理职能主要是指城市政府和其他地方政府组织都具有的职能，其中主要包括城市经济的调控、社会管理、危机管理等。本篇最后着重论述了城市经济管理、城市社会管理和城市危机管理的内容。

城市基础设施管理

在社会主义市场经济条件下，中国城市政府的主要作用是为企业生产和居民生活创造一个良好的外部环境。这种良好的外部环境包括环境保护、教育、社会治安等方面，但其中最重要的是基础设施的建设与管理。新中国成立后，一度忽视城市建设，造成基础设施欠账较多。改革开放以来，城市基础设施建设与管理的力度逐年加大，形势喜人。但由于中国人口多、底子薄，基础设施的进步尚不能满足城市生产和市民生活发展的需要；而且，基础设施的单位不同于一般企业，既有经营性，又有公益性，如何处理好经济效益与社会效益的关系，也有待探索。城市基础设施经营与管理的改革，无论对于城市经济还是对于城市建设的发展，都具有十分重要的意义。

第一节　城市基础设施概述

一、城市基础设施的含义和范畴

（一）城市基础设施的含义

城市基础设施，是为企业生产和居民生活提供基本条件、保障城市存在和发展的各种工程及其服务的总称[7]。

城市基础设施包含设施、产品（服务）和产业三种形态。设施一般是指城市基础设施自身的物质形态，既不是产品，也不是产业。产品是指借助于城市基础设施而开展的经济活动所生产和提供的产品或服务。在这里，实体的基础设施是一种生产手段。产业是指把基础设施实体或产品（服务）作为经营对象的产业和行业，如通信产业、自来水公司、公共交通企业等[19]。

城市基础设施是城市生存和发展的根本条件。随着社会进步、城市化水平的日益提高，城市生产社会化和专业化发展，社会分工的越来越细，城市基础设施的内容也从简单到复杂，由低级到高级地渐进发展，范围随之不断扩充。古代社会的城市基础设施总的说来是局部的、小规模的和简陋的，到近代社会以来，由于社会生产的中心转移到城市，人口大多数生活在城市，城市基础设施才获得全面的、大规模的和健全的发展。1812 年英国建立了世界上第一个城市煤气厂；1879 年中国第一个近代给水工程在旅顺建成；1880 年美国纽约率先利用热电厂向城市供热。在现代城市，当水、电、煤气等基础设施已经普及，成为居民生活不可缺少的组成部分以后，环境保护、森林公园、互联网等基础设施又在成为新的目标和趋势。

在日常生活中，城市基础设施有一些其他名称，如城市公用事业、市政工程设施和城市公共设施等。它们和城市基础设施的概念在内涵与外延上都有交叉之处，但严格说来，是有区别的。城市公用事业主要是指自来水、电力、煤气和公共交通、通信等部门；市政工程设施主要是指道路、桥梁、隧道和下水道等。可以说，城市基础设施既包括城市公用事业，又包括市政工程设施。城市公共设施的内涵与外延则比城市基础设施广泛，不仅指城市基础设施，而且包括城市事业设施，如公共的教育、文化、卫生和体育等部门。在这方面，城市基础设施又被称为生产性基础设施或技术性基础设施；而事业性基础设施则被称为非生产性基础设施或社会性基础设施（图 8.1）。

- 城市公共设施
  - 城市基础设施（生产性基础设施）
    - 城市公用事业——自来水、电力、煤气、公共交通、通信
    - 市政工程设施——道路、桥梁、隧道和下水道等
  - 城市事业设施（非生产性基础设施）
    - 公共的教育、文化、卫生和体育等

图 8.1 城市公共设施与城市基础设施结构示意

（二）城市基础设施的范畴

虽然世界各国因国情不同，对城市基础设施的含义和范围的界定有所区别，但概括而言，城市基础设施可以分为下列六大系列：①能源设施。其包括电力的生产、输配和供应设施；燃气（天然气、液化石油气、煤制气）和暖气的生产、输配和供应设施等。②供、排水设施。其包括城市水资源开发、利用保护设施；自来水生产和供应系统；污水、废水和雨水的接纳、输送、净化及排放系统；中水供应系统等；③交通设施。其包括城市对外交通设施和内部交通设施两部分。对外交通设施包括航空、铁路、航运、长途汽车和高速公路；对内交通设施包括道路、桥梁、隧道、地铁、轻轨高架、公共交通、出租汽车、停车场、轮渡和交通安全设备等。④邮电通信设施。其包括邮政设施、电信设施（电报、市内电话、长途电话、移动电话、无线电寻呼、计算机互联网）、电视和广播等。⑤环保设施。其包括绿化、园林、垃圾收集和处理、环境卫生、环境监测和治理环境污染等。⑥防灾设施。其包括城市防洪设施、公共消防设施、防地震设施、防止地面沉降设施、人民防空设施以及防风、防潮设施等。

上述城市基础设施系统，是一个由若干独立运作、完整的子系统组成的相互联系、互为条件、协调运转的大系统。城市基础设施由城市人民政府负责统一规划并监督规划

的实施，其生产、建设和运营，则由各有关业务部门在紧密协作的前提下分工管理[7]。

（三）城市地下空间的开发利用

1. 城市地下空间

在过去的50年中，世界上几乎每个国家的城市都面临着发展空间日益紧张的问题。城市发展在空间上的需求使得城市只能向高度上拓展，随着各种各样的摩天大楼充斥着城市的天际线，人们开始逐渐关注城市地下空间的开发利用。城市地下空间开发和利用的潜力不仅在于可以消除城市处处可见的停车楼、高速公路和购物中心，还可以进一步理顺地面上的发展空间并为城市其他方面的发展消除障碍。从1863年英国伦敦建成世界上第一条地铁起，世界各国对城市地下空间开发利用的成功经验数不胜数，这表明地下空间的开发利用在技术上、经济上是完全可行的，并且其现已经成为现代城市建设的主要途径。

城市地下空间是指城市规划区内地表以下的空间，其开发利用形式主要为地下铁道、人行通道、地下商业街、城市共同沟、各种地下库房和人防设施等。城市地下空间是一种宝贵的资源，是城市空间资源的重要组成部分。城市空间在平面扩展受限的条件下，向高空和向地下发展是城市发展的两个方向。城市在向高空发展的同时，人们一刻也没有停止向地下发展的探索。通常将地下空间竖向层次划分为地下30米以上浅层、地下30～100米中层和地下100米以下深层三个层次。一般而言，不同层次的地下空间有不同的用途：浅层设置共同沟敷设地下管网；中层修建地下街、停车场等；深层建地铁等。这样划分可有效地利用地下空间资源。目前国际上多数国家地下空间开发层次仍在地下30米以上浅层开发阶段，其用途多为综合性开发。一个城市的可开发利用的地下空间资源量一般是城市总面积乘以开发深度的40%。

开发城市地下空间能够有效地缓解城市发展与土地资源紧张的矛盾，提高土地利用率，对于扩大城市生存发展空间也具有重要的现实意义和深远的历史意义，目前在国内外已经形成了共识——21世纪是地下空间开发利用的世纪。

2. 城市地下空间开发和利用的效益

城市地下空间作为资源，它的合理开发利用一方面可以调节城市土地利用结构，提高土地利用效率，节省土地资源，缓解城区高密度，扩充城市空间容量，扩充基础设施容量，增加城市用地，保护城市历史文化景观，减少环境污染，改善城市生态；另一方面有利于人车立体分流，疏导交通，提高城市总体防灾抗毁能力，是建立现代化的城市综合交通体系以及城市防灾减灾综合空间体系的重要途径。同时，由于地下空间与地上空间相比具有恒温、恒湿、隔热、遮光、超静、气密、隐蔽、安全性等优点，因此近年来中国一些大城市进行了广泛的地下空间资源的开发利用。可以说，没有城市地下空间资源的开发利用就没有城市的可持续发展，城市地下空间资源的开发利用有着非常重要的作用。

（1）有利于节约土地，促进城市土地的高效利用。发挥城市拥挤地区地下空间的潜力，不仅可以把地面作为城市公园和休闲场所来使用，还可以通过地下通道的建设，把地面交通空间让给行人、自行车、公共交通及应急车辆等。

（2）有利于改善环境，促进城市的美化。可以把有碍观瞻的停车楼、高架桥、购物中心等设施转移到地下，从而达到美化城市景观的作用。

（3）促进城市的可持续发展。无需考虑建筑物外部的覆盖层和装饰，可以大大提高建筑材料的使用效率、降低建设成本。

（4）有利于节约能源，保护能源。利用地下空间的“绝缘”功能，吸收噪声并保持地下空间的冷、热能。

（5）保持良好的气候条件。可以使人们免受极端恶劣气候的影响。

（6）安全目的。可以用做银行的地下保险库或者军事掩体等。

3. 共同沟的建设

城市中的给水、排水、电力、电信、燃气、热力等地下市政管线工程，是维持城市功能正常运转和促进城市可持续发展的关键。共同沟，也称“地下城市管道综合走廊”，就是指将各种城市地下市政管线集中设置于同一地下人工空间内——城市管道综合走廊，所形成的一种现代化、集约化的城市基础设施。共同沟是经济发展到一定阶段时城市市政配套建设的一种先进模式。法国巴黎早在1833年就开始兴建共同沟。欧洲、日本、美国等发达国家和地区的城镇都在20世纪逐步形成了较完善的地下共同沟系统。建设“共同沟”，把城市管线纳入“共同沟”统一规划、统一建设、统一管理，实现城市地下空间的集约利用，可以从根本上解决“拉链路”现象，避免城市空间污染。

共同沟是21世纪新型城市市政基础设施建设现代化的重要标志之一，它避免了由于埋设或维修而导致道路多次开挖的麻烦，由于管线不接触土壤和地下水，因此避免了酸碱物质的腐蚀，延长了使用寿命，它还为规划发展需要预留了宝贵的空间。共同沟为各类市政公益管线设施创造了一种“集约化、综合化、廊道化”的铺设环境条件，使道路下部的地层空间资源得到高效利用，使管线的运营与管理能在可靠的监控条件下安全高效地进行。随着城市的不断发展，共同沟内还可提供预留发展空间，保证了可持续发展的需要。中国一些特大城市将优先发展共同沟，1994年年底，在上海浦东新区初步建成了国内第一条规模较大、距离较长的共同沟，为国内推行共同沟的建设开了先河。

发达国家的发展历史表明：当人均GDP达到500美元以后，城市就具备了大规模开发利用地下空间的条件和实力；人均GDP在1 000～2 000美元，则达到开发利用的高潮。这无疑给中国的诸多大城市带来了新的发展空间和契机。随着地下空间开发规模的不断增大和开发项目的增多，地下空间开发已逐步成为中国大中城市规划建设的重要内容，也是目前中国现代化城市建设的一大特色。实践表明，合理开发利用地下空间是现代城市发展的必然趋势，也是未来城市实现可持续发展的重要途径之一。

二、城市基础设施的分类

城市基础设施的分类与其定义和范围一样，可以多种多样，从不同的角度又会得出不同的结论。

（一）垄断性城市基础设施和非垄断性城市基础设施

按照政府对基础设施所有权的控制程度及其客观属性，城市基础设施可以分为垄断性城市基础设施和非垄断性城市基础设施两类。

1. 垄断性城市基础设施

垄断性城市基础设施是指决定国计民生、影响重大、由于客观或其他社会经济原因形成的在生产和生活中不能替代、不可缺少的一类城市基础设施。这类城市基础设施必须由城市政府控制其所有权，经营权可以按市场规律放开，但对其产品和服务的价格或收费标准还是要进行必要的合法干预。它包括城市供水、供电、有线通信、对外交通、防灾设施等。

2. 非垄断性城市基础设施

非垄断性城市基础设施是相对于垄断性城市基础设施而言的，其基础地位虽然重要，但可以通过多元化经营、竞争来降低成本，实现自然资源和社会资源的合理配置。这类设施包括城市燃气、供热、园林、绿化、环境卫生等设施。

（二）经营性城市基础设施和非完全经营性城市基础设施

按照城市基础设施的建设投资及其经营权的可市场化程度，城市基础设施可以分为经营性城市基础设施和非完全经营性城市基础设施两类。

1. 经营性城市基础设施

经营性城市基础设施可以以国家的立法作保证，以经营权的市场化为手段，采取投资、融资、建设、合理定价（收费），实现建设、经营、发展的良性循环。根据工业化国家的经验，城市供水、供电、邮电通信、污水处理、环卫、燃气、供热等基础设施属于这一类。

例如，在丹麦，城市供水和污水处理已经完全实现了按市场规律办事。在水的价格和污水费中，包括了完全成本、经营公司应得的利润、约15%的发展资金、水税为每立方米3丹麦克朗、污水税为每立方米0.75丹麦克朗、增值税7%。而他们解释这是不盈利的，因为政府没有从中拿走任何钱。有趣的是，通过征收水税、污水税，反而降低了国民的所得税。把水价提得很高，以经济规律促进节约用水、保护水资源，而且由于降低了所得税，政府也得到广大国民的支持拥护。

2. 非完全经营性城市基础设施

非完全经营性城市基础设施是那些公益性极强、难以明确具体服务对象、以达到社会和环境效益为主要目的的基础设施，其必须由政府财政投资及补贴来维持经营和发展。它包括城市道路、防灾、绿地、环境监测等设施。

三、城市基础设施的作用

（一）城市基础设施是城市存在和发展的物质基础

城市同农村区别的一个重要方面，是基础设施的质量和数量不同；新建或扩大一个城市，总是基础设施先行；基础设施是生产设施和生活设施发挥作用的前提。由此可见，基础设施是城市存在和发展的物质基础。一个城市的基础设施容量大，现代化程度高，预示着它有很大的发展潜力。

（二）城市基础设施是社会生产不可缺少的外部条件

社会的第一、二、三产业，包括属于第三产业的党政机关的产业活动，都离不开基础设施的作用。首先，基础设施为各单位提供能源；其次，基础设施为各单位提供水资源；再次，基础设施为各单位提供交通运输条件；最后，基础设施为各单位提供通信条件等。

（三）城市基础设施是市民生活的基本条件

城市基础设施是市民维持基本生活水平的必要条件。如果没有水、电、煤气等的供应，市民要想维持基本的生活水平是难以想象的。城市基础设施又为市民提供生活水平创造条件。地铁、电脑联网和电视等，使市民享受现代生活的乐趣。生活水平越高，市民对基础设施的依赖性越强。

（四）城市基础设施为生产和生活提供一个减少污染的环境

今天的城市，一方面生产和生活日益现代化，另一方面面临着环境污染的严重威胁。环境污染会增加生产的成本，损害市民的健康。城市的环保设施等是环境污染的屏障，生产和生活的卫士。

（五）城市基础设施避免和减轻各种灾害对生产和生活的危害

中国地域辽阔，自然环境复杂，每年许多城市都遭受洪水、台风、风沙和暴风雪等自然灾害的袭击。城市的各种防灾设施在抵御和减少各种灾害给城市生产和生活带来的损失方面，发挥着巨大的作用。如果没有城市基础设施的保护，让各种灾害得逞，城市的生产和生活水平非但不会提高，反而会下降[7]。

（六）城市基础设施是城市现代化的前提和重要标志

所谓城市现代化，应当是最大限度地利用人类社会进步过程中一切先进的科学技术成果，实现城市功能高效、便捷、完善与城市环境清洁、整齐、美观的统一，保证城市的可持续发展。具体地讲，现代化城市必须具备如下基本条件：第一，具有科学合理的城市总体规划；第二，具有先进、完善的城市基础设施；第三，具有高效有序的城市管理。三者相辅相成，缺一不可，而先进完善的城市基础设施是其中无可替代的“硬件”，是现代化城市的物质表现和承载体。

城市基础设施的先进和完善，对于城市现代化来说，是决定性的条件和标志。经济发达国家所走过的城市化道路已经为我们积累了正反两个方面的经验，其城市化和城市的现代化走的就是一条先行完善城市基础设施以带动整个城市现代化，带动城市经济、社会的全面发展和生活质量的提高的道路。可以断言，没有城市基础设施的现代化，就根本谈不上城市的现代化。

（七）基础设施是城市的竞争手段和竞争力的表现

经济全球化的发展，使国与国之间、城市与城市之间、企业与企业之间的竞争日益激烈，企业之间的竞争不仅取决于企业自身的技术水平、经济实力等因素，而且取决于城市的经济环境，特别是基础设施的先进性和完善程度。企业的竞争力与城市的竞争力是联系在一起的，不能分割[19]。

第二节　城市基础设施及其管理

一、城市基础设施管理机构及其职能

（一）城市基础设施管理的机构

（1）综合管理机构。城市政府设置的建设委员会或规划建设委员会以及类似的机构，一般是综合管理机构。因为城市基础设施管理的专业机构均履行各自的职责权限，但动态中的城市基础设施管理必然产生大量的相互交叉和相互协调的职能，而城市政府又无力或很难直接履行这项职能，所以综合管理机构代表城市政府对城市基础设施进行有效的、统一的宏观管理。

（2）专业管理机构。根据技术性质和功能特点，城市基础设施可以划分为若干专门系统，如水系统、交通系统、电系统、通信系统、环境系统等。从事专门系统管理的机构就是专业管理机构。例如，在大中城市政府里一般设有公用事业管理局、市政工程局及园林绿化、环境卫生、公共交通、邮电通信等专业局。

（3）协调机构。即城市政府为了协调城市基础设施管理和城市其他各项事业管理的关系，达到城市管理的综合效益而设置的跨部门、跨专业、跨领域的委员会。例如，有的城市设置的交通管理委员会，就是运用各种机构的资源综合管理交通，其职能就是协调规划市政、公安、工商、交通运输等有关部门的横向关系，对全市交通实行统一管理。

（4）临时机构。城市基础设施管理动态因素很多，特别是中国城市与城市管理正处于发展完善阶段，其难免面临一些重要的新出现的或突击性的任务。这些任务依靠常设机构往往难以顺利而高效地完成。因此，有时城市政府需要设置一些临时机构。例如，为了使重要的市政工程早投产、早收益，有的城市成立的“××工程指挥部”。这些机构完成任务后就随之撤销[11]。

（二）管理机构的职能

城市基础设施的管理部门，属于专业经济管理部门，即实施行业管理的部门。目前，根据市场经济发展的要求，城市基础设施的管理，应逐步而又迅速地实现由计划经济概念下的部门管理向市场经济概念下的行业管理转变。在社会主义市场经济条件下城市基础设施的行业管理，不再是仅对政府出资建设的城市基础设施的经营企业的产品和服务实施管理，而是在投资多元化的情况下，对各种所有制成分构成的全行业整体实施管理。其也可以说是对城市基础设施的产品和服务的市场进行管理，无论是谁想要进入这一市场，都应服从行业的统一管理。

具体而言，就是实施政企分开，包括所有权与经营权分离，即将国有城市基础设施的经营权从政府部门中分离出来全部落实给企业，把企业推向市场，政府部门保留所有权，只行使行业管理职能，不得再直接指挥、干预企业正常的经营活动。现有的基础设施行业的事业单位（大多数以政府名义出现），也应与政府脱钩，转变为具有法人资格的经营管理实体，与企业一样在行业主管部门的监督下进行业务活动。

按照上述原则，政府主管部门对城市基础设施的管理主要表现在以下几个方面：

第一，制定行业的发展方针、政策、规划、规章、强制性产品标准、服务标准、规范等，并监督其实施。

第二，实施市场管理，包括市场准入、资格认定、质量监督、服务监督等。

第三，与有关部门协同监督和实施城市基础设施产品和服务的价格和收费标准的管理。

第四，对于具有直接经济收益的设施，如城市供水、燃气、供热等行业，着重培养市场机制的形成，促进建立一种市场投入为主导的建设、经营新机制，广泛吸收多种所有制经济成分共同参与，形成有序竞争的局面。

第五，对没有直接经济收益或直接收益很少的设施，如城市道路、环境卫生、园林、绿地、防洪等设施，其维修、养护、保洁等业务，应采取招标等市场竞争方式选择胜任、高效的企业来承担，并按合同办事。近年来，深圳市的市容保洁和绿地、树木养护公开向社会招标，上海外滩地区的保洁服务通过公开招标选择了非本市的清洁服务公司承包。这些都是成功的尝试，代表着城市基础设施养护维修改革的方向，应予逐步推广。

二、城市基础设施管理的内容

城市基础设施的管理主要包括城市供电管理、城市供水管理、城市供气管理、城市道路管理、城市灾害管理等。

（一）城市供电管理

城市供电管理的内容是：①输变电建设管理。其包括做好负荷预测，制定电网发展规划；变电所所址选择；送电线路的路径选择。②供电设备运行、检修管理。运行管理要加强巡视检查；进行定期计划检修和事故抢修；预防季节性事故和外力破坏事故；加强技术管理。③用电营业管理。一是做好用户业务扩充管理工作；二是加强电能质量管理，包括频率质量管理、电压质量管理和供电可靠性管理；三是抓好计划、节约、安全用电。

（二）城市供水管理

城市供水管理的内容是：①水资源管理。要防止地表水被污染，合理安排取水量；

地下水宜饮用，但需平衡采水与灌水，控制地面沉降。②供水工程的建设管理。其包括取水、净水和配水的工程管理。③供水的水质和水压管理。根据具体情况，可分别采取水厂一次加压、管网中途加压或局部地区加压等做法。④节约用水管理。一是加强宣传；二是实行计划用水；三是使用节水设备；四是提高水的重复利用率。

（三）城市供气管理

城市供气管理的内容是：①供气规划管理。国外城市的燃气化，大多数经历了从煤制气到油制气，再到以天然气为主的过程。②供气工程的建设管理。一方面选择燃气化的途径；另一方面确定供气规模。③供气的安全管理。要控制燃气的质量；监督执行燃气器具的标准；提倡安装燃气警报器。

（四）城市道路管理

城市道路管理的内容是：①对新建或改建道路的质量、进度的监督；②对道路的维修和养护；③路政管理，包括掘路管理、占用路面管理，以及对人为损坏道路的管理。

（五）城市灾害管理

城市灾害管理的内容是：①各种防灾设施的建设和维护；②防灾报警系统和预警系统的建设和管理；③防灾物资的储备管理；④普及防灾救灾知识[7]。

三、城市基础设施的经营与管理

城市基础设施的投入，包括资金、人力、自然资源的投入，而产出是指其所产生的经济效益、社会效益和环境效益。对于一般的商品，主观意识上往往是以经济效益为主，兼有社会效益和环境效益。而城市基础设施，却是为了同时获得三个方面效益而建设的，对它的产出当然就需要从三个方面有形和无形的效益来衡量。例如，每供应1立方米自来水可促成50～75元工业产值的形成。又如，天津市中环线西段投资2 188万元，竣工后使企业年增收节约开支约7 000万元；重庆长江大桥（一桥）投产后，每年为社会增收节支1 093万元等。这样的例子不胜枚举。

（一）城市基础设施的经营与管理的特点

城市基础设施的部门和单位与一般企业在经营管理上的区别，以及它们经营管理的难点是：由于城市基础设施具有公益性，它的部门和单位不能像一般的企业那样，以盈利为主要目标，而只能以社会效益为首要的目标，在此前提下，兼顾经济效益；虽然它们有生产性，受投入产出的经济规律制约，但其中多数的部门和单位是通过市场与财政的复合补偿，来实现投入产出的资金循环的。这种区别决定了城市基础设施的经营与管理，具有不同于一般企业经营与管理的特点。

（1）根据城市基础设施部门和单位在公益性方面同市场化程度上的区别，实行不同类型的经营管理模式。少数完全靠市场补偿实现投入产出循环的部门和单位，如集体所有制、个体所有制和私人所有制的出租汽车单位，实行与一般企业一样的企业化经营管理。少数完全靠财政补偿实现投入产出循环的部门和单位，如路灯养护部门，实行全额拨款的事业单位管理。一部分主要靠市场补偿、次要靠财政补偿实现投入产出循环的部门和单位，如供电、电信、公共交通等，基本上实行企业化的经营管理，同时财政给予适当的补贴。一部分主要靠财政补偿、次要靠市场补偿实现投入产出循环的部门和单位，如公园、消防站和广播电视等，实行差额拨款的事业单位管理。

（2）根据城市基础设施经营管理模式的不同，实行不同的定价制度。实行完全的企业化经营管理的部门和单位，所提供的产品和服务的价格，在市场竞争中形成，但受城市政府的物价管理部门的监督。全额拨款的事业单位所提供的产品和服务的价格，由上级部门确定，并经物价部门批准。基本上实行企业化经营管理的部门和单位，所提供的产品和服务的价格，主要在市场竞争中形成，但受物价部门的指导。差额拨款的事业单位所提供的产品和服务的价格，主要由上级部门在参考市场竞争行情后确定，并经物价部门批准。如果扩大再生产的任务较重，价格可含微利；如果主要是维持再生产，价格可含成本；如果公益性较强，市场化程度较低，价格可允许适当的亏损。

（3）无论实行哪一种经营管理的模式，城市基础设施的部门和单位都要努力提高经济效益。这样做，首先是适应社会主义市场经济体制、参与市场竞争的需要；其次是减轻财政负担的需要；最后是增加城市基础设施的部门和单位员工收入的需要。城市基础设施的部门和单位员工提高收入水平，不能靠涨价，只能靠提高产品和服务的质量，增加产品和服务的数量，以及降低产品和服务的成本来实现。实行企业化经营管理的部门和单位，可以运用一般企业的管理制度；实行事业性管理的部门和单位，也必须运用各种形式的经济责任制，把员工的收入与提高质量、增加数量和降低成本挂钩。

（二）城市基础设施建设的资金来源

目前，随改革的不断深入，城市基础设施建设资金的筹集，已从单一转为多元化，筹集的渠道有：①城市政府的财政拨款。由于城市基础设施具有公益性，绝大多数的基础设施由市场和财政复合补偿、或完全由财政补偿，因此，国家和城市的财政拨款始终是基础设施建设资金的主要来源。②城市建设税与配套费，如附加费、初装费、增容费与建设基金等。③国外的长期低息贷款。例如，1989 年，上海成功地利用国际资本建设地铁一号线，之后利用外资步伐加快，通过世界银行和亚洲开发银行融资，解决了杨浦大桥、合流污水治理工程、内环线高架等重大工程的建设用款；到 1996 年年底，不包括在沪 46 家外资金融机构的贷款，上海交通、邮电、电力等基础设施建设直接利用外资高达一百多亿美元。④向国内外贷款或发行债券。例如，上海发行浦东建设债券，以及发行市政建设债券、煤气建设债券等，对加快浦东、浦西重大市政联动项目建设，提高城市居民煤气化普及率，以及高架路建设，发挥了重要的作用。⑤公用事业的合理收费。⑥土地批租收入。20 世纪 90 年代初，由于成功地进行城市土地使用制度改革，对经营性土地实行有偿出让，收取的大量出让金主要用于城市基础设施建设，土地出让收入和土地使用费收入成为基础设施建设资金的主要来源。⑦基础设施和公共设施的有偿使用和企业化经营收入。⑧市政设施部门专营权有限期出让。例如，上海通过三桥一隧、延安路高架（东西段）、沪嘉、沪宁高速公路部分专营权出让等途径，筹措了大量城建资金。⑨组建基础设施建设的上市股份公司。例如，上海组建凌桥、原水股份公司，筹措自来水的建设资金等。⑩吸引大企业投资市政设施建设，如上海实业等六大投资（金融）集团公司，开始承担部分基础设施项目建设。⑪融通社会基金，如借用城市社会保险基金等，实际上这是资金的相互融通。⑫向国内金融机构短期借款。向中国工商银行、中国建设银行、中国交通银行等银行和非银行的金融机构短期融资。

以上各种筹资途径可以归纳为四类，即城市财政支出、基础设施运营收入、发行股票债券向社会集资、向国内外银行贷款[7]。

四、城市基础设施产业化

基础设施产业化是城市经济发展的趋势。城市基础设施是既为物质生产、社会发展，又为人民生活提供一般条件的基础性公共设施，是城市生存和发展的基础，它包括广泛的内容、复杂的系统和许多特点。随着科学技术和社会生产力的发展，城市基础设施中有越来越多的系统形成独立的产业或行业。例如，已经形成庞大的能源产业、交通产业、运输产业、通信产业、环保产业等。有人认为，1999 年的十大产业之首是“公共基础设施产业”，第三位是环保产业。城市基础设施产业还能带动其他一系列产业，如基础材料产业、房地产业、汽车产业、装备工业等，因此基础设施产业是城市经济乃至国民经济的支柱产业，是新的经济增长点。

产业化适应基础设施建设量和投资量不断扩大的需要。社会生产力的发展、经济社会化程度的提高，使基础设施内容越来越广泛，城市经济对基础设施的需求日趋扩大，从而对基础设施的依存性也越来越大。城市现代化在很大程度上取决于基础设施现代化。在城市现代化过程中，基础设施建设量迅速增加。只有不断实现产业化，才能适应城市基础设施投资和建设增长的需要；反之，投资和建设的增加，又要求基础设施实现产业化。

产业化有利于提高城市基础设施的使用效率。提高效率和追求公平，是社会经济发展的两大目标。城市基础设施是重要的经济领域和管理部门，一方面，对城市基础设施的投资和建设量越来越大；另一方面城市基础设施与每一个企业、每一个居民都有着密切的关系。因此这个领域的公平和效率对整个社会的公平和效率有着重大的影响。目前，中国城市中的许多企业效益不高，不能说同城市基础设施落后没有关系。通过市场交换，推行产业化经营，是目前条件下维持公平和提高效率的手段，甚至是最重要的手段。所以，近几十年来，许多国家把城市基础设施的建设、管理和经营，同其他生产经营领域一样交给企业，实行产业化经营。大量事实证明，不少城市基础设施项目由政府投资、建设和管理往往投资很大、效率低下、分配不公，而交给企业家投资、建设和管理后效率明显提高。产业化经营和管理是城市基础设施发展的趋势和方向。

城市政府职能的转变和有限的财力需要基础设施产业化。随着城市的急剧发展，一方面，城市公共管理任务越来越繁重，越来越细致；另一方面，城市政府机构又受到财力的限制，不可能无限制地扩大，相反需要尽可能的精简，以减轻企业和居民的负担。城市政府要把一部分基础设施建设和管理交给企业去办，变成企业的经营活动，以集中精力办好只能由城市政府办的事。这样，可以更有力、更灵活地筹集资金，动员更多的社会资金投入城市基础设施建设。有的城市成立城市建设投资公司，承担原来由政府承担的一部分任务，已经收到较好的效果。当然，这还仅仅是初步的，城市建设和投资公司需要进一步完善，同时还需要有其他各种类型的企业加入城市基础设施建设的行列。一部分基础设施实行产业化经营，政府就可以加强规划、调控、监督的职能。虽然城市的财政收入不断增长，但与基础设施发展相比，仍然不能满足扩大基础设施建设的需要，这是中国目前城市发展中的普遍现象。为了解决这一矛盾，基础设施产业化是一个行之有效的方法。即使由政府投资建设的项目，也可以实行产业化建设和经营。

科学技术的进步为产业化提供了技术条件。一方面，城市基础设施领域成为科学技术的重要领域，国家和城市致力于这个领域的研究，取得的重大成果推进了基础设施的建设，有利于基础设施的产业化经营，提高建设和经营效益。20 世纪末，美国新兴预测委员会和日本科技厅等有关专家做出的预测，在未来 30 年间，全球在能源、环境、农业、食品、信息技术、制造业、生物医学等领域，将出现 10 大新兴技术，其中有关垃圾处理的新兴技术被排在第二位。随着这类新兴技术的出现、成熟和产业化，在 21 世纪的头 10 年，发达国家日本生活垃圾中的 50％将被回收利用。近年来，世界各国纷纷开发垃圾资源化技术，通过回收垃圾中的有用成分实现垃圾的减量化和资源化。国外一些国家，如瑞士、澳大利亚、丹麦利用垃圾焚烧发电已占垃圾处理的 65％～75％，荷兰、澳大利亚等国利用垃圾进行堆肥的比例也逐年上升。我国国内也在这方面取得很好的经验。例如，广汉市结合“九五”攻关，由当地政府和私营企业共同出资建成了一座日处理量 100～150 吨的垃圾处理厂，在处理垃圾的同时，生产颗粒复合肥并回收废塑料作为再生原料。另一方面，科学技术的发展，特别是计量技术的发展，对许多基础设施的使用和消费都可以直接计量，即原来不能分割出售的，现在能精确地按单位出售，这也为产业化经营创造了技术条件。

目前，中国实行城市基础设施产业化的条件已基本具备，即市场经济初步建立、实现投入资本化、实现产品（服务）商品化、推行管理价值化、建立主体企业化、开始与国际接轨[19]。

➢复习思考题

1. 阐述城市基础设施的含义和范畴。
2. 城市基础设施管理应包括哪些内容？
3. 简单分析市场经济条件下城市基础设施建设资金的来源。

城市交通管理

交通是城市四大基本活动之一，城市交通维系着城市有机整体的正常运转，通畅的城市交通对城市的发展、用地开发、改善居民生活条件、提高劳动生产率、实现社会经济发展目标，具有重要的保证和促进作用。在社会经济发展的各个阶段，各个城市面临着种种不同的交通问题，交通问题一直是世界各国城市关注的焦点。解决复杂的交通问题必须采取综合的手段，制定城市交通政策，以保障城市交通高效运行和有序发展。从世界范围来看，城市道路的修建和养护，营建公共汽车站、码头等，改善已有的路线，改进城市交通，历来都是城市政府的基本职能。目前，中国城市交通结构和运输方式尚欠发达，随着城市经济和社会的快速发展，城市机动车增长很快，而市区人口稠密，出行人数众多，加之许多城市用地布局和路网结构不尽合理，尚处在调整和改善中，城市交通问题复杂多样，如道路拥挤、管理不善、交通设施不足及效率低下、车辆保养不善、交通结构不合理等。同时，由于人口增加、经济不断发展和城市盲目蔓延，且城市的车辆不断增加，更加剧了城市交通问题，也增加了交通组织和管理的复杂性和难度。

第一节　城市交通和城市交通问题

一、城市交通及其影响因素

（一）城市交通的含义

交通（transportation）是指人和物，以某种确定的目标，在一定的设施条件下，采用一定的方式，通过一定的空间进行流动，包括航空、水运、铁路和道路上的交通。城市交通是指城区范围内的交通，或称城市各种用地之间人和物的流动。城市交通是一个独具特色、由多种类型交通组合而成的交通系统。

城市交通系统是城市社会经济系统的一个子系统。现代城市交通系统已经发育为一种立体化、综合化的系统。城市交通系统主要由三部分构成：①城市交通基础设施系统，包括城市道路、桥梁、轨道系统等；②城市客货运输系统，包括公共汽车、电车、出租汽车、地铁、轻轨、轮渡等公共客运系统，人力三轮车、自行车、摩托车、私人汽车等个体客运系统，以及城市内部的货物运输系统；③城市交通控制系统，包括交通标志、信号系统，交通信息采集、传输、控制等交通管制系统。

作为基础设施的组成部分，城市交通基础设施系统有两个基本特点：①城市用地主要由建筑物和交通设施组成，城市交通设施既是为了满足社会需求的服务设施，又是城市用地的一个组成部分。交通用地常占市中心用地面积的30%～40%，占郊区面积的20%。②交通一方面为人们各种活动提供服务，另一方面它又跟建筑物和建筑物内的活动互相依存。城市的结构、用地范围的扩展、城市生活方式和特点等，都跟城市交通系统的性质和质量有关。

在城市中，由各种相对独立而又相互配合、互为补充的交通类型组合成城市综合交通。从形式上看，城市综合交通可分为地上交通、地下交通、路面交通、轨道交通、水上交通等；从地域关系上看，城市综合交通可分为城市对外交通和城市交通两大部分。其进一步细分如图 9.1 所示。

- 城市综合交通
  - 城市对外交通
    - 对外货运交通
    - 对外客运交通
  - 城市交通
    - 市内客运交通
      - 步行交通
      - 自行车交通
      - 公共交通交通
      - 其他客运机动交通
    - 市内货运交通
      - 专业货运交通
      - 单位货运交通
      - 出租货运交通

图 9.1　城市综合交通构成示意

城市对外交通泛指城市与其他城市间的交通，及城市地域范围内的城区与周围城镇、乡村间的交通。其主要形式有航空、铁路、公路、水运等。城市中常设有相应的设施，如机场、铁路线路及站场、长途汽车站、码头及其引入城市的线路。城市对外交通与城市交通具有相互联系、相互转换的关系。城市交通是指城区范围内的交通，或称城市各种用地之间人和物的流动。这些流动都是以一定的城市用地为出发点，以一定的城市用地为终点，经过一定的城市用地而进行的。其主要形式包括城市道路上的交通、轨道交通和水运交通（轮渡、船运）等。

（二）影响城市交通的因素

城市综合交通是一个复杂的系统，是由城市运输系统、城市道路系统和城市交通管理系统组成的。它是城市社会经济和物质结构的基本组成部分，它把分散在城市各处的城市生产、生活活动连接起来，在组织生产、安排生活、提高城市客货流的有效运转及促进城市经济发展方面起着十分重要的作用。一方面，城市的空间结构、规模大小，甚至城市的生活方式都需要一个城市的交通系统的支撑；另一方面，城市规模与城市形态、城市土地利用都与城市交通有密切关系，这决定了交通发展方向与规模。

1. 城市规模与交通

城市规模决定了交通需求总量，当需求超过供给时，就会产生交通拥挤。纵观城市发展历史，中小城市交通不拥挤，交通拥挤不畅者多为大城市。这是因为，大城市中常住人口和流动人口众多，居民上下班和学生上下学是城市出行的主体，同时，流动人口对交通的需求是常住人口的 3 倍左右，所以大城市对交通的需求很大，而供给常常不足，就会出现交通拥挤问题。

2. 城市形态与交通

城市形态关联着路网结构与交通方式。城市形态是指城市空间结构，如中心组团、分散组团、条形、串形等城市形态。影响城市空间结构的四个基本要素中，地理特征是自然要素，非人力所能改变，其建设控制、相对可达性、动态作用均与城市交通有直接的关联性。大城市不宜采用中心组团形态，宜采用分散组团形式，且各组团要有明确的定位，要有相当的规模，要有充足的就业岗位。过去曾有建卫星城的教训，卫星城规模比较小，不能分担母城的部分功能，加上设施、教育等配套建设跟不上，卫星城没起到应起的分流作用。近十多年，有的城市在郊区大片修建住数万人到数十万人的居民住宅，由于居民的工作岗位没变动，居住新区缺乏工作机会，形成了潮汐交通流，高峰时出现拥堵。

3. 土地利用与交通

在城市的发展中，土地的使用性质，土地开发强度决定了出行生成与出行吸引，决定了交通需求空间分布特征，决定了路网布局与交通系统的发展方向。土地使用性质确定后，就基本确定出行生成量，所以在划分土地使用功能时，应考虑居民就近上班的可能性，也就是说居住用地应当遍布于各种功能用地之中，不是独立于各种功能用地之外，这种布局不仅减小了客运工作量，而且方便、效率高。此外，确定道路用地面积占城市用地总面积的比例至关重要。道路面积率小，组织交通困难，巧妇难为无米之炊。道路面积率一般以 20%为宜。中国的北京、上海（浦西）道路面积率偏小，交通状况一直拥挤，无法令人满意。

4. 人口密度与交通

城市人口总量决定城市规模，决定交通总需求。城市各个组团，各个分区的人口应与其用地规模相匹配。住房和城乡建设部规定，每平方公里用地分布 1 万人。同时应考虑到，随着经济的发展，人民生活水平的提高，居民平均出行次数将增加。同时，流动人口的交通需求很大，应充分考虑这一问题。例如，2000 年，北京市流动人口为 308.4 万，流动人口对交通的需求是常住人口的 3 倍左右，这是很棘手的问题。另外，人口密度高，出行需求量必然增大，有那么多的人居住，就有相应数量的出行，就要求有大体相等的交通供给。例如，北京二环路圈内，交通一直难以缓解，与该地区人口密度大有主要关系。城内四区的平均人口密度为 24 072 人/平方公里，宣武区人口密度为30 799 人/平方公里，比规划控制数字高出 1～2 倍。所以，欲缓解高密度地区的交通，疏散人口应是根本措施[20]。

二、城市交通问题

21世纪的中国，在北京，在上海，在几乎所有大城市，堵车这一愈演愈烈的“城市病”，正发展成为严重磨损社会运行效率的“顽症”。可以说，交通拥堵所“堵”住的，不仅仅是车轮的速度，还有城市的效益、市民的快乐。交通事故、空气污染、交通噪声在欧洲已经造成每年12.5万人死亡。城市交通问题遍布国内外各大城市，困扰着市政当局，影响着居民的正常活动，制约着城市经济的发展，已经引起社会的高度关注。

交通问题的类型和大小因城市而异。一般而言，当前大城市的主要交通问题是拥挤阻塞、公共交通日趋萎缩和严重的交通污染等。随着私人小汽车的发展，这些问题还会更加严重。

（一）交通量增大，车速下降，交通拥挤

随着城市经济发展，车辆增多，居民出行次数增多，路上交通量变大，交通流特性决定了车速下降，交通变得拥挤。交通拥挤和堵塞会带来巨大的经济损失。据美国德州运输研究所对美国39个主要城市的研究表明，美国每年因交通阻塞造成的经济损失约为410亿美元。日本东京每年因交通拥挤造成交通参与者的时间损失高达123亿日元。同样，中国的城市交通造成的损失可谓惊人。仅以北京市公交车乘客的时间损失一项为例，每年的经济损失高达792亿元，更不用说还有大量的出租车和机动车出行的时间损失以及由此导致的燃料费用损失、环境污染引起的经济损失等。另外，交通拥挤和堵塞还将导致乘客不良心理现象的产生，危害出行者的身心健康。

（二）停车困难

各个城市的机动车，每年以大于15%的速度增加，停车成了大问题。社区甬道停满了车辆，社区周边道路路边停车过度，公共停车场匮乏妨碍了一些活动，商店建筑缺少泊位，影响了购销。北京在“七五”期间才组织力量研究、解决停车问题。有些中小城市，当前也可能没发现停车有什么问题，但是应注意未雨绸缪，以免措手不及。

（三）公共交通分担出行比例小，公共交通日益萎缩

对于单中心的大城市，居住密度大，城市应优先发展公共交通，公共交通人均占用的时空资源少，对环境造成的污染小。然而，各城市的现实情况是，公共交通分担的居民出行比例小。北京、上海应当说公共交通发展比较好，其分担出行比例也不过是35%左右，天津的公交出行比例不到10%。公共交通分担出行比例大体在50%以上比较适当。大城市发展公交的任务很重。

（四）交通事故多

中国大城市的交通事故，每年绝对数增加，相对数下降，万车事故死亡率为10%左右，如2001年北京万车事故死亡率为8.8%。城市交通事故偏多，对人民生命安全

威胁大。

（五）行人交通不方便

中国大城市的居民出行中，步行者占1/3以上，行人步行在街道上十分不方便，每每过街，左顾右盼，提心吊胆，过街十分难。人行道上各种线杆、图窗广告、宣传标语，占用了大量行走空间。

（六）交通污染

交通给城市造成的污染包括废气排放、噪声和振动，其中尤以废气排放对空气的污染为甚。城市交通是城市空气污染的主要来源。有文献报道，造成大气污染的物质中有80%源自汽车废气。城市交通拥挤，速度下降加剧了污染程度。有很多业内人士认识到，城市汽车的增加，应以路网容量和环境容量为度。

一般说来，城市交通系统的运行一旦出现交通问题，就会带来巨大的经济损失[21]。

三、产生交通问题的原因

伴随城市经济社会的发展、城市规模的扩大、城市人口的增长，城市交通问题日益突出。究其产生的原因，可以归纳为如下几个方面。

（一）规划不合理

造成城市交通拥堵的一个重要的前期因素就是合理规划的滞后或缺失。长期以来，中国城市规划中缺乏对交通问题的重视，城市用地布局和路网结构不尽合理。在传统的城市规划思想中，虽然城市交通规划、城市道路系统规划也是城市规划的重要内容之一，但城市规划是以土地使用规划为核心的，城市交通与道路系统规划往往作为一种配套性的规划依附于土地使用规划，规划者没有完全理顺城市道路系统规划与城市土地使用规划和城市交通规划之间的关系。单纯的土地使用规划难以保证交通的合理性，而城市交通与道路系统规划又难以理解规划布局的意图，致使土地使用与交通组织和道路系统脱节。现代城市中许多交通困境正是因此而产生的，如大城市单一中心的同心圆用地布局模式加重了市中心的交通压力。从城市交通与城市用地布局的关系上看，城市交通与道路系统规划应当是城市规划的一个核心问题，城市规划应该将体现城市静态功能关系的用地布局结构和体现城市动态功能结构的城市交通系统协调起来，以合理组织城市交通。

（二）城市交通设施建设不足

大多数城市的道路系统不完整，或者说未成系统，交通流过于集中于少数干道上，城市的迂回运输现象比较普遍，又加大了这些干道上的交通压力，城市的交通结构也因之不合理。同时，城市中缺少各种车辆的停车场地、人流集散场地，甚至缺少人行道，而城市道路被“马路市场”、摊贩、车辆的停放及其他堆放物占用的状况十分严重。这是造成城市交通拥挤和堵塞的占用原因之一。同时，近年来，某些城市政府决策者为了追求政绩、形象、甚至个人的钱袋，根本无视城市规划的科学性和前瞻性，无视市民百姓的生活需求，一些城市中心城区的土地开发强度之高几近野蛮、无序，许多功能性的基础设施布局也常常显得随心所欲，这无形中加剧了城市交通的矛盾。

（三）城市公共交通发展滞后

公共交通的发展是城市交通发展的重要内容。但是，城市公共交通发展缺乏系统完善的法规保障和政策支撑体系，作为龙头的公交规划的重要性被忽视，规划内容不完善，导致城市公共交通中轨道交通、公共汽电车、出租车等组成部分难以发挥系统的整体性。另外，城市公共交通设施建设严重不足，公交换乘枢纽设施建设滞后，线网密度、场站覆盖率低，公交专用道建设步伐缓慢，大运量公交系统建设缓慢，公交运力结构失衡，没有真正发挥大运量城市公共交通方式在大城市交通出行中的主力军作用。

（四）城市交通管理水平低

高效的交通运输系统、科学的交通管理手段是保障城市交通“脉搏”健康、有力跳动的决定性因素。可是，人们往往把解决城市交通问题的希望寄托于城市道路及其交通设施的建设上。但是，通过三十多年的建设，大多数城市已经建成了初具规模的城市交通系统，但城市交通问题依旧没有解决，人们越来越认识到建设和管理同等重要，现代化的交通管理对解决城市交通问题同样有着重要作用。目前，中国城市交通管理水平比较落后，城市交通中交通流混杂、互相干扰，城市中社会车辆所占比重高，而专业车辆所占比重小，造成车辆空驶率很高，无形中加大了城市中的交通量。同时，私家车迅猛增长带来了交通供给紧张，公交优先政策执行不到位。在市场化进程中，对公交企业还没有形成一套科学合理的财政补贴补偿机制，只注重经济效益，公共交通的公益性难以体现，公共交通服务水平低[21]。

第二节　城市公共交通及其发展

一、城市交通的发展

现代城市交通系统，是随着城市交通方式的发展而逐步形成并不断变化的。世界各国的城市交通发展历程并不完全相同，但大都经历了如下三个阶段：

第一阶段，以兽力或人力交通为主的阶段。

第二阶段，机动化的公共交通阶段。汽车发明以后，城市交通逐渐进入了机动化发展阶段，但在相当长的一段时期里，由于能够拥有私人机动车的居民数量有限，城市交通以公共汽车、公共电车以及大运量的轨道交通为主。

第三阶段，机动化的私人交通阶段。汽车工业的发展使机动化的私人交通工具得以普及，尽管城市公交系统的技术条件和技术手段更为先进和丰富，但机动化的私人交通已经在城市交通系统中取得了前所未有的重要地位。

从表面看，城市交通从一个阶段过渡到另一个阶段，技术手段在不断提高，居民出行的自由度和方便程度也在提高。然而，事实并非如此。西方国家的城市交通发展历程表明，进入私人交通阶段后，城市出现了严重的交通拥堵，带来了各种交通问题，成为世界上大多数城市，尤其是特大城市面临的难题。世界各国都曾以各种手段来解决交通拥堵等问题，包括增建、扩建道路交通设施，但都没有获得明显效果。各种尝试的经验教训，使人们开始认识到公共交通的优越性，把公交优先作为解决城市交通问题的重要途径。

二、城市公共交通的发展

城市公共交通是市民公共使用的客运业，即在城市及其辖区范围内供公众出行乘用的，经济方便的各种客运交通方式的总称。城市公共交通是由公共汽车、电车、轨道交通、出租汽车、轮渡等交通方式组成的公共客运交通系统，它是城市经济生活的重要组成部分，是城市赖以生存的重要的城市基础设施。

城市公共交通与城市的发展有着非常密切的关系，是国民经济中具有先导性的行业，是关系国计民生的社会公益事业。发展公共交通对城市来说十分重要。一些发达国家尽管小汽车的普及率很高，但也因此带来了事故增加、能源消耗剧增、环境恶化等严重困扰，近几年来许多发达国家都对城市公共交通采取了一系列倾斜政策，给予优先发展。优先发展城市公共交通对城市自身的发展具有重大意义。科学地搞好城市的公共交通系统对于建立现代化城市，适应高速的经济发展，具有十分重要的作用。

（一）国外城市公共交通的发展

欧洲诸国在20世纪50年代初，城市交通由自行车、摩托车向小汽车转化。法国曾提出“要使每个职工拥有一辆小汽车”的口号，结果导致了严重的交通堵塞，经过反思其最后选择了发展公共交通，致力于快速轨道交通和地铁的建设。20世纪60年代联邦德国对全国二十多个城市的有轨交通进行全面改造，70年代后开始大规模修建地铁。这些轨道交通构成了市区内、市区与郊区间的客运骨架，并通过换乘点紧密衔接公共汽车和长途汽车线路，联系全国各地。捷克政府多年来非常重视发展城市公共交通，并大力提倡城市公共交通优先的政策，不但在财政上给予城市公共交通企业大力扶持，并且为城市公共交通的发展提供了许多优惠政策。据统计，在捷克城市居民出行乘坐城市公共交通客运工具的人数占65%～80%，铁路客运和其他交通系统，只占总客运量的30%左右。捷克的城市公共交通企业发生了财政亏损，由政府财政补贴，如按票务收入的一定比例提供资金，或以基金的形式融入公司的成本。捷克政府采取的一系列公共交通优先的举措，对城市公共交通的发展起了重要作用。

目前，西欧大城市大都建有完善的公共交通系统设施，供开车进城的人们存车、换乘，以减少市区小汽车的停车量和交通量。另外城市道路网密集，等级功能分明，有利于公共汽车线路分布。

亚洲国家如日本，重视发展战略的制定，严格执行交通规划，在发展城市交通过程中确定了原则，一是为缓解城市客运紧张的状况，必须大力地发展以大运量公共交通为主的高效快速交通系统；二是客运交通服务质量和服务水平要服从国民经济发展的水平，尽量做到多样化；三是从政策上稳定和强化交通运输企业的经济效益和投资能力。另外还在培养公民的交通意识、大力建设综合的换乘枢纽等方面采取了诸多措施，为城市的公共交通建设和安全管理奠定了重要基础。

（二）国内城市公共交通的发展

改革开放之前，由于中国经济发展水平落后，发展速度缓慢，城市交通的供需矛盾并不十分突出，公共交通客运量在市民出行中占很大比重。20 世纪 70 年代后，自行车拥有量开始增长，自行车客运量在城市居民出行总客运量中占的比重逐渐增大。

改革开放以来，中国社会经济高速发展，居民收入水平不断提高，必然产生强大的交通需求。这一时期，城市公共交通得以相应地发展，城市居民的出行逐步改善。同时，城市私人机动车增长迅速。据统计，1984～1994 年，私人机动车每年增长 28％，其中私人客车每年增长达 64％，客车日趋小型化，私人小汽车总量迅速增长。1994 年，中国开始实施家庭轿车发展战略，轿车进入家庭的势头很猛。相对应迅速增长的交通需求，城市道路供给明显不足，城市交通问题日渐成为城市政府面临的棘手难题。

长期以来，伴随着城市的扩大，中国城市公共交通没有明确的发展政策，随着私人小汽车拥有量和使用量的增加，一些城市交通拥堵、出行不便等问题日益突出，严重影响了人民群众的正常生活，制约了城市经济的发展。中国作为一个经济持续高速增长的发展中国家，城市公共交通的定位，是一个值得认真研究的问题。优先发展城市公共交通，不仅是缓解城市交通拥堵的有效措施，也是改善城市人居环境，促进城市可持续发展的必然要求。

三、城市交通系统可持续发展

在认识到城市交通对城市经济社会发展和生态环境造成的巨大负面影响的同时，考虑到能源的限制和土地资源的有限性，西方发达国家城市规划师和交通工程师提出了城市交通的可持续发展理念。可持续发展是一种综合的发展，它的核心在于尽快发展经济以满足人类日益增长的基本需要，但经济发展又不能超出资源环境的承载力。因此，它要求人们在发展经济的同时，关注生态环境保护和社会资源的有效配置。可持续发展涉及经济、社会和环境三个方面，是经济可持续发展、生态可持续发展和社会可持续发展的协调统一。

城市交通系统可持续发展的含义是交通系统、社会经济系统和环境系统的协调发展，即交通—社会—经济—环境构成的复合系统的多维协调发展。经济可持续发展是交通可持续发展的资金条件，资源是交通可持续发展的物质条件，环境和资源是交通可持续发展的基础和约束条件。

城市交通可持续发展的目标是实现城市交通与社会、经济、资源环境的协调发展。在满足城市社会经济发展对交通需求的同时，重视城市生态环境保护和资源合理利用，符合城市的社会—经济—生态复合系统长期可持续发展的整体需求，并要求现阶段的发展不能损害未来的城市交通发展能力。

城市交通可持续发展的内涵可以概括为以下三点：

第一，满足社会日益增长的交通需求。城市交通系统可持续发展的根本目的不是自身的发展，而是保证社会经济的可持续发展，满足人们对交通活动数量上和质量上的需求，提高人们交通活动的效率。交通以人为本，交通为人服务。

第二，提高环境资源的效率。资源环境体系的基本承载力是决定城市社会经济活动规模与范围的基础。城市交通发展受到承载力水平的制约，对环境资源的索取一旦超过了允许阈值，便会受到自然的惩罚。通过改善交通结构、改进交通工具和有效的交通管理措施提高交通系统的效率，降低单位交通量的资源消耗量，可以提高城市交通的环境承载力。

第三，环境保护。交通工具的污染物排放和噪声污染是城市交通系统环境影响的两大方面。如何协调交通系统与环境的关系是城市交通系统可持续发展的重要方面[21]。

第三节 城市交通及其管理

解决城市交通问题的根本途径，一是要合理安排与调整城市用地布局（功能分区），逐步形成合理的路网结构，处理好城市交通与对外交通枢纽点的衔接；二是采取合理的城市交通政策，提高城市交通管理水平。也就是说，在一定的路网结构下，城市交通管理在解决城市交通问题中扮演着重要角色。

在城市的发展中，城市交通管理在促进与改善居住、娱乐与工作以及生产者和消费者之间重要联系方面起着关键性作用。如果没有城市交通管理，城市交通基础设施在城市生产、流通、消费过程中所承担的联结纽带功能就无法有效地发挥。城市交通管理包括制定交通运输政策和交通规划、制定交通管理规划、投资、资金筹措、制定规章和设立机构等。

一、城市交通管理的基本内容

（一）城市交通管理的基本内涵

城市交通是多因素（个体）动态的复杂系统，由多个主体形成，包括用地、人、车辆和路四个方面，主体与外界环境进行对话和相互作用时，主体（子系统）之间也在进行着不同程度的信息、物质、能量的交流。其中，用地和人是对城市交通起决定性作用的因素，车和路是对城市交通起影响性作用的因素。城市交通管理系统是一个复杂的适应系统，也是一个动态演进的过程。城市交通管理要朝着科学化、规范化、法制化方向不断发展。

首先，道路是城市交通的基础，是城市交通管理系统的主体。良好的城市道路和完善的城市道路网是城市发展的明显标志，因此，道路建设是城市交通管理的重要组成部分。城市交通管理要实现科学化，必须要制定科学的规划，要认真研究城市规划中的交通问题，做好城市道路交通组织规划，并根据现状存在的问题提出交通整治和管理方案，把交通管理与城市规划、城市道路系统规划和城市道路设计结合起来，才能做到交通管理的科学化。换句话说，智能交通、交通组织规划和渠化设计是做好城市交通管理的重要手段。

其次，良好的道路交通环境是城市交通组织管理的基本前提，规范化的城市交通管理要严格按照城市交通管理要求，不断改善道路交通环境。为此要严格控制非交通因素占用城市道路，取缔非法占道，改变某些地方对非法的违章占道只收费不管理的现状；提高道路交通的机动化程度和道路尤其是交叉路口的通行能力，改善城市道路交通环境。

最后，要做好城市的交通管理，必须加强法制建设。一是要有立法保障，形成系统配套的交通法规体系，为依法管理交通提供法律保证。二是执法必严，“执法不严，法不生威；法而无威，违者不畏”。作为道路交通管理的职能部门，要坚持依法加强日常管理和专项治理相结合的原则，做到逢违必究，执法必严，严重取缔影响交通安全和畅通的违章行为。三是加强警力保障，加强交通常识和交通法规宣传，营造法治氛围，实行社会各方面的综合管理。

（二）城市交通管理的基本内容

城市交通管理是一项非常复杂的系统工程，涉及社会经济发展、人民生活等许多方面，管理的本质特征不仅有其技术的内涵，而且在实施的过程中更赋予了其政府行为的属性。因此城市交通管理不仅仅是一个技术问题，而且是在一定的宏观和微观政策框架下，与城市社会、经济和国家产业政策等发展密切相关的综合性问题。所以，城市交通管理内容可以分为交通系统管理（traffic system management）和交通需求管理（traffic demand management）两个方面。城市交通管理应考虑到社会的各种因素，尽可能采取合理的管理策略和措施。

交通系统管理是对交通流的管理，是指交通管理部门通过对交通流的管制及合理引导，使交通流在道路网络上重新分布，均匀交通负荷，提高道路网络系统的运输效率，从技术上缓解交通压力，是一种技术性管理。

交通需求管理是对交通源的管理，是指政府从宏观的角度利用行政手段干预城市交通的发展规划，影响城市交通结构，通过削减不必要的交通需求，减少道路交通流量，从根源上缓解交通紧张局面，是一种政策性管理。

根据中国当前的国情，中国的城市交通管理应当从行政管理手段和技术管理手段两个方面同时着手：一方面通过行政手段进行节源，减少城市道路交通流量；另一方面利用技术手段，通过对交通流的管制和合理引导，均匀交通负荷，提高道路网络运输效率[22]。

二、城市交通系统管理

交通系统管理是交通管理部门通过对交通流的管制及合理引导，使交通流在道路网络上重新分布，均匀交通负荷，以提高交通路口、交通主要干道和交通网络系统（即城市交通的点、线、面三方面）的运输效率，增加交通通过能力。其主要可以采取以下一些有效措施。

1. 节点交通管理

交通节点往往是城市交通的瓶颈。节点交通管理策略就是以交通节点（交叉口）为管理范围，采取一系列的管理规则及硬件设施控制，优化利用交通节点的时空资源，提高交通节点的通过能力。其常用的节点管理方式有：①进口拓宽，增加交叉口进口车道数，提高交叉口在单位时间的通行能力；②进口渠化，根据交通量及转向流量大小设置不同转向的专用进口车道，优化利用交叉口空间及通行时间；③信号配时优化，根据交叉口交通量、转向流量大小优化信号灯配时，使有限的绿灯时间内放行尽可能多的车辆；④在交通量较大的交叉口，采用定时段（高峰小时）或全天禁止左转（全交叉口或部分进口），以提高交叉口通行能力。

2. 干线交通管理

制约城市交通能力的另一因素是城市的交通主要干道。干线交通管理是以某条或若干条交通干线为交通管理范围，采取一系列管理措施，优化利用交通干线的时空资源，提高交通干线的运行效率。干线交通管理不同于节点交通管理，它以干线交通运输效率最大为目标。干线交通管理应以道路网络布局为基础，根据道路功能确定具体的交通管理方式。常用的干线交通管理方式有规划交通拥挤线路单行线、公共交通专用线、货车禁行线、自行车禁行线（或专用线）、“绿波”交通线、特殊运输线路等。

3. 区域交通管理

区域交通管理是城市交通系统管理的最高形式，它以全区域所有车辆的运输效率最大（总延误最小、停车次数最少、总体出行时间最短等）为管理目标。区域交通管理是一种现代化的交通管理模式，是现代城市交通系统管理的发展方向，它需要以城市交通信息系统作为基础，以通信技术、控制技术、计算机技术作为技术支撑。目前，区域交通管理有下列形式：①区域信号控制系统，有定时脱机式区域信号控制系统、响应式联机信号控制系统两种控制模式；②智能化区域管理系统，它是智能化交通系统（ITS）的主体，正在研制和试运行的有车辆线路诱导系统和智能化车辆卫星导航系统等。

相对于城市交通需求管理来说，城市交通系统管理具有较大的积极性和主动性，它通过改善城市交通的点、线、面的运输效率，扩大城市交通能力，来适应城市交通发展的需要。就目前中国大多数城市来讲，城市交通系统的能力都能够有一定程度的提高，所以城市交通管理部门应该在这方面下比较大的工夫，在不用投入大量资金的情况下适度改善城市交通状况，缓解城市交通压力[22]。

三、城市交通需求管理

交通需求管理主要是从控制城市交通总需求的角度来进行城市交通的宏观管理。它通过制定城市交通准入制度，减少道路交通流、缓解道路交通紧张，制定城市交通长远规划增加城市交通能力，以及利用经济杠杆来调节城市交通需求。我们主要可以采取以下一些有效措施来进行城市交通需求管理。

1. 优先发展策略

目前中国许多大中城市交通主要问题集中表现在交通紧张、道路利用率不高、污染严重、能源消耗大等几个方面。针对目前中国城市交通出现的这些状况，有关交通规划管理部门应当根据中国的国情，发展一些人均占用道路面积少、人均污染指数小、人均能源消耗低的交通措施。

城市公共交通具有人均占用道路面积、人均污染指数、人均能源消耗最少等其他交通方式不可比拟的优势，所以在发展城市交通时应考虑优先发展城市公共交通。各城市应根据道路网络、环境控制和能源储备等实际情况，制定优先发展的实施措施。

2. 限制发展策略

当道路交通网络总体负荷达到一定水平后，交通拥挤将会加重，因此必须对某些交通工具实施限制或控制发展以防止交通拥挤状况进一步恶化。一般说来，应限制交通运输效率低、污染大、能耗高的交通工具的发展。例如，适当控制小汽车、摩托车和自行车等出行方式的发展速度；各城市应结合具体情况对出租车交通实施总量控制。

值得注意的是，采用限制发展策略会对经济发展产生一定的负面效应，在实施前必须对此策略可能造成的正面效益及负面效益作认真的分析和定量化评价，处理好限制发展与不发展之间的关系。

3. 禁止出行策略

当某些城市的道路网络总体负荷水平接近饱和或局部区域内超饱和时，应在特定的时间段、特定的区域内，对某些车辆实施禁止出行或通行。禁止出行策略一般为临时性的管理策略，同时由于它有一定的负作用，在实施前必须进行“事前事后”效果的定量化评价。

常采用的禁止出行策略有：某些重要通道或区域的车辆单双号通行，在某些时段或区域对某种交通工具实施禁止通行等。

4. 经济杠杆策略

经济杠杆策略是介于管理与禁止出行策略之间的柔性较大的管理策略，其通过经济杠杆来调整出行分布或减少出行需求量。其基本原则为：对鼓励的交通行为实行低收费，对限制的交通行为实行高收费。常用的措施有：收取市中心高额停车费（减少城市中心区的交通量），收取某些交通工具的附加费（减少其出行量），对某些重要通道当过分拥挤时收取拥挤费（调节交通量）。

城市交通需求管理是一系列适应性的城市交通管理措施，它的实施总的说来会对国民经济和人民生活产生一些负面影响，因此，不同的城市应该在城市交通发展的不同阶段选择使用不同的策略，尽可能给社会最小的影响[22]。

四、国外城市交通发展与管理模式

国外城市交通发展与管理中的经验对中国城市交通的发展具有很强的借鉴意义。下面介绍几种比较成功的模式。

（一）伦敦模式：公共交通与私人交通相结合

英国许多城市十分重视城市交通的组织与管理，实行公共交通与私人交通相结合的发展模式。在首都伦敦，一个700多万人口的国际性城市，现行的路网密度高，伦敦道路网基本上是放射加环形，有11条放射路和4条环行路，机动车辆多，但交通秩序井然。20 世纪 70 年代，公共交通中铁路占 22%，地铁占 24%，公共汽车占 54%，繁忙复杂的交通，主要是靠组织严密的换乘联运的体系来运行的。

伦敦一些主要的铁路车站与地铁站，与公共汽车站或小汽车停车场结合在一起，在公共建筑和大客流量的地方，都设置换乘枢纽。伦敦以私人小汽车作为连接家庭与铁路车站的交通工具，用铁路干线沟通新城、外伦敦和市中心之间的交通联系，再由公共汽车把地铁和地面铁路车站连接起来，形成由两种交通工具组成的一个独特的运输体系。这样的交通模式以公共交通与私人交通（小汽车）两种工具相结合，既发挥了公共交通工具的优点，又利用了个体交通工具的长处。当然，这样的交通模式须有一些基本条件来保证，如要有完整的铁路网和公共汽车运输网，城市边缘有足够的小汽车停车场，市内公交站设计合理、站距短、换乘方便，更主要的是要有鼓励公共交通发展的政策来保障。

（二）芝加哥模式：小汽车交通为主，又实施公共交通优先

芝加哥在 20 世纪 60 年代以私人小汽车为主导。当时，芝加哥人口 517 万，面积 1 236平方公里范围内，机动车总数 1 597 246 辆，其中小汽车占 84%，卡车占 8.1%，出租车占 0.4%，单位拥有车占 7.5%。车辆出行中，小汽车占 83.2%，出租车占 2.9%；居民出行方式中，公交车占 24.3%，小汽车占 75.7%，可见那时芝加哥是以私人小汽车为主导的交通模式。

但是，随着城市的发展，城市交通问题的不断出现，芝加哥市政府开始注意到城市的发展必须兼顾经济与交通两个方面，制定了限制和分散市中心、坚持优先发展公共交通的政策，道路建设也以快速公交系统为主，大力发展未来公交走廊，提高已有的市中心区、新建郊区、工业点及通往区域外的公交服务水平。所以，芝加哥的交通存在着小汽车发展与公共交通优先并重的特色。

（三）新加坡模式：法制交通

新加坡人口 250 万，面积 620 平方公里，国土由本岛与 54 个小岛组成，是一个高度城市化的国家，全市道路总长 2 677 公里，占国土面积 10%，以 9 条快速公路、2 条呈“T”形的地铁线构成了全市的主要交通网络。新加坡现有机动车 47.6 万辆，其中私人小汽车 20 万辆，出租汽车 1 万辆，摩托车 12 万辆，公共汽车 3 500 辆，单位客车 2 400 辆，货车 6.4 万辆，几乎没有自行车，有少量三轮车供游览观光之用。道路交通量中小汽车占 60%，摩托车占 30%，货运车占 10%。

新加坡市中心区道路较狭窄，但交通十分畅通，这是由于市政府大力扶植公共交通，并采用经济、行政、技术等措施相结合的综合管理的结果。其具体措施为：①针对市中心道路窄的情况，组织单向交通体系；②实行市区交通限制制度，建立电脑化交通控制系统，对私人小汽车以抽取重税的办法加以限制，同时以严格的交通法规，强化交通管理。由于新加坡对汽车控制极严，其城市交通情况几乎是世界上所有大城市中最好的。新加坡通过“全面控制交通法”达到了压制小汽车交通需求，扶植公共交通的目的，所以新加坡模式代表了一种典型的“法制”交通模式。

（四）中国香港模式：大力发展公共交通，严格控制个体交通

中国香港总面积约有1 070平方公里，1991年总人口约580万人，其中约72%居住在以维多利亚港为中心的市区，其余的人口分布于7个新市镇，就业约有75%分布于市区。由于香港是个港岛城市，土地资源有限，无扩展的余地，所在土地使用充分体现了高密度、多中心和多用途的特色，从而也造成了大量高度集中、非单向性和长时间的交通需求，成为世界上交通密度最高的城市之一。

港岛地区的高度密集人口和有限道路空间使公共交通成为市民的主要交通工具。香港的公共交通业十分发达，公共交通系统完备，交通工具多样化，运营机构形式不一。交通工具包括地铁、电车、公共汽车、小型公共汽车、出租车、铁路和渡轮等，每日载客量1 000万人次，其中90%的交通需求依靠公共交通工具。

香港充分利用有限的道路空间，大力扩展并改善公共交通，修筑地铁、公交走廊等，提供高容量的快速公交，建立了一个安全、方便、经济、有效的公共交通网，并按照快速、舒适、廉价的原则保持公交服务水平，提高服务质量。在管理措施方面其主要依靠自动信号灯及一整套交通标志和规章制度。公共交通服务机构既有公营，又有私营，而政府则通过管理机构在一定程度上协调各种交通工具，在通盘考虑各种交通工具的长远效益，不会重复服务和浪费的原则下，维持和发展了一个安全、有效及覆盖全地区的公共交通网。

香港在积极大力发展公共交通的同时，也严格控制个体交通。一个简单的方法是严格控制私人车辆拥有量，并大幅度地提高私人车辆的登记税和驾驶执照费，增加私人车辆的油料税率，对一些区域实行收费出行通行制度。1990年全港私人汽车达197 852辆，但日载客量仅100万人次，说明个体交通需求得到了成功的控制。而用停车场来控制汽车的数量无疑是个妙方，香港市中心大部分高楼大厦没有停车场设备，市民就不可能开车到市中心上班，因为车子没有地方停，甚至在个人住宅区，政府也严格控制停车场的数量，在一个拥有近万单位的住宅区——汇景花园的停车场，竟然不足300个停车位。通过控制停车场来达到限制个体交通的目的，方法值得借鉴。

（五）德国模式：管理规范

德国在优先发展城市公共交通发展的做法也很有特色。其公共交通管理的主要特点有四个方面。第一，以竞争为基础，充分发挥市场机制的调节作用。从公交公司的选择机制看，政府选择公交运营商的方法主要有两种，一种是招投标，一种是指定，其中以第一种方法为主。第二，定位于公益事业，政府提供适当补贴。与中国一样，德国政府同样为公共交通提供补贴，但这种补贴是将公共交通定位于公益事业、为了取得社会效率而提供的。政府出于环保和社会效益的目的，鼓励居民多使用公共交通，政府通过为公共交通提供补贴来降低票价。第三，管理灵活多变，充分发挥社会中介机构作用。在德国的公共交通管理中，处于政府和企业之间的社会中介机构发挥着重要作用，具有重要职能。中介组织在政府和市场之间起到了重要的桥梁作用。这种组织形式的优点就是比较灵活，能够解决很多单纯政府和企业都难以解决的问题。第四，综合规范，重视公

共交通的统一管理。德国的公共交通管理非常重视统一性，除国家铁路由联邦政府管理外，公共交通联合会负责所有地方公共交通的统筹安排，包括地方铁路、地铁、轨道交通、公交汽车等[22]。

➤复习思考题

1. 何谓城市交通？分析现代城市交通问题。
2. 简述城市交通可持续发展的基本内涵。
3. 试分析城市交通需求管理的基本策略。

第十章 城市环境管理

环境问题是城市问题的主题和核心。人类社会发展到工业社会的阶段，主要是受生产力和科学技术水平的限制，在生产物质生活资料时，发生着污染环境的趋势；另外，随着物质和精神的生活水平的提高，人类渴望生活在不受污染的自然环境中。人类正是带着这种困惑告别20世纪，迈向21世纪的。随着经济的发展和公民文化水平的提高，在各国城市，环境管理已经或将要成为城市政府的最重要职能。

第一节 城市环境和城市环境问题

一、城市环境及其特征

（一）城市环境的含义

环境，是相对于主体而言的，是指在主体周围并与主体有直接或间接关系的因素或条件。城市环境也是相对于城市中的主体——人而言的，是指影响城市居民生活和生产活动的各种自然的和人工的外部条件，即由动物、植物、微生物、水、土壤、大气、阳光等组成的自然环境和由建筑物、构筑物等组成的人工环境的复合体。它是城市人类活动的基础，同时又受到城市人类活动的各个方面的影响。显然，城市环境是一种特殊的自然-人工复合的环境，有其特殊的结构、功能和特征。

城市环境包括两大部分：城市的自然环境和城市的人工环境。城市的自然环境又称城市的自然条件，包括地质（包括矿产资源）、地貌（地形）、土地与土壤、水文、气候与大气、生物（植被、动物和微生物）等自然地理要素。城市的人工环境是指由人工建造的或由人类活动形成的物质环境，主要是指人类生产和生活所依赖的各种人工设施，包括生产设施（厂房、生产设备、仓储设备等）、市场设施（包括商店、酒店、广告和营业性娱乐设施等）、生活设施（住房及相关设施、生活服务设施等）和基础设施（公共场所和建筑物、道路和交通设施、供排水设施、供电设施、供气设施、垃圾收集和处理设施、福利性娱乐设施等）。

（二）城市环境的基本特征

1. 城市环境是一种高度人工化的自然-人工复合环境

城市环境既不是单纯的自然环境，也不单纯是人工环境。自然环境与人工环境的高度融合是城市环境最显著、最基本的特征。因此，城市环境的发展和演化，既遵循自然规律，也遵循人类社会的规律。自然环境是城市环境的基础，但人工环境是城市环境的主体。城市是人类对自然环境施加影响最强烈的地方，城市的各种自然要素都带有明显的人工痕迹，甚至已经被人工改造得面目全非。但即使如此，城市环境仍然受到自然规律的制约，城市的自然环境仍然遵循着自然演化规律。例如，城市的“热岛效应”是城市的“小气候”，但这种小气候仍然处在大气候的四季更替的控制之下。

2. 城市环境是以人为主体和中心的环境

人是城市环境的主体，人不但创造了城市的人工环境，而且剧烈地改变了城市的自然环境，因此人是城市环境的创造者。人创造城市环境的目的是为了人本身，因此“以人为本”是城市环境的根本宗旨。但是，“以人为本”并不是“人类中心论”，不是追求人对自然的绝对主宰和控制，而只是强调城市环境的“人文关怀”。

3. 城市环境是一个高度开放性的环境系统

每一个城市都在不断地与周边地区和其他城市进行着大量的物质、能量和信息交换，输入原材料、能源，输出产品和废弃物。因此，城市环境的状况，不仅仅是自身原有基础的演化，而且深受周边地区和其他城市的影响，城市的自然环境与周边地区的自然环境本来就是一个无法分割的统一的自然生态系统。城市环境的这种开放性，既是其显著的特征之一，也是保证城市的社会经济活动持续进行的必不可少的条件。

4. 城市环境的脆弱性

由于城市环境是高度人工化的环境，受到人类活动的强烈影响，自然调节能力弱，主要靠人工活动进行调节，而人类活动具有太多的不确定因素，而且影响城市环境的因素众多，各因素间具有很强的联动性，一个因素的变动会引起其他因素的连锁反应，因此城市环境的结构和功能表现出相当的脆弱性。城市环境的脆弱性，主要表现在城市的环境问题种类繁多，而且日益严重。

5. 城市环境污染严重

与乡村地区相比，城市是人类生产和生活活动集中之地，污染源众多、污染物数量大、污染现象严重。尤其是大气污染，是城市主要的环境特征之一。城市的环境污染不仅影响到城市本身，而且往往扩散到城市的周边地区。

二、城市的环境污染和环境问题

城市环境污染，一般是特指由于人们的行为的因素使城市环境系统的构成或状态发生了不良变化，扰乱城市环境的生态平衡，破坏了城市生态系统的分解污染、自我净化的能力，使城市环境不断劣化的状态和过程。具体地说，由于城市居民的生活和生产活动，产生大量有害物质（主要是工业“三废”和生活废弃物等），对大气、水质和土壤的污染，超出了环境系统的自净能力，破坏了环境的机能，达到了致害程度；生物界的生态系统遭到扰乱和破坏，一切无法再生或无法取代的资源被滥采滥用；由于固体废物、噪声、振动、地面沉降和景观破坏等造成的对环境和人类的损害，都称为城市环境污染。城市是人类生产和生活活动密集的场所，也是环境污染较为严重的地区，城市环境往往处于高负荷、甚至超负荷状态。

城市的环境污染是多方面的，按受污染的领域范围可分为大气污染、水域污染、土地污染、声环境污染和视觉污染；按污染物质可分为气体污染、水污染、固体废弃物污染、波污染（包括声波、电磁波等）、放射性污染等；按污染的性质和作用方式可分为物理污染（声、光、热、磁、辐射等污染）、化学污染、生物污染（病菌、病毒等）；按污染产生的原因可分为生产污染（包括工业污染、农业污染、交通运输污染、服务业污染等）和生活污染。由这些环境污染所引发的各种问题称为环境问题。

城市的环境问题主要有以下几个方面。

（一）大气污染

城市的大气污染物主要包括生产和生活活动中排入大气中的悬浮颗粒物、含硫化合物（二氧化硫、硫化氢等）、氮氧化物（一氧化氮、二氧化氮）、碳氧化物（一氧化碳、二氧化碳）等。悬浮颗粒物主要来自燃料燃烧、建筑扬尘和工业（采矿、水泥、冶金等）生产过程中产生的粉尘，颗粒直径小于100微米以下的所有颗粒称悬浮颗粒物。这些悬浮颗粒物中往往含有多种金属，不仅直接污染环境，直接对人体构成危害，而且吸附有毒气体，使有毒气体富集并发生化学反应，从而大大增强其危害性。城市大气的气态污染物主要来自工业、生活和机动车对煤和石油的大量消耗，其中直接危害最大的是二氧化硫、一氧化氮、二氧化氮和一氧化碳。特别是由汽车和工业排出的氮氧化物和硫化氢，经太阳光紫外线照射后生成一种毒性很大的浅蓝色的烟雾，称为光化学烟雾，对人体的危害极大，轻者眼睛红肿、呼吸道发炎，重者呼吸困难、头晕目眩、视力减弱、手足抽搐，甚至导致死亡。

（二）水污染

城市生活污水和各种工业污水未经处理或处理不当即排入周围环境，就会造成对环境，特别是城市水环境的污染。这些污水中含有大量的有机和无机污染物，不仅破坏水域生态系统，造成水生动物的大量死亡或绝迹，而且直接威胁着人们的饮水安全和身体健康。城市的水环境包括地表水环境和地下水环境，地表水环境首当其冲受到污染，污水的长期下渗使地下水环境也遭到污染。另外，大气降水的污染也不可忽视。一方面有时降水（如酸雨）本身即已是污水；另一方面降水会把空中和地表的污物冲刷到水体中。因此，降水实际上就把大气污染和地面污染的一部分转移到水环境中。

（三）固体废弃物污染

固体废弃物是指人们在生产和生活中认为无用而丢弃的固体和泥状物质，主要包括工矿业固体废物、建筑废物、生活垃圾、水底和管道污泥以及废水处理渣等，城市处理固体废物的主要办法是露天堆放。随着经济的发展和人们生活水平的提高，城市中各种废弃物的排出量迅速增加，不仅影响城市环境的整洁美观，而且向郊区和农村地区转移和扩散，更严重的是固体废弃物不仅占用土地，而且污染地下水及水源地，释放有毒有害气体，造成危害极大的二次污染，加剧大气、水和土壤环境的恶化。在城市固体废弃物中，工矿业废物和建筑废物产生集中，成分单纯，还比较易于处理；而城市生活垃圾由于其发生源极其分散，成分也非常复杂，处理就相当困难。许多城市对生活垃圾采取简单的填埋，虽然能解决一时的困难，但对生态环境存在很大的潜在威胁。因此，生活垃圾处理一直是城市环境所面临的一大难题，目前也已成为一个焦点问题。

目前，中国每年排放的工业废弃物在 5 亿吨以上。工业废渣的处理只有 30%，综合利用率只有 23%。1997 年，城市生活垃圾和粪便的清运量是 13 827 万吨，无害化处理量是 7 661 万吨，占清运量的 55.4%。

（四）噪声污染

城市中人口和产业集中，人们的生产和生活活动会发出各种声音，其中有些声音妨碍人群的休息、工作、学习，甚至影响人的身体健康，这就是噪声污染。广义上说，噪声是指一切不需要的声音，因此噪声既具有绝对的意义，也具有相对的意义。噪声已成为污染城市环境的重要因素之一，是毋庸置疑的。从其发生源来讲，城市的噪声污染主要包括交通（汽车、飞机等）噪声、工业噪声、建筑业噪声、商业和娱乐场所噪声、家庭生活噪声等。噪声会使受害者出现心理和生理不适症状，如烦躁不安、耳鸣眩晕，严重者会出现听觉失灵，进而可能成为噪声性耳聋，噪声一旦引起心脏、脑血管等疾病的并发，将直接威胁受害者的生命安全。极强噪声能使受害者的整个机体受到严重损伤，造成脑震荡甚至死亡，还会危及建筑物、现代化生产、科研和国防建设。因此，对城市噪声一定要予以重视，加强管理，根据各种噪声的特点，采取防治和减控措施。

目前，中国多数城市的噪声处于中等污染程度。据 1997 年国家环保部门统计，在受监测的 49 个城市道路中，声级超过 70 分贝的占监测总长度的 54.9%。各类功能区的噪声普遍超标，超标的百分率分别为：特殊住宅区 57.1%，居民文教区 11.7%，居住、商业、工业混杂区 80.4%，工业集中区 21.7%，交通干线道路两侧 50%。

（五）电磁波污染

近些年，随着各种现代化的无线通信、广播、电视、监测、遥控等技术的发展和推广，电磁波的污染已经引起许多人士的关注。但是由于电磁波无形、无声、无味，其存在不易被人察觉，其危害也不能直接显现，因此电磁波污染并未受到应有的重视。事实上，电磁污染的危害是极大的。它不仅直接对人的神经系统构成危害，而且对精密仪器、仪表的正常工作造成影响，使之出现偏差甚至失灵，对这些仪器、仪表所承担的各项事业（医疗、教育、国防、金融等）构成威胁。由于电磁污染造成的航空、交通、医疗等事故日益增多，电磁污染还包括各种电磁波之间的相互干扰，出现信息上的混乱，因此必须对电磁污染给予足够的警惕和重视，否则将可能对人类社会造成灾难性的后果。此外，近些年来，城市光污染也在呈增加趋势。目前，各大城市实行“让城市亮起来”工程，闪烁的霓虹灯在美化城市形象的同时，也给日益增多的夜间工作、娱乐的居民带来了无形的伤害。

（六）土壤污染

土壤污染主要表现在城市近郊区环境的污染上。土壤的污染源包括滥施化肥农药、工业废水和废渣，以及生活污水和垃圾等。据 1997 年统计，全国有 1 000 万公顷耕地受到不同程度的污染，占全部耕地的 10.5％。随着城市规模的扩大，尤其是特大城市、大都市区、城市群地区，土壤污染问题不断加重，污染了的城郊土地在为城市生产和提供蔬菜、瓜果、牛奶等副食品时，食物安全性没有了保障，反过来危及城市居民的生命健康[19]。

第二节 城市环境及其管理

从环境演变角度看，城市的发展史就是人类不断改造城市自然环境的过程，是城市人工环境不断扩大、自然环境不断后退的过程。但是，无论人类文明如何发达，都无法摆脱自然环境演变和发展规律的制约。所以，在人类进入工业社会后，随人类文明的迅速发展和财富的迅速积累，人类的生产和生活活动排放到自然环境中的有害物也呈加速增长趋势，城市生态系统的调节机能受到严重破坏，造成了城市生态系统的恶性循环，引发了日益严重的城市环境问题。这就要求人类必须高度重视城市环境保护和管理。

城市环境在特定的空间、时间不外处于三种状态：最佳状态——城市环境的优化、理想化；中等状态——城市环境的正常化、一般化；最劣状态——城市环境的劣化、污染化。城市环境保护和管理就是使环境达到优化目标。就城市环境发展的特点而言，城市环境管理包括两大部分内容：一是城市环境综合治理，即防治城市环境污染；二是城市环境建设与日常管理。

一、城市环境管理的含义

环境保护和管理工作按决策性质可分为两大类：一类是环境工程，属技术性质；另一类是环境管理。这两类之间是相互贯通、互相联系的。世界各国和中国环保工作的经验都表明，环境问题不仅是一个技术问题，而且更重要的是社会经济问题；不仅要用自然科学的方法去解决污染和生态的破坏，还要用科学的政策、方法以求维护环境质量。

城市环境管理即运用经济、法律、技术、行政、教育等手段，限制人类损害环境质量的行为，积极营造良好的城市环境，协调城市经济发展与环境系统的关系，达到既发展经济，满足人们的物质需要，又不超出环境容量极限的管理活动。城市是人类与环境结合起来的空间地域系统，在“人类—环境”系统中，人是主导的方面。所以环境管理的实质，是影响人的行为，使人类对环境总资源进行最佳利用，以达到全人类的一切基本需要得到满足，而又不超过生物圈的容许极限。换言之，环境管理的核心问题，是遵循生态规律和经济规律，正确处理城市发展与生态环境的关系[11]。

二、城市环境管理机构及其职责

（一）城市环境管理的机构

中国城市政府的环境保护局对城市的环境保护和管理工作实施统一的监督管理，是市人民政府环境保护行政主管部门。它依照法律和行政法规，对全市环境保护工作实施统一监督管理，承担市人民政府环境保护目标与任务，加强工业污染防治、城市环境综合整治和生态环境保护，组织实施环境管理制度和措施，促进市经济和社会持续、协调、健康地发展。各级城市人民政府的其他履行城市环境管理职责的有关政府机构、社会组织，是执行社会内部分工、综合管理环境的公共机构，如城市园林管理局、环境卫生管理局以及“绿色之家”环保协会等。它们不同于工矿企业的环境管理机构。

（二）城市环境管理机构的职责

根据《中华人民共和国环境保护法》等有关文件的规定，市人民政府环境管理机构的职责有：

（1）执行国家环境保护的法律和标准，拟订本市的法规、规章、标准和规范性文件，制定适合本市市情的环境政策和措施。

（2）组织制定城市环境保护和管理的规划和计划以及环境统计和预测工作，参与制定城市规划、城市经济和社会发展规划。

（3）制定、修订城市环境质量标准体系和污染物排放标准及其相应的基础方法标准，确定环境污染总量控制的区域和指标，组织落实各级环境目标责任制，协调城市环境综合整治和定量考核工作。

（4）监督检查各单位、各部门和下级政府执行国家环境保护与管理的方针、政策、法律法规的情况，将执行情况存在问题向上级人民政府报告，并提出改善城市环境管理的对策和建议。

（5）直接监督重大的建设项目，审批开发建设项目、技术改造项目以及新建工业区的环境影响报告书和“三同时”① 执行情况，参加选址和工程竣工的验收，组织实施环境管理的各项制度。

（6）组织环保的科技攻关，促进环保产业的发展。

（7）管理城市的环境监测网络，发布环境状况公报，协调环境污染纠纷。

（8）总结、交流与推广环境管理及污染防治的先进经验和技术，组织开展环境科学的教育工作、科学研究及宣传普及活动。

三、城市环境的综合治理

城市环境综合治理，是在党和政府的领导下，强化政府环保部门的职权，依靠政府其他部门的分工配合，运用各种手段，组织和监督各企业、社会组织和市民，从各方面

---

① 所谓“三同时”是指防治污染和其他公害的设施必须与主体工程同时设计、同时施工、同时投产的制度。

防治环境污染的管理过程。

城市环境的综合治理主要发挥两个作用：预防城市环境向坏的方向发展，治理已经被污染的环境。第一个作用的发挥主要是通过实施中国城市环境管理的预防方面的基本制度，有环境监测制度、环境影响评价制度、“三同时”制度、许可证制度等，依法行政进行管理；第二个方面的作用的发挥主要是通过实施中国城市环境管理的治理方面的基本制度，有“谁污染谁治理”制度、惩罚与奖励制度等，依法行政，并运用经济手段进行管理。

城市环境的综合治理，首先体现在领导体制的综合性。在中共市委和市政府的领导下，由市政府总负责。1996 年的《国务院关于环境保护若干问题的决定》要求：“地方各级人民政府对本辖区环境质量负责，实行环境质量行政领导负责制。要将辖区环境质量作为考核政府主要领导人工作的重要内容。”从 1989 年起，中国政府在全国推行城市环境综合整治定量考核制度，并根据考核结果，公布大城市环境综合整治的名次。1997 年，经过考核，国家命名了张家港、大连、深圳、厦门、威海和珠海为国家环境保护模范城市。市政府的环保部门强化职权，对城市的环境保护工作，实施统一的监督管理，并对城市环保负专职管理的责任。市政府的其他部门在各自职权范围内，负有分工配合环保部门工作的责任。其次体现在运用手段的综合性。要综合地运用经济、法律、行政、技术、教育等方面的手段，有效地进行城市环境的综合整治。再次体现在依靠力量的综合性。只有增强各单位和市民保护环境的自觉性，城市环境的综合整治才能具有坚实的社会基础。最后体现在防治内容的综合性。环境保护不仅自身的内容非常丰富，而且渗透到城市经济和社会发展的各个方面。坚持环境防治内容的综合性，有利于实现环境效益、社会效益和经济效益的统一。

四、城市环境的建设及其日常管理

（一）城市园林绿化管理

1. 城市园林绿化管理的含义

城市园林绿化管理是城市政府的行政主管部门依靠其他部门的配合和社会公众参与，依法对城市的各种绿地、林地、公园、风景游览区和苗圃等的建设、养护和管理。城市园林绿化对城市的环境具有积极的保护作用，主要体现在净化空气、减弱噪声、净化污水、调节小气候、防止火灾、监测环境污染、保持水土等方面，是城市形象建设的重要环节。可见，城市园林绿化管理是积极营造良好城市环境的行动，是城市环境管理十分重要的内容。

2. 中国城市绿化的管理体制

目前，中国城市绿化的管理体制如下：①市、区和县、街道和乡镇的绿化委员会负责宣传、组织、推动全民义务植树运动和群众性绿化工作。②市园林管理局是城市园林绿化的行政主管部门，区、县的园林管理部门在业务上受市园林管理局的领导。③市农业局是城市林业生产和乡村绿化的行政主管部门；县、区的林业管理部门是本辖区林业生产和乡村绿化的行政主管部门，业务上受市农业局的领导。④城市各级政府有关部门有职责配合和协助园林或林业管理部门，加强城市的园林绿化管理。⑤在城市的所有单位和居民均有义务参加植树造林，保护绿化。⑥政府统一领导城市植树造林的绿化工作，制订绿化分解责任指标和年度实施计划，实行植树造林绿化任期目标责任制。区、县政府根据绿化分解责任指标，制订年度实施计划，负责本辖区植树造林绿化建设的实施，实行植树造林绿化任期目标责任制。⑦公共绿地、风景林地、防护绿地，由城市政府的绿化行政主管部门管理；各单位管界内的防护绿地，由该单位按照国家有关规定管理；单位自建的公园和单位绿地，由该单位管理；居住区绿地，由绿化行政主管部门根据实际情况确定的单位管理；生产绿地，由其经营单位管理。

3. 城市园林绿化管理的内容

城市园林绿化管理的基本内容有下列方面：

（1）园林绿化的规划管理。城市政府应当把绿化建设纳入国民经济和社会发展计划，城市政府应当组织规划行政主管部门和绿化行政主管部门等共同编制城市绿化规划，并将其纳入城市总体规划。城市规划中的绿地、林地，不得任意改变。确需改变的，应征得市园林局或市农业局同意，并落实新的规划绿地、林地后，一并报批；改变规划不得减少本地段内规划绿地、林地的总量。任何单位和个人都不得擅自改变城市绿地规划用地性质，或破坏绿化规划用地的地形、地貌、水体和植被。

（2）园林绿化的建设管理：①城市新建、扩建、改建工程项目和开发住宅区项目，一般均应配套建设绿地，并服从市政府发布的面积比例规定。建设单位在申请领取建设工程规划许可证之前，应将绿化工程设计方案报送园林或林业管理部门审核，并须缴纳绿化建设保证金。建设工程竣工后，园林或林业管理部门应参与验收，验收合格后，全额返还绿化建设保证金。建设项目的绿化经费，应按照绿化用地面积比例和绿化定额标准执行。②城市政府每年应在城市建设资金中安排保证公共绿地建设的经费；并按照绿化养护数量，从城市维护事业费中核拨养护经费。鼓励单位和个人投资、捐资兴建公共绿地。③城市绿化工程的设计和施工，应当委托持有相应资格证书的设计或施工单位承担。

（3）园林绿化的产权管理。任何单位和个人都不得擅自占用城市绿化用地，都不得损坏城市树木花草和绿化设施。不准将国有林木的所有权划给集体所有制的单位；也不准将集体林木的所有权划给个人。

（4）园林绿化的监督管理：①除了农村居民在房前屋后和自留地上种植的树木、城镇居民在住宅的庭院内自费种植的树木以及苗木生产单位进行生产性移栽和出圃作业外，其他的迁移、砍伐、采伐树木或变更绿地、林地，都必须办理审批手续，领取许可证；②保养公共绿地，须建立责任制，落实到组织和个人。

（5）城市公园的管理。公园内的建筑面积一般以不超过公园面积的2%～3%为宜。必须保持公园的整洁，禁止开展有损公园性质和功能的各种活动。

（6）城市古树名木的管理。百年以上树龄的树木、稀有珍贵树木、具有历史价值或重要纪念意义的树木，均属古树名木。对城市古树名木实行统一管理、分别养护。市政府的绿化主管部门应当建立古树名木的档案和标志，划定保护范围，加强养护管理。在单位管界内或私人庭院内的古树名木，由该单位或居民负责养护，市政府的绿化主管部门负责监督和技术指导。严禁砍伐或迁移古树名木。

（二）城市环境卫生管理

1. 城市环境卫生管理的含义

城市环境卫生管理，是在城市政府领导下，城市卫生行政主管部门依靠专职队伍和社会力量，依法对道路、公共场所、垃圾、各单位和家庭等方面的卫生状况进行管理，为城市的生产和生活创造一个整洁、文明的环境。

城市环境卫生管理是城市环境管理的一个重要内容，是城市形象建设的关键环节。它对城市的生存和发展，起着非常重要的作用。第一，城市环境卫生管理保护着市民的身体健康。城市是人口高度集中的地方，如上海市每天产生的生活垃圾达一万吨以上；同时城市人口的流动性很大，不但在市内流动，而且向国内外流动。如果没有环卫职工每天起早摸黑地把街道打扫清洁，把居住区的垃圾、粪便清运干净，那么，蚊蝇就会肆虐，细菌就迅速传播，疾病就会流行。第二，城市环境卫生管理保障着经济建设的正常进行。各行各业的经济活动，也每天产生着大量的生产垃圾，如果没有环卫职工的及时清运，经济建设要想正常进行，是难以想象的；况且，各单位的正常工作还有赖于环卫管理所保护的职工健康。第三，城市环境卫生管理保持着城市的整洁面貌，有利于城市的对外交往和发展旅游业。城市的环境卫生管理，是城市的形象工程，是城市扩大对外交往和旅游业的基础。第四，城市环境卫生管理是城市精神文明建设的重要组成部分，它陶冶和展示着一个城市市民的高尚情操。一个城市的经济越发达，城市建设越容易实现现代化与民族化相结合，这个城市的市民素质往往也就越高，因而城市也越干净。在城市形成一个人人爱护公共卫生的氛围，是城市社会主义精神文明建设工作的一个重要环节。

2. 中国城市环境卫生管理体制

（1）市、区和县的政府设置环境卫生管理部门，街道办事处、乡和镇的政府设专人负责环卫管理，分别是本辖区环境卫生工作的主管机关或主管人员。

（2）城市各级政府的规划、环境保护、建筑、房产、市政、园林、公安、财政、工商行政、教育、卫生、水利和港航监督等部门，有职责协同环卫部门，做好环卫管理工作。

（3）各级环卫部门下设环境卫生监察队伍，行使环境卫生执法监察权。区、县政府可根据实际情况，组织群众性监督队伍，在业务上受环卫部门的领导，协助环卫部门开展监督工作。

（4）各单位有义务遵守国家和城市的环卫管理法律、规章，接受政府环卫部门的业务指导和监督，负责单位内部的环境卫生，维护公共场所的环境卫生，并在一定情况下负责单位周围的环境卫生。

（5）城市的每位公民有义务遵守公共卫生的法规，积极参与改善城市环境卫生的活动。

3. 城市环境卫生管理的内容

（1）环境卫生管理规划的制定和实施。市、区和县的政府应制定城市环境卫生事业发展规划，并将其纳入城市规划、城市经济和社会发展计划。

（2）环境卫生事业的资金管理。环境卫生事业所需经费，由政府按任务量拨付。环境卫生作业单位受委托清运、处理垃圾粪便时，实行有偿服务。

（3）环境卫生作业单位管理。市、区和县的环卫部门领导各自的环境卫生作业单位，负责清扫道路和公共场所，清运、处理垃圾和粪便。

（4）环境卫生设施管理。城市的环境卫生设施分为环境卫生公共设施和环境卫生工程设施两类。任何单位和个人不得损坏和盗窃环境卫生公共设施；带有经营性公共场所性质的单位，如火车站、影剧院、商店、宾馆和医院等，应自行设置环境卫生公共设施；建设居住区、工业区等，应配套建设环境卫生公共设施，资金由建设单位负责，环卫部门应参与这类设施的规划、设计审核和竣工验收。

（5）环境卫生监督管理。城市政府环卫部门指导和监督各单位遵守环卫法规，履行环卫义务。环卫部门的环境卫生监察队伍监督检查各单位分工责任范围内的环境卫生，有权对违反环卫法规的行为予以处罚。

4. 城市垃圾管理

城市垃圾管理，是城市环境卫生管理的最基本的、最核心的内容，也是城市形象建设的最基本的任务。它是城市政府的环境卫生行政主管部门依靠企业、事业单位的专业化作业和城市各单位、市民的积极支持，对生产和生活垃圾进行收集、运输和处理的管理活动。

城市垃圾管理，对城市的环境管理乃至整个城市管理，具有特殊意义。一言以蔽之，它不仅关系到当代人的健康和城市的整洁，更重要的是关系到保护资源和人类的可持续发展。目前中国城市垃圾人均年产量达到440公斤，城市生活垃圾年产量达到1.5亿吨，而且每年以8%～10%的速度增长。垃圾的历年堆存量已达60多亿吨，由于至今城市垃圾主要采用露天堆放和简易填埋，全国有200多座城市陷入垃圾的包围之中，并且严重地污染着城市环境，中国城市生活垃圾的处理量只占总量的2.3%。城市垃圾管理的现代化有三个标志：一是城市政府和市民高度重视垃圾问题；二是市民自觉坚持分类倾倒垃圾；三是垃圾的收集、运输和处理科学化。

城市垃圾管理，首先，要朝着分类倾倒垃圾的方向努力。中国一些城市已开始试点。日本城市市民倒垃圾时分为三类：可燃性的，如厨房垃圾、纸屑木块等；不可燃性的，如玻璃、塑料、金属和陶瓷器皿等；大型垃圾，如家具、电器产品、汽车和被褥等。其次，遵循“经济、封闭、卫生”的原则运输垃圾。“经济”是指小车与大车相结合，陆运与水运相结合等；“卫生”是指车离场地清。最后，逐步实现垃圾处理的无害化、减量化和资源化。为了实现这一目标，中国城市目前重点发展卫生填埋和堆肥技术，有条件的城市发展焚烧技术。卫生填埋是采用人工防渗层，提高填埋场防渗水平，对渗沥液进行净化处理；对填埋气体回收利用，从而消除垃圾填埋对土壤、地下水和大气的危害。堆肥处理技术是利用生活垃圾中的有机腐殖质生产复合肥。垃圾焚烧处理技术具有减量最有效、热量可利用、节省大量填埋用地等优点。

（三）城市市容管理

1. 城市市容管理的含义

城市市容管理，是城市政府的市容行政主管部门依靠市容监察队伍和社会参与，依法对城市的建筑外貌、景观灯光、户外广告设置和生产运输等的整洁、规范进行的管理活动。

2. 中国市容管理的机构

中国城市市容管理的政府职能部门，在一些大城市是专设的市政管理委员会、市容管理办公室；在其他城市，是环境卫生行政主管部门等。市容行政部门下设市容监察大队，行使市容执法监察权，市容监察的执法程序包括立案、调查、取证和处理等环节。

3. 城市市容管理的内容

（1）一切单位和个人都应当保持建筑物的整洁和美观。

（2）在市政府规定的街道两侧的建筑物阳台和窗外，不得堆放、吊挂有碍市容的物品。

（3）主要街道两侧的建筑物，应选用栅栏、绿篱等作为分界。

（4）在城市中设置户外广告、标语牌、画廊、橱窗等，应当内容健康、外形美观，并保持整洁。

（5）任何单位和个人不得在街道两侧和公共场地堆放物料，搭建建筑物。因建设等特殊需要，堆放物料，临时搭建建筑物等，须经市容行政部门批准。

（6）在市区运行的交通运输工具，应保持外形完好和整洁，不得滴漏和洒落。

（7）城市的施工现场应保持整洁。

（8）任何单位和个人都不得在城市的建筑物、设施以及树木上涂写、刻画等[7]。

➢复习思考题

1. 简述城市环境的含义及特征。
2. 分析现代城市环境问题。
3. 现代城市环境建设及其日常管理的具体内容有哪些？以你最感兴趣的内容加以详细说明。

第十一章

城市住房管理

居住是城市的基本功能之一，城市的可持续发展必须以城市住房的良性发展为基本前提。1933年，国际现代建筑协会在希腊的雅典召开会议，讨论和通过了第一个国际性的城市规划大纲，即《雅典宪章》，该宪章指出，居住、工作、游憩和交通是城市的四大基本活动，居住是城市的第一个活动，住宅区应该占用城市中最好的地区。城市的发展首先要保证这四大功能的发挥。从世界范围看，在城市化进程中，城市住房问题一直困扰着各个城市，城市政府一直致力于解决城市住房问题，努力为城市居民提供良好的居住空间，解决城市住房是城市政府的基本职责。

第一节　城市住房问题

伴随着18世纪工业革命及城市化而产生的住房问题，一直是世界各国普遍关注的焦点问题，它与全球性的城市化历程密切相关。正如恩格斯在其《论住宅问题》中指出的，所谓住房问题实际上是大工业发展和城市发展所造成的“住宅缺乏现象”。迄今为止，世界上几乎没有一个国家在工业化和城市化过程中，没有经历过住房短缺的严峻形势。尤其是进入20世纪后，由于经济迅速发展，城市化加速，加之20世纪上半期的两次世界大战使城市和住房遭到严重破坏，特别是第二次世界大战后在世界人民争取和平取得成效的同时，住房问题日益成为国际关注问题。而当前住房供应紧缺与居民要求改善居住条件的矛盾仍然是世界各国普遍面临的问题。

一、城市住房问题及其发展

由于经济发展的不平衡，各国当前所面临的住房问题也不相同。在一些发达国家，主要是一些区域性的或特殊阶层的住房短缺，而在不发达国家，全国性的住房短缺问题却普遍存在。然而，上述情况并不意味着只有不发达地区才需要发展住房，发达国家同样也需要发展住房。虽然第二次世界大战后，经济发达的欧美等国家经过长期的探索，发展起来的适应本国情况的成功的住房供应模式，使那些国家绝大多数人的居住水平和可支付能力得到改善，但在短短的十多年中又发生了许多深刻的变化，新的住房供应和支付能力问题又产生了，而原有的住房供应系统对此毫无办法。为此，应继续发展住房，寻求新的解决办法。

面对人类住区的种种挑战，为了唤起各国政府和全社会对解决人居问题的重视，号召全世界为人居发展做出努力，1985 年 12 月 17 日，第四十届联合国大会一致通过决议，确定每年 10 月的第一个星期一为世界人居日——世界住房日。一直致力于世界住房发展的联合国人居委员会，在第二次人类住区会议通过的《人居议程》Ⅱ明确提出“人人享有适当住房”的主题：下一个千年所面临的主要挑战之一，是如何向全世界约 10 亿之众的无房者提供适当的住房。是否拥有住房是全世界公认的一项人权，《人居议程》Ⅱ呼吁各国政府应“保护并确保适当的住房权逐步充分实现”，并制定了政府应该贯彻执行的具体政策，明确了政府的责任。历史发展的现实使世界各国都认识到了解决住房问题、发展住房的重要性。各国和地区政府为了解决住房问题，实行了各种政策，并大都制订了住房发展计划。例如，日本、新加坡的年度周期计划，中国香港帮助中低收入阶层解决住房问题和新加坡的“居者有其屋”计划、加拿大的“社会住房计划”等。许多国家和地区甚至专门成立了住房发展管理机构来实施这些计划。1948 年，瑞典创建了皇家住房局；1972 年，港英政府设立了香港房屋委员会；新加坡于 1960 年成立了国家住房发展局……同时为了提高中低收入阶层的购房能力，不少国家还设立了专门的住房金融机构来提供资金支持，如美国的联邦抵押货款协会，英国的建房社团，加拿大的住房抵押贷款金融公司，新加坡的中央公积金局等，这一系列致力于住房发展的措施有效地改善了各国的住房状况[23]。

二、中国住房问题

在经济发展水平较低的中国，住房发展和管理也一直是一个艰巨而复杂的问题。新中国成立以后到 20 世纪 80 年代以前，中国住房发展一直没有很大的突破，住房问题日益严峻，主要原因是：①对发展住房的重视程度不够；②住房政策存在失误；③经济落后；④金融体制落后。20 世纪 80 年代改革开放以后，中国政府开始重视人民的居住问题，也认识到住房的商品属性，加大了住房投资量和建造量，住房紧张的状况开始好转。政府采取各种积极措施改革住房制度，实行了一系列的住房政策：允许土地批租、转让，提高公有住房的租金，推行货币化分房，全面推开个人抵押贷款业务和公房出售，并采取各种激励政策如降低利率、放低抵押贷款的门槛等，以鼓励居民购房，同时还开放了住房二、三级市场，激活了住房消费的梯度效应，活跃了房地产市场。从中央到地方各级政府、各有关部门都采取了积极的措施，提出了明确的住房目标、方针和实施保证。同时，住房研究机构纷纷成立，如中国房地产协会（简称中国房协）及各地的房协，学术研究也不断加强。近几年国家又将发展住房建设列为新的经济增长点和新的消费热点，大大加快了住房发展的步伐。政策的实施及住房投资建设的快速发展，使中国居民的居住条件得到了大幅度的改善，缓解了住房紧张矛盾。特别是 1992 年以后，住房发展更加快速。1996 年后，全国年住房竣工面积都达到 6 亿平方米以上，城市人均居住面积也由 1978 年的 3.6 平方米提高到 1999 年的 9.8 平方米。虽然 1999 年全国城镇人均居住面积已提高到 98 平方米，但与 1998 年工业化发达国家人均住房面积 35.79 平方米还有很大差距；并且当前全国城镇中仍然有 300 多万住房困难户。与此同时，中国的城市化水平还在上升，人口数不断增长，使得住房需求不断增加，由此可见中国的住房问题还十分严峻。

世界各国的统计资料表明：当一国的人均国民生产总值进入 300～1 400 美元的经济发展阶段，是住宅产业迅速发展的时期，住房需求不断增加，此时是解决居民住房问题的关键时期；直到人均国民收入达到 8 000～10 000 美元以上时，住房需求才开始减少。1997 年中国人均国民生产总值约折合 690 美元，1999 年中国人均国民生产总值约合 802 美元，正好处于住宅产业的快速发展时期。因此在世纪之交，住房问题的解决步入了关键性的阶段。此时中国应进一步采取措施，加大住房发展的力度：一是搞活三级市场，充分调动存量房产；二是制定合理的住房保障制度和政策，解决中低收入户的住房问题，我们可以借鉴中国香港、新加坡的做法，成立专门的住房机构建造政策性住房，向中低收入户提供住房；三是进一步降低住房抵押贷款的门槛，提高公积金交缴的比例，在条件成熟的地方，可以考虑发展房地产证券市场、盘活资金等。促进住房发展向联合国人居会议提出的“可持续发展的人类住区”、“人人享有适当住房”的目标前进，是我们应不断努力的方向[23]。

第二节 住房政策分析

虽然住房供给主要取决于经济支持，但解决住房问题一开始就不单纯是经济问题，而是政治、经济、社会等多因素的综合。因而世界各国都制定了适合各自国情的住房政策。

在不同的国家和地区，城市住房问题的表现形式是多种多样的。但归纳起来主要是三个方面：一是住房紧缺问题，即住房供求不能达到平衡；二是居住质量问题，即住房的质量不符合居民对现代生活的要求；三是经济负担问题，即城市居民住房的持有方面两极分化、苦乐不均，低收入者无法承受昂贵的租金或房价因而居住拥挤，甚至无家可归，而另一部分人却拥有豪华住宅或房屋闲置。

城市住房政策就是政府针对以上问题所采取的各种管理手段和方法。这些手段和方法有的是注重住房的分配，对低收入阶层居民进行经济资助，帮助他们改善居住条件，使城市中的居民都能达到本国政府所规定的住房服务标准；有的是注重扩大住房存量、增加供给，纠正市场供给中产生的供求不平衡现象。不论各国住房政策如何千差万别，但从总体上看，住房政策都在着重调整住房的供给和需求关系。

一、住房政策的主要内容

1. 公共住房政策

公共住房政策，是以帮助低收入家庭解决住房问题或实现国家所有的住房福利分配为主要内容的住房政策。公共住房政策在市场经济发达国家主要是用于为低收入者提供住房，它有两种形式：一种是国家投资建设国有住宅，低租金出租给低收入家庭，第二次世界大战后的英国、法国、德国、美国、瑞典、荷兰等国都兴建了大批公共住宅供低收入居民租用；另一种是国家提供土地、贷款、税收优惠或资金，支持团体住宅合作社建设住宅，成为集体所有的公共住宅，如瑞典的公益住宅、法国的社会住宅、英国的公共住宅、日本地方政府住宅等都属集体所有。为使公共住宅真正做到面向低收入阶层，一些国家和地区，如瑞典、荷兰、美国、法国、中国香港等，都采取明确的政策措施，制定入住公共住宅的条件，进行家庭收入水平登记等，以保证低收入阶层的利益。

实行公共住宅政策需要政府征用大量土地，拨出巨额资金，这无疑对城市财政造成巨大压力，因而大多数国家都对公共住房政策进行了调整，鼓励私人建造和拥有住房，缩小公共住房的比例。其措施包括：用法律手段推动地方政府出售公房，以各种优惠条件推动居民买房，提高房租，逐步扩大住房私有的比例等。

在社会主义国家中公共住房政策，主要是以福利方式分配住房给广大城市居民使用，如中国与苏联、东欧各国等。随着计划经济向市场经济转变，这些国家也都先后进行住房经济体制改革，改革的中心是逐步改变国家对住宅包干分配的政策，充分发挥和利用市场机制的作用，实现住宅再生产的良性循环。同时，对低收入者的住房给予保障。

2. 住房自有化政策

住房自有化政策，是通过自有住宅的增多使租房户的比例降低，达到减少房屋租赁过程中的交易费用和降低房租的目的。在发达国家，实施住宅自有化政策，重点是帮助低、中等收入阶层购买或自建住宅，政府给予其优惠和方便条件。它通常采用的具体措施分需求与供给两个方面。在需求方面，减免自用住房所产生的归属所得税，向中、低收入阶层提供购置自用住房的长期低息贷款和贷款利息补贴。在供给方面，主要是鼓励自建住宅，在土地、建筑材料等方面创造方便条件，提供建房贷款及补贴，帮助和促使住宅建设合作社的创立和发展；政府兴建供出售的公共住宅，扩大住宅供给量，减免售房资本所得税，鼓励低价售房。

在社会主义国家，住房自有化政策是以住房商品化的形式出现的，是将住宅的福利性质转变为住宅的商品性质，改变过去无偿分配、低租使用的住房政策，取而代之的则是鼓励居民购买住房，在政府补贴的条件下，实行货币化分配。

住房自有化政策把住房的所有权与使用权紧密地结合起来，有助于住房的维护和管理，扩大了有产阶层的数量，减轻了政府财政补贴的压力，有助于稳定社会。

3. 住房补贴政策

住房补贴政策是针对低收入家庭解决住房问题的又一项措施。在许多国家，接受住房补贴的是低收入者和特殊人群，如老年人、残疾人、多子女家庭等。住房补贴的方式一般有按人头补贴和住房实体补贴两种。人头补贴是按人口数发给家庭住宅补贴，它的作用是扩大低收入家庭的住房支出，间接地刺激低收入家庭的住房需求，使低收入家庭的住房消费不至于距国家规定的最低标准差距过大。例如，在美国，自里根执政起，将政府的公共住房投资改为住房租金补贴，低收入家庭可以根据自己的需要、爱好和经济状况，自由选租住宅，可以租公共住宅，也可以租各类私人房屋，如其选择符合政府规定的住房标准，经批准后，只需交纳相当于本人收入30%的房租（含水电费），所需房租的不足部分由住房租金补贴中（通过各地公众住房机构审查）支付。

住宅实体补贴是把补贴直接补助在建房、买房和租房上，国家建造的公共住宅以低租金或低价格向居民出租或出售，与应收回投资的差额形成补贴。但在许多国家，住房实体补贴只有公共住宅才可得到，由于供给量不足，需要排队等待相当长的时间。中国以往的住房补贴就是住房实体补贴，由于补贴是和住房联系在一起的，因而各单位争基建指标，人人倾向多要房、多占房，住房分配成为一个单位里矛盾最大、意见最多、最艰巨的一项工作。

在住房补贴政策中，由于人头补贴与人口和收入挂钩，可以起到真正帮助低收入者的作用，因而在20世纪90年代许多国家都逐步减少住宅实体补贴而保留住宅人头补贴。

4. 住房金融政策

在工业化和城市化发展过程中，几乎所有国家都经历了“房荒”、“贫民区”或“棚户区”的困扰。因此，各国政府一致认识到，住宅是一种特殊的商品，对住宅问题完全采取市场机制的办法是行不通的。他们普遍建立起有政府参与的住房金融体制，以此作为政府干预住房资助、投资和建设的基本途径。近20年来，各国的城市住房信贷发展很快，各国已把信贷作为解决住房问题和促进住房自有化的杠杆和手段。美国是一个典型的以私人住房投资为主的商业经营型的住房市场，住房抵押信贷成为住房流动机制和私人住宅投资的中心。较为完善和发达的住房抵押信贷系统，有力地支持了美国60%以上的家庭拥有自己的住房。

各国发展的实践证明，不仅高收入水平的国家能够发展住房信贷，低收入水平的发展中国家只要政策得当、措施得力，也能发展住房信贷。而且已有越来越多的发展中国家，如新加坡、巴西、肯尼亚等都把发展住房信贷作为住房发展和住房自有化的中心环节和主要杠杆。中国在住宅制度改革中，就学习和借鉴了新加坡实行住房公积金制度的经验。

二、住房政策的演变

由于住房问题对社会的安全和稳定具有重大影响，所以各国政府都极重视，并制定住房政策干预住宅建设。

由国家制定住房政策干预住房的供给与需求是19世纪末出现的，而在此之前，住房同其他一般商品一样完全由市场配置供给。许多国家大致都经历了这样一个过程：在经济发展中出现了住房的短缺和大量“棚户区”现象，于是国家作为土地所有者、开发者，以及低收入阶层住房的主要改善者介入住房问题，其主要措施是大量兴建公共住房，用于安置无力购房的低收入家庭。这是住房政策发展过程的第一阶段。

然而，对公共住房高投入和国有住房供应的高水平管理的要求，很快使一些拥有庞大低收入人口的国家政府认识到，能够得到政府提供的住房的低收入人口仅仅占迅速增长的低收入人口的一个很小比例，同时公共住房需要大量财政投入，低租金使用扩大了住房需求。再加上投资所限，住房质量不可能得到提高，即使是一些富裕的国家承担大量的公共住房补贴也存在困难。所有这些情况，导致许多国家普遍地放弃了由政府直接提供住房的计划，取而代之的是把政策重点转移到鼓励和支持住房自有化上来。政府对少数极困难的家庭提供住房补贴，对大多数家庭重点是提供土地、规划、金融等方面的资助和服务，促进住房自有化。这是住房政策演变的第二阶段。

目前住房政策正朝着第三阶段变化，即政府采取行动或制订计划以明确居民利用各种资源的权限，并因人因地制宜加以自由利用。1996 年联合国第二届人类住居大会对此的描述是："政府将立足于建立立体体制和财政框架，使私营部门、非政府组织和社会团体充分参与，为人人都有适当的住房和可持续人类住区这两个目标的实现做出贡献。使所有人都能公平地行使和履行个人的权利和责任，并在改善和维持其生活环境的活动中充分发挥其能力的条件。"

三、住房政策类型

从世界各国住房发展的经验来看，绝大多数国家或地区的住房政策目标的重点，是帮助那些无力自行解决住房问题的低收入者解决住房问题。各国住房政策的主要差别在于实现上述政策目标而采取的措施和途径不同。日本学者早川和男曾把世界各国的住房政策归纳为以下六种类型：第一种是以美国为代表的私人企业经营方式，以商品的形式向社会提供住房；第二种是以英国为代表的由政府和地方社团直接向居民提供公共住宅；第三种是以德国为代表，尊重自由主义经济和市场原理，从公共方向介入，对社会的住宅建设给予大力支持和帮助；第四种是以住宅合作社为中心，向社会提供住宅，以北欧特别是瑞典为典型；第五种是以国家为主提供住宅的国家经营型，以苏联为代表；第六种是以东南亚地区为代表的发展中国家的自助建设型。中国学者也曾把世界各国的住房政策模式进行大同小异，或更为概括地划分。

其实，如何对住房政策进行分类并不重要，重要的是通过对各国住房政策的分析比较，可以看出，对于住房这样一种特殊商品，完全依赖市场机制或完全依靠福利分配方式来改善住房条件既不现实也无可能。一个国家的住房政策应该考虑到全部人口的利益。有些家庭收入较高，他们可以在市场上自行解决住房问题。但是，住房政策应该控制这些人的住房数量，避免他们过多占用属于全部人口的资源。政府的公共资金应该帮助那些最低收入的家庭，以保证他们能够得到起码的居住条件和水准。对于另外相当一部分家庭，政府应当通过多项计划提供土地准备、金融技术和组织上的帮助，提高他们自行解决住房问题的能力，正如联合国第二届人类住居大会提出的"制定增强能力的住房政策，并予以定期检查和修改，建立有效和高效的住房供应系统。为人人提供适当住房的基础"。中国目前正在进行住房制度改革，学习和借鉴各国有益的经验，必将有利于改革的顺利进行。

第三节　中国城市住房制度及其演变

一、城市住房制度

世界各国在解决城市住房问题上大体有三种类型。一是福利住房型，中国改革开放前和苏联等社会主义国家主要实行这种制度。房租极低，是象征性的。由于住房要国家投资，财政负担重，建设速度比较慢，难以适应城市人口增长的需要。二是商品房型，美国、日本等部分资本主义国家实行这种制度。住房由私人房产经营部门建筑出售，买房者可以先付一定比例的购房款，余款以分期付款办法支付。分期付款购买住房要承担利息，比一次性付足房款购买稍贵一些。但按月扣除的余额大体与每月交纳房租差不多，付款结束，住房归私人。或者租用私房，房租大体上占职工工资收入的1/3左右。商品房型是在资本主义市场经济基础上逐渐发展起来的，它的特点是以房养房，住房作为商品生产，作为商品出售，以生产经营住房的盈利扩大住房建设。除非遇到经济危机，一般其每年都有一定数量的资金用在扩大住房建设上。美国住房建筑在建筑业中约占一半，日本住宅建设投资占固定资本投资近1/5，是国民经济建设的重要支柱。但是房屋建设虽多，那些买不起住房，或付不起房租的人，仍然到处流浪，露宿于街头。三是商品房和福利房相结合型，联邦德国和新加坡是这种方式的代表。一方面实行商品房制度；另一方面由国家投资建设公寓住宅，收比较低的房租，租给低工资劳动者，带有社会福利性质。各国在解决住房问题上的重要经验证明，要根本解决住房问题，必须推行住房商品化，并辅之以必要的住房福利补贴。

二、中国城市住房制度及其改革

城市住房是生活资料，它具有商品属性，属于个人消费品。住房是劳动产品，价格要以价值为基础，要符合价值规律的要求。中国传统的城市住房制度否认住房具有商品属性，否认住房属于个人消费品，背离了社会主义市场经济的基本规律。社会主义市场经济体制的建立，要求建立与社会主义市场经济相适应的新的住房制度。随着传统计划经济体制向社会主义市场经济体制的转换，城市住房制度改革也逐渐展开了。在实行福利住房制度的同时，逐步推行住房商品化是中国城市住房改革的基本方向。

中国城市住房制度改革的根本目标是建立与社会主义市场经济体制相适应的新的城市住房制度，实现住房商品化、社会化，加快住房建设、改善居住条件，满足城市居民不断增长的住房需求。根据上述城市住房制度改革的根本目标，城市住房制度改革的基本内容是：①改革城市住房建设投资由国家、单位统包的体制，实行城市住房建设投资由国家、单位、个人三者合理负担的体制，实现城市住房建设资金来源的多元化和投入产出的良性循环；②改革城市住房实物福利分配的方式，实行以按劳分配为主的货币工资分配方式；③改革各单位建房、分房和维修、管理住房的体制，实行社会化、专业化运行的体制；④建立以高收入家庭为对象的商品房供应体系、以中等收入家庭为对象的经济适用房供应体系和以低收入家庭为对象的具有社会保障性质的廉价房或廉租房供应体系；⑤根据“个人存储、单位资助、统一管理、专项使用”的原则，全面建立住房公积金制度；⑥发展住房金融和住房保险，建立政策性和商业性并存的住房信贷体系；⑦建立规范化的房地产交易市场和社会化的房屋维修、管理市场。

城市住房制度改革是一项复杂的社会系统工程，需要财税体制、价格体制、金融体制、工资制度等方面改革的支持和配合，需要法律的保障。新的城市住房制度的建立，是一个长期的、艰巨的过程，必须有步骤、分阶段推进。

第四节　城市住房及其管理

回顾新中国成立以来至改革开放前，中国城市住房管理经历了一个由商品房向福利房转变的历史过程。20 世纪 50 年代“三大改造”以前，城市住房以私房为主，私房可以买卖，可以出租。月房租符合房租的计算标准，折旧、房地产税、利息等组成部分，基本符合一定时期内住房使用权的价格。“三大改造”过程中，把出租私房看成资本主义剥削关系，实行私房国有化，先是降低房租，继而冻结房租，从而逐步演变成与计划经济体制相配套的福利住房制度。

在传统计划经济体制下，中国城市公房实行福利分房制度，把住房当做福利产品，由国家机关、企事业单位用财政资金或企业福利基金建造职工宿舍，分配给职工居住。城市政府对城市住房的管理范围和管理权限都很小，有很少的产籍管理、产权管理，不存在房屋交易管理，各单位房产管理部门也只起一般管理与维修作用。城市政府房管部门的房屋除极少数原属官僚资本的房产以外，主要来自 1956 年社会主义改造高潮中，转归国家所有的原为私人出租的房屋，而且大多数是陈旧的砖木结构的平房。这些房屋一律采取租赁形式，按月收取房租，但是从“福利”角度出发，实行低房租政策，每平方米房租仅 0.12～0.16 元，而且多年不变，也不随物价上涨而提高。房租收入甚至无力支付房屋管理维修费用，更谈不上更新改造房屋，严重限制了住房的建设速度。另外，低房租与低工资是配套的。拥有私房的职工，虽然不要交纳房租，但工资收入也无力维修更新住宅。因此，相当长的时期里，城市传统居民住宅区面貌变化不大，危险房屋数量增加，少数公寓式宿舍大楼多为国家机关和少数企业事业单位所有。例如，在集体企业或中小学等单位工作的人，由于这些单位无力建房，居住条件很难改善。

由于房租过低，分配新房时，人们往往多争住房面积。此外，由于住房建造管理上的多元化，有些单位有钱盖房，缺乏地皮，便与有地皮却无钱盖房的单位“协作”，盖好房子后，按一定比例分成。于是中小学的操场被挤占了，原来的绿化用地被挤占了，导致住房建设布局混乱，与改造旧城市建设新城市的进程极不协调。

上述弊端的根源，在于没有把住房的正常租赁活动看做一般商品的买卖关系，而看做是一种剥削关系。为了让广大职工“不受剥削”住廉价住房，以体现社会主义优越性，于是住房便成了社会福利事业的一部分。使住房只有管理、没有经营，只有投入、很少产出，住房建设全靠国家财政拨款，甚至住房维修也要靠国家财政补贴。加之，在“左”的影响下，片面强调“先生产后生活”，财政预算上忽视住房建设投资，住房建设基金包含在城市建设基金中，城市建设投资本来不足，住房建设势必跟不上生产、生活发展的需要。

党的十一届三中全会以来，党中央、国务院非常关心城市居民的住房问题，提出住房商品化改革的设想。住房商品化，就是把住房的建造与分配采取商品经济形式，住房可以买卖，既可以购买住房的所有权，也可以只买住宅的使用权。要逐步提高房租，使房租能够符合一定时期内住房使用消耗过程中的价值补偿。这是住房改革的基本方向。由此，城市政府管理城市住房的范围和权限不断扩大，逐渐涵盖了城市住房规划管理、建设管理、流通管理等内容。目前，中国城市住房管理就是指城市政府对城市住宅规划、建造、使用进行管理的职能。

城市住房属生活资料，是城市居民赖以生活的基本物质条件。城市住房的规划、建设、使用、流通等是关系城市居民安居乐业、社会稳定与进步的重要环节。城市住房管理是城市房屋管理的主体。一般而言，市场经济条件下，城市政府房产管理部门对城市房屋进行的管理应包括房屋产籍管理、房屋产权管理、房屋交易管理、房屋修缮管理等。但是，由于中国城市住房制度的变迁，中国城市住房管理的内容有很大的变化。

在城市住房制度改革的过程中，城市住房管理的内容已经发生了变化。为了实现和保证合理的城市住房建设规模与速度，改善市民的居住条件，城市政府要加强城市住宅的规划管理，并运用法律的、经济的、行政的手段监督管理城市住宅的建设、流通和消费。具体地说，现阶段中国城市住房管理主要有以下几方面的内容。

一、城市住房规划管理

精心规划城市住宅区是搞好城市住房建设的首要环节，是为市民创造良好居住条件的重要手段。城市住宅发展规划是城市总体规划的一个有机组成部分，是对城市住宅的建设规模、速度和平面布局等做出的总体安排。它直接制约着城市住宅再生产运行的基本方向，是城市政府进行住房管理的重要依据。

城市政府在制定城市住宅发展规划时，必须依据城市的性质、规模和结构，充分考虑城市住宅的自然、经济、社会条件以及技术要求。具体地说，科学、良好的城市住宅发展规划必须坚持以下原则；

第一，符合城市总体规划的要求。为此，必须把城市住宅发展规划纳入城市总体发展规划进行统一的综合平衡，以实现城市住宅发展与城市经济、社会发展的协调。

第二，符合居民的生活活动规律，充分考虑到采光、通风和防火、防震、防洪等的要求，努力为居民创造舒适、优美、安全、卫生、方便的居住环境。

第三，合理、有效地利用城市土地和空间，实现城市住宅建设的经济效益、社会效益和生态环境效益的有机统一。

第四，充分考虑城市的地方特色，如城市的性质、气候、地形、地貌，习俗等，力求城市住宅建设的个性。

第五，搞好城市住宅区的公共服务设施的规划，如交通、教育、文化、体育、医疗卫生、商业、金融、邮电等。

第六，为城市住宅生产和施工工业化以及建筑群体多样化创造条件。

二、城市住房建设管理

城市住宅作为一种物质产品，它的建设需要投入大量的资金和建筑材料，涉及规划、设计、土地、市容、环境、市政公用设施等部门，需要城市政府进行统筹安排。

加强城市住宅建设的管理，对于贯彻城市住宅发展规划，保证城市住宅供给的稳定增长具有十分重要的作用。城市政府对城市住宅建设的管理主要包括：

（1）加强城市住宅建设标准管理。为了制止城市住宅建设中的混乱状态，降低城市住宅造价，提高城市住宅建设投资的社会经济效益，城市政府要强化城市住宅建筑标准管理。所谓城市住宅建筑标准是国家对一定时期内城市住宅建设的主要经济指标所做的统一规定，包括面积、造价、层次、层高、住户比例、民用建筑综合指标等。城市政府应监督开发商认真执行国家的有关规定。

（2）积极推行城市住宅的综合开发。城市住宅的建设方式有零星分散建设和综合开发两种。所谓零星分散建设，是指各自筹划、分散征地、千家备料、零星施工、各自为政、分头管理的建设方式。实践证明，零星分散建设方式不仅导致人力、物力、财力的巨大浪费，还使得市政公用设施不配套，从而不利于创造良好的居住环境，不利于城市住宅投资效益的提高，不利于城市规划的实施。城市住宅综合开发是指统一规划、合理布局、综合开发、配套建设的建设方式。综合开发既适用于新城区征地开发，也适用于老城区拆迁再开发，它能打破条条、块块的界限，相对集中使用人、财、物，并按照系统工程原理，合理配置建房资源，实现规划、设计、施工、管理的专业化协作，从而降低城市住宅建设的成本，提高城市住宅建设的整体效益。

三、城市住宅流通管理

由于城市住宅具有位置的固定性、使用的长期性及价值量大等特点，城市政府要加强对城市住宅流通的管理，以保证城市住宅流通的顺利实现。城市住宅流通管理包括城市住房的产籍管理、产权管理、交易管理等。城市政府对城市住宅流通的管理主要要做好以下工作：

第一，加强对城市住宅市场的管理。城市政府要加强对城市住宅买卖和租赁的监督管理，保护合法交易、取缔非法交易，维护交易双方的正当权益；要根据城市住宅的价值和市场供求关系，确定合理的城市住宅价格体系，实行多种价格形式，并根据不同的住房标准、住房需求、住房质量实行分类计租、分等定价。

第二，加强对城市住宅的产权、产籍管理。城市住宅的产权管理就是根据不同所有制住宅的性质和类别，制定相应的政策法规和规定，审查、确认和保障城市住宅产权，监督城市住宅产权的合法行使。城市住宅的产籍管理是城市住宅产权管理的基础，它是指通过城市房产登记和测绘，将积累的城市房产资料进行整理分析，用特定的簿册加以控制，以及时掌握城市住宅的现状和变动。

第三，建立健全涉及城市住宅流通的税收制度。

四、城市住宅消费管理

城市住宅的分配和消费对城市住宅的总需求和总供给有着很大的影响，城市政府根据城市住宅发展规划的要求，加强对城市住宅消费的监督管理，能确保城市住宅总需求与总供给的均衡发展。

城市政府对城市住宅消费的管理主要是要协调好城市住宅消费与城市社会经济发展的关系，做好城市住宅调整和互换工作，及时制止和纠正城市住宅的不合理使用的现象，强化城市住宅的维护管理[7]。

➢复习思考题

1. 简述城市住房问题及其表现形式。
2. 简述城市住房政策的基本内容。
3. 现阶段中国城市住房管理包括哪些内容？

第十二章

城市经济管理

城市经济具有综合性、集中性和相对独立性等特点，其在国民经济中的核心地位决定了加强城市经济管理的必要性。所谓城市经济管理，是指城市政府及其工作部门对城市经济活动进行的计划、指导、组织、协调、监督等的一系列活动。它是城市管理体系和整个国民经济管理体系的有机组成部分，是城市政府管理的重要任务之一。

第一节　市场失灵与政府调控

亚当·斯密认为市场经济能够自动地进行市场调节，市场的运行完全是由“看不见的手”来控制的，但是市场经济自身存在着许多缺陷，造成了市场经济不能很好地运行下去。城市作为社会经济有机体的核心，其综合性、集中性和相对独立的特点使得每一个城市经济总量巨大、结构复杂并具有相对的独特性，一旦出现市场失灵，城市政府干预城市经济活动就显得非常重要，并且城市政府的调控方式、方法和方向均表现出一定的独特性。

一、城市政府的经济调控职能

城市政府的主要经济调控职能应定位在它要能够弥补市场缺陷，熨平市场经济的波动，为市场经济的运行提供一个合理有序的制度框架。这些基本的功能活动，从总体上概括起来就是：公共物品的供给职能、计划调控职能、综合管理职能、法律调控职能等。

（一）公共物品的供给职能

自由市场制度是建立在交换的等价原则之上的，只有那些具有排斥性质的可以交换的产品才能进行市场交易；与私人产品不同，公共产品具有“非排他性”和“非竞争性”，所以公共产品的交换行为难以产生，消费者与供给者之间的联系由此中断。因此，为弥补市场的这个局限性，公共物品应主要由城市政府来提供。从世界各国的情况来看，政府提供公共物品有两种基本方式：一是政府直接生产，另一种是政府间接生产。一般来说，我们认为纯公共物品和自然垄断性很高的准公共物品应该采取由政府直接生产的方式来提供，如保健事业、医院、图书馆、中小学教育等（国防、警察等公共物品应由国家政府来提供，而非城市政府来提供）。对于一些基础设施行业，如道路、邮电等则可以采取城市间接进行生产的方式来提供，如采取政府授权经营、政府参股、政府与私人企业签订合同等方式，引进竞争方式，就会进一步提高资源的利用效率。

（二）计划调控职能

一个城市经济发展的快慢，社会效益的好坏，关键之一在于有无一个正确的经济社会发展规划。因此，城市政府应该根据国家对城市发展和建设的方针、经济技术政策、国民经济和社会发展长远规划、区域规划以及城市所在地区的自然条件、历史情况、现状特点和建设条件，按照功能分区，合理布置城镇体系，合理地确定城市在规划期内的经济和社会发展目标，确定城市的性质、发展方向、发展规模和建设布局，统一规划，合理地利用城市的土地，综合部署城市物质文明和精神文明建设的各项事业，使整个城市的建设和发展，达到技术先进、经济合理、“骨肉”协调、环境优美的综合效果，为市民的经济社会活动创造良好条件。要保证规划的全面落实，城市政府还必须发挥领导的权威，充分运用经济的、法律的、行政的管理手段，加强指导，保证城市各项建设事业有秩序地、协调地发展，使城市的发展建设获得良好的经济效益、社会效益和环境效益。

（三）综合管理职能

一级城市政府在经济管理中，一定要遵循宏观管好、微观放开的原则，综合考虑环境、土地、资源、经济、人口、社会、文化等因素，围绕环境保护、资源开发、土地利用、交通通信条件改善、工业布局、副食品生产、社会问题的解决、居民点分布等重点，加强城市计划管理、固定资产投资管理、财政金融管理、公用设施管理、工业管理、城郊农业管理、交通管理、房地产管理等，不断提高城市素质，增强城市的聚集效应和辐射作用。

（四）法律调控职能

市场经济是法制经济，城市经济作为国民经济的重要组成部分，在国民经济发展中起着举足轻重的作用。因此，城市在国家的法律法规框架下进行日常的经济活动时，城市政府也要因地制宜地制定符合本地区特色的经济规章制度，为市场经济的发展提供有利的外部条件，对经济活动和社会事务进行法律调控。在市场经济体制下，这是城市政府最基本的职能[24]。

二、中国城市政府经济职能的改革方向

中国长期实行计划经济体制，其突出特点是政企不分，企业和其他经济实体隶属于政府，政府对企业实行“包起来、管到底”的办法，把企业的人、财、物和产、供、销

业务都纳入政府的计划，结果，在新中国成立初期计划经济体制适应当时经济环境所迸发出的原动力释放以后，国民经济旋即陷入一个僵化、停滞的状态。为了打破这种落后状态，中国在农业经济体制改革的基础上，开始推行城市经济体制的改革，并在此基础上开始转变城市政府的职能。根据中国16个中等城市进行机构改革及有关城市在转变政府职能方面的探索，中国城市政府经济职能的改革方向主要有以下几个方面：

（1）进一步明确城市政府的经济管理权限和职责，形成强有力的决策指挥系统。在国民经济分级管理中，城市是一个重要的决策指挥层次。城市作为一个复杂的有机综合体，作为经济中心，其功能的充分发展与否，从根本上取决于城市政府决策指挥是否正确。因此，改革城市经济管理体制的一项突出任务就是要健全和完善城市经济的决策指挥系统。为了保证城市政府能够科学地进行经济决策并有效地加以指挥实施，固然要求做多方面的努力，但其中关键的一点就是必须明确城市政府的经济职能和职责。这就要处理好国家与城市政府的关系，进一步扩大城市政府管理经济的权限，落实其职责。而要建立起强有力的城市经济决策指挥系统，就要求城市政府依据自身的性质、特点和优势，制定出符合国民经济总体规划的城市经济发展战略，建立切实可行的中长期发展目标和发展重点。同时，在此基础上，制定出产业政策、投资政策、财政政策、分配政策等，为城市经济的发展指明方向，使其有所遵循。同时，要按照精简、统一、高效的原则，构建合理的城市管理系统。在组织形式上，城市经济的决策指挥系统、调节控制系统、组织协调系统和监督检查系统的各项职能都需要具体的管理机构来承担。针对原有城市经济管理机构所存在的机构臃肿、人浮于事、多头管理、效率低下等弊端，新型的城市经济管理机构必须充分体现精简（部门和层次减少，机关工作人员精干）、统一（政归一口、综合管理）、高效（工作效率高，卓有成效地为基层经济服务）的原则。

（2）城市政府要转移部分职能，切实做到政企分开、政事分开。政企分开、政事分开，关键在城市政府职能转变，以及怎样转变。城市政府通过机构改革，应按照“政企分开”、“政事分开”的原则将属于资源配置、生产经营和社会自治职能转移出去，交由市场、企业、社会中介和自治组织承担。城市政府只有贯彻简政放权、政权分开的原则，不直接插手企业的经营管理活动，使企业真正赢得生产和经营自主权，才能促进城市经济的迅猛发展，才能使城市经济上新台阶。

（3）城市政府要立足于城市经济的内在联系，形成多方兼顾的组织协调系统。城市是商品生产、分配、交换和消费的中心地，城市经济的一个重要特征就是开放型而非自我封闭型。这种开放型明显地表现为一个城市与其他城市和地区乃至国外有着广泛的、经常的、活跃的横向经济联系。实行城市经济的对外开放，大力发展跨地区、跨部门、跨城乡的横向经济联系，建立以中心城市为依托、横向联合为主、纵横结合的经济网络，既是发展市场经济的客观要求，也是充分发挥城市功能的前提条件。为此，城市政府必须把计划、财政、物价等经济综合部门和银行等金融机构统一组织起来，设立一定形式的协调机构，并赋予其一定的裁决权，避免各自为政现象的产生，以实现对城市经济的合理组织和城市经济关系的有效协调，促进城市经济的大发展。

（4）健全完善城市经济的调控体系。在中国这样一个自然、社会、经济条件差异很大的国家，必须建立健全有效的经济调控体系，才能把国家的宏观经济政策与各个城市地区的实际情况相结合，才能增强城市的责任感和主动性。在城市经济的调控模式中，要建立起中央政府、地方政府、城市政府相结合的统一的调控体系，必须理顺中央与地方的经济关系、建立起在中央统一领导下的中央与地方合理分权的新体制。因此，凡是涉及全国统一政策和全国统一市场的管理权限必须集中到中央，以保证国家整体利益；而对于许多具体管理权限则要下放给城市地方，以利于地方城市政府根据当地的实际情况进行有效管理。要通过合理划分中央和地方的经济管理权限明确各自的事权、财权和决策权，做到权力和责任相统一，发挥好中央和地方两个积极性。同时，由于中国各个地区社会经济发展水平差异较大，经济管理权限的划分既要强调全国的统一性，又要考虑各个地区的特殊性，避免“一刀切”。我们应当对各地区不同的经济发展水平、对于国家的贡献率、自然地理条件以及对外经济的依存度等多种因素，加以区别对待，使各地区的经济管理权限与其自身的总体发展水平相适应。此外，还必须处理好行政区划的省区和大经济区的关系。地方政府作为一级行政机构，掌握着行政指令、经济杠杆、政策法规等调控手段，与大经济区对经济活动的协调相比，与日俱增具有权威性的操作性，而且省区划分比大经济区划分相对稳定和明确，所以地方政府必须是宏观调控的中间层次，而这些都离不开城市本身。要把各个有联系的城市组合成一个大的经济区，并以此作为一个以经济互补和分工协作为基础、跨行政区界的经济区形式，以促进横向经济联系，充分发挥地区优势，促进地区产业结构优化。因此，有必要建立大经济区的协调组织，如共同市场理事、联络委员会和行业协调小组等，以协调各有关地方政府的经济管理活动，并与中央政府的总体规划相协调[24]。

第二节 城市经济管理部门及其职责

一、城市综合经济管理部门及其职责

城市改革带来的城市在国民经济中地位的转变，必然相应要求城市政府经济管理职能也发生转变。这种转变的最突出方面，是城市政府担负起了更多的规划决策的职能。在社会主义市场经济体制下，城市政府不再是被动的搞“拼盘”计划的“漏斗”式管理，而是担负着以城市为依托的区域经济全面发展的重任。在全方位开放的市场经济中，如何掌握复杂多变的动态信息，如何在不确定因素增多及宏观经济透明度下降的条件下，运用价值规律驾驭市场，把宏观调控与市场调节有机地融为一体，制定和做出符合城市自身优势和特点的战略目标、战略决策，将是一项难度极大的复杂的系统工程，没有一个与这种艰巨任务相适应的综合管理部门，将无法完成新形势下面临的这一严峻任务。

城市政府综合经济部门是代表城市政府对整体经济活动进行综合协调、全面安排的市政府组成部门。2003 年之前，中国城市政府综合经济部门主要有发展计划委员会、经济贸易委员会、体制改革办公室。随着全国综合改革的推进，城市特别是中心城市计划决策权扩大，城市政府综合经济部门的职能发生了较大变化，已经逐步改变了过去被动地汇总条块下来的计划、搞“拼盘”式计划的局部价值指标为主的形式。2003 年 3

月以后，经职能调整、合并，原国家发展计划委员会、原国务院体制改革办公室和原国家经济贸易委员会改组为国家发展和改革委员会，各城市政府的综合经济部门也相应改组为城市政府的发展和改革委员会。

发展和改革委员会是市政府中全面统筹编制区域经济中长期计划及年度计划、统筹协调城市总体改革、拟订中长期改革规划和年度改革工作重点、管理城市日常经济活动的综合部门。其主要职责包括：贯彻执行国家有关经济方面的方针政策、法律法规，贯彻执行国民经济和社会发展战略、方针和政策，研究制定本市经济社会和城市发展战略，根据国家和市场信号提供的社会需求和趋势预测，拟定产业发展导向和综合性产业政策，规划产业结构、行业结构、产品结构、统筹生产力布局，掌握投资主体、投资结构和投资重点项目的确定。搞好国民收入与支出平衡，确定消费比例，财政的收支平衡、信贷平衡、外汇平衡和主要物资的平衡，制定实现上述平衡和比例的经济杠杆的综合运用方案，等等。结合市情、制定全市经济方面的具体规定和实施细则，负责全市经济的规划协调、监督、服务工作，不断提高全市企业生产技术水平和管理水平，促进全市经济的发展。负责全市综合改革的推动，通过试点、总结、推广、信息反馈等环节，把改革推向前进。

综合管理部门管理的虽是城市经济中的某些断面，但这些断面的活动关系到城市经济的各个领域，它的管理能够产生整体效应，因而具有宏观管理的特征。

二、城市专业经济管理部门及其职责

专业经济管理部门是过去在计划经济体制下，按照上下对口要求设置的，既是政府的职能部门，承担着行政管理职能、行业管理职能和行政执法职能，又是企业的主管部门，承担着企业主产经营的具体管理工作。旧的条块分割、缺乏统一的行业管理体制，割断了城市经济的内在联系，导致组织结构不合理，社会化大生产无法深入广泛地发展，资源、能源、资金、设备、技术力量不能合理充分利用，从而导致生产成本高、效率低、质量差的后果，严重阻碍了城市生产的发展和经济效益的提高。改革开放以来，经过五轮行政机构改革，各级政府简政放权，不断扩大企业生产经营自主权，减少对企业的行政干预，城市政府机构对企业的管理已经由部门直接管理转向行业管理，城市政府中专业经济管理部门的设置也发生了很大变化。

例如，在上海市、长沙市、武汉市等市人民政府的组成部门中，都设有经济和信息化委员会，主要负责工业和信息化领域的中宏观管理；设有商务委员会，主要负责国内外贸易和商贸服务业、流通领域的中宏观管理；等等。根据城市政府经济管理职能的总体要求，各个专业经济管理部门应主要以中观协调、规划作为基本职能，对下层企业主要实行行业管理，原则上不再直接参与企业的生产经营；对与之平行的其他职能部门，既要有工作上的横向交叉参与，又要在职责范围和决策权限上有明确的划分；对上则接受相应主管部门的指导。具体来说，各城市政府的专业经济管理部门主要在以下方面发挥其职能作用。

（1）高效率的信息处理。采用现代化的信息收集和处理手段，建立健全的信息网络，并将各种信息分门别类，传递给政府和企业，对企业进行导向。

（2）广泛深入的调查研究。通过调查研究发现各种问题，并提出解决办法，供政府和企业参考。

（3）总揽全局的统筹规划。根据全国同行业及本经济区发展战略和规划的要求，结合本市本行业发展的历史、现状、未来趋向及各种相关与制约因素的影响，制订本行业中长期发展的规划与计划，作为指导城市行业发展的基本依据。

（4）经济调节手段的综合协调。城市政府的经济调节手段是由相关的各个杠杆部门掌握和运用的，但在确定调节方向和力度时却要以政府制定的经济、技术政策为依据。各个专业经济管理部门既要积极参与本地区行业经济、技术政策的制定，又要通过信息交流和工作沟通对经济杠杆部门运用经济调节手段，起到综合协调的作用。

（5）对微观经济活动的行业性监督。城市政府对企业经济活动的监督，除了通过审计、工资、物价、标准、计量、环境、卫生等专门监督机构执行外，某些具有行业特性的行政监督，应由承担行业管理的各个专业经济管理部门执行，如企业生产技术条件和产品生产质量的检查监督等。

（6）行业公共事务的协调服务。通过行业协会等方式，协调行业、企业间的关系，组织和指导资源、技术、市场、智力等方面的开发，开展各种咨询服务等。按照行业来组织城市的经济活动，有利于实现产业结构合理化，有利于统一技术政策和技术标准，有利于专业化与集约化的发展，促进科学技术进步，提高管理水平。同时，可以针对不同行业的特点进行管理，使管理具有灵活性[24]。

三、城市政府调控经济的手段和意义

（一）调控手段和方式

城市是中国经济最集中的区域，特别是中心城市政府的经济调节行为集中地体现了中国各个层次的政府部门调节经济的各种手段和方式，归纳起来主要有以下五种。

1. 财政政策

财政政策是世界各国政府调控经济的主要手段。财政政策包括财政支出政策和财政收入政策。财政支出主要用于政府购买、公共工程建设和转移支付。财政收入主要源于税收。政府部门运用财政调控经济时，一般都是“逆经济风向行事”，即在经济高涨时期实行紧缩性财政，使经济不会过热而引起通货膨胀；在经济衰退时实行扩张性财政，使经济不会严重萧条而增加失业。这样做，有助于实现经济的稳定增长。目前，中国正在实行事权划分基础上的分税财政体制，使城市政府有了稳定的收入来源。这必将增强城市政府利用财政杠杆调控区域经济的能力。为此，管理全市财政并指导财会工作的市财政局，要认真贯彻执行国家有关财政方面的方针政策、法律法规，积极参与社会产品、国民收入的分配与再分配，并对全市经济活动实行财政监督，促进城市经济的发展。

2. 税收政策

税收是政府机器赖以存在并实现其职能的物质基础，是国家参与并调节国民收入分配的一种手段，是国家财政收入的主要形式。税种的多少、税率的高低、税收的减免等均会影响到社会经济的运行。中国新的税收制度统一了企业所得税，改革了个人所得税，继续完善了增值税，取消了一些与经济社会发展要求不相适应的税收，合并了某些重复设置的税种，开征了一些确有必要开征的税种，在税收的处理上基本做到了尽量向国际惯例靠拢，初步实现了税制的简化与高效，基本适应了发展社会主义市场经济的要求，向着统一、规范和公平的目标迈出了实质性的一大步，税收的聚财和调节功能进一步增强。

3. 金融手段

金融是指货币资金的融通。作为商品货币关系的必然产物，金融是随着城市经济的发展而发展起来的，反过来，它又对城市经济的发展起重要的调节作用。金融调节的显著特点，在于既能够把宏观经济决策要求传导到微观经济活动中去，又能把微观经济活动的信息反馈上来，从而使微观活动与宏观控制紧密结合起来，达到促进城市经济稳定、健康发展的目的。金融对城市经济的调节作用主要表现在以下四个方面：①通过吸收存款和合理控制贷款，促进城市建设的稳定发展。②通过对信贷资金流向的调剂，促进城市产业结构的调整。③通过信贷利率杠杆的运用促进企业生产经营的最优化。④通过金融机构的扩散和多种融资形式的发展，促进城乡之间、城市与城市之间的横向联系。

随着整体改革的进一步推进，金融改革也迈出了较大的步伐。人民银行的中央银行职能得到强化，宏观调控权威进一步增强；政策性金融与商业性金融走向分离，国有专业银行正向商业银行转化；在清理、整顿和规范城市信用社的基础上，根据《城市合作银行管理规定》的要求，城市合作银行正在有计划、有步骤地组建。新的金融体系形成之后，大大加强了对城市经济的调节作用。人民银行摆脱了繁重的一般银行业务，不再同企业直接发生关系。这就使人民银行有可能集中精力，在搞好宏观金融决策、制定货币政策方面进一步发挥积极的作用；各级分行也得以把主要精力从过去分资金、分规模、批机构，逐步转移到执行中国人民银行货币政策、强化金融监管和对经济运行调研监测上来，政策性银行在国家明确界定的范围内开展业务活动，贯彻不与商业银行竞争的原则，是执行国家产业政策的工具。

4. 价格手段

价格是商品价值的货币表现。在经济调节机制中，价格是影响范围最广的一种机制。哪里有经济活动，哪里就有价格存在。价格的变动，必然影响到经济活动的各个环节、各个层次、各个方面。价格对城市经济调节的作用主要体现在下列四个方面：①调节城市生产结构。价格对于生产结构的调节，是通过影响企业的经济利益，从而刺激或抑制生产来实现的。②调节城市居民的消费结构，平衡供求关系。③调节城市生产力布局。④影响企业生产经营活动。

中国的价格体系和价格体制，在经过十多年的改革后，取得了很大的成绩，市场价格机制基本形成。但这并不意味着城市物价管理部门将无所作为，除经常开展市场物价监督检查，严厉查处违反物价管理制度的行为，以维护正常的市场交易秩序和公正、平等的交易原则之外，城市政府还可以利用各种基金和各种储备制度，加强对市场物价的干预，平抑市场价格。

（二）综合调控的重要意义

城市政府要发挥其对经济的调控作用，就要自觉地综合运用商品经济的主要经济规律，特别是要自觉依据和利用价值规律。城市政府在宏观经济的调控中，正确运用各种经济杠杆或经济调节手段，是自觉依据和运用价值规律的具体形式。在现实的经济活动中，各种经济杠杆的调控作用是交织在一起的，你中有我，我中有你，共同作为一种合力影响城市经济活动。因此，城市政府对各种经济杠杆必须综合、配套运用。

（1）综合运用各种经济杠杆，使其作用方向一致，才能保证宏观调控目标的实现。各种经济杠杆是从不同的方面调节经济活动的，各种不同的经济杠杆发生作用的方向可以是一致的，也可以是不一致的。例如，提高某种产品的价值和降低此种产品的税率，价格和税收这两种经济杠杆作用的方向是一致的，都是鼓励某种产品的生产。但若提高某种产品的价格同时又提高此种产品的税率，一方面是利用价格杠杆鼓励此种产品的生产，另一方面又利用税收杠杆限制此种产品的生产，两者调节作用的方向相反，它们的调节作用将相互抵消。

（2）各种经济杠杆的调节功能有彼此互相代替的作用。综合运用各种经济杠杆，要选择对企业的经济效益和社会的经济效益的推动都比较高的经济杠杆加以运用，并且注意在运用上有主从。

（3）综合运用各种经济杠杆，才能掌握经济调节作用的量的界限。在调节作用方向一致的前提下，还要掌握它们综合调节经济的“度”的分寸。鼓励一种经济活动，如果超过适当的界限，就会助长此种经济活动的盲目性；限制一种经济活动，如果超过适当的限度，就要使一种经济活动窒息。

在城市中，运用各种经济杠杆的主体，是市政府的有关的经济部门。由于各相关部门“分兵把口”，在运用经济杠杆方面目标不容易完全一致，难以形成合力，有的甚至与国家的计划目标相脱节。为解决这个矛盾，有的城市政府成立有关委、办、局参加的经济协调小组，由市长或主管经济工作的副市长担任组长，统筹协调各种经济杠杆的综合运用，使之互相衔接和配套运行，取得了很好的成效[24]。

四、城市政府经济监督部门及其职能

城市经济监督，是指城市政府依据国家的法规、计划、指令、政策及制度中规定的各项标准和限额，对社会再生产过程的各个环节进行的全面监察和督导，城市的经济监督是城市经济管理的极其重要的方向，也是保证城市经济正常运转的必不可少的管理环节。其具体包括审计监督、工商行政管理监督、物价管理和监督、质量监督、计量监督以及财政管理和监督、银行监督等。

（1）审计监督。其是指城市审计机关依据法律规定，对被审计单位的财政和财务活动进行的审核和稽查，它作为预算、会计、决算、审计这一完整的财政行政系统的最后一个环节，是宏观经济监督的重要组成部分，也是对企业经济活动监督的有机组成部分。

（2）工商行政管理监督。其是指城市政府工商行政管理部门，即市场管理监督与行政执法的重要部门，承担的繁重的城市市场管理职能，包括广告业管理，企业执照、开业管理，尤其是市场的管理监督。截至 1996 年 6 月全国 50 多万工商行政管理人员实行与市场“办管脱钩”，职能到位，其中 36 万工商所人员进入行政编制，这必将进一步优化城市市场的管理与监督。

（3）物价管理和监督。其主要是面对企业的监督和行政事业单位收费的监督，主要内容有：严格执行物价法规所确定的定价权限；严格遵守国家定价商品价格规定，不得擅自涨价或变相涨价等。

（4）质量监督。其是指国家授权的质量监督检察机关和企业质量监督机构，依照质量管理的有关法规，主要针对工业产品质量所实行的监督。

（5）计量监督。其是指城市政府计量监督部门，对各种计量器具及对商品数量实行的监督。

（6）财政管理和监督。其是指国家财政机关依照财政法律程序对经济活动所实行的管理和监督，主要包括预算的编制、执行和监督，税务监督，财务监督，会计监督，统计监督等。

（7）银行监督。其是指银行依照银行法规，运用金融手段对企事业经济活动所实行的监督，它主要包括信贷监督、结算监督和现金监督等。

现阶段，强化经济监督部门的管理，对于社会主义市场经济体制的建立和完善具有十分重要的意义。

第一，强化城市政府的经济监督，利用企业增强自我约束机制和提高自我发展能力。在市场经济活动中，企业作为自主经营、自负盈亏的经济实体，一方面必须在生产经营活动中加强自我约束，认真履行应承担的各种经济责任和社会责任；另一方面，又必须充分合理地使用各种经济资源，提高经营管理水平和经济效益，实现自我发展。强化经济监督，既把企业的生产经营活动置于严格的监控之下，将其纳入社会整体利益和国家宏观经济决策的轨道，又为企业制定正确的经济方针和目标，有效积累资金和合理地使用自己的资源，提供了必要的规范和指导。因此，强化经济监督可使企业的自我约束和自我发展得到可靠的保证。

第二，强化城市政府的经济监督，有利于形成和维护良好的市场环境和市场秩序。经济监督一方面可以有效地促使参与市场活动的各个经济主体，自觉遵守市场规划，遵守国家的有关政策、制度、法规和纪律，从而使自己的行为合法化、合理化；另一方面，又可以揭露和打击那些破坏市场秩序，进行非法经营，违章营业的单位和个人。此外，经济监督还可以调解和处理各种经济纠纷，维护交易各方特别是消费者的正当权益。在现阶段，新旧体制正在交替之中，市场秩序尚未完全确立，强化经济监督极为重要。

第三，强化城市政府的经济监督，有利于城市政府实现对经济运行的宏观调控。经济监督是政府调控经济运行的重要方面，它可以保证政府的各项宏观经济政策和法令的贯彻落实。同时，经济监督中的财政、税收、信用、统计等手段，是政府了解、掌握和调控经济的重要杠杆和工具。通过经济监督，可以有效地把企业的微观经济活动纳入国家宏观经济发展战略和计划的轨道，克服市场经济活动的自发性和盲目性，从而实现国民经济的持续、健康和快速的发展[25]。

第三节 城市公共经济

一、城市公共经济的内容及其意义

城市公共经济作为城市经济的重要组成部分，在城市经济发展过程中发挥了巨大的作用。一般来说，城市公共经济是一种产生于竞争性分散经济基础之上的，又反过来对分散经济起扶助、制衡、服务和推动作用的经济系列。它一般由政府主持和提供，通常涉及公共设施、公共服务、公共工程和公共投资等领域，“城市公共经济是城市经济的重要部分，也是城市政府应该直接管理的部分”。城市公共经济的发展能够为社会扩大再生产创造协作条件，保护和保障公私各类经济、分散经济的发展，并推动和制约公私各类经济、分散经济的发展，城市公共经济的质量与数量对城市经济的发展不仅起着现实作用，而且起着长远的和根本的影响作用，城市公共经济的水平代表着城市管理的水平和城市的形象，是城市居民和城市外部对城市满意度的重要形成因素。因此，城市公共经济的完善与否，对于整个城市经济的发展具有重要意义，也直接关系到文明城市的建设与发展。

一般认为，公共经济必须具备如下三条标准：①经济服务的目的和内容，必须是属于为社会公众提供商品和劳务，而且这种商品和劳务必须具有非排他性、非竞争性。②公共物品和服务一般是私人和分散经济所不能（如投资额过大）、所不愿（如微利甚至福利）、所不宜（如涉及国防、治安、司法等）涉及的。③这种经济发展的资金来源和筹集方式，一般来说是来自于无偿性的税收收入。同时国家对这种经济发展具有直接的监督和控制职能。通常公共经济的发展，从产品的产量、定价、销售和服务等都必须受到国家的严格控制。由此可见，城市公共经济实际上是以国家财政收入为资金来源，对于政府活动有关的公共主体以及一切非直接进行生产活动的主体进行投资，为满足社会一般共同需要所进行的一种服务性活动。正是在此基础上，建立起了公共经济与公共财政的紧密联系。公共财政通常必须保证公共经济发展所必需的资金，并实施对于公共经济的管理；而公共经济的发展，又可以带动整个城市经济的发展，从而将增加公共财政收入。可以说，二者是紧密联系、互相作用的。

二、城市公共经济运行中的主要问题及原因

（一）城市公共经济运行中存在的主要问题

1. 投资渠道单一，实行公共产品的指令价格

受长期计划经济体制影响，城市水、电、气、热、公交等公共产品和服务的商品属性被忽视，它们基本上被看做是无偿的福利性分配和分享，被低收费和严格的价格强制所束缚，政府以财政补贴方式来维持其低效运营。价格的强制，一方面使市场经济条件下应有的价格调节机制失灵；另一方面对经营公共产品和服务的企业无吸引力，加之管理部门缺乏资产经营意识，不能将现有的存量资产盘活，使得依靠政府实现扩大再生产

成为不得已的选择。

公共物品的投资长期以来基本依靠政府进行，而政府财力又难以全部满足投资需要，这使得其供给严重滞后于加工工业发展，成为经济起飞的瓶颈障碍。

2. 条块分割的经营模式

中国城市公共经济实行条块分割的行政管理模式，水、电、气、热、通信、道路分属不同的行政管理部门，邮电、通信、电力等几乎没有任何管理权；水、气、热、道路等以地方的块块管理为主，立项、计划权等集中在城市建设行政主管部门。政府（中央政府＋地方政府）作为垄断经营者，把公共产品的生产任务和公共服务的提供任务，指令性地分配给其行政附属性——公营企业（指定的自来水公司、独家环保队等），政府赋予公营企业特别垄断权，缺乏竞争又必然导致公营企业整体运成本高、质量水平低、经营管理效率低。

3. 规模效益低下

这主要表现在公共经济规模效益差，形不成整体合力。城市公共经济建设资金除由城市财政筹集和世界银行贷款外，还以各种“收”来筹集，由各个部门分散管理。政府用于公共物品投资的资金分散、预算软约束，预算外资金不能最大限度地发挥作用。

4. 公共经济的技术水平低

公共经济的物质技术设备水平较低，特别是邮电通信和科学技术研究与国外相比落后几十年，这严重阻碍了公共经济劳动生产率的提高，使得有限的资金难以在更大程度上满足社会对公共经济的需求。

5. 城市财政支出结构不合理

1994 年中国开始实行分税制，城市财政的独立性大为增强，城市财政作为一级地方财政日益得到确立，但分税制的实施仍然不规范，旧体制的惯性影响仍然很大。目前，经济建设支出仍占很大比重，城市维护与建设支出比重偏低，城市财政支出还较混乱，非正规性收支广泛存在，税收分担与所享政府服务利益不匹配，这说明传统体制使得城市政府的职能尚未完全摆脱直接管理经济的模式。

（二）相关问题产生的原因

1. 缺乏一定的竞争性和监督机制

公共产品和服务存在特定的“市场”需求与供给，它通常难以由真正的“市场”供求关系来决定价格，也难以由“价格”联系生产者与消费者。没有市场的价格信号，政府就难以把供给与需求真正联系起来，在供给时也就将其价值与生产它的成本割裂开来，这使得公共资源错误配置的程度大大增强。一方面，公共产品和服务的短期成本与效益容易被夸大，而未来的成本与收益却易被忽视；另一方面，在收益与支出分别由不同主体承担的情况下，由受益者进行游说而导致的政治上有效而经济上低效情况经常发生。这两方面情况将引起对公共产品和服务的“虚假”需求。在公共经济的“成本”与“产出”难以精确衡量情况下，政府为满足“需求”就必然使用较多的资源，并为此付出更多的成本（额外费用）。这样，政府支持的低效率得以产生。

2．管理体制制约

目前中国公营企业已在一定程度上扩大了自主权，但并没有从根本上摆脱附属地位，企业没有真正的投资经营自主权，也不能直接享受投资收益，因此缺乏投资的积极性。这就造成：①公共经济投资的绝对量主要依靠政府（国家、地方），这将许多提高企业投资效率的经营手段排除在外了；②投资主体相对单一，市场机制很难引入投资过程，使公共经济运营很难摆脱高收入、低产出的恶性循环；③城市中相当数量的公共经济建设由国家投资完成；④公共产品和服务，尤其是政府经营的自然垄断产品和服务的长期提供，使公营企业设备陈旧、更新慢、折旧偏低。所以，公共物品管理体制方面的问题，首先是投资管理体制不合理和政府直接经营带来的经营效率低下造成的。

3．权力失控

政府机构垄断了公共产品和服务的供给和经济政策的实施，使得政府行为某种程度上类似于“市场”行为：政府的某些决策者同经济人一样是理性的，其在政务活动中也追求某些特殊利益（并非完全追求公共利益）；同时它又与经济人不完全一样，它的目标不是利润和效率的最大化，而是规模的最大化。由于缺乏对政府某些官员的有效监督，不能有力地限制政府与某些特殊利益集团的“合谋”（权权交易或权钱交易等活动），所以少数人通常可以通过合谋而获得额外利益（利益集团游说政府官员取得对他们有利的公共产品和服务供给政策、生产者游说政府官员希望得到生产订单、经营企业游说政府官员而获得垄断经营权等）。权力滥用伴随着政府的管理活动而出现，阻碍公共经济运营效率的提高[26]。

三、城市公共经济的运营体制改革

（一）引进竞争机制

无论公共企业还是私营企业，提高效率的普遍原则是激励机制和竞争机制。公共经济经营企业之间的竞争是提高其运营效率的先决条件。公共产品和服务生产具有一定程度的垄断性，被政府赋予特权的公共企业经常垄断生产。所以，增强激励机制，吸引政府以外的各种企业从事生产活动，使它们与政府公共企业一起在竞争中生存，这是公共经济体制改革的第一步。

（二）改革公共经济和公共财政的投资体制

稳定、多渠道的投资资金供给，是公共经济发展的根本保障，要获得稳定的资金来源，就应介入多元投资主体、开辟多种投资渠道。

1．中央和地方（城市）政府的财政投资

城市公共经济的产出中有相当一部分是纯“公共物品”，具有完全的非竞争性和非排他性，它们必须由政府来投资，这是市场经济中政府职能的一个重要方面。随着金融制度的创新和资本市场的发展，政府可以加以利用的财政融资手段逐步增加。

2．公共产品和服务的经营企业，将经营收入再投资

城市公共物品中有很大比例的准“公共物品”，它们应该实行企业化经营，通过对

这些物品的经营，企业不仅可以为社会创造外部效应，也可以为自身带来经济效益，从而保证企业的自我积累、自我发展。

3. 政府和银行的低息贷款及发行债券筹资

政府财政贷款及争取世界银行、亚洲开发银行等的低息贷款，对于推动公共企业经营和管理，具有一定的积极意义。1980 年，日本的公共基础设施建设投资来源中，财政投资贷款占 24%、市场发行债券占 18%；中国近年发行的电力建设和自来水建设债券都有力支持了公共企业投资建设。

4. 大力引进外资

引进外资建设城市应该是目前中国公共物品建设重要的投资来源渠道。近年来，国外流入的私人资本已急剧增加，尤其是外资开始进入公共经济投资领域，而且作用不断增大。上海市“七五”时期市政公用设施投资中，利用外资高达 18.4%。

5. 资金来源渠道应拓宽

近年来，中国民间储蓄总额呈现出稳定增长的势头。1996 年年底居民储蓄存款余额已达 38 520 多亿元，1997 年年底为 46 279.6 亿元，1998 年年底达 53 407.5 亿元。这是可以动员和利用的资金，问题在于政府要制定正确的金融政策、开辟投资渠道，活跃金融市场，引导居民将其闲散资金直接投资于城市公共经济的建设。

（三）改革城市公共经济经营体制

1. 改革政府的干预行为

将政府直接生产与经营公共产品和服务的传统方式，改变为以补贴和管制方式来干预公共产品和服务的经营。对企业进行某些补贴，不是承担其生产经营的低效率，而是为了弥补其巨大的固定成本。采用管制方式，确实监督、审查公共部门的实际成本与价格状况，保证公共资源的优化配置。

2. 进行市场化改革

随着科技进步，一些公共产品和服务的经营部门已丧失其自然垄断性，顺应这一变化，应将不具备自然垄断性的公共部门果断推向市场。美国的 AT&T 公司进行的改革，结束了国际、国内长途电信业务的垄断局面，代之以多家竞争的格局。中国在这方面的改革也已开始，联通公司已在无线寻呼和移动电话领域参与邮电通信部门的竞争，应将这种改革推向整个公共产品和服务的运营领域，将适宜市场化经营的业务推向市场。

3. 明确划分公共物品经营职能

政府可以将城市道路、桥梁、港口等基础设施的专门经营权拍卖给私人、法人团体，由它们来经营；也可以将一部分垄断性行业的现有国有企业资产或将要建成投入使用的资产出售；还可以实行股份制改造，由私人企业或股份制企业来经营。对于不能出售和股份化的企业，政府可以采取租赁、托管和公司化等方法实行商业化经营，从而缩小政府直接经营的范围。

（四）改革价格体制

价格体制改革的宗旨是：确定以社会边际成本定价准则，使城市公共产品和服务经营在总体上保持一定的“收益”水平；通过价格调整存量结构以减轻公共产品和服务运营压力，实现“以城养城”。

1. 总体上调公共产品和服务定价水平

中国城市公共产品和服务供给不足是一种常态，为缓解供求矛盾、保障社会整体福利最大化，应该按照有偿使用的原则，提高自来水费、电费、电话费、煤气费、公共交通费、养路费等。

2. 基础价格体现公共福利性特点

公共产品和服务价格与城市居民生活密切相关，保持合理的基础价格对保障居民生活的“必需性”具有重要意义。在制定公共物品价格的过程中，必须体现公共福利性和城市经济发展的可持续性特点。只有这样，才有可能对城市公共物品制定出科学合理的价格。

3. 依靠其他价格形式实现公共物品生产企业“自我积累、自我发展”

对超额享受公共产品和服务的人，根据产品价值、服务质量等因素的差别制定浮动价格，拉开价格差别。例如，可以制定水、电等使用标准，对超额使用部分实行高价，以实现公共物品生产企业的自我积累和自我发展。

4. 实行浮动价格，加大浮动幅度

在不同阶段，公共产品和服务价格高低应有所差别。例如，城市高速公路运输即要体现公共性和企业性两重属性。在春运期间，乘客构成和运输货物量就与平时有很大不同，其需求弹性很小，如果把过往车辆的收费定得过高，就会违背社会福利原则。相反，对其他节假日和旅游季节，制定相对较高的价格较为合理[19]。

复习思考题

1. 阐述城市政府的经济调控职能。
2. 城市政府调控经济的手段有哪些？
3. 试分析中国城市政府经济职能的改革方向。

第十三章

城市社会管理

城市社会管理是城市政府职能的重要组成部分，对于城市社会稳定和城市的发展具有重要意义。城市社会管理在内容上包括城市人口管理、城市社会治安管理、城市社区管理等。

第一节　城市人口管理

城市人口是城市生活与经济发展的主体，加强城市人口管理是实现城市社会安定团结的一项保障内容。因此深刻认识加强城市人口管理对城市经济和社会发展的意义，把握城市人口运动的基本趋势，建立健全城市人口管理机制，遵循人口管理工作的指导原则，正确履行人口管理的职责，对中国城市建设有着重大的现实意义。

一、城市人口与城市人口管理

（一）城市人口的含义

城市人口泛指居住在城市范围内从事生产经营活动和其他工作的非农业人口，包括拥有城市户籍的常住城市人口，即通常讲的城市居民，以及来自其他城市和农村的暂住的流动人口。城市人口管理，是指城市政府对城市居民户籍和人口变动的行政管理工作，以及对城市暂住的流动人口管理的两个方面。其核心内容，是城市人口的数量调控、质量提高和就业引导[11]。

（二）城市人口的特征

与乡村人口相比较而言，城市人口具有以下特征：①随着城市化在世界范围内的推进，城市人口占总人口比重在不断提高，而农村人口比重在不断降低。②城市市区内部人口呈现典型的高密集性，而农村人口密度明显低了很多。例如，1990 年中国城市市区人口平均密度为 297 人/平方公里，是全国人口密度 123 人/平方公里的 2.4 倍。③城市人口文化素质相对较高。1990 年江苏省人口普查资料显示，当时江苏省人均受教育年限城市人口平均为 7.57 年，县以下农村人口平均为 4.87 年。④城市人口就业渠道多元化，职业种类差异明显，而农村产业分化较缓，职业构成相对单一化。⑤在多元的城市文化熏陶下，城市居民心理和价值观的异质性明显，而农村人口文化心理取向则呈现同质性。

中国是人口超过 13 亿的大国，人口城市化的程度远远低于发达资本主义国家和世界城市化的平均水平。据统计，1998 年中国城市人口比重已达 30.4%，如果把流动人口包括进去，中国城市化水平可达 36%左右，而世界同期城市人口比重为 50%左右，其中发达国家为 74%，中国城市化水平低于世界城市化的平均水平[4]。

（三）城市人口的发展与管理

城市人口是城市社会的主体，城市人口的发展对城市经济社会的发展具有重要意义。一方面，城市人口是城市经济社会赖以发展的基本劳动力资源。城市人口作为基本的社会生产力要素是城市产生和发展的基本前提。城市人口作为生产要素发挥作用，受城市人口生产过程和城市经济发展水平的制约。另一方面，城市人口又是城市消费的主体，城市人口为消费市场的扩大提供了有利条件。城市人口在扩大消费市场方面的作用，取决于城市经济和社会发展水平。

城市人口管理是城市政府的重要职能之一。首先，城市人口是城市社会的主体，加强人口管理是任何城市政府不可忽视的一项工作。其次，加强城市人口管理是城市发展的客观要求。中国城市化进程的加快，更加突出了城市人口管理的必要性和重要性。再次，加强城市人口管理是充分发挥城市功能的有力保障。如果城市人口规模超越了城市的经济社会发展状况和基础设施承受能力，就会因此引发多种“城市病”。最后，加强城市人口管理是维护城市正常生产生活秩序的必要条件。城市人口的有序管理有利于保持安定团结的政治局面，提高城市经济效益和市民生活质量。

一个城市究竟能容纳多少人口，主要受城市自身经济和社会发展状况的制约，有相当大的弹性。要更好地发挥城市功能，提高城市的经济效益，城市人口必须适度，必须充分考虑城市经济和社会发展状况及城市基础设施的承受能力。控制城市人口数量，提高城市人口素质，把人口流动纳入有序状态，是城市政府人口管理的基本要求。城市人口合理化、素质优良化、就业结构多元化等是城市人口管理的基本目标。搞好城市人口管理，对于维护城市健康正常的生活秩序，保持安定团结的政治局面，提高城市经济效益和市民生活质量有着极为重要的意义。

二、城市人口管理的内容

按管理对象分，城市人口管理的内容包括常住人口的管理和流动人口的管理；按管理的事务分，城市人口管理的内容可分为人口户政管理、人口普查与预测、计划生育的管理、流动人口的管理和城市人口就业管理等。

（一）城市人口的户政管理

城市人口的户政管理机构是城市公安局或公安分局的派出所。派出所管辖区即户口管辖区。辖区内机关、团体、学校、企业、事业单位内部和集体宿舍的居民户口由各单位指定专人协助户口登记机关办理户口登记；分散居住的居民户口，由户口登记机关直接办理户口登记。户口登记以户为单位，户主住处设一户，属散居户口。人户必须统一。

城市户政管理机构对城市常住人口的户政管理主要有以下四方面：

(1) 户口登记。城市户口登记实行常住、暂住、出生、死亡、迁出、迁入、变更更正七项登记制度，由户口登记机关用其设立的户口登记簿进行登记。

(2) 人口卡片。在户口登记的基础上，户口登记机关应以人为单位建立具有户口登记项目的人口卡片，以便于管理和查找。这项工作目前已逐步应用计算机进行管理。

(3) 居民身份证管理。中国于 1985 年 9 月正式公布的《中华人民共和国居民身份证条例》规定，居民身份证由公安机关统一印制、颁发和管理。

(4) 人口统计。城市户口管理部门应在户口登记和资料调查的基础上，按公安部统一制发的人口统计报表进行统计，逐级汇总上报，并向城市政府和有关部门提供人口统计资料。

（二）人口普查与预测

1. 人口普查

人口普查是一种多目标的调查，是一次性的、直接的、普遍的调查。其目的在于了解一个时点某一个国家或整个地区内人口状况的静态资料。城市政府要在国家统一部署下，以公安、民政部门为主组织专门队伍，负责进行此项工作。人口普查时间性很强，人口流动性又大，为了准确，应一律以 1 个时点的常住人口为普查对象，普查项目必须严格、科学、明确，被调查人必须逐项填写，不允许遗漏。

新中国成立以来，中国已在 1953 年、1964 年、1982 年、1990 年、2000 年、2010 年进行了六次人口普查工作。

2. 人口预测

人口预测又称城市人口发展规模的预测，就是根据城镇人口的现状和发展特点，通过运用科学的方法，推测若干年后城市人口的状况。人口预测包括人口数量预测与人口质量预测两个方面。人口规模决定城市规模，城市人口数量是城市规划的重要依据。因此，搞好城市人口预测对制定城市发展规划、预见未来城市经济和社会发展趋势有重要意义。城市人口预测既为制订国民经济计划提供依据，也是计划期内人口指标的重要内容。

（三）城市人口的计划生育管理

中国人口已经超过 13 亿，控制人口数量、提高人口质量，是中国的一项基本国策。计划生育管理对中国经济和社会发展具有重大的战略意义。城市政府负责计划生育管理的常设机构是计划生育办公室。计划生育工作涉及千家万户、各行各业，加以人们传统的多子多孙、重男轻女的封建意识影响，其工作难度很大。做好计划生育工作必须在城市政府统一领导下，由宣传部门、公安部门、民政部门、医药卫生部门通力协作，并在共产党市委领导下，依靠各级党组织和工会、共青团、妇联等群众团体的力量，群策群力地进行。落实计划生育政策是一项经常性的工作，目标是有效地控制城市人口的自然增长，提高城市人口质量，使城市人口增长与城市经济和社会发展状况相适应。

（四）城市流动人口的管理

流动人口是指非城市常住户口而暂住或暂时逗留于城市的人口。城市流动人口的存在是一种客观现象，是城乡经济和社会发展的必然结果。城市流动人口可分为正常流动人口和非正常流动人口两大类。正常流动人口包括探亲访友、旅游、求学、公务、劳务等类型的外地人；非正常流动人口包括盲目流入城市的无业游民、乞丐、躲避计划生育进城生育的孕妇，以及流窜作案的犯罪分子和逃避通缉的罪犯等。

城市流动人口经常处于流动状态。有人逗留时间长，有人逗留时间短，但应大体上维持在某一水平上。流动人口数量以日流动人口数量为统计标准。城市流动人口增加是市场经济发展的必然趋势。开放城市市场，发展横向经济联系，扩大了城市的辐射力，也相应地增强了城市的吸引力。流动人口增加就是城市吸引力扩大的表现之一。

（五）城市人口的就业管理

城市劳动就业的管理机构是劳动就业管理局和人事局，在大城市的市辖区、街道办事处以及居委会也有相应的劳动就业机构。随近些年流动劳务人口的增加，城市劳动部门及工商管理部门对流动劳动人口实行了松散而较灵活的管理。进入城市的流动劳动人口还自发地组织了非正式的劳动就业组织。随着城市劳动用工制度的改革，城市就业还将出现多种的劳动就业管理组织。

当前城市人口管理中，做好就业和再就业工作是城市社会管理工作的重点和难点。城市人口就业不仅是突出的城市社会问题，更是一个重大的政治问题，直接关系到广大市民百姓的切身利益和社会的安定团结。在未来城市劳动力总供给大于总需求格局不会发生根本变化的前提下，增加就业、减少失业、扩大劳动力总需求始终是城市社会管理和劳动制度改革中一项长期而艰巨的任务。

从城市政府职能角度出发，城市政府对城市人口的就业管理主要包括根据不同城市的就业形势制定相关劳动就业政策、规范劳动力市场及中介组织、提供培训机会等[11]。

三、中国城市人口管理及变革

新中国成立后，中国城市逐渐形成了一套比较完整、统一的人口管理制度。1958年1月，全国人大常委会公布实施了《中华人民共和国户口登记条例》，建立了城乡分割的户口制度，使户口管理有了法律依据。20世纪80年代以来，由于政治经济形势的变化，中国城乡分割的现象出现了松动的迹象。国务院、公安部多次发出通知，放松、废止了许多管理条例。

2002年2月，公安部治安局宣布，中国户口登记将打破过去人为分割城市和农村户口的二元化管理模式，实行在居住地登记户口的原则。公安机关将调整城市、特别是大中城市的户口管理制度。合法、有固定的住所、稳定的职业和生活来源，将成为公民在城市落户的基本条件。

（一）计划经济体制下城市人口管理制度及其弊端

中国原有人口管理制度以城乡分割为特点，是在计划经济体制下建立和发展起来的，其对市场机制作用的排斥严重阻碍了中国市场经济体制的建立，存在很多弊端。

1. 造成了实际上的不平等

在原有人口管理制度下，由于人们所能得到的利益与他们的户籍性质（城市的或农村的）相粘连，市民与农民相比可享受多种生活、工作待遇和各种保障，无形中造成了市民和农民的贵贱等级之分，而户籍性质具有事实上的血缘继承性，从而使这种不平等得以延续。这种情况与市场经济形成和运作的要求是相违背的。

2. 阻碍了劳动力的合理流动

在原有人口管理制度下，农村劳动力因不具有城镇户口而不可能流入城市，而城市居民也不愿意放弃城镇户口离开城市，这样不仅限制了农村劳动力向城市第二、三产业的转移，也限制了城市之间劳动力的合理流动。

3. 延缓了人口城市化进程

原有户口管理制度担负着控制城市人口机械增长的重任。城市人口的机械变动是通过人口迁移来实现的，但原有户口管理制度对人口流动的限制，决定了中国城市人口的机械增长在很长时期内对城市化的作用较弱，尤其是制约了中小城市的发展。

4. 城市人口管理工作出现了一定程度的混乱

首先，人口统计按是否吃商品粮划分农业与非农业户口并进行统计，造成户口统计失实；其次，户籍法规滞后，政策与实际相脱节，造成城市流动人口管理严重失控；最后，各种形式的优惠造成名目繁多的“地方性户口”，甚至引发公开买卖户口的现象。

（二）城市人口管理制度改革的总体思路

城市人口管理制度改革包含多方面的内容，但其核心在于户籍制度改革。为使户籍管理制度适应市场经济的需要，公安部门会同有关专家学者进行了大量调查研究，在此基础上形成了户籍制度改革的大致思路：①实行全国城乡统一的中华人民共和国居民户口，取消农业、非农业等各种户口类型；废止所有关于“农转非”的政策规定。②实行居住地登记原则，建立以常住户口、暂住户口、寄住户口为基础的户口登记制度和以户口簿、身份证、出生证为主的管理办法。③实行以公民住房、职业和收入来源等主要生活基础为落户标准与政策控制相结合的户籍迁移制度。④实行社会待遇与户籍脱钩的政策，取消一切附加条件，恢复户籍本来面目。⑤实行大城市严格控制、中小城市适当放宽、城镇全面放开的方针，保证人口的合理流动。⑥建立以科学、合理的户籍登记内容为基础的户籍体系，逐步建立现代化的全国户籍管理信息网络。

户籍改革是一项庞大的系统工程，改革的成功与否既取决于国家经济发展水平和财力状况，也取决于广大人民群众的理解与支持程度。国家对此项改革总的原则是积极稳妥、分清轻重缓急、从易处入手、分步实施[7]。

（三）城市移民管理的创新

如何防止大量移民进入城市，实现城市有序发展是当前中国城市管理面临的重大现实问题。

城市政府应实行开放式的人口管理体制。但是，实行开放式的人口管理体制绝不是简单地打开城门让大量农村移民进入城市，随意在城镇公共地方开店设摊、建屋搭棚，甚至随意在公共场所露宿；也不是城镇的企事业单位、个体工商户可以随意以低工资雇佣外来人口从事脏苦累差的工作，而不注意改善工作环境和生产安全。城市移民管理应同城市综合管理结合起来，其中的关键是实行城市人口规范化管理。要制定切实可行的各种规范个人、企事业单位的法规、条例和制度，违法必究、执法必严，从而才能在开放式的人口管理体制下避免许多发展中国家常见的城市病，使城市有序、健康地发展。

所谓城市人口规范化管理，第一，就是外来人口与城市原有居民在政府提供的教育、住房、卫生、交通基础设施和社会保障方面享受同等权利。大部分目前由政府提供的或补贴的社会服务应逐步改为市场化经营，各种服务以不亏本经营为准则，这样才能够出现使用人口越多、服务数量与质量越好的良性循环，克服过去那种使用人口越多、政府补贴越多的现象，从而消除城市人口越多、政府和社会负担越重的怪现象。城镇居民目前享受的许多福利待遇与社会保障，有的应逐步取消，有的应逐步覆盖到全部人口，有些项目如社会养老保险与失业救济金等可以同在当地城市工作和生活的年限联系起来，居留时间越长，贡献越大，则获得的社会保障就越好。

第二，城市人口规范化管理就是要对城市移民和当地居民从事各种经营活动进行强化管理，取缔乱占公共地方设摊从事经营的活动，对确有需要的菜市、集市划定专门地段，并实施收费制度。从而对经营规模过小、服务素质差、有碍城市有序发展的经营者的数量实行间接控制。国内外实践证明，小商小贩的小规模经营由于进入成本低、利润高极易形成大量外来人口的生存空间，但对于现代化城市的发展则有许多消极影响。如“脏、乱、差”现象，影响环境卫生和公共交通。在中国香港及西方许多发达国家和地区的城市，法律严禁在公共马路设摊经营，违者会受到严厉处罚，商场和菜市场需要的空间则在房地产发展过程中预留，并按市场竞争价格出租和出售给各经营者。由此形成有序、清洁的城市生活环境和商业环境，提高城市生活质量，最终有益于广大城市居民。

第三，城市人口规范化管理需要对城市移民和当地居民的居住条件进行严格管理。例如，英国的法律规定一个套房中最多可以居住的人口数目，出租房屋者有责任遵守这一规定，否则就会受到处罚。这样的规定有助于提高城市生活的相对成本，减少进入城市的外来人口数量。因为只有在城市里找到有一定收入的职业的外来人口才能负担起基本的城市生活费用。中国许多城市的外来人口经常十多人聚居一室，生活条件极差、生活成本很低，导致大量廉价劳动力的出现。由于城市移民与当地居民生活成本存在巨大差别，这些廉价劳动力有可能会抢走当地居民的工作。为了确保城市居民一定的生活水平，有必要对居民生活特别是住房条件做出控制。实施上，这也将成为控制城市移民盲目增加的最有力措施，使城市人口增长同城市住房增长相适应。

第四，城市人口规范化管理要严格落实城市规划，彻底消除外来人口与当地居民乱建、乱搭的状况。非法搭建住房在发展中国家是非常常见的现象，也是造成大量农村人口涌入城市并能在城市中勉强生存的根源之一。取缔这种乱建、乱搭现象，使城市居民都居住在合法的住房中，可以抑制过度城市化。

第二节　城市社会治安管理

一、城市社会治安管理的内容

所谓城市社会治安管理，是指为了有效地建立和维护城市治安秩序，保障城市经济建设事业和城市社会成员工作、生活正常进行，城市政府及其公安机关依法进行的对城市社会公共秩序的维护，以及对各种违法犯罪活动的打击和处理。

城市情况的复杂性决定了城市社会治安管理工作的多样性。城市社会治安管理，包括户口管理、治安管理、刑事侦查、消防管理、交通管理以及对违法犯罪人员实行惩罚和教育改造等方面的内容，其中预防和打击违法犯罪活动是中心任务，因此从狭义上讲，城市社会治安管理就是为了维护城市社会秩序、保证城市社会安全所开展的预防与打击违法犯罪活动的管理活动。

二、城市社会治安管理机构及其职责

（一）城市社会治安的管理机构

城市社会治安管理机构是指国家政权体系中依法行使城市社会治安管理职权的专门机关。这些机构包括城市区划内的各级各类公安机关、审判机关、检察机关、国家安全机关和司法行政机关。其中人们通常所称的“公、检、法”，尤其是公安机关是城市社会治安管理的主要机构，承担着城市社会治安管理的绝大部分工作。除此之外，由于城市社会治安管理是城市管理和城市发展的重要组成部分，是一项综合性很强的工作，城市党组织、政权组织的领导机关负有领导和指导城市社会治安管理的责任，其他社会组织也负有一定的责任。因此，“公、检、法”等专管机构并非城市社会治安管理机构的单一形式，中国城市中还存在一些其他形式的社会治安管理机构。

为了协助城市社会治安专管机构履行职责，搞好社会治安管理的基础工作，城市机关、企事业单位一般都设立内部保卫部门。这种保卫部门是所在单位的组成部分，业务上接受城市公安机关的指导，依法执行城市社会治安管理的一定职权。中国城市各种经济社会组织中普遍设立的治安保卫委员会，是中国独创的维护城市社会治安的群众性自治组织。此外，在中国许多城市中还组建了在市公安机关业务领导和支持监督下经济上自负盈亏的保安服务公司，其任务是培训保安人员，为客户提供有偿的保安服务。

（二）城市社会治安管理机构的职责

城市社会治安管理机构的职责是：根据国家的有关政策和法律，维护城市社会治安秩序，预防和打击各类违法犯罪活动，保护社会主义公有财产和其他合法财产，保护公民的合法权益不受侵犯，保卫人民民主专政的国家政权和以公有制为基础的社会主义制度，确保社会主义现代化建设事业在安全、稳定的社会环境中顺利地发展。具体地说，城市社会治安管理机构的一般职责包括：执行和实施国家有关预防和打击违法犯罪活动的法律法规和方针政策；研究制定城市社会治安管理的政策和法规草案；研究制定城市社会治安管理的规划及其实施措施；组织和开展城市社会治安的综合治理。

除了以上职责之外，城市社会治安管理机构还需从事其他与城市社会秩序和社会安全有关的活动，如户籍管理、居民身份证管理、武器管理、公共场所管理等。

三、城市社会治安综合治理

（一）城市社会治安综合治理的必要性

城市社会治安综合治理就是在党和政府领导下，由城市社会治安管理机构主持，动员社会各方面力量，运用法律、行政、教育和经济等手段，预防和打击违法犯罪活动、改造违法犯罪分子。违法犯罪是一个社会问题，其产生原因包括社会、历史、政治、经济、思想、文化等各方面，危害结果更是涉及整个社会的各个领域和各个方面。这种特点决定了城市社会治安管理在充分发挥专管力量的同时，应该动员全社会的力量实行综合治理，形成群防群治的局面。只有从政治、经济、思想、文化、行政管理等多方面入手，动员起全社会的力量一齐努力，才能消除违法犯罪滋生的土壤和生存条件，杜绝或减少违法犯罪现象。中国社会治安综合治理的方针，是在总结同违法犯罪作斗争的实践经验基础上升华的科学成果。实践证明，综合治理是城市社会治安管理的正确方针。

（二）城市社会治安综合治理的内容

城市社会治安综合治理的内容，是指由什么主体和采取哪些措施贯彻实施综合治理的方针，主要包括以下两个方面。

1. 主体方面的综合治理

共产党市委和市政府是城市社会治安综合治理的领导者，其主要职责包括：一是制定正确的预防罪的总的和具体的方针、政策，作为各方面工作的准则；二是统一部署全市范围内对重大违法犯罪活动的打击与预防；三是协调各单位、各部门关系，组织社会各方面力量，形成齐心协力、齐抓共管的治安工作态势。

公安行政机关、司法机关，在城市社会治安综合治理中，担负着贯彻落实党和政府的方针、政策的具体组织工作的责任。尤其公安行政机关是预防和打击城市违法犯罪的中坚和骨干，必须切实负起责任，保证综合治理方针的贯彻实施。

城市街道、企事业单位、工青妇组织及其他社会团体和社会基层组织，是贯彻执行党和政府的方针、政策和国家法律、政令的基础，应积极参与和承担城市社会治安综合治理的具体工作，在自己职权范围内采取切实可行的措施，预防违法犯罪。

家庭是社会的细胞，是社会成员社会化的第一站。婚姻家庭问题、家庭成员或邻里关系处理得好坏，直接影响着社会是否安定。因此，在城市社会治安综合治理中，家庭也负有重要的责任。

2. 措施方面的综合治理

首先，应加强思想教育，特别是通过家庭、学校、社会加强犯罪心理预防。其重点是进行政治思想教育、理想教育、法制教育和道德教育，削弱和排除形成犯罪的不良心理因素，使市民培养和树立起正确的人生观、法制观和道德观。

其次，采取经济与社会的措施。城市政府及有关机关应扎扎实实地解决有关的社会实际问题，如就业问题、住房问题、文体活动问题以及解除劳教和刑满释放人员的妥善安置问题等，减少引发违法犯罪的社会问题因素。

再次，采取治安与司法措施。这主要是城市公安保卫部门通过加强对复杂场所的控制、特种行业的管理，以及对刑事犯罪嫌疑分子的调查和控制、对违法行为的处罚和强制劳动教育等专门工作，预防和减少犯罪。同时，还要动用强制手段特别是刑罚手段惩治犯罪分子。

最后，采取法制措施，即制定和执行有关城市社会治安与安全的法律、法规和各项规章制度[7]。

第三节 城市社区管理

早在 1996 年，江泽民总书记就发出“大力加强城市社区建设”的号召。2000 年，党中央、国务院又做出在全国推进城市社区建设的重大决策，以中共中央办公厅、国务院办公厅的名义转发了《民政部关于在全国推进城市社区建设的意见》（中办发［2000］23 号文件）（简称《意见》）。这个《意见》对推进城市社区建设的重要意义、指导思想、基本原则、主要目标、基本内容和当前的任务、措施等提出了明确、具体的要求。其中，加强社区管理，理顺社区关系，完善社区功能，改革城市基层管理体制，建立与社会主义市场经济体制相适应的社区管理体制和运行机制是当前城市社会管理的重要任务。

大力推进城市社区管理，是面向 21 世纪城市现代化建设的重要途径。切实加强城市社区管理，对于促进经济和社会协调发展，提高人民的生活水平和生活质量，扩大基层民主，维护社会稳定，推动城市改革与发展，具有十分重要的意义。

一、城市社区的含义与类型

（一）城市社区的含义

城市社区在社会学领域是与农村社区和城镇社区相对应的一种社区类型，是指在特定区域内，由从事各种非农业劳动的密集人口组成的社会。20 世纪 80 年代以来，人们开始在现实生活中接触到“社区”概念。中国的街道办事处、居委会的辖区以及各种单位大院、居民小区等大都被冠以“社区”称呼。有人认为城市社区专指城市中的街道办事处所辖区域及其行政范围，或主要是指城市所属区政府所辖之街道，也有人指出城市社区是指城市中被道路所环绕的居住地段。在这里，我们认为，城市社区是城市中的社区，是指城市中被道路环绕的居住地段上，由有特定生活方式并且有成员归属感的人群所组成的相对独立的社会共同体。

城市社区主要有以下特点：第一，城市中被道路所环绕的居住地段为其地域，这一地域边界较为确定，范围较小；第二，社区的人群规模大、密度高、异质性较强；第三，公共设施较齐全，能够承担相对完整的社会功能，满足社区居民基本的物质、文化生活需要；第四，社区内社会组织结构复杂，经济、文化发达，人们之间的联系较为密切，有较强的归属感。

（二）城市社区的类型

从地域特征和管理角度考察，城市社区主要有三大类。

1. 法定社区

这主要是指具有法定地位，其界限可明确标示在地图上的社区，尤其是指街道办事处、居委会两级辖区。这两级辖区的划分分别以《城市街道办事处组织条例》和《城市居民委员会组织法》为依据。

2. 自然社区

这是指人们长期共同生产生活或按照自己的意愿选择而形成的聚集区，如各种住宅小区、居民小区和新村以及城市化了的村落等。这种类型的社区或大或小，规模不定，界限也是或明确或模糊，划定标准不一。

3. 功能社区

这种类型是指由于人们从事某些专门的活动而在一定地域上形成的聚集区。一所大学、一座军营、一个单位大院等都可以是一种功能社区。这种社区一般都具有自己独特的文化和生活方式，社区成员职业结构简单，同质性较高，对社区具有明显的归属感和认同感。

三种类型社区的界限并非总是鲜明固定的，它们的边界有时是重合的，有时则是交错的。由于社区之间的联系日益密切，各种活动愈发频繁，人口流动日渐增强，社区的边界也变动不定。因而，对社区的管理也不断发生变化。

二、城市社区管理的含义和主体

（一）城市社区管理的含义

城市社区管理是指在市及市辖区人民政府的领导下，以街道为主导、居委会为协同，以社区组织和社区成员为依托，运用行政与法律、经济与教育、公德与情感等手段，合理调配和利用社区资源，发展社区事业，强化社区功能，解决社区问题，提高社区成员的生存质量，促进社区经济和社会协调发展的过程。社区管理的内涵可从以下几个方面来理解：

（1）管理属性的多重性。社区既是政府行政管理的基层区域，又是人们生活聚集的区域性社会，因此，社区管理既具有行政管理的特征，又具有社会管理的属性，在某种意义上说它还是社区成员自我服务、自我管理的过程。

（2）管理主体的多元性。与管理属性的多样性相应，管理主体呈现多元性的特点。社区管理主体既包括行政组织、社团性组织、企事业组织，还包括社区成员个体。这些社区管理主体将在下文详细介绍。

（3）管理内容的复杂性。随着市场化的深入及城市大规模的建设和发展，城市管理的部分职能重心下移，各类企事业组织在计划经济体制下承担的社会管理功能大量地向社区转移，这些都使得社区管理的内容日趋复杂，据不完全统计，目前街道办事处的经常性工作已超过了150项，其中大部分为社会管理、社会服务工作。

（4）管理实践的参与性。社区管理就其属性而言，还是一项自我管理活动。广大社区成员既是管理对象，又是参与主体，这体现了“自己的事情自己去办”的原则。同时，社区成员在参与广泛的社区管理活动中增强了主体意识和自治意识，反过来又促进了社区管理的进一步发展。

（5）管理过程的系统性。社区是社会生产和社会生活高度社会化的地域，这一地域中多种要素交集，合为一体，在管理过程上必然形成决策、执行、监督、反馈等系统环节，管理各环节的整合使社区系统更具开放性和动态性。

（二）城市社区管理的主体

城市社区管理主体既包括各类社区组织，也包括社区成员个体。各类社区组织按功能不同可分为行政性的、企事业的、社团性的三大类。现将城市社区管理的各类主体分述如下：

1. 行政性组织

这主要是指街道办事处及各政府主管部门在社区中的派出机构。街道办事处作为市辖区、不设区的市人民政府的派出机关，主要负责执行人民政府的交办事项、指导居委员会的工作、反映居民的意见和要求。它虽然不是一级人民政府，但基本上涵盖了一个区域性政府的所有职能。政府主管部门的派出机构主要是指工商所、房管所、派出所等。这种机构以“条”的形式出现，职能较为单一，行政特征突出，在辖区内进行各项专业管理和服务工作。

2. 企事业组织

这主要是指社区中的各类生产、服务性组织，如工厂、商店、医院、学校以及各种业主管理委员会、物业管理公司等。这些企事业组织的管理对象大都局限于本辖区之内，如物业管理公司在自己的物业范围内提供的管理与服务几乎涵盖了社区管理的所有内容。长期以来，企事业单位形成一个个独立封闭的“小社会”，成为游离于所在社区之外的小社区，与所在社区缺乏内在的有机联系。

3. 社团性组织

这是指群众性自治组织及专业性社会团体。《城市居民委员会组织法》规定“居民委员会是居民自我管理、自我教育、自我服务的基层群众性自治组织”。但在实际的社区管理当中存在着居委会行政化的倾向，这表现在：居委会承担了大量法律规定外的属于政府行政部门职责范围内的工作；居委会配备专职干部，在职期间享受事业编制待遇；等等。专业性社团如各类行业协会、街道共青团、妇联、民兵组织等，都按各自的组织目标和工作程序在一定范围内为管理和服务社区而工作。这类社区组织已成为社区组织体系不可缺少的组成部分。

4. 社区成员

从性质上来看，目前社区管理是行政性、社会性与自治性相结合的一种模式，但无论从其本质还是从其发展来看，走向自治才是社区管理的基本方向。社区管理的最终目的还是要实现它的自治，即由社区居民自己管理自己生活所在社区的社会事务。社区成员要真正成为社区管理的主体，就要从参与自我管理社区、自我建设社区着手，发挥建议、议事、监督、反馈的作用，不断提高民主自治的意识和能力。

三、城市社区管理的内容

城市社区管理处在城市管理的第一线，管理内容纷繁复杂，在当前的城市管理体制下，社区管理承担了大量市、区人民政府职能部门职责范围内的工作，甚至连三废处理设备改造、建设工程对环境影响的审核及区人大代表提名的落实与联络等工作，也需要社区协办，而在交办过程中责权利、人财物又相脱节。与此同时，社区管理还须完成大量的与社区居民生活密切相关的事务。这样，在整个社区管理中职责不清、权限不明、条块关系不顺的情况仍然相当严重。因此，为健全和完善社区管理体制，贯彻“两级政府，三级管理”的要求，解决职能错位、关系不顺的问题，做到政社分开、职能清晰、责权利及人财物相一致，就必须把属于社区开展工作所必须拥有的责权利下放给社区，而属于区直属职能部门自己办理的业务不得随意委托社区承办。在此基础上，社区管理除完成交办的各项任务之外，还须完成必须由他们管理的与社区紧密相关的事务，包括以下几项主要内容。

（一）社区社会治安综合治理

这是指由社区内司法、警察、安全、消防等部门组成的社区治安综合治理委员会及由社区居民组成的从事治安保卫工作的自治性组织（如治保会、联防队、门栋关照小组等组织），为创造安全有序的良好社会环境，而对社区内的社会公共秩序、户口、特殊行业（如旅馆业、旧货业等）、道路交通、消防及法制和安全教育进行的管理。

（二）社区环境卫生管理

这是由街道环卫所及各区的房管所、园林所及社区内各单位组成的市政管理委员会以及群众自治性组织和全体社区成员，为谋求适合居民身心健康的和谐环境，而对生活垃圾、污水、粪便处理工作，道路清扫工作，植树种草等绿化工作，以及环保宣传工作等进行的管理。

（三）社区服务

这主要是指在政府的倡导和组织下，为满足社区居民的多种需求，依靠社区居民所进行的自助互助活动。这是一种具有社会福利性和社会公益性的社会服务。社区服务主要是开展面向老年人、儿童、残疾人、社会贫困户、优抚对象的社会救助和福利服务，面向社区居民的便民利民服务，面向社区单位的社会化服务，面向下岗职工的再就业服务和社会保障社会化服务。民政部门主管的社区服务工作已开展多年，奠定了深厚的群众基础，积累了丰富的工作经验，已成为社区建设和管理诸多项目中的“龙头”。

（四）社区卫生保健

这主要是指由街道卫生科、计划生育委员会及地段医院和社区内企事业单位的卫生保健部门，组织发动社区成员，为保证社区居民的身心健康，而对卫生防疫、计划生育、老年人保健、妇幼保健和少年儿童保健，以及心理咨询、社区康复等工作进行的管理。

（五）社区精神文明建设

这主要是指由社区自治性组织和各专业性团体，以及精神文明建设办公室发动全体社区成员，积极开展创建文明小区、文明里弄、文明楼和文明家庭等活动，进一步完善调解、帮困、服务网络；同时，应做好教育、科学、文化、艺术、体育及传媒的发展规划，以生态-环境物质文明为基础，加强理想、道德、法制教育，提倡科学的生活方式，形成文明的社区社会风尚[7]。

➢复习思考题

1. 当前中国城市人口管理制度改革的基本思路是什么？
2. 如何对城市移民进行管理？
3. 何谓城市社区管理？其管理的主体有哪些？其管理内容包括哪些方面？

城市危机管理

随着城市规模的不断扩大和城市化进程的发展，城市中的各种自然灾害、意外事故、公共和社会安全危机也层出不穷，给人们日常的生产生活带来了巨大的威胁和隐患。我们将这些在城市系统中发生的各类危机事件统称为城市危机。城市危机给城市的经济社会发展和稳定带来了极大的负面影响，也成了城市管理者所必须面对的一项艰巨考验。为了解决城市危机，促进城市健康、有序、平稳地发展，城市危机管理应运而生。城市危机的突发性和严重的危害性，也使得城市危机管理开始成为全社会人们关注的核心和焦点。

第一节　城市危机概述

一、城市危机及其特征

（一）城市危机的含义

危机，主要是指在现实社会中，对一个社会系统的基本价值和行为准则架构产生严重威胁，并且在时间、程度的压力和不确定性极高的情况下，必须调动有限资源紧急应对的各类事件。危机一词蕴涵着危险与机遇的双重含义，是事件有可能出现转机或恶化的转折点（turning point of better or worse），具有高度不确定性、时间紧迫性、过程持续性、反应连锁性和效果双面性等特点。

城市危机，是指由于各种自然因素和社会因素相互作用而产生，使得城市在一定时间和空间内丧失正常运转和协调的功能，影响到城市中人类生命财产和生存发展环境的各种现象和过程。

（二）城市危机的特征

城市危机具有危机的一般特性，即突发性、不可预测性、高度不确定性、危害性、破坏性以及机遇性。除此以外，城市危机一般还具有如下特点：

第一，突发性与紧急性并存。危机事件多以突然的形式产生，一旦发生，其力量、声势、规模都扩展得非常迅速。突发事件往往具有不可预测性与不可控制性，在预警上难度很大，并且事件的发展速度往往超出人们的想象，一旦发生造成的损失和危害往往更是严重。

第二，公共性与灾难性并存。危机事件破坏性的后果虽直接涉及范围不一定在普遍的公众领域，但由于城市系统的密集、交流的通畅，事件很容易因为其灾难性而迅速传播引起公众的关注，成为公共热点。

第三，共振性与复杂性并存。城市系统具有复杂性、密切相关性与依赖性，危机一旦产生，往往共振造成连锁效应与多米诺骨牌效应，使危机事件日趋复杂，危害极大。

第四，不确定性与时间的有限性并存。危机事情的复杂性使危机处理无先验性知识可指导，而其处理决策上往往也只有有限的反应时间。这就对城市决策者和管理者提出了较高的要求，既要有充足的准备和处理经验，同时又要反应灵敏，能够根据局势的变换快速地调整决策的部署。

二、城市危机的类型

城市作为一个国家或地区的政治、经济、文化中心，商业、财富等现代要素高度集中，突发事件发生的种类、频率、连发性及造成的损失和影响，都大大地高于非城市地区。城市危机主要包括城市自然灾害危机（火山、地震、洪水等）、城市意外事故危机、城市公共卫生危机（突发传染疾病、大规模食品安全事件等）和城市社会安全危机四大类。

（一）城市自然灾害危机

城市自然灾害危机指的是在一定的自然环境下产生的并且超出人类社会控制和承受能力而形成危害人类社会的危机事件。其包括五种灾害类型：气象灾害（暴雨、暴雪、冰雹、沙尘暴等）；地震地质灾害（地震、泥石流、滑坡、地面塌陷）；海洋灾害（海啸、赤潮）；生物灾害（病虫鼠草害）以及森林草原火灾。中国是世界上自然灾害最多、危害最严重的国家之一。中国幅员广阔，江河众多，地形地貌复杂，降雨时空分布不均，是自然灾害发生的基本因素；人类经济工程活动的增强，对自然环境的破坏和污染，是自然灾害呈上升趋势的主要原因。例如，2007 年东北大暴雪、2008 年汶川大地震、2008 年南方暴雨成灾，都给我们造成了巨大的损失。

（二）城市意外事故危机

意外事故危机是人（个人或集体）在为实现某种意图而进行的活动过程中，突然发生的、违反人的意志的、迫使活动暂时或永久停止的危机事件。它包括以下几种含义：此种危机事件是一种发生在人类生产、生活活动中的特殊事件，人类的任何生产、生活活动过程中都可能发生事故；此种危机事件是一种突然发生的、出乎人们意料的意外事件，由于导致事故发生的原因非常复杂，往往包括许多偶然因素，因而事故的发生具有随机性质，在一起事故发生之前，人们无法准确地预测什么时候、什么地方、发生什么样的事故；此种危机事件是一种迫使进行着的生产、生活活动暂时或永久停止的事件，事故中断、终止人们正常活动的进行，必然给人们的生产、生活带来某种形式的影响。因此，事故是一种违背人们意志的事件，是人们不希望发生的事件。这类危机近几年在中国发生的频率非常高，而且容易给人类造成致命的伤害。例如，北京地铁扶梯倒行、深圳“5·26”特大交通事故等一次事故往往导致几十人乃至几百人伤亡。

（三）城市公共卫生危机

其主要是指突然发生、造成或可能造成社会公众健康严重损害的社会传染性疾病，群体性不明原因疾病，重大食物和职业中毒，重大动物疫情，以及其他影响公众健康的事件。这类危机的共同特征是与人类的安全、健康密切相关，处理不好最容易演变为大范围的公共危机，且近一二十年来呈现出频率越来越高、密度越来越大、对社会的破坏性越来越强的趋势。例如，每年都要在全国大范围内爆发的流感还有近期在深圳爆发的针对婴幼儿的手口足病，还有造成了巨大经济、社会损失的禽流感事件都属于突发性公共卫生事件，其中很多事件都引发了大范围的公共卫生危机，尤以 SARS 病毒的传播最为典型[27]。

（四）城市社会安全危机

它是指针对社会事件而爆发的对整个社会的基本价值和行为准则架构产生严重威胁的事件。社会事件主要包括恐怖袭击事件、民族宗教事件、经济安全事件、涉外突发事件和群体性事件等。这类危机的表现形式主要是失业、贫困、贫富悬殊引起的大范围冲突事件，规模较大的群体性突发事件，政治性游行、罢工、示威，不同阶层由于利益纠纷、劳资纠纷等社会领域的突出问题以及重大刑事案件，涉外突发事件等。由于其涉及面广、影响大，处置不好也容易诱发危机。例如，影响较大的重大刑事案件，涉及范围广、数额巨大的诈骗和非法集资案件，传销活动案件，在各地发生的袭警事件和 2012 年的武汉特大爆炸案等。社会整体安全程度取决于一国社会发展程度。经济发展速度、社会公平程度、政治体制、历史文化原因等都有可能对社会安全程度产生影响。在我们关注安全问题的时候，必须关注的是安全风险及其防范。

三、城市危机的危害性

城市作为国民经济和社会发展的重要载体，具有人口密集、建筑密集、设施密集、资源密集、活动密集、相互依赖越来越紧密等特点。城市在集约利用资源、提升生活品质的同时，也面临巨大风险，任何一个环节的失误都有可能导致城市整体运行的危机。城市公共危机事件具备的三个特征本身来说就足以对城市构成巨大的威胁：一是突发性，它是突如其来的，不易预测的；二是在公共领域发生，具有公共属性；三是对公众生命财产安全已经或可能造成严重损害。

从国际经验看，人均 GDP 在 1 000～3 000 美元的时候，经济发展将进入加速阶段，同时也进入公共危机的高发期，这是由城市发展的一般规律决定的。目前中国城市发展已进入快速增长期，城市遭受灾害威胁的形势也十分严峻。例如地震，据统计，全国位于地震烈度 7 度以上的省会级城市有 25 个，占所有省会级城市的 74%；地级以上城市有 179 个，占所有地级以上城市的 62%。并且中国还有 70%以上的大城市、半数以上的人口、75%以上的工农业产值，分布在气象、海洋、洪水、地震等灾害严重的沿海及东部地区。但城市应对灾害打击的能力却十分脆弱。例如防洪，据水利部的资料，目前全国有 639 个城市有防洪任务，达到国家规定防洪标准的城市仅占其中的 27%。加强城市灾害应急管理能力建设，已成为中国推进城市化进程的重要战略任务。城市危机可能由自然因素引发，也可能由人为因素导致。

无论是自然灾害还是人为事故，都具有链状性特点。在城市中，一种灾害或事故发生时常会直接导致一连串的其他灾害或事故发生，称为灾害链或次生灾害。例如，地震导致的房屋倒塌、交通中断、生命线系统损坏、火灾爆发、传染病流行等就是典型的灾害链。若这些灾害或事故同时发生，城市危机就表现为群发性，如地震、洪水、火灾同时发生在一个城市中，并与次生灾害交织在一起，引起城市系统的整体紊乱。从国内外城市公共危机事件的统计规律看，城市经历了从生物个体到生物群体、从生物瘟疫到人类瘟疫、从人类个体到人类群体、从技术事故到误操作事故、从无意事件到有意破坏、从单灾种发生到多灾齐至、从单个系统到综合系统、从一个地区到整个区域、从一个国家到世界范围的公共危机演变过程。国内外城市发展的历史不断证明，城市系统外部的灾害和事故不断发生，城市内部的公共危机接连不断，加上灾害事故的耦合、衍生和次生，使城市公共危机造成的损失逐级放大，甚至危及整个国民经济和社会的安全[28]。

1. 城市危机尤其是自然灾害危机深刻地影响经济社会发展

从自然社会角度来看，中国是世界上自然灾害最频繁的国家之一，灾害种类多、发生频度高、灾害损失严重。自然灾害的特点难以预料且必然发生，因此自然灾害给人类带来的损失必然是巨大的。中国每年都会不同程度地发生各种自然灾害，对社会经济发展和人民生命财产安全造成了严重威胁。自然条件复杂且各种灾害交叉出现，甚至出现同步叠加效应，加大了“防灾备灾”和应急管理的难度；此外，区域性、季节性强，每年受各类灾害影响的人口达 4 亿人次。随着中国经济的快速发展，城市化进程的不断加快，以及全球气候不断变暖的影响，自然灾害特别是气象灾害在大中城市对城市生产、居民生活所造成的影响越来越明显，有的气象灾害已经由对城市局部的影响发展到对整个城市社会经济发展和大众生活产生影响。

有统计显示 21 世纪以来每年年均自然灾害给国民经济带来的损失几乎都在 2 000 亿元上下，仅 2008 年发生的各类自然灾害合计经济损失估计值近 11 752 亿元，自然灾害已成为制约中国经济和社会发展的重要因素之一。据统计，中国 70%以上的人口，80%以上工农业和城市受到各种自然灾害的严重威胁。中国因灾造成的直接经济损失呈逐年增加的趋势，2001～2008 年，因灾死亡人数和因灾经济损失都保持在很高的水平上，而且有不断上升的趋势。随着经济的不断发展，自然灾害带来的损失也在进一步加剧，一般来说，发生同等强度的自然灾害，经济发达地区受到的冲击远远大于经济不发达地区，特别是经济发展水平比较高、城市人口比较集中、商业发达的大中城市更加容易受到灾害冲击[29]。

2. 城市危机的爆发影响了中国构建和谐社会的进程

对于整个社会来说，首先，城市危机的发生无论是对人们的安全生存构成威胁还是对人们生存环境产生的巨大破坏都是难以估量的。例如，重大的自然灾害或者是瘟疫等，有些可能导致民用住宅建筑破坏，有些甚至造成大量的人员死亡。其次，城市危机同样会对生产力的发展水平造成破坏，其主要表现在有些自然灾害会对工农业基础设施如机器、厂房、水利灌溉设施造成破坏，造成专业技术人员的死亡和伤残等，而其他的一些城市危机可能影响生产的进度。最后，各种城市危机的爆发都有可能引起次生危机和灾害。

危机对社会造成了严重的影响，对受灾者本人及家庭的更是沉重的打击。首先，诸如地震类的灾难造成的死亡使许多家庭残缺，给家庭中的幸存者带来痛苦。其次，无论是哪种危机事件，特别是造成重大灾害、影响严重的事件，都会让人们去逐渐开始关注较低层次的基本需求，表现为对食品、衣服、水、帐篷等物质生活资料的需求增强。特别是在灾难开始的初期。最后，民众在遭遇危机事件后，同样需要得到全面的安慰和心理支持，且这种心理需求随着时间的流逝而缓慢减低。因此在危机事件发生之后的初期，必须加强民众心理的疏导。

由于突发危机事件的紧急性和不确定性，人们通常在短时期内很难得到足够的信息，然而人们又需要尽可能多地得到信息，并愿意将自己得到的信息四处散播，这便为流言的存在和传播提供了途径。危机之后，人们恐惧、担忧的心理也使他们更容易接受流言的信息。很多人对危机的发展不清楚，因此又会对流言更多持模糊的态度，因此也造成流言的广泛传播，加深了人们的恐慌，影响了社会的稳定，阻碍了社会的可持续发展。

第二节 城市危机及其管理

一、城市危机管理的含义

为了解决城市危机给城市和社会带来的负面影响，城市危机管理应运而生。所谓危机管理就是要为了最大限度地减少自然或人为危机所带来的灾难而实施的一系列准备（readiness）、减缓（reduction）、响应（response）与恢复（recovery）的处理程序与工作。城市危机管理是指城市政府组织社会各方面力量，对可能发生的城市危机制订应急和处理的方案、办法与措施，以及对危机的萌发、形成、爆发、扩散和恢复实施检测、预警、反应、报告和处置的全部控制过程。城市危机管理的成效需要相应的机制来保障，包括危机机构的设立、危机预案和法律法规的制定、危机预测评估、危机处理和政策制定等，依据工作重点的不同可分为储备、预警、控制和恢复四大阶段。

城市危机管理的目的是通过提高对政府城市危机发生的预见能力和城市危机发生后的救治能力，及时、有效地处理城市危机，恢复社会稳定和协调发展。城市危机管理是一种主动的积极行为，其奉行危机不仅意味着威胁、危险，更意味着机遇的行为准则；其主要致力于如何制定预案并有效监控、防御危机，如何化解、缓解和减少危机，如何准备、动员和调配资源，如何在危机过程中回应市民愿望、满足社会需求、维护公私利益，如何在危机过后恢复管理秩序、重建服务体系等。有效地预防危机，把危机中的不确定性降到最低，使危机中的痛苦和损失减到最少是城市危机管理的目标。

二、城市危机管理的主体

城市政府和各社会力量都是危机管理的主体。城市政府作为公共事务的管理者和公共服务的提供者，在城市危机面前责无旁贷，是危机管理的主导力量。提高各级政府的危机管理能力是城市危机管理最重要、最核心的任务。

城市居民和各类社会组织面对城市危机时，在保持自身健康及安全方面也均享有平等权利，政府不能漠视、否认各社会力量在危机管理中的作用。城市危机管理的主体应该是多元的，它确实改变了城市危机管理行为和治理的状态，但这种多元化并不意味着城市政府在危机管理上的终结，政府不仅要在一般意义上对市民做出承诺，还要求在具体意义上对具体的市民和组织做出回应。

（一）多元化的城市危机管理主体需遵循的原则

1. 有限政府原则

在城市这个开放的复杂巨系统中，危机极具复杂性、破坏性和连锁性，政府的能力、资源有限，无力独揽危机管理大任，尤其是重大危机，即使政府能独面危机，单兵作战也往往比充分调动社会力量共同作战付出更大的成本。有效的危机管理绝不仅仅是政府的事，还需要全体市民和社会组织的理解、支持和参与，需要整合各方力量，实现整合的全面危机管理。

2. 民主原则

城市危机管理主体的多元化有利于对政府进行激励，有利于民意的伸张，有利于各主体比较优势的发挥。

3. 民主化原则

中国改革很大程度靠国际压力在往前走，在具体的管理层面包括危机管理上也必须做出相应的调整。首先，世界的一体化使一些影响全球未来，如环境、文化、经济等因素，以更强大的力量正在突破地域界限，各国要求合作，而城市已经成为国际合作的一大平台，如各国城市间建立友好城市。各大城市在追求己利之时，也需要对国内外其他城市给予适当关心，或说受到更多层面的影响，城市危机管理也不例外。其次，自由主义民主在全球的扩张式发展，对所有否定自由民主的政治体系提出了挑战，并形成压力，使之以恰当的方式对其公民承担更多的责任，危机管理主体的多元化是符合这一发展趋势的，有助于社会全面参与危机管理和政府对市民负责。

4. 有利于提高危机管理质量

社会复杂化和市民对政府期望的增加要求多元主体参与危机管理。同时，城市危机管理多元主体的合作程度直接关系到城市危机管理决策和执行的质量[30]。

（二）城市危机管理主体分类

城市危机管理主体大致可分为政府型危机管理主体和社会型危机管理主体。政府型危机管理主体包含以下几类。

1. 以市长为中心的城市危机管理机构

市长作为危机管理的最高领导人，负责危机管理全方位的指导。市长负责制能够大大提升城市应对突发事件挑战的危机决策能力，统一调配各种应急资源的协调和整合的能力以及快速反应能力和行动能力。

2. 直属市长领导的综合性危机管理机构

这类危机管理机构是负责辅助市长进行危机的全面管理，如设置局长级的危机管理总监、改组灾害对策部、成立综合防灾部。这种直属市长领导的、跨部门的、综合型的危机管理机构对城市可能发生的各种灾害性事件，在市长的统一领导下能够进行全方位综合的管理。

3. 由各方代表共同组成的委员会就危机事项应对进行决策和沟通协调

委员会可以由国家的地方行政机构、公共机构、地方公共机构，以及其他职员代表组成。其成立的目的是制定防灾的规划、推进规划的实施，同时在危机发生之时给予果断的决策，提供应急服务。

4. 以现有政府组织为依托，在重新界定政府组织的职能下构建的危机管理系统

这类危机管理系统的机构成员大概有警察局、消防局、救灾部门和安全部门等。这些部门的管理职责和角色被重新评估，统一在市长的领导下协助其他综合性危机管理机构处理危机事件。

（三）社会危机管理的主体

除了上述构成政府型危机管理主体机构之外，由城市市民和各种社会组织、工商企业组织等危机管理受众群体构成了社会型危机管理的主体。

1. 代表城市应急文化的紧急事务办公室

这一机构会在其专门的网站上公布平时可能遭遇的灾害并说明应采取的应对措施，同时告知注意事项。其目的是使良好的安全意识和危机应对能力成为城市每一个成员的基本素质，使每个市民充分意识到危机预防和危机应对是城市每一个成员的基本责任和义务。

2. 城市社区自治组织

这些组织在社区的危机宣传、教育培训、危机预防、危机监控和相应的危机应急过程中，都能够发挥重要的辅助甚至主导作用：

（1）由教会、慈善组织、基金会组成的社区睦邻组织。这些组织能够让社会工作者广泛、深入地参与社区生活，充分利用社区内的各种社会资源，组织改善自己的环境，进而培养起自助互助的精神，从而在城市面临危机或者其他棘手问题时起到催化作用，鼓励大家勇往直前。在中国，以社区居委会为主导，各种社会中介组织参与和支持的社区睦邻体系已经在广泛范围内初步建立。这种体系是在中国传统社会人际关系基础之上建立起来的。其主要功能是维持社区居民之间的友好关系与日常交流，并且借助社区平台举办各种促进邻里关系的活动。同时，这个平台本身还有帮扶社区弱势群体的功能。当遇到危机发生时，社区成员会主动形成联合帮扶防御的态势，共同面对危机。在灾后

重建阶段，居民关系良好的社区也会保持很强的凝聚力，自救与重建的能力明显强于其他同级别的组织。

（2）由社区、警方和全体居民组成的邻里守望组织。其目的是让组织成员相互了解、相互警惕，营造一种气氛，使每个人都为他人的安全着想，从而防止具有攻击性的相关事件的发生，共同保住社区的安全。中国目前的邻里守望是由地方社会治安综合治理委员会办公室、消防、公安等部门和社区联合展开的活动，以自愿形式为主。参与的主要群体是社区活动的积极分子和广大退休人员。邻里守望关系的建立不仅可以消除邻里之间的疑虑，增进邻里关系，同时在很大程度上减少了社区安全危机事件的发生，确保了社区的平安有序。

（3）社区危机反应团队。这是一种辅助性的社区救援组织，由自发的未经训练的自愿的市民组织起来，收集灾难情报以协助救援人员配置救灾资源为区域的遇难者提供第一时间的救助。这类关于灾难准备、社区互助，以多数人的最大利益服务为目的的机构能够使灾难中的市民亲身投入到救灾的过程中，可以最大限度地提高抗御灾害的整体能力。目前，中国尚未有该类型的正式组织。但是，随着城市危机事故的频发和人们防灾救援意识和社会意识的强化，一些自发的、小型的危机反应团队已经初具雏形，其中最典型的就是唐山农民救援队。这支完全由农民自发组织的非专业救援队曾经自费参与了汶川地震、湖南冰灾等多次危机事件的救援并取得了良好的效应。他们的行动引发了社会各界的广泛关注，现在越来越多的人已经自发地加入了他们的行列，各地的社区危机反应团队都在不断地发展壮大之中。

（4）街区守护者。这一组织在美国主要由自愿参加街区守护队伍的社区居民组成，他们在经过培训之后发现犯罪行为或是其他危机情形的时候，有责任向警察局进行及时地报告。大多数街区守护者都是老年人或者残疾人，服务于自己所在的社区。中国原来也采用类似邻里守护的方式进行街区守护，但是由于中国人口众多、街区地域范围广、社情复杂，作为社区守护者的老年人往往难以完成守卫街区的任务。所以，中国采取了民警（俗称“片警”）驻扎街区并兼任街区职务的办法。这一措施的实行大大减少了安全危机事件的发生，促进了民警与居民的关系，显著增强了街区应对各种危机的能力。

（5）辅助警察。这一组织在美国由自愿协助当地治安部门工作的志愿者组成，职业背景各不相同，包括计算机管理员、机械工程师、商人、老师、护士、保安等。他们经过警察局的录用、训练和装备协助警察进行着装巡逻，并将观察的紧急情况汇报给警察局。在可能的情况下其也会协助正规警察执行一些非强制性、无伤害性的任务。在中国，这一责任主要是由民兵组织承担。目前，中国凡 18～35 岁符合服兵役条件的男性公民，除应征服现役的以外，都要编入民兵组织服预备役。此外，根据需要，其还会吸收女性公民参加基干民兵。根据普遍民兵制的要求，凡具有中华人民共和国国籍的公民，不分民族、种族、性别、职业、宗教信仰、教育程度、财产状况和居住期限，只要符合民兵条件，都有义务依照这一规定参加民兵组织。民兵组织在中国各次危机化解的过程中都起到了不可忽视的重要主力作用，成为消除危机、恢复重建、维持社会秩序的重要力量。所以，可以说，在中国充当辅助警察，完成辅助治安工作，特别是危机救援主力的是由强制力要求的，广大青壮年编制而成的基层民兵组织。

3. 志愿者组织

这一组织除了有非常传统的类似于国际红十字会的传统志愿者组织外，还有专项危机管理志愿者组织，协助警察维护社会秩序，预防和抗击犯罪，应对恐怖活动等；由以政府作为培育主体，地区或社区组织和居民自发结成的防灾市民组织，旨在培养市民能够有较强的抗御灾害能力；再或者是国外的那种市民阶梯行动委员会，这一组织能够开展多个志愿者服务项目，以帮助市民在危机爆发时能够及时投入应急救援之中。

4. 各类工商企业组织

同样作为受灾主体的这类组织能够在危机爆发时参与到危机的应对过程中，给予各种资源的支持，与政府一起共同化解危机。这种公共部门与私人部门之间的通力合作，可以有效化解城市可能应对的各种危机事态。因此，这也要求私人工商业组织加强危机应对能力的建设，如防灾体系的建设，危机信息交流机制和危机监控系统的建设等[31]。

三、城市危机管理机制

城市危机管理机制就是城市有关管理体制部门为了更好地应对自然灾害、重大疫情和安全事故等各种突发事件而建立起来的一套行之有效的处置办法和制度安排。它是一个综合性的系统，包括危机机构的设立、危机预案和法律法规的制定、危机预测评估、危机处理和政策制定等，依据工作重点的不同可分为储备、预警、控制和恢复四大阶段。一套完善的危机管理的动态机制可分为危机发生前的危机预防机制和危机发生后的危机救治机制。城市危机管理机制是伴随着城市现代化逐步建立和完善起来的，一个效率高的城市危机管理机制的特点可以概括为：核心小、法律全、信息灵、意识强，通过法制化的手段，将完备的应急预案、高效的核心协调机构、全面的管理网络和成熟的社会应对能力包容在其中。

（一）危机管理机构的设立

城市危机管理机构应具有决策、指挥、协调的综合性功能，其主要的职责就是制定危机管理规划和战略；进行危机信息管理；进行危机风险的评估；对公众进行危机管理的教育和培训；在危机来临时，收集信息、制定决策、统一指挥、协调行动。为统一受理全市各类突发危机事件和应急求助的报警，采取联合行动，为市民提供相应紧急救援服务，城市政府应该组建统一的地方危机管理专门机构，直接隶属于市长领导，以保证其权力的行使。在该机构的统一组织下，保证政府各个危机管理部门负责人员经常进行有效的沟通和交流，开展危机演练工作提高市民的危机防范意识和能力；进行人力、物力及财力的有效协调，使损失与危害降到最低[32]。

（二）健全管理制度

1. 建立健全城市危机管理的相关法律法规，建设法治政府

依法行政是服务型政府的行为准则。因此，应建立危机管理的法律保障机制，为城市危机管理提供法律支撑。城市危机管理是对城市突发事件的管理，涉及政治、经济、军事以及社会生活的各个方面和各种利益。而在应对危机的关口，政府的手段和方式往

往超越平时法治要求，甚至暂停某些法律或宪法条款的执行，但城市危机管理仍然要依法进行，公民个人权利仍然要有最低的法律保障，不能无限制地被剥夺。因此必须有完善、系统的法律和法规作保障和支撑，一方面可使政府有足够的权力来处理危机事件，另一方面也有利于保障人民和国家的合法权益。

2. 建立社会全面参与的城市危机救治机制，建设开放型政府

城市危机管理是现代服务型政府的首要任务之一，由于政府作用和能力的有限性，积极调动社会力量参与危机救治，形成以政府为主导的全社会参与的城市危机管理体系就显得很有必要。首先，由于政府掌管着大量的资源，享有制度安排和制度实施的合法权利，具有强大的动员能力和组织能力，这是任何非政府组织都无法与其相比的巨大优势。当危机降临时，城市居民只能依靠组织化的力量才能与灾难抗衡，而任何其他非政府组织都不具备带领全社会去控制危机、战胜危机的能力。因此，在城市危机管理中，政府应当责无旁贷地承担领导责任和主要责任。

3. 建立健全决策咨询机制，提高城市危机管理的科学性

现代社会，政府不再是全能政府，建立科学严谨的城市危机管理决策咨询机制，是服务型政府应对城市危机的必然要求。决策是城市危机管理的核心。危机决策不同于常规决策，组织需要在特定的危机情境下解决特定的危机问题，必须在一定程度的科学分析和准确判断基础上做出决策。在突发事件的应急指挥系统中，必须建立功能强大的专家库和方法库用以辅助决策，聘请专家、学者参与危机处理的决策与研究，建立城市危机管理的研究机构作为政府的智囊团，科学分析危机信息，对危机的发展趋势做出科学的预测，拟订应对方案以备政府咨询；为政府科学决策提供智力和技术支持，对决策领导机构起信息咨询和决策参谋作用。

4. 与国际社会一起建立应对危机的合作机制

在全球化时代，突发事件及其产生的原因和结果往往是世界性的，一个地区或一个国家的危机，很有可能转变为全球范围的危机。一国的危机事件的处置有时单靠本国的力量难以达到目的，需要利用他国的社会资源共同应付和化解危机。所以，通过国际合作共同应对危机已成为必然。在四川汶川大地震中，国际社会给予中国的大力支持就是一个明证。为此，中国政府应加强与国际组织之间的合作。首先要加强与联合国的合作，联合国在许多重大灾难面前担负着全球性救灾行动的指挥和领导责任；其次要加强与其他国际组织如国际红十字会、世界卫生组织等专业组织的合作，我们要积极争取他们在资金、人员、技术、教育和培训等方面的支持；最后，中国政府也要重视和加强与其他国家的合作。我们要本着独立自主、互惠互利原则，加强同联合国、国际组织和其他国家进行科技合作和资源共享[33]。

（三）制定危机预案

危机管理预案要求制定者不仅要预见到危机发生的各种可能性，而且要针对这些问题提出切实可行的解决方案。一个成熟的危机管理预案应包含下列内容：

（1）脆弱性评估。它是分析发生危机的可能性及其可能对组织造成影响的过程。它主要提供以下几方面的信息：持续发展、危机预防和准备、应急反应、应急修复。

（2）确定问题及等级。危机大致划分为四级：一般紧急情况、低度紧急情况、高度紧急情况、重大紧急情况。危机预案可以假定某一类型危机事件的发生并对这一假设事件进行等级设定。

（3）方案执行。明确参与危机处理部门的目标、职责及其性质，明确执行计划的具体方法或方法体系等，并对需要处理的目标进行细分，确保目标实施。

（4）预算。即为人员、物资、时间以及危机处理、预后所需的资金等。危机管理是一个复杂的系统工程，除了上述因素外，还必须依赖专业的危机管理团队来处理具体的危机事件。

鉴于在城市危机管理的预警系统中，危机预案能起到预防作用，即把危机消灭在萌芽状态。因此，要建立一个完备的危机预案，首先要对各方面的风险、威胁和危险进行识别和分析；其次要对每一种风险进行分类，并决定如何管理各类风险，从而准确地预测将要面临的各种风险和机遇；最后对已经确认的每一种风险、威胁和危险的大小及发生概率进行评价，建立各类风险管理的优先次序，以有限的资源、时间和资金来管理最严重的一种或某几类风险。建立危机预案还要遵循以下步骤：①提出预测的目标、事物发展的阶段和时间系列问题；②积累与问题相关的背景情况及其他方面有价值的信息；③从结果的可靠性和工作的时效出发，正确选择预测方法，主要有回归分析法、时间序列分析法、模型法、直观预测法等；④制定危机的预案；⑤不断进行危机预案的评价和调整，使其优化。建立危机预案后要不断地对其进行模拟训练以检测已拟定的危机预案是否切实可行。同时迅速查找出主要危机和关键因素并以此为基础参照相关完备的危机预案[34]。

但是在预案的制定过程中要遵循以下原则：

（1）完整性。制定预案要涉及危机管理的所有方面，强调可操作性。

（2）预见性。中国地域广阔，各地经济发展不平衡，所以不同的地方危机事件并不完全相同。所以，预案制定要考虑与当地实际情况相关的不同危机事件的性质和大概原因、危机可能发展的方向、可采取的措施及不同级别危机事件可能动用的资源等。

（3）主动性。预案中的措施都应该是主动性的，而不能被动防御。

（4）可操作性。所有措施都要结合具体实际，文字要简单易懂，必要时要采用明显的标志或图案。

（5）时间性。对危机事件的处理，有时候要以小时、分甚至是秒来计算，因此，对危机处理每一步的时间要求都要做出精心安排。

（四）危机预测评估

危机预防管理的一项重要工作就是要对各种潜在危机风险随时进行评估。首先评估可能遇到的各种危机，把握危机的数量、种类、性质、特点及其规律，对危机的形态进行分类，并根据危机的不同性质，对危机划分等级；其次，为每一类别或级别的危机制定具体的危机处理战略和战术，一旦发生危机，可根据危机应急机制马上进入危机处理，如美国在“9·11”事件后成立了国土安全部，该部直属总统领导，专门处理美国国内危机，将美国的安全分为五个等级，并相应做出不同的防御措施；最后，监控危机的发生，注意搜集与危机有关的各种信息，通过对信息的整合、处理、判断和数据的分析，掌握危机的各种变化和最新信息，监测危机发生的概率和趋势，分析危机所可能产生的负面影响，对危机做出科学的预测和判断。凡事预则立，一个行之有效的危机处理机制，离不开预警成熟的操作方案。以上海市应对SARS疫情为例，上海的危机应急管理体系自广东等地发生疫情起即进入临战状态，召开各种“防非”专题会、联席会、专家咨询会达到六十多次，把握态势、分析形势、研究趋势。当时，对疫情可能在上海出现的种种情况和发展趋势，处理预案就准备了十多套。2003年4月底，世界卫生组织的专家考察后肯定了这一危机管理体系，认为上海成功应对疫情考验，重要的是建立起了“并非完美”但“行之有效”的非典监测、预防和报告系统[35]。

（五）危机处理

危机处理包括危机发生时的应对措施以及危机发生后的相关处理。在危机发生时要注意以下事项：

（1）沉着镇静。危机发生后，当事人要保持镇静，采取有效的措施隔离危机，不让事态继续蔓延，并迅速找出危机发生的原因。

（2）策略得当。即选择适当的危机处理策略。危机处理主要策略包括：①危机中止策略。相关部门要根据危机发展的趋势，审时度势，主动中止承担某种危机损失。②危机隔离策略。由于危机发生往往具有关联效应，一种危机处理不当，就会引发另一种危机。因此，当某一危机产生之后，相关部门应迅速采取措施，切断危机同其他领域的联系，及时将爆发的危机予以隔离，以防扩散。③危机利用策略。即在综合考虑危机的危害程度之后，造成有利于政府及相关部门某方面利益的结果。④危机排除策略。即采取措施，消除危机。⑤危机分担策略。即将危机承受主体由单一承受变为由多个主体共同承受。⑥避强就弱策略。由于危机损害程度强弱有别，在危机一时不能根除的情况下，要选择危机损害小的策略。

（3）应变迅速。以最快的速度启动危机应变计划。应刻不容缓、果断行动，力求在危机损害扩大之前控制住危机。如果初期反应滞后，就会造成危机蔓延和扩大。

（4）着眼长远。危机处理中，应更多地关注公众的利益，关注整个社会群体的长远利益，而不仅仅是短期利益。应设身处地地尽量为受到危机影响的公众减少或弥补损失，维护政府良好的公众形象。

（5）信息通畅。建立有效的信息传播系统，做好危机发生后的传播沟通工作，争取新闻界的理解与合作。这也是妥善处理危机的关键环节，我们主要应做好以下工作：①掌握宣传报道的主动权，通过召开新闻发布会以及使用互联网、电话传真等多种媒介，向社会公众和其他利益相关人及时、具体、准确地告知危机发生的时间、地点、原因、现状、公司的应对措施等相关的和可以公开的信息，以避免小道消息满天飞和谣言四起而引起误导和恐慌。②统一信息传播的口径，对技术性、专业性较强的问题，在传播中尽量使用清晰和不产生歧义的语言，以避免出现猜忌和流言。③设立24小时开通的危机处理信息中心，随时接受媒体和公众访问。④要慎重选择新闻发言人。正式发言人一般可以安排主要负责人担任，因为他们能够准确回答有关社会危机的各方面情况。

新闻发言人应遵循公开、坦诚、负责的原则，以低姿态、富有同情心和亲和力的态度来表达歉意、表明立场，说明危机的应对措施。对不清楚的问题，应主动表示会尽早提供答案。对无法提供的信息，应礼貌地表示无法告之并说明原因。

总之，在危机发生之后的各阶段，危机管理部门需要妥善处理有关政治影响、经济损失、社会稳定等恢复性问题，更重要的是总结经验教训，以修正组织的日常决策和应急处理系统。恢复和重建不仅意味着恢复危机中受到损害的物件或实体，也意味着恢复和重建经历了危机人们的心理和精神，更意味着弥补危机暴露出的管理和体制上的漏洞及不足[36]。

第三节　城市危机管理的阶段

一、资源储备

城市危机事件应急管理资源的配置是一个非常复杂、相互联系的体系。从总体上分，有人、财、物的管理；从时态上分，有灾前管理、灾时管理、灾后管理；从部门分，涉及科技、工业、交通、通信、人力资源、物资、财政、经济动员政策等方面的管理；从系统分，有行政、专业、社会管理系统；从过程分，贯穿于测、报、防、抗、救、援诸个环节；按管理的层次，分国家级灾害管理层，中央部委、局专业灾害管理层，省级灾害管理系统，地方灾害管理系统；按部门职责分，有决策指挥部门、主管职能部门、辅助部门。国家或城市级的综合减灾管理机构是现有应急管理资源的整合。

另外，危机控制平台是政府危机管理体制的指挥系统，体现为控制危机局面、遏制事态恶化、指挥抢险救灾、协调物资保障和保证正常秩序的领导决策和技术保障体系。为此，必须在制度和物资储备的基础上制定并且落实各种危急的处置预案和非常时期的工作计划，通过医疗、消防、环境、交通和通信等手段，对危机事件进行果断、迅速、准确、有力的处置，并开展具有危机时期特点的开放性、分散性、小型化的日常工作，保证生产和建设的基本秩序。

（1）在资源储备的制度上，到目前为止，中国基本上还没有建立资源储备制度。其中有些资源部门对资源储备的必要性缺乏了解，资源储备意识淡薄、工作不力；有些资源部门虽然也进行了一些工作，但工作不规范，没有明确的目标和要求，因而工作成效很差。造成这些情况的主要原因是领导部门和决策机关对资源储备的必要性认识不够，还没有形成资源储备的共识和决策，没有把资源储备工作提到议事日程，并纳入工作付诸实施。因此，要在国务院领导下成立自然资源统管机构，使其拥有资源储备的管理职能或委以某一资源管理机构行使管理资源储备的职能，统一管理全国的资源储备工作。该机构在国务院授权下，根据有关部门提出的报告和建议等，具体研究中国的资源储备方针之政策，制订全国的资源储备计划，确定各种资源的储备规模和目标，建立必要的规章制度，对全国的资源储备工作进行宏观调控和指导。同时，各省市和各专业部委也要有相应人员和编制，根据上级的指令和要求，负责管理和调控本地区、本部门的资源储备工作等。有资源储备任务的单位要按照计划和要求，具体负责执行资源储备工作，保质保量地储备各种资源物质，保护储备物质的安全，并根据指令调拨动用储备资源物质[37]。

（2）从资源的客观储备来看，中国的各种资源都有一定数量的储备，其中有一部分资源的储备较多，具有一定的优势，还可以满足国家较长期的需要。但总的来看，中国的大部分资源储备不足，后备资源有限，其中有不少资源本身就是属于贫乏或短缺之列，不能满足需要。从人均占有量看，人均资源储备和后备资源则更少，不到世界平均值的一半，很多资源的人均值在世界上排名在几十位，甚至百位以后。因此，在解决物资储备的问题上，对于储备较多的资源不能浪费，谨慎使用以便危机发生时应不时之需。对于储备较少的资源，应该将其置于突发事件发案率较高、风险源分布较多、风险系数较高的重点城市，以及应急救援物资生产规模较大的中心城市，同时在这些城市建立相关的救援物质储备点以便危机发生时能够及时调拨、及时使用[38]。

总的来说，政府及相关部门应该在危机发生之前储备充足的物资，以便在危机袭来时，能够确保相应的物资供应，这是成功应对危机的一个重要条件。我们可以效仿日本东京市的《灾害救助法》，在地方税收中抽出一部分作为灾害救助基金进行积累，并根据地区防灾规划，购买和储备各种应急救援物资。

（3）建立资源储备的相关机制。过度的应急物资储备，容易导致资金和物资的不必要的积压和浪费。因此关键是建立一个机制，了解各种应急物资的分布信息，一旦危机发生后能够迅速有效地调配，这样就能够通过科学的评估，尽量减少专项储备。纽约市的城市应急资源管理体系是一个以网络为平台的信息系统，通过该系统，危机管理办公室或其他危机应对机构，可以对那些与危机处理有关的各种物质和人力资源，进行准确的定位，以方便迅速地调动这些资源，减少危机所造成的生命财产损失，并帮助危机后的重建修复工作。该信息系统涉及的应急资源包括机动车队、重型机械装备、医院、应急供应等。该系统还包括城市人力资源方面的信息。这些信息能够帮助危机指挥人员迅速地从城市雇员中锁定那些具备一些特殊技能的员工，充实到危机救援队伍中去[31]。

二、危机预警

城市危机管理需要建立科学合理、高效、积极的城市危机预警系统。危机预警与危机应急处理同样重要。前者重在预防，后者重在治疗。城市危机管理，关键在预防。危机预警机制作为危机管理机制的重要组成部分。在危机应对中具有不可替代的重要作用。在城市危机的前兆阶段，城市危机处于量变过程，还没有真正爆发。这正是解决和应对处置危机的最佳时期。一个预见性的政府应该采用预防而不是治疗的管理模式，政府不应该被动地接受突发事件带给社会的巨大损失，而是应该把工作重点转移到预警预防上。公共危机预警是指根据有关危机现象过去和现在的数据、情报和资料，运用逻辑推理和科学预测的方法、技术，对某些危机现象出现的约束性条件、未来发展趋势和演变规律等做出估计与推断，并发出确切的警示信号或信息，使政府和民众提前了解危机发展的状态，以便及时采取应对策略，防止或消除不利后果的一系列活动。

城市危机预警是城市危机管理的首要阶段，也是城市危机管理的第一道防线。建立城市危机预警系统是增强城市抗御危机能力、保障经济社会持续发展的现实要求；是营造城市安全环境、提高城市综合竞争力的必然要求；是整合城市各种危机防治资源、强化城市整体应急能力的有效途径。建立城市危机预警系统，有利于提高政府抗危机能力，增强人们安全防卫意识，推进城市文明建设。建立城市危机管理的预警机制，就是要使城市危机预警成为政府日常管理中的一项重要职能。社会稳定是城市可持续发展的根本保证，在未来的发展进程中，应当整合社会有序力量，科学地、实时地诊断监测社会稳定的总体状态变化，预警社会稳定的临界点，提供处理对策，构建一个完整的监测、预警、警报一体化的社会预警体系。

城市危机预警体系应分为三个层次：第一层次为市政府城市危机事件总体应急预案；第二层次为突发自然灾害、突发事故灾难、突发公共卫生事件、突发社会安全事件等应急分预案；第三层次为针对该城市多发或频发的以及可能发生的突发公共危机事件的若干个子预案和保障预案。建立科学合理的城市危机预警系统，至少可以实现两大目的：一是及时收集和发现危机信息，对收集到的信息进行快速分析处理，然后根据科学的信息判断标准和信息确认程序对爆发危机的可能性和程度能有正确地识别和评估，并做出准确的预测和判断，针对不同的情况及时采取措施以规避、预防和阻止危机的爆发；二是及时向公众发布危机、可能爆发或即将爆发的信息，以引起有关人员或全社会的警惕。城市危机管理预警体系将政府各职能部门与社会相关团体核心优势整合，形成一个相互匹配、优势互补的网络系统，从而实现城市危机管理预警体系的最优化[39]。

三、危机控制

当危机突如其来地袭击时，人民的生命和财产安全，社会、经济秩序处于危机状态，快速、全面、正确地做出反应，迅速地化解危机，是对政府危机管理机制和能力的综合考验。

（1）确定危机的性质和严重等级，建立分级危机应对系统。当城市危机发生时，当务之急就是尽快确立灾害或危机的地点、范围、规模以及严重的等级，并以此为依据统一救灾行动。规定并实施城市紧急状态等级系统为政府在处理城市危机的第一阶段确定危机的规模、层面和损失程度，并据此决定救援行动的内容、形式和规模，提供了比较有效的标准。其将危机的紧急状态划分为日常紧急状态、小规模紧急状态、严重紧急状态以及灾难性紧急状态。日常紧急状态表明地方政府有足够的能力应付局面，不需要任何援助。小规模紧急状态是在日常紧急状态的基础上复杂化表明救灾工作需要某些方面的援助，需要向上一级安全行政办公室报告。严重紧急状态表明地方当局没有足够能力处理此类危机，局势发展要求上一级的支援。灾难性紧急状态的存在对公共安全存在大规模的威胁，需要上一级政府展开大规模的救灾行动。

（2）成立应急中心或者指挥部。当危机发生时，立即成立相应的指挥中心，担当处理危机的指挥中枢，迅速指挥调动各方面力量和资源投入危机的处理中。将由城市有关机构组成的指挥中心和由危机办公室组成的指挥中心以及由市长和其他高级决策人员组成的指挥中心结合起来，共同担负危机处理的工作。

（3）根据危机的性质、种类和严重程度，迅速启动相应的应急预案，调动应急力量来应对危机。总之，在危机发生之时，首先应该及时发布危机信息，由总统、市长等政府领导人权威发布，并经由危机管理办公室等机构，通过多种信息传播渠道，随时发布危机和危机应对的最新信息，使市民及时了解危机发展和处理的状况，稳定民心。其次要确保危机状态下的良好通信系统，尽可能地保证危机状态下的城市交通系统、搜索和救援系统的运作。最后要有良好的危机恢复系统[4]。

（4）在危机的控制过程中，还需要相关部门为决策者提供尽可能多准确而必要的信息，减少和杜绝政府各职能部门出于自身利益考虑，延缓发布危机信息，甚至封锁信息的现象发生。政府及相关部门首先应该明确其目标，政府的目标既不是避免被大批媒体追随，也不是如何避免一场公众与政府之间的纠纷。任何危机管理的目标都是保全政府在公众心目中的形象。媒介对某一事物的兴趣是很短暂的，危机能否成功地处理以及成功的程度将决定公众与政府之间的关系[40]。因此，政府危机管理部门应该建立统一的危机信息发布平台，争取在第一时间向公众提供正式、准确、权威的信息。这有助于消除民众的恐慌、愤怒等不良情绪，满足公众真实信息的需求，解决信息匮乏的问题，同时也遏制虚假信息、谣言等在现实和网上的传播，正确引导民众的舆论走向，有助于缓解危机和最终化解危机[10]。

（5）危机相关信息的正确提供是不够的，还需要定期更新消息，告诉危机中的群众他们现在处于危机之中并且告诉他们何时能够得到第二次消息，这样的话群众知道你正在做什么，正在为他们而努力。要避免由于希望事情有所好转而推迟沟通的状况发生并且尽早尽快给出不好的消息。如果有所拖延而事情又没有好转，无论是政府在人们心目中的形象还是受灾群众的心理都会受到相应程度的影响。不要在危机的处理中反复出现同样的错误，也不要承诺超出危机救援人员能力范围内的事情。更不要美化或者夸大问题所需要解决的时间，就问题将会持续多长时间要给群众最准确的预期，而不要说问题“很快”就能得到解决，并希望出现最好的结局。同时必须告诉群众事实，避免让他们再次失望。

我们要注意隔绝危机，避免既发危机的蔓延。隔绝危机的一种途径是通过迅速而有效的危机反应防止危机扩大，另一种途径则是加强媒体管理。媒介是帮助解决危机的一条非常可靠及有效的渠道，盲目地排挤媒介或是隐瞒危机的信息只会让政府及相关部门离自己处理危机的目标越来越远[14]。因此，政府应该组织建立完善的新闻发言人制度，在危机持续阶段通过传统媒体和网络媒体，及时地向社会公众发布政府对危机事件的态度及处理措施，同时坦诚地和公众进行沟通，对危机的发生表示关注及承担相关责任以唤起社会对危机管理行为的理解和支持。这种组织传播和大众椽笔的强有力结合，会影响到公众的心理，继而影响政府的形象和对危机事件的处理。

四、危机后恢复

危机之后产生的一系列连带效应往往比危机事件本身危害更大。如果善后处理不妥当。可能引发新的更严重的危机。做好危机的善后工作，更能体现出一个政府的公共价值取向，有利于提升服务型政府的形象，提高民众对政府工作的理解和支持。

1. *危机后的心理救援与心理干预*

危机后的心理救援与心理干预，是指通过心理专家和心理疾病治疗专家为危机的受害者、幸存者提供心理危机干预治疗，帮助他们克服创伤后的心理障碍，使他们尽快恢复正常的心态和正常的生活。经历过危机事件的受害者、幸存者大多会受到严重的心理伤害，出现惊慌、无助、逃避、焦虑或恐慌等多种心理问题。与物质方面的损失相比，公众的心理和精神所受到的伤害可能更为严重。危急事件造成的心理危机，不但危害大，而且涉及的范围广、持续的时间长，灾难的阴影不仅造成公众剧烈的心理反应，还可能造成长期的心理影响和深层的信念波动。心理救援与心理干预是人性的内在要求，是关爱生命、服务人民的具体表现，是促进家庭幸福和维护社会安全的需要，也是构建和谐社会的必然要求。加快制定灾后精神卫生救援预案，采用科学手段评估受害人群的精神卫生需求，确定灾后精神卫生干预的重点人群，提供电话咨询、门诊治疗和各种危机干预服务，是针对政府提高危机管理能力的要求。

2. 危机后的赔偿、补偿和救助

危机后的赔偿、补偿和救助，都是危机后采取的减少危机受害者的损失、减轻危机受害者痛苦的一些主要措施：①危机后的赔偿。对于人为因素引发的危机，相关责任人按照民事法律的过错原则，有义务对公共危机的受害者进行不同程度的赔偿。②危机后的补偿。危机后对受害者进行合理的补偿，有利于实现社会公平；适当加大危机成本，有助于引起人们对危机的重视，认真吸引经验教训，防止危机反复发生和其愈演愈烈。③危机后的补助。危机后补助是服务型政府义不容辞的责任和义务，政府掌握着大量的资源和信息，具有极大的组织和动员能力，对受灾民众与组织进行合理的补助，对于实现危机后秩序的恢复、经济重建发挥着重要作用。

3. 建立健全社会保障制度

社会保障制度是社会的安全网。社会保障制度为民众实现最基本生存权提供物质支持力，帮助利益多元体规避竞争风险，实现社会关系协调、社会的稳定与持续发展提供了最基本的制度安排，保证社会正义、公平分配。中国社会保障制度以养老、失业、医疗、工伤等社会保险事业为主体，并与社会福利、社会救助和优抚事业有机结合，使社会成员遭遇危机、遭受损失时，能及时得到社会的帮助和支持，保证其基本生活，让社会成员获得生活的安全感，恢复他们的信心，免除了因被剥夺基本生存条件带来的恐惧。特别是对残疾人、下岗失业者等特殊的弱势群体，给其生活带来稳定，维持一定的生活水平和质量，共享社会生活的人文关怀。因此，我们应加强社会保障制度建设，提高民众尤其是弱势群体的城市危机的承受能力和化解危机的能力[41]。

➢复习思考题

1. 简述城市危机的特征及类型。
2. 试分析城市危机管理主体多元化。
3. 试述城市危机管理的基本内容。

第五篇 城市发展与城市管理的变革

本篇提要

本篇着重介绍了现代城市管理的新理念、新方法、新手段以及城市可持续发展的基本途径。

20 世纪 80 年代以来，信息技术发展迅猛以及经济全球化趋势不断加强，城市作为区域经济发展的核心，其地位和作用都已发生了重大变化。在市场力的作用下，各个国家的城市发展呈现出越来越强的开放性、流动性和竞争性。在这种背景下，城市管理的新理念不断涌现，冲击着传统的城市管理思想。其中，城市管治思潮的兴起和发展无疑是城市管理思想的一次革命；“数字城市”的理论研究和实践活动也充分表明了在信息技术的支持下现代城市管理从内容到手段上都面临着巨大的挑战和变革的机遇，发展“数字城市”、“智慧城市”是人类迎接信息时代的必然选择；随着经济全球化的发展，全球竞争越来越激烈，加强城市管理，提高城市竞争力，是增强中国国民经济整体实力的内在要求。作为现代城市的管理者或参与管理者，我们应当对城市管治、“数字城市”、“智慧城市”、城市竞争力以及经营城市、城市营销等有关新理念作全面的了解；城市可持续发展是人类追求的最终目标，城市可持续发展的基本途径应当是制定城市管理目标的基本依据。基于此，本篇对上述内容进行了较为详细的阐述。

但是，应该注意的是，这些新的思想和理论还处在发展的阶段，其本身并不完善，需要我们进一步探讨。

第十五章

现代城市管治

第一节　管治与城市管治理论

一、管治理论及其发展

（一）管治概念

1989年世界银行在讨论当时的非洲问题时提出管治[①]危机（crisis in governance）一词，随即在全球引起了巨大反响。管治的概念最初源于环境问题，随后被逐渐引入到处理国际、国家、城市、社区等各个层次的各种需要进行多种力量协调平衡的问题之中，并且逐渐被发展成为一个内涵丰富、适用广泛的理论，并在许多国家的政治、行政、城市、社会管理改革中得到广泛的运用。但是，对于不同的社会意识形态群体及不同的政治体制传统而言，这一词汇存在不同的理解。目前对管治含义的主要理解有以下几种（包括赞同的与反对的）：

全球管治协会认为，管治是个人与机构、公家与私人治理其共同事务的总和，是多种多样互相冲突的利益集团走到一起寻求合作的过程。在这个过程中既可以是对立的各异的利益集团彼此适应，也可以采取合作的行动。

世界银行认为，管治是表示为了发展，而在一个国家的经济和社会自愿的管理中运用权力的方式。

经济合作与发展组织认为，管治是运用国家权威管理和控制国家资源，以求经济和社会的发展。具体而言，管治是指由许多不具备明确的等级关系的个人和组织进行合作以解决冲突的工作方式，它灵活反映着非常多样化的规章制度甚至个人态度。

阿尔坎得拉、库伊曼等认为，管治是在众多不同利益发生作用的领域建立一致或取

---

① 目前，国内对英文governance一般翻译为“管治”、“治理”、“治道”等，本书用“管治”的译法。

得认同，以便实施某项计划。它所要创造的结构或秩序不能由外部强加，它的作用的发挥要依靠多种方式的进行以及互相发生影响的行为者的互动。

戈登克尔、韦斯认为，管治是一种值得追求的理想，是为无法由政府绝对解决的社会和政治问题寻找更有秩序和更可靠的解决办法的努力。

奥斯博恩、盖布勒认为，管治只是一种修辞的需要而并无实际意义，其原因是在崇尚市场取向的私有化社会中，“统治”已无法找到买主，而管治却很有市场。因此，管治只是一种重新包装的较优的政府管理形式。

综上所述，与传统的以控制和命令手段为主、由国家分配资源的治理方式不同，管治是指通过多种集团的对话、协调、合作达到最大程度动员资源的统治方式，以补充市场交换和政府自上而下调控之不足，最终达到“双赢”的总和的社会治理方式。也就是说，管治是指各种公共的或私人的机构和个人管理其共同事务的诸多方式的总和。它是使相互冲突的或不同的利益得以调和并采取联合行动的持续的过程。这既包括有权迫使人民服从的正式制度和规则，也包括人们同意或认为符合其利益的各种非正式的制度安排。它的基本含义是指在一个既定的范围内运用权威维持秩序，满足公众的需要。其目的是在各种不同的制度关系中运用权力去引导、控制和规范公民的各种活动，以最大限度地增进公共利益。

追溯英语文化的发展，最初 government 的含义是“对付和训练人”，目前大家普遍接受的 government 更普通的含义是“控制、组织和领导”，“管辖统治的行为；支配的过程，特指政体对公众政策的控制和管理”。governance 从字面上看似乎与 government 差别不大，但其实际含义却有很大不同：

第一，二者最基本的、最本质的区别是管治虽然需要权威，但这个权威并不一定是政府机关；而统治的权威则必定是政府。

第二，统治的主体一定是社会的公共机构，而管治的主体既可以是公共机构，也可以是私人机构、个人，还可以是公共机构和私人机构的合作。

第三，管理手段不同。统治的手段和方法主要是以具有强制性的行政、法律手段为主，有时甚至是军事性手段，以实现对社会的强力控制。而管治的管理手段除了国家的手段和方法外，更多的是强调各种机构之间的自愿平等合作，合同包工、权力分散、根据市场原则运作、强调由国家和私营部门合作等是管治工具多元化的具体表现。

第四，管理过程中权力运行向度不同。政府统治的权力运行方向总是自上而下的，它运用政府的政治权威，通过发号施令、制定政策和实施政策，对社会公共事物实行单一方向的管理。而管治则是上下互动的管理过程，它主要通过合作、协商、伙伴关系、确立认同和共同的目标等方式实施对公共事物的管理，其实质在于建立在市场原则、公共利益和认同之上的合作。管治所拥有的管理机制主要不是依靠政府的权威，而是合作网络的权威，其权力向度是多元的、相互的，而不是单一的和自上而下的。

第五，管治的最终目标是实现“善治”（good governance）。善治就是使公共利益最大化的社会管理过程，善治的本质特征就在于它是政府与公民对公共生活的合作管理，是政治国家与公民社会的一种新颖关系，是两者之间的最佳状态。善治包含以下七个基本要素：合法、透明、责任、法治、回应、有效、稳定。

由此可见，管治概念及理论的发展根本上从属于政治领域，它为现代政府、城市、社会提供了一种新的政治分析框架，它有别于发展已经比较成熟的经济分析方法、制度分析方法、文化分析方法[42]。

（二）管治概念的产生和理解

为什么我们现在谈论“管治”（governance）比“统治（管理）”（government）更多呢？其宏观背景可以归纳为以下两点：

一是经济全球化的发展。20 世纪 50 年代以来全球化趋势不断加强，人类的经济、社会活动已经大大突破国家的界限而在全球范围内进行，由此产生了许多国际性的跨国经济组织、社会组织以协调、管理各种跨国经济活动和社会活动，以往以政府权威为载体的统治（government）不能满足这种日益增长的国际性活动群体对管理的需求。新的管理领域产生新的管理主体，需要新的管理模式。

二是西方福利型国家的政府管理危机。福利国家的发展是从西欧国家开始的，其基本目标是向那些暂时或永久不能为自己提供足够收入的人提供保护，另一个目标是要增进社会更大程度的平等。由于福利制度的刚性特征，福利型国家政府职能不断扩张，形成了“巨型国家”症（表现为行政绩效下降、腐败严重、官僚主义等）和财政赤字等。随着福利改革争论的不断升温，西方福利型国家已经开始了向经济发展型治理模式转变的实践活动，传统的行政工具已经不能满足现实的需要。20 世纪 80 年代以后，以政府再造促发新公共管理运动，新公共管理理论和实践的发展为管治理论的发展奠定了基础。

管治理论的基本内容：第一，该理论认为政府不是国家唯一的权力中心，各种机构（包括社会的、私人的）只要得到公众的认可，就可以成为社会权力的中心。它意味着来自政府但又不限于政府的社会公共机构和行为者。第二，在强调国家与社会合作的过程中，模糊了公私机构之间的界限和责任，不再坚持国家职能的专属性和排他性，而强调了国家与社会组织之间的相互依赖关系。第三，管治强调管理对象的参与，希望在管理系统内形成一个自组织网络，加强系统内部的组织性和自主性。第四，在政府完成社会职能的手段和方法方面，其有责任进行改革和创新，以不断提高管理的效率。

根据公共机构与非公共机构在管治活动中权力分配的强弱状况，可以将管治划分为四种类型：管理型管治和促进增长型管治、合作型管治和福利型管治，前二者都是倾向于强调市场的力量，而后二者则更倾向于政府控制和包容市场的力量。

（三）管治理论——一种新的并不成熟的分析框架

（1）它提供了新的分析视角和范畴。例如，它将作为民间参与网络和互惠信任关系的“社会资本”引入管治分析，着眼于政府与公民的合作网络。

（2）在分析政治发展时，它比其他方法更加全面。它包含了制度方法、经济分析和文化分析的许多内容，同时又在相当程度上克服了其他方法的缺陷。

（3）它体现了政治发展的方向。它特别强调国家与公民社会的合作，强调公民自治和非政府的公共权威，这些都深刻地反映了全球化时代的民主要求。

管治理论的兴起是与政府的失效和市场的失效联系在一起的，是为补充政府管理和市场调节的不足应运而生的一种社会管理方式。它强调政府与公民社会的合作、强调自上而下的管理和自下而上的参与相结合、强调管理主体的多元化和多样性。在管理的性质上强调政府对公民的服务、强调引入市场机制，这是一种在现阶段比较理想的政治和社会管理形式。

另外，管治和善治理论的兴起和发展是建立在西方的社会政治现实基础之上的，它的积极的意义在于：打破了社会科学中长期存在的两分法传统思维方式，即市场与计划、公共部门与私人部门、政治国家与公民社会、民族国家与国际社会，它把有效的管理看做是二者的合作过程；它力图发展起一套管理公共事物的全新技术；它强调管理就是合作；它认为政府不是合法权利的唯一源泉，公民社会也同样是合法权利的来源。但是，因为它的发展基础是西方社会政治现实，且发展还很不成熟，所以它也不是万能的。尤其是“全球管治理论”建立在政府的作用和国家的主权无足轻重、民族国家的疆界模糊不清的前提之上，强调管治的跨国性和全球性，其危险在于削弱国家主权和主权政府在国内和国际管治中的重要作用，客观上有可能为强国和跨国公司干涉别国内政、推行国际霸权政策提供理论上的支持。所以，我们在学习和应用这一理论时，要警惕全球管治理论的危险倾向，必须从本国实际出发，切忌机械地照抄照搬[43]。

二、西方城市管治：概念与模式

随国家—市场—社会之间的关系不断发生新的变化，管治作为一种在政府与市场之间进行权力平衡再分配的制度性理念，已经迅速地渗透到城市和区域管理的具体行动中，成为一种地域空间管治的概念。

（一）西方城市新特点及其管理内容的变化

20 世纪 80 年代以来，随经济全球化的迅猛发展，国家经济关系和国际经济关系在全球范围内重铸，西方资本主义城市也发生了巨大变化。纵向协作的工业企业、层级分明的行政体系、工业时代的核心家庭、清晰可辨的城乡景观等已一去不复返了，城市经济进入后工业、后现代都市时期，同时伴随着城市经济运行方式的变化。西方城市政府重新定位，政策取向从福利分配和公共服务政策转向促进和鼓励地方经济发展的外向型政策。新的政策由一系列新的代理及机构支持和资助，公共部门开始与私营机构建立伙伴关系，城市管理的内容发生变化，表现出以下特征：

（1）地方政治日益重要，成为制定发展战略的焦点。经济全球化的发展，使资本的转移和流动在全球范围内进行，这就使得中央政府越来越不可能组织和协调特定的生产、再生产，只能由地方城市政府指挥和协调。地方城市政府与跨国资本的谈判技巧，及其创造条件以适应经济全球化的能力，已经成为塑造城市形象和在国际城市体系中定位的关键因素。

（2）在支持经济发展时，经济政策与劳动力政策较社会政策更能动员地方的政治力量。不少城市因此被称为“企业家城市”。传统上由政府负责提供的公共服务，很多改由非政府主体参与和负责。与私营机构的合作使地方政府吸收了某些显著的商业特色，包括风险承担、创造力、宣传以及利益驱动。地方政治家和行政官员日益采用企业家的立场肯定有利于资本在城市的集聚。

（二）城市管治的概念

就城市管治而言，它并不是一个新概念。早在 1942 年，V. Jones 出版的 *Metropolitan government*，就开始探讨最适合的大都市区政府管理模型。20 世纪 90 年代后，刺激人们对当代大都市管治进行重新思考的，主要是日益明显的经济全球化、急剧的市场竞争、高层次的移民运动和资本的快速流动。另外，也受到地方和区域范围的公共部门严重的财政紧缩的影响，政府本身的作用出现了明显的变化，一个崭新的、更不平衡的、空间差异明显的大都市形态已经展现在人们的眼前，城市形态和城市运行方式都发生了翻天覆地的变化。

因世界经济发展的不平衡性，不同国家的城市管治的内涵也是不同的。目前，城市管治的理解有三类：第一种理解认为城市管治等于好政府。这类理解最常见于国际援助组织的文件，如世界银行的报告等。城市管治被认为是管理第三世界城市的关键，多数援助机构强行制定“好政府”的指标作为提供援助的先决条件。这些指标一般包括民主、负责制、透明度、人权等。第二种理解认为，城市管治是向市民社会主体和机构赋予权力的过程，此种理解较常见于迄今尚未开放的国家的民主化过程。第三种理解采纳了更宽的视角，将城市管治的含义拓宽到覆盖政府与市民社会的关系。即城市管治是指市民社会与政权之间的关系、约束者与被约束者之间的关系、政府与被管治者之间的关系。

尽管对城市管治的内涵有多种不同理解，但可以明确的一点是，城市管治与传统城市政府管理的根本区别是市民社会的加入，即城市管治是政府与市民社会、公共部门与私人部门的互动过程，地方政府只是城市管治的主角之一。城市管治注重的是过程，即地方当局协同私人利益集团力求实现集体目标的过程，并由政治、经济和社会价值体系共同塑造。可见，城市管治的焦点是各个利益集团之间的权力与责任的调整，主要是处理它们之间超越于市场经济范围之外的社会经济关系。也就是说，城市管治是要协调和改进在现行法律和市场规则下合法不合理的社会经济关系进行调整，建立城市体系运行的新框架[44]。

➢案例

纽约市政府与国家广播公司（NBC）之间的交易

至 1985 年，设立在纽约市市中心曼哈顿勒克菲勒中心的国家广播公司已经运行了 33 年了，就在这一年，该公司宣布要寻找新的地址，因为其他地点的费用相对便宜并且搬迁正好可以更新公司的设备。其正在考虑纽约市以外的多个地点。对于纽约市来说，国家广播公司的搬迁是一个极不利的事件。因为这将影响到 4 万个工作职位、数百万美元的政府税收，以及纽约市作为世界主要通信中心的地位；更不利的是，如果国家广播公司搬出纽约，其他广播公司也可能跟着搬迁，对纽约的打击将非常大。从 1985

年到 1987 年的两年时间里，纽约市和州政府的官员一直在同国家广播公司进行周旋，希望它能继续留在纽约。纽约市长爱德华甚至在 1987 年 6 月的一个大清早 6 点钟打电话给国家广播公司总裁怀特，请他考虑纽约的几块土地用做设立公司总部。大清早把总裁从床上叫醒使总裁很不高兴，但是纽约市长的焦急心情是可以想见的。1987 年 12 月底纽约市和国家广播公司终于达成协议，国家广播公司将继续租用勒克菲勒中心并更新它的设备。作为回报，纽约市政府在未来 35 年为该公司减免总值 7 200 万美元的地产税、提供 8 亿美元的免税债券、冻结土地税、减免部分商业租金税、减免公司购买 11 亿美金以上设备的销售税。这些税收优惠总计达到 9 700 万美元。

这个例子说明了城市政府是如何依赖于商界的，其并不能完全独立地运用有关资源去解决各种社会问题。这说明富人和企业家（企业）的迁出可以对城市政府税收和城市经济造成重大损害。城市政府在制定政策时通常要顾及富人和企业家的利益。

接着上面的例子，纽约市每年为商业公司提供数百万美元优惠的同时，仍要面对需要资源投入的各种问题，如维护不足的街道和公园、拥挤的课室、不断蔓延的贫民区。政府是否把经济置于社会需求、社会公正之上，为了增加就业机会而牺牲穷人的利益？如何在社会公正与商业利益之间取得平衡，这最后是一个政治经济学的选择。

解决办法之一：通过建立适当的机制和公众的广泛参与，城市政府还是有可能实现社会公正的[45]。

（三）西方城市管治的模式

管治从本质上讲是从属于政治领域的，其核心是权力的再分配和向非公共机构让渡。那么，城市管治过程也并不是价值观中立的，国家政权因素在塑造城市管治中扮演着重要角色。同一国家背景下的不同城市，以及不同的城市部门，显示不同的管治模式。在某一国家或地方背景下，城市管治的建构和定向，反映了所有的准则、价值观、信念和常规。所以，我们可以考虑从以下三方面来分辨不同的城市管治模式，即地方政府在经济发展中的角色、分配形式以及地方政府与市民社会的关系。目前，西方城市管治模式种类繁多，分类方式也很多，比较精练的是美国学者皮埃尔（Pierre）的分类，他根据参与者、方针、手段和结果将西方城市管治模式归纳为四种一般模式，包括管理模式（managerial）、社团模式（corporatist）、支持增长模式（pro-growth）和福利模式（welfare）。

1. 管理模式

该模式强调专业参与而非政治精英的渗入。“让管理者管理”是其口号，主要参与者是组织生产和分配公共服务的管理者，消费者也比较重要。管理模式的目标是增强公共服务的生产和分配效率，真正让消费者挑选产品和生产者。其实现目标的手段很多，如将某些公共服务承包给赢利组织，增加公共部门管理职位的自主权；建立内部市场和其他相似的竞争，重新定义当选官员的角色等。此种管治模式的结果目前尚不清晰，也许它的确有助于提升服务性生产的效益，总体而言，它是颇有争议的改革策略。

2. 社团模式

该模式有两个层面的参与，直接参与的是各利益集团的高层领导，间接参与的则是利益集团的基层。该模式的主要目标在于分配环节，即确保以集团成员的利益塑造城市的服务和政策。其关键手段是包容，即使所有主要的行为人及其利益进入城市的决策过程。社团模式削弱了城市的财政平衡，因为利益集团强调各种公共开支，却几乎没有什么有力的手段去增加公共税收。社团主义也不断地在利益集团与别的社会群体之间制造不平等。

3. 支持增长模式

该模式的主要参与者是商业精英和当选的地方官员，他们在推动地方经济的问题上利益共享。该模式的目标是实现长期和可持续的经济发展。过去几十年来增长的来源已从以土地为基础的制造业转变为知识密集型的、小规模的企业。该模式运用各种政府手段实现其目标，如城市规划、运用来自区域或中央政府的资源、发展基础设施，甚至建设良好的城市形象以吸引投资等。该模式以制度化的公共部门与私营机构的伙伴关系为基础，直接分享事实的自主权。

4. 福利模式

该模式的参与者主要是地方政府官员和国家的官僚机构，其短期目标是确保国家基金的流动以维持地方的活动，长期目标则不甚明了。该模式的实现主要依赖地方与较高层政府的网络关系，可以是真正的或行政的关系，或两者兼而有之。该模式不大可能维持太长时间，因为不平衡发展的逻辑渐受质疑，如果适逢中央财政出现赤字，则更会雪上加霜。

以上四种模式皆为理想模式，在实践中，会出现与一种或一种以上的城市管治模式相吻合的情况。需要强调，城市行政的不同部门会支持不同的管治模式，这些模式往往还会有冲突，一些模式明显地与某些部门更相关。同时，随着时间推移和经济的发展，城市管治模式不是一成不变的，可能会从一种模式转变到另一种模式[44]。

第二节 中国城市管治的现实与发展

一、中国城市管治的思考

毫无疑问，西方城市管治理论为城市发展问题提供了新的思路，使研究者和决策者开始注重政府与非政府的关系，留意市民社会的力量。

（一）西方城市管治理论在中国的适用性

西方城市管治的理论体系尚具争议，其城市管治模式也并非完善的模式，本章第一节所述几种模式各有各的问题。管理模式主张“让管理者管理”，那么该怎样定义政府的责任和义务呢？素来公共部门与私营机构在企业管理上的思路并不相同，如果政府当局依赖私营机构的专业人员，如何调解彼此之间的矛盾？大部分国家的政府不具备该模式所要求的弹性，而且消费者的选择对地方政府来说也是一个极不确定的因素。

社团模式的主要问题是财政，各利益集团关心的是公共开支，除非集团的利益处于危险之中，否则利益集团不会自动关心城市的税收。地方政府与利益集团相比处于弱势，这最终会侵害公共利益。该模式过于依赖狭隘的利益主体，忽视广大的社会利益。利益集团把政府作为达到目的的工具，可以共享乐而不能共患难。

支持增长模式是最常见的城市管治模式。因为国际化可以为地方经济带来新的投资，该模式越来越把城市在国际舞台的定位与其发展目标结合在一起，将城市作为吸引投资的工具。政府介入经济发展，以公共部门与私营机构的紧密合作为特征，地方政府与企业精英共享经济增长的成果。其主要问题是城市政治过于依赖私人资本作为税收的基础，因此吸引私人投资的竞争十分激烈。该模式也是最少参与者的管治模式。

福利模式较常见于福利国家中，地方政府极度依赖中央政府的开支，国家最大限度地成为供应者，是四个模式中包容性最少的。

有鉴于此，将西方城市管治模式照搬到中国的实践中是极为不妥的。目前首要的任务是尽快展开城市管治方面的研究。西方城市管治的概念和模式对中国的城市研究有很大的启发意义，但必须结合中国的意识形态、政治经济和社会文化特点。对管治的理念进行批判性分析，对我们正确理解政府角色有很大帮助。

改革开放以来，中国城市发生了巨大变化。沿海地区城市采取放权让利的政策，鼓励私人、半公共主体参与经济发展，以最大的经济增长为目标，城市发展很快。东北、华北的城市在解决老企业问题的同时加强技术创新，发展也比较快。以快速发展的城市化地区为对象，分析和探讨改革以来政府角色的变化，分析外资策动下私营机构地位的变化，探究非政府组织和市民社会的状态，有助于认识改革开放以来中国城市管治的特点，制定更加因地制宜的经济发展政策，促进经济的可持续发展。中国的快速城市化地区，包括珠江三角洲、长江三角洲、京津唐地区和辽中南地区，在中国加入世界贸易组织（WTO）之后，这些地区已成为国民经济的龙头，这些地区尤其需要加强城市管治和区域管治的研究，要运用管治理论，调动地方资源和力量，协调地区发展，融洽区际关系，使地方经济发展与世界经济发展紧密结合，以现代西方管治理论丰富中国的城市发展实践活动，加快中国城市经济的发展[27]。

（二）现代城市管治研究对中国的现实意义

（1）现代城市管治的研究适应了中国市场经济体制和管理体制改革的新形势，是社会物质产生方式发展的必然要求。“每种生产方式都产生出它所特有的法权关系，统治形式等”，换言之，物质生产方式是任何社会政权关系、统治形式发展变化的主导影响因素。我国《宪法》第 1 条明确规定：“社会主义制度是中华人民共和国的根本制度。”社会主义制度在中国建立以来，中国的社会物质生产取得举世瞩目的成就。目前中国进行的经济体制和政治体制改革正是适应社会物质生产方式的发展而进行的社会主义制度的自我发展和自我完善，社会主义制度正日益显示出其强大的生命力。现代城市管治的研究完全可以作为中国市场体制与政治体制改革的深化和细化来认识，从而有益并服务于中国的社会主义现代化建设。

（2）现代城市管治研究及其实践将为中国依法治市创造有利的体制上的社会条件。我国《宪法》第 2 条中有这样的规定：“人民依照法律规定，通过各种途径和形式，管理国家事务，管理经济和文化事业，管理社会事务。”江泽民同志在党的十五大报告中谈到依法治国时又进一步做了精当的阐述："依法治国，就是广大人民群众在党的领导下，依照宪法和法律规定，通过各种途径和形式管理国家事务，管理经济文化事业，管理社会事务，保证国家各项工作都依法进行，逐步实现社会主义民主的制度化、法律化，使这种制度和法律不因领导人的改变而改变，不因领导人的看法和注意力的改变而改变。"

就目前中国而言，依法治国迫切需要解决三大现实难题：体制上的深层矛盾；实施机制上的失灵；司法人员的腐败问题。

（3）现代城市管治研究有助于清除陈旧落后的封建观念，建立科学、民主的社会主义法治观念。古希腊的哲学家最先找到了自然正义和理性，并以此为基点开始发展他们的哲学思想，并经由罗马文明，进而继承完善为一套精细缜密的罗马法，至此，奠定了整个西方法律发展的基石。比西方法学发展更早的是东方的儒学思想，东方孔子最先找到了"仁"，并以之为总的精神发展了一套系统的儒学思想，儒家推崇德政，把"父父、子子"的家庭伦理与尊卑秩序推及应用到"君君、臣臣"的国家政治秩序中，使中国的法思想一开始就蒙遮在伦理的天网之下，从而融合为一种伦理法思想，而事实上，法思想始终处于伦理思想的高度之下。儒学在中国影响数千年而经久不衰，自然有其值得继承的优秀精华。例如，主张仁政，对整体利益、群体利益的重视，对小我与大我的权衡取舍，对完善人格的追求以及有教无类的教育思想等，至今及将来都有积极的意义。但儒家思想中也有一些不适应时代发展的陈旧观念依然在根深蒂固地约束着人们的观念和行为。儒家的伦理观不仅是超越法律的，而且是排斥法律的，儒家本质上崇尚一个"无诉"的和谐社会，社会利益冲突更主张在宗族、乡里、行会、团体内以"礼、情、义"的方式"私了"，除非被逼至绝路，而不主张告官兴讼，对簿公堂；儒家推崇封建等级制，官即是一方百姓之"父母"，家长意识现在依然存在。归结起来，这种陈旧落后的封建观念即礼义本位的重礼轻法意识和官本位的草民意识，已与今天建设法治社会的意识格格不入而应坚决加以扬弃。

现代城市管治是建立在民主和科学之基础上的，任何人作为国家公民的平等一员，都可以"依照法律规定，通过各种途径和形式，管理国家事务，管理经济和文化事业，管理社会事务"。现代城市管治研究和实践，在某种程度上扩大了城市建设与管理的群体，良好的城市管治体系应该能够带动和影响更多的市民参与和关心城市建设。伴随着市民对城市建设活动的参与和关心，必将使越来越多的人抛弃轻法意识，而逐步培养起社会主义的法治观念。

（4）现代城市管治的兴起和发展充实丰富了城市科学的内涵，同时，也将为城市规划的科学制定和依法实施提供更多的理论支持。城市管治研究内容，不仅包括垂直调控的各权力部门的行政性约束，同时，也包括水平制衡的各相关部门、企业、组织、社团的建设性协作，因此，城市管治就它为自己确定的研究方向和内容的切入与观察角度而言，它的研究内容本身就具有系统性和层次性。一方面，顺其自然地，城市管治研究必将随之显示出它的"杂交优势"——良好的系统效益，这一效益非各单独部门或单独地区的效益简单相加所能等量齐观。另一方面，城市管治研究目的，从某种意义上讲，也就是旨在为城市科学中的多学科的合作和参与提供一个实际的而不仅是理论上的、公认的而非指定的、法定的而非随机的框架和程序，从而在城市科学的研究方法和方式上，将产生基础性的影响，同时，也进一步地充实和完善了城市科学的内涵，具体于城市规划，城市管治的意义表现在以下两点：

其一，传统的城市规划是一种“干预规划”（interventive planning），而在市场经济条件下，由于受到错综复杂的市场因素的影响，城市规划不可避免地要向“趋势规划”（trend planning）倾斜，因此，最终的规划往往是“干预”指定与“趋势”要求的“折中和平衡”，而目前的“折中和平衡”过程是在一个不自觉的、随机的、局部的、盲目的、模糊的状态中进行的。而城市管治的研究将有助于城市规划的“折中与平衡过程”的公平公开化，即民主化、科学化和法治化，通过理顺城市规划的“决策、咨询、制定、审批、实施、监督、反馈”的法定程序，从而在理性“干预”与市场“趋势”之间架起一个对话调适、集思广益的公平机制，为城市规划的科学决策和建设实施创造条件。

其二，城市管治的建构体系，从整个国土乃至国际间的协同着眼，再至区域、城市本身和城市内部的问题，形成一个从宏观至微观的立体的，反映普遍联系概念的结构，因而，城市管治的研究较之以往就城市论城市的研究，对于调整人类地球家园的生态平衡、文化繁荣、两极分化，以及减少区域的叠加污染、重复建设，反映区域特点，体现城市个性特色和地区风貌等都会产生积极的推动作用[46]。

二、中国城市管治发展现状及问题

（一）垂直的管治体系

就城市行政体系本身而言，垂直的管治体系中长期存在以下问题。

（1）行政体系内的分工问题。其主要表现为分工权限界定不清楚、责权划分不明确。由于权限界定不清、责权划分不明，各个部门遇到有权可图、有利可图、有“费”可图的项目都伸手、都争发言权，遇到麻烦和责任，需要出力、出资、出才的项目都推诿、拖延。而这种矛盾和冲突又恰恰发生在业务联系紧密、最需要密切配合的部门之间，如国土局与规划局之间、园林局与旅游局之间、旅游局与文化局之间等。这种矛盾和冲突反映在领导决策中，若没有上级的直接监督和敦促，就往往表现为决策中的部门利益先导，即使在多部门的协作中，在上级的直接干预下，这种部门利益也会若隐若现地、变着方式地表现出来。实际上，对部门利益的维护已经被默认为是一个领导的工作能力甚至是“政绩”的重要参考因素，而部门之间的权限界定不清和缺乏城市管治的法定程序又为争夺部门利益提供了空间和可能。部门利益也成为影响以公共利益为主导进行决策取舍的痼疾。另外，行政体系内的部门分工，作为中国机制转型期的特有现象，各地也不尽相同。例如，国土局、国土房屋局、规划国土局、国土旅游局、文化局、文物旅游局等，其问题还不仅仅是机构设置的效率问题，而更在于法律程序如何与实施法律的行政机构之间实现对位，不然，即使制定严密的法律，确定科学的法律程序，法律真实的实施过程依然会产生错位。因为实施法律的机构五花八门，所以，理顺机制和健全法制是两个相辅相成的过程，缺一不可。

（2）行政体系在区域管理上缺乏对应机构和协调机制，《城市规划法》也没有涉及区域规划内容的表述。因此，城市发展在区域关系上被严重忽视。由于没有区域规划的强有力指导和区域间的密切协作，城镇体系的规划就缺乏科学基础与依据，实施乏力。城市在所辖范围内各自为政，重攀比、不重协作，重地方效益、不重区域效益，造成大量工业项目的重复投资和基础设施的重复建设，原建设部部长俞正声在第27期市长研究班结业典礼上就提到："长江某省内400公里范围内有万吨泊位135个，重复建设使资源浪费很大，这是区域规划的问题。"资源和资金浪费可见一斑。中国是个资源短缺型的国家，因此在区域乃至整个国土的范围优化资源配置，就显得极其重要。

(3) 行政体系的市场适应性与应变力较差。中国现有的城市建设管理体制就大的框架而言，依然延续着旧的计划经济下的模式，这一模式因缺乏交流参与而显得封闭，因缺乏市场反馈而显得刻板，在与市场的衔接上表现得日见迟缓和不适。市场体制要求依法治市，与之相适应，管理体制应反映法定程序的科学要求，而法定程序的制定认可就必须考虑市场要求，体现公平公正、民主科学与效率。而现在的城市建设管理部门，如作为城市建设龙头的规划管理部门，已面临着诸多的尴尬，在矛盾冲突错综复杂的市场利害关系中显得处处被动"挨打"，因缺乏公开透明的参与机制，依法办事也难免遭来"关、卡、压"、"官僚"、"人治"之嫌，规划管理人员面对上面压、下面顶、左右挤的局面，上下不得"志"、左右不逢源，疲于应付，而最后规划定夺的结果呢？正如不少人士已撰文反映的那样：控规不控、有法不依、有法难依。城市建设在貌似有序，而实际却在无序中进行。原因在哪里呢？首先，根本性的问题在于体制没有理顺，办事程序不科学。办事程序中的各个过程缺乏法律上的约束和支持，体制上缺乏科学性和严密性。其次，许多城市管理机构设置重复、繁琐，责任不清，例如，2003年之前，温州市与城建相关的管理部门就有11个之多，包括发展计划委员会、建设局、环保局、公用事业局、规划局、园林局、土地局、房管局、测绘局以及城管、公交等部门，全国其他许多城市都有类似情况。因而也就缺乏效率和说服力。另外，在项目审定上，依然存在长官意志，存在着权大于法和暗箱操作。

（二）水平的管治体系

就行政体系与非政府组织的协作关系而言，水平的管治体系中目前主要存在以下不足之处：

(1) 缺乏公众参与意识，没有形成良好的公众参与机制，没有充分利用和发挥各种协会、社团的积极作用。城市建设的结果是社会产品，其消费者是公众，不仅仅是现在的公众也包括未来的公众，在这个社会产品的形成过程中，深刻的政治原因，复杂的社会关系，至关重要的经济因素，日益严重的环境问题，正在失落的地方风貌问题等都会影响到它，尤其在中国目前这种经济快速发展、城市快速更新的阶段，公众参与一方面为协调矛盾、集思广益，为有效地解决实际问题提供了一条新的思路，另一方面也将为法治建设铺垫社会基础；因此，公众参与应是城市管治的一条重要原则，它应被视为中国城市建设适应社会主义市场经济转变而必不可少的举措；就目前中国的情况而言，公众参与如何展开、推行，采取怎样的程序和形式、参与的深度与权限的约束，均应适合国情，放眼国际和未来。在一些发达国家，公众参与发展较早，相关的法规也较为完善。有关公众参与的程序都有法定的约束。例如，德国的法规规定任一地区的规划方案定案前，必须有一个月的时间广告市民；英国法规规定，规划的编制过程中必须有三个月的公众参与的时间等。在中国的特别行政区香港，公众参与业已成为城市规划与建设中不可或缺的内容，如香港市区重建计划的公众咨询工作始于1995年7月21日，结束于1995年11月5日，前后共三个多月的时间；香港就全港发展策略检讨的公众咨询始于1996年7月，为期六个月；有时为了获得更广泛的参与，政府还设置关于某个问题的专门网页，如关于香港21世纪可持续发展的讨论。

（2）缺乏行政自身、司法与社会的公开监督。自然法学派的代表人物孟德斯鸠在《论法的精神》（*The Spirit of Laws*）中说，“自古以来的经验表明一切被授予权力的人都容易滥用职权”，为了防止权力滥用以及因权力滥用而造成的违法和失职现象，就必须对权力的使用进行监督，构筑防范权力滥用的制衡体系，完善监督机制。就目前中国的实际情况而言，对权力的监督主要是以行政体系内部的自纠自查、自我监督为主，包括上级对下级的监督和部门的自我监督，而两种监督的衔接和自身监督又不甚完善，如按《城市规划法》第11条和第21条的规定，城市总体规划的审批体现了由上级人民政府批准的原则，在一定程度上反映了上级对下级的监督。实际上，对总体规划的监督是很难的，而对于分区和详细规划，则完全法定由地方政府自编自审、自己实施，这种简单化的处理程序，使得分区规划和重点地段的详细规划基本上没有形成任何监督约束和法律保障，不可避免地会在实施过程遇到过多的由行政干预和行政负责人更迭而导致的个人意识的影响。而对于目前来讲，规划管理中最具体、最宜于执行的控规，《城市规划法》没有涉及和单独明确（因此只能理解为详规一并处理），控规的法律地位没有明确，那么目前反映十分强烈的控规不控、建设审批混乱，也就只能是顺其自然的结果了。另外，按《城市规划法》第45条之规定，各地、市制定的实施办法、条例，也存在一个共同的问题就是权力和罚款规定较为具体细致，而义务和自我监督规定则含糊不清。除行政体系的自我监督外，在中国，各级人大及其常委会、各级政协及其常委会对城市建设的法律监督也起到了很重要的作用。另外，非政府组织，如企业、社团、科研机构、高等院校等，在市场经济中愈来愈扮演着重要的角色[46]。

三、探索适合中国国情的城市管治途径

（一）现代城市管治必须与中国的国情相结合，而结合的关键在于观念的变革

中国是个历史文化悠久、传统观念根深蒂固、多人口、多民族、地理环境复杂多样、资源短缺、经济发展相对落后、国民受教育水平相对较低的国家。因此，城市管治的创新在借鉴国外先进经验的同时，就不能不考虑这些现实条件。从某种意见上讲，运行于特定机制中的法的作用依然会受到文化、道德、宗教的现实影响而表现出它的局限性，正如林砧先生所分析的那样：“机制的形成过程是一种文化的生成过程，在反腐败意识尚未在社会中引起共识并成为公众共同的自觉意识继而物化为社会的自律结构时，法律的支援只能是制度上的，它对观念形态无能为力。”孟德斯鸠

也曾指出："人类受多种因素的影响：气候、宗教、法律、政府准则、先例、道德和习惯，这些因素形成了各民族的一般精神。"在东西方文化之间存在着"一般精神"的差异，东西方同样崇尚"天道"，但却存在着不同的理解，西方崇尚的"天道"之解释倾向于"自然"的公正准则，而东方崇尚的"天道"之解释倾向于"人道"的伦理法则，由此产生了东、西方文化的巨大分野，并在法律观念和机制上有着明显的反映。

中国向西方学习法治，最早始于晚清末年，朝廷还设立了两个专门的官方机构有计划有目的地系统地研究、翻译、引进西方法律制度，由著名的法学家沈家本主持并完成的中国新的法律体系为整个 20 世纪中国法制现代化奠定了基础（大部分是草案，没有实施）；但"沈家本很快就发现，西方的制度文明，不只在刑法，更在程序诉讼和商律私法领域；再大而言之，不单在单一的法律文化因子，更在其整体的社会支持条件或曰社会生态环境"。因此"法律观念和制度的地域性特点强，它依赖一种久远的文化传统，根植于一套模式化的社会结构之中。基于一种文化背景和社会环境的制度设计，已经一代一代被人们所学习和习惯，并溶化在自己的行为模式之中。移植法律观念和制度，有时甚至像移植人体器官的手术一样危险"。就中国国情而言，中国过往数几千年，一直是一个农业国，这种物质生产方式制约并影响了社会生活、社会道德观念和法律观念的每个方面，孟德斯鸠说："法律与各民族谋生的方式有着非常密切的关系：一个从事商业与航海的民族比一个只满足于耕种土地的民族所需要的法典，范围要广得多。"中国目前的状况与晚清修律时的状况已经有天壤之别，尤其是改革开放以来，中国的经济发展世人瞩目，虽然中国目前还是一个农业大国，但现在的中国，已是一个开放的中国，尊重科技的中国，政府已经明确了"科教兴国"、"以法治国"的方略，因此 21 世纪的中国物质生产方式将发生巨大的变化。英国著名历史学家汤因比（Arnold I. Toynbee）以洞悉历史发展的眼光论证说："19 世纪是英国人的世纪，20 世纪是美国人的世纪，21 世纪是中国人的世纪。"物质生产方式的变化（由保守的农业经济转向开放的全球性知识经济）必将带动和影响所有根植于物质生产方式的道德观念、法律观念、宗教观念等"社会支持条件或曰社会生态环境"的变化。处于 21 世纪的中国，变革或转变观念的物质基础的支持条件正在日渐形成，国情之于观念变化表现为规律性的支配，观念的转变必将使由道德影响的社会行为方式、由法律制约的合作组织方式、由宗教影响的信仰等，发生一些潜移默化的转变。对于城市管治而言，只有及时调整和转变观念，才能为城市法治的创新培育良好的"社会支持条件"。

中华民族在五千年的传统文化中，积累了许多优秀的民族文化的精粹。然而，不可否认的是，中华传统文化中同时也存在了许多落后的、不合时宜、不合目前国情，根本上讲与现在的物质生产方式构成冲突而不能适应的部分，如"官本位"思想、"草民"意识、"法即是刑"的错误理解、礼大于法的感情倾向、"人亡政息"的人治思想、"杀富济贫"的暴民意识、对"权利"二字讳莫如深的"义务"本位思想等。这些落后的观念如果不能及时地端正和肃清，不但会成为国家体制改革、城市管治创新的巨大阻力，而且，会使良好的机制在一定程度上处于"空耗"状态，大大降低新的机制的活力和实际效用，甚至可能导致新机制的功能被异化产生意想不到的负面作用，这也就是"上有政策、下有对策”、“国家有法律法规，地方自有土办法”的深刻的社会根源之所在。归结起来，城市管治体系的创新以及城市管治体系效能能否实际地发挥，都有赖于良好的“社会支持条件”的形成，而“社会支持条件”形成之深层约束，在于物质生产方式的发展变化，“社会支持条件”形成的表层之关键，在于能动地革新与转变观念。因此，在中国的文化宣传上、基础教育中，应破除纲常礼制，建立法治思想，取消义务本位，完善权利公平，涤除“草民”意识，重视人格独立和人格平等。唯此，才能真正培育起以法治市之城市管治体系创新与运行的社会土壤，城市管治才能真正地获得活力、生命力并产生实效。

（二）中国城市管治体系的创新，应体现公平、公正和高效的原则

如何提高城市管理体系的效率，并体现公正公平的原则，可以归结为两个方面，即建构完善的垂直管治体系和水平管治体系以及支撑这两个体系的“社会支持基础”和“技术支持基础”。

所谓“社会支持基础”是指“软件的”社会环境，主要是指人的法治与德治的观念和意识，其构成了支持和制约城市垂直管治体系和水平管治体系的隐秘、持久、稳定的社会基础，形象地讲是一种潜态的社会支持基础平台。“技术支持基础”是“硬件的”的技术支持条件，主要是指公用信息的社会交流与社会共享，其构成了支持和制约城市垂直管治体系和水平管治体系的活跃的技术基础，形象地讲是一种呈显态的技术基础平台。关于“软件的”社会条件，前文已做了较为详细的剖析，这里进一步就“硬件的”的信息技术基础作一解释。公用信息的社会交流与社会共享，除建立政府政务信息查询系统、完善公众信息反馈渠道、促进新闻透明等外，具体于城市建设领域，基础性的工作在于首先建立动态的城市建设信息数据库，包括法规信息数据库，政策与决策信息数据库，地理信息数据库，土地注册信息数据库，城市工程技术信息数据库，城市在建项目信息数据库，城市报批项目信息数据库，城市的历史文化、文物古迹、风景名胜和城市风貌信息数据库等。以上数据库信息不但是城市政府决策与管理的基础，同时也是公众参与和监督的基础。管理信息系统的联网和数据库信息的共享，是信息社会发展的必然趋势，也是数字时代在管理领域引起的革命性变革，其不仅有益于决策的科学、工作的高效与准确，而且数据库信息的共享将有利于逐步减少和杜绝投机、舞弊和暗箱操作，从而为城市垂直管治体系和水平管治体系的建构和运作提供重要的技术支持基础。

（三）关于城市垂直管治体系的建构问题

1. 政府管理的科学化问题

城市政府的主要任务是搞好城市规划、建设与管理。城市政府管理主要包括政策法规的管理、城市人口的管理、土地的管理、建筑的管理、规划市场的管理、设计市场的管理、基础设施建设与环境管理、资源管理和交通管理等。科学管理的根本在于强化城市政府职能，理顺上下级关系。针对目前的管理问题，建议采取如下措施：

（1）精简机构，提高效率。减少部门划块，本质上是减少部门利益的条块分割，减

少部门划块的目的在于减少部门之间的扯皮、推诿、摩擦和脱节，理顺工作程序、明确各自工作范围和法定的义务和责任。减少部门划块还涉及部门立法的问题，一个部门一个法，立法过多，不利于法规的宣传普及，也不利于体现法律的严肃性，更何况部门法带有极浓的部门利益与部门权力色彩。

（2）政府相近相关部门应就近设置、联合办公、信息共享、协同应对各类问题。例如，文化局可以协同规划局提供城市群众娱乐、传统民俗、传统建筑、遗址、古迹等方面的信息；公安、水、电部门可以协同建设部门对违法建筑进行强制责令停工、拘留或暂停供水供电等措施，反过来，交通、水、电、建筑规划部门又可以协同公安以及消防部门进行防灾和救灾等工作。总之，就近设置、联合办公、信息共享、协同应对，不仅仅对城市规划、同时对城市发展的各个方面都将起到一定的促进作用。

（3）目前的体制和办公程序中，“首长签字”、“首长拍板”的环节过多，合理合法的工作没有“首长拍板”就只有干瞪眼，在缺乏有效监督的情况下，行政权力就很容易导致滥用。而改进的办法之一便是法定并公开办公程序，减少“首长签字”环节和以言代法。作为公职人员，关键在于依法行政、廉洁自律。对于法治观念，英国宪法学者戴雪认为，“法治有三项标准，即 1. 法律具有至尊性，……否定政府有广泛的自由裁量权；2. 法律面前人人平等，首相同邮差一样要严格遵守法律；3. 不是宪法赋予个人权利和自由，而是个人权利产生宪法”。强调依法治市，就要体现“法律面前人人平等”，避免由于首长根据个人理解、个人意识“拍板”、“签字”而与法定城建规划造成的冲突，甚至给城市建设带来的无法弥补的损失。

（4）完善并规范城建执法人员编制。目前，不少中、小城市的城管执法人员没有编制或编制太少，大多数执法人员是临时招来的“散兵游勇”，这些编外人员因缺乏培训，专业素质较低，而且，这些人员多靠“违章罚款”自给自足，如此的结果，在某种程序上反而纵容了违章行为，逻辑很简单，因为没有违章项目，也就没有饭碗了。

（5）增加负责区域规划的行为主体。其负责监督或直接负责区域规划的协调、编制和实施，避免长期以来没有健全的区域规划编制机构和协调机构的问题，从而减少基础设施的重复建设、重大项目的重复投资、区域环境污染的叠加等。区域规划的行为主体可以是独立派出的行政机构，也可以是非政府组织，如采用区域规划委员会的方式，可以是常设的，也可以是非常设的。但无论何种方式，都必须申明该行为主体的法律地位和法律赋予的权力，否则就没有实际的约束力。

（6）在目前中国的城市建设领域中，上级对于下级的管理，存在着重政策指导，不重编制与决策过程，重审批而不重反馈的机制建立，如对规划而言，不重视对规划编制过程的监管、规范、介入和指导，对于审批后的规划实施情况，也缺乏反馈渠道和监督机制。因此，在规划编制过程的监视指导和规划审批后的监督反馈，对上级政府而言是两个“盲区”，相应地，上级对下级的审批权就带有一定的盲目性。在英国，中央对地方规划施加影响主要是通过结构规划和中央环境事务大臣下派的监视员参与组织公众讲座和规划编制以及事务大臣的审批权来完成的，对实施过程的违法操作，公众可以直接起诉至中央大臣；在德国，城市建设的行政权力更多地集中在州一级政府及其以下，因而联邦政府对地方的影响是间接性的，主要依靠详细、系统的（建设法典）和区域规划，来影响地方的“F-plan”（反映土地利用的发展意图和战略构想）和“B-plan”（反映土地开发实施的管理要求，具有法律效力），这是与德国完善的法治和公众参与机制相联系在一起的；在美国，联邦政府对地方的主要影响手段是联邦补助金，城市建设的行政权力也多集中在州一级政府及其以下；在日本，法律赋予中央政府较多的权力，中央可以运用财政拨款手段，调整区域的平衡发展，资助地方的基础设施和直接介入大型公共项目的开发，另外，城市规划的审批权多集中在中央的建设省大臣手里，公众参与、公众意见的仲裁权多集中在地方的上一级政府，对于违法操作公众可以依法起诉。

对比以上各国的情况，英国、日本的管理办法与中国存在着部分的类似，而相比之下，英国的编制过程和批后监督则更为完备一些，而日本的财政拨款手段则显得强硬一些。对于中国的实际状况而言，在建立起完善的公众参与和法治机制之前，在公众的意见尚不能起到法定的约束和影响作用之前，加强上级对下级规划编制过程的监控、介入以及审批后实施的监督是十分有益的，这种监控和监管反馈权可以与审批权相平行，并应下设相应的独立机构（不能划归地方），其在职能上还可以组织公众参与、接受上诉，并直接将公众意见和上诉反馈给上级政府甚至中央。

2. 法治建设中的法规体系化问题

修改完善城市规划法，建立完善配套的法规体系；加强区域规划的立法，深化地方集镇与乡村管理法规，从而为各层次的规划建设与管理提供切实可行的法规依据。

（四）关于城市水平管治体系的建构问题

1. 完善水平管治体系中的监督机制

充分发挥非政府组织（包括企业、社团、科研机构、大学等）的监督作用。目前，国内不少地方在政府组织与引导下搞了政府办公公开制度的示范、常设的城市规划委员会制，也有城市开创了政府政务电子信息查询系统，所有这些都为中国的公众监督创造了条件，并将随着公众参与机制的不断完善与配合，公众的监督作用会越来越成为保障依法治市的重要促进因素。

2. 完善水平管治体系中的参与机制

建立由社团、协会和专家组成的各种层次的委员会，如区域规划委员会、城市规划委员会、实施监督委员会、城建上讼委员会等，其职能除协调部门利益、化解部门争端、监督部门依法行政外，还应法定在决策咨询、区域问题协调、地方法规与图则制定以至各类建设申请的审批，并在城建上诉的裁定、仲裁和解释中发挥重要的作用。

3. 完善公众参与程序

根据广泛的公众参与，明确总体规划、分区规划、控制性详规的法律地位，进一步还可以制定更为详细的法定图则。其目的在于增加规划的可操作性，增加规划管理的具体的法律依据，使规划管理成为真正有法可依的过程。为完善法定规划和法定图则的实施，还应配合制定“申请修改程序”或“申请违规程序”，申请程序可以由常设委员会批准、备案，程序可以适当简化，但对于修改的部分，必须发布公告。对于未经法定程序的修改，只能认定是违法操作，市长也无权拍板。

4. 增加法律法规中“执法者”的义务和“被管理者”的权利，体现出法律的公平、公正性

法律的公平、公正是通过权利和义务的对等实现的，否则就不能真正实现法律面前人人平等。受“法即是刑”的传统意识的影响，中国大多数地方法或部门法都表现出不同程度的一边倒倾向，对执法者而言权利讲得多，义务讲得少，对被管理者而言，则相反。许多地方法或部门法称其为“罚款措施”或“罚款细则”更为合适，部门“法”变成了部门“罚”。有关城市管理的法律和法规，应同时规定对执法者可能的不当行为，开发商或公民都可以依法维护自己的合法申诉和合法权益。

由于中国的公众参与还处于起步阶段，公众参与尚没有对决策产生实质性的影响，所以公众参与的形式和程序尚需要规范，公众参与的地位与权限尚需要法律认定。对于重大项目，要求必须有法定的公众参与程序，明确公众参与的形式和时间。作为过渡，可以适当地在决策—论证—设计—审批—实施—反馈过程中的一些关键环节引入公众参与，公众参与的形式可以通过新闻媒体公告，也可以采用团体代表咨询会的方式，针对不同阶段或内容，确定具体对应的形式。公众参与一方面可以加强社会监督，另一方面可以集思广益，增加设计与管理之间的衔接，避免管理过程中问题的大量爆发。随着经验的积累，应逐步深化、完善公众参与的公示制度、咨询制度、反馈制度和申诉制度[46]。

➢复习思考题

1. 谈谈你对西方管治理论及城市管治理念的认识。
2. 你认为将城市管治的理念引入中国实践有无现实意义？

第十六章

“数字城市” 及其发展

纵观全球，信息和通信技术的应用正迅速改变着社会的经济基础和社会基础。在这个过程中，以公众和企业为代表的群体正努力使新技术适应机构和个人的需要，能真正为其所用。信息技术可能是一个最有效的工具，它不但能保证人们更清晰有效地进行公共事务管理，提供更多有用的服务，而且可以提高市场的竞争力，总之一句话，它可以确保市民有一个更高的生活水平。随着信息技术、计算机技术、空间技术的发展，城市的概念正在悄悄地发生变化，在我们熟悉的物质城市的身边正在形成一个充满数字化特征的时代现象——“数字城市”。这种现象正在渗透到城市规划、建设、管理与服务中，并发挥越来越大的作用，忽视它的存在将失去城市持续发展的技术手段。

第一节 “数字城市”概述

城市是地球表面人口、经济、技术、基础设施、信息最密集的地区，“数字城市”必将成为数字地球网络系统中最为重要的一部分和最繁荣的信息中心，是数字地球在城市领域的具体实现，也是建设数字地球的关键和难点。

一、“数字城市”的基本概念

“数字城市”是人类对物质城市认识的又一次飞跃，它与园林城市、生态城市一样，是对城市发展方向的一种描述。其本质是对物质城市及其相关现象（经济社会特征）统一的数字化重现和认识，是用数字化的手段来处理、分析和管理整个城市，促进城市的人流、物流、资金流、信息流、交通流的通畅、协调。

“数字城市”研究的起源可以追溯到20世纪80年代初，美国斯基德莫尔和梅里尔两个城市进行了三维城市模拟。英国斯特拉斯克莱德大学也在这方面做了研究。许多发达国家已在1995年前就开始了“数字家庭”、“数字社区”和“数字城市”的综合建设实验。美国前副总统戈尔提出了“数字化舒适社区建设”的倡议。新加坡提出“智能城市”的设想。美国与日本已经建成一批智能化生活小区（数字社区）的示范工程。美国约有50个城市正在打算建设“数字城市”。“数字城市”的研究在中国虽然刚起步，但已经出现了很强的发展势头，上海市已率先上马，其城市骨干ATM网的建设已经开始，并同时组建IP电话系统、电子商务ICP（网络内容服务商）、电子社区等增值系统，国际远程医疗中心等；深圳、南海等城市均已初步建成覆盖全市区的ATM骨干网络，并正在向“数字城市”的纵深方向发展。2000年在上海举办的“亚太地区城市信息化高层论坛”会议上，“数字城市”成为中心议题。目前许多高校、科研机构开始着手“数字城市”的研究工作。虽然许多国家多年前就开始“数字城市”的综合建设实验，但就世界范围看，“数字城市”的研究目前仍处于探索阶段。

（一）什么是“数字城市”

“数字城市”是以计算机技术、多媒体技术和大规模存储技术为基础，以宽带网络为纽带，运用3S技术（遥感RS、全球定位系统GPS、地理信息系统GIS）、遥测、虚拟仿真技术等对城市进行多分辨率、多尺度、多时空和多种类的三维描述，即利用技术手段把城市现实生活中存在的全部内容在网络上数字化虚拟实现。通俗一点说，也就是用数字的方法将城市、城市中的活动及整个城市环境的时空变化装入电脑中，实现在网络上的流通，并使之最大限度地为人类的生存、可持续发展和日常的工作、生活、娱乐服务。

“数字城市”具有城市地理、资源、环境、人口、经济、社会等复杂系统的数字化、网络化、虚拟仿真、优化决策支持和可视化表现等强大功能。它是一种特殊的信息系统，是城市地理信息系统（UGIS）的延伸与发展。

“数字城市”具有以下特点：

（1）“数字城市”的数据具有无边无缝的分布式数据层结构，包括多源、多比例尺、多分辨率的、历史和现时的、矢量格式和栅格格式的数据。

（2）“数字城市”具有迅速充实、联网的地理数据库，以及多种可以融合并显示多源数据的机制。

（3）“数字城市”采用开放平台、构件技术、动态互操作等最先进的技术方案。

（4）“数字城市”是基于网络和多媒体技术，将3S一体化集成的一种新技术，它不仅仅是一个“地理坐标系”，而且是可以随时随地使用所需的地理数字模型，对采集到的数据进行分析、运算、过滤、重组，并引入人工智能（AI）的“高级决策系统”（PMS）。

（5）“数字城市”可通过多媒体技术和电子感观仪器（如数据手套、显示头盔等），对城市进行视觉、听觉、触觉等虚拟感观认识。

（6）构建“数字城市”需要众多的大学、研究所、政府部门等拥有大量城市信息数据的机构参与[47]。

（二）“数字城市”的内涵

（1）“数字城市”是城市规划、建设、管理与服务数字化工程的终极目标。“数字城市”是数码城市（cyber-city），是一个三维的、可视化的城市，即综合运用GIS、遥感、RS、网络、多媒体及虚拟仿真等技术，对城市的基础设施、功能机制进行自动采集、动态监测管理和辅助决策服务的技术系统。通俗一点说，“数字城市”就是指在城市规划建设与运营管理以及城市生产与生活中，充分利用数字化信息处理技术和网络通信技术，将城市的各种信息资源加以整合并充分利用。城市规划者和管理者可以在有准确坐标、时间和对象属性的五维虚拟城市环境中进行规划、决策和管理。

“数字城市”利用数字地球技术，建立一个三维的、动态的、可视化的景观，代替二维地图。为了解决这个问题，应该从基础做起，首先把 GIS 软件做成一个集成化的数据库，这个数据库能管理矢量数据，能管理数字高程模型，反映地表形态数据，能管理我们从航空、航天遥感得到的城市地表的影像，实现城市三维景观可移动的显示。

（2）“数字城市”是广义的城市信息化。“数字城市”工程将通过建设宽带多媒体信息网络、GIS 等基础设施平台，整合城市信息资源、建立电子政务、电子商务、劳动社会保障等信息化社区，逐步实现全市国民经济和社会信息化，使城市在信息化时代的竞争中立于不败之地。

（3）“数字城市”是“虚拟城市”，强调城市管理的技术系统。从城市规划、建设和管理的狭义角度看，“数字城市”可概括为“43VR”，即“地理数据 4D 化；地图数据三维化；规划设计 VR 化”。地理数据 4D 化是指，城市空间基础地理信息数据库包括数字线画图（DLG）、数字栅格地图（DRG）、数字高程模型（DEM）、数字正射影像地图（DOM）；地图数据三维化是指，地图数据由现在的二维结构转换为三维结构；规划设计 VR 化是指，规划设计和规划管理在 4D 数据、三维地图数据支撑下，将现有的二维作业对象和手段升级为三维和 VR 结合的作业对象和手段。

（4）“数字城市”是一种新的社会经济系统。从信息社会发展的角度来认识“数字城市”，“数字城市”是指一种新的社会经济系统，通过它人们能够实现自由创造、共享信息和知识，具有和谐的日常生活、文化、工业、经济、自然和环境。它是相对目前的大规模生产和消费系统而言的，可称之为数字革命。实际意义上的“数字城市”建设，是指将有关城市的信息，包括城市自然资源、社会资源、基础设施、人文、经济等各个方面，以数字的形式进行获取、存贮、管理和再现，通过对城市信息的综合分析和有效利用，为提高城市管理效率、节约资源、保护环境和城市可持续发展提供决策支持。

（5）“数字城市”为城市持续发展提供了重要的支撑工具。“数字城市”第一次使城市内在的五维关系以虚拟的方式呈现在人类面前。以空间为坐标的地理信息平台，按照时间的序列将物质城市的空间、资源、经济、社会和科技等各行业的属性信息，集成为一个有机联系的观察对象，将城市内在的五维关系以崭新的面貌直接暴露在人类的面前，使我们对城市可以直接得到更为感性的认知，就像把人体解剖出来展现给实习医生时，所得到全新认识和感受，从而满足人类认识城市五维内在联系的需求。

（6）“数字城市”还为认识物质城市打开了新的视野，并提供了全新的城市规划、建设、管理与服务的调控手段。城市规划师在有准确坐标、时间和对象属性的五维虚拟城市环境中，进行规划、建设、管理和服务，就像走在现实的城市街道上或乘坐直升机上观察规划、设计城市空间布置、组合配置城市资源、改善交通系统，调整疏导人口，改善环境质量，模拟人类上述调控的结果和影响，监测人类调控的反馈，实施有效的监督。这无疑将为人类调控城市、预测城市、监管城市提供革命性的手段，对传统方法是一个巨大的挑战。同时，这种手段是一种可持续、适应城市变化的手段，从而为可持续的城市改善和调控提供了有力的工具。

综上所述，“数字城市”即是空间化、网络化、智能化和可视化的技术系统。也可称为“城市管理信息系统”，它是一个“虚拟城市”，是现实的城市在信息世界的反映和升华。因此“数字城市”首先是物质城市在信息世界的快速反映，即城市结构和城市运行的多维可视化表达，气象云图的四维可视化表达，城市规划和地下管线的三维可视化表达等“数字城市”可视化的表现能力，将城市管理以虚拟现实的方式可视化表现出来，在物质世界和精神世界之外构建出虚拟现实世界。不仅如此，“数字城市”还为人类提供观察物质和精神世界的新途径，而且很可能辅助或参与人类智力有关的创造活动[48]。

二、“数字城市”的基本框架

“数字城市”就是信息化城市。其运用RS、遥测、网络、多媒体以及虚拟仿真技术对城市的基础设施、功能机制进行监测和管理，开展辅助决策与服务。因此，“数字城市”不但包括城市经济、社会、小区的信息化，而且包含电子商务、电子政务、智能交通和规划、地籍、电力、通信、旅游、生态、抗灾等的数字化。

（一）“数字城市”的功能结构

“数字城市”为人们提供了一种新的生存方式，即数字化生存，下面是其部分常用的功能：①电子商务，包括网上贸易、虚拟商场、网上市场管理等；②电子金融，包括电子银行、网上股市、网上期货、网上保险等；③电子社会，包括网上影院、戏院，网上旅游，网上办各种手续等；④网络教育，包括虚拟教室、虚拟实验、虚拟图书馆等；⑤电子医院，包括网上健康咨询、网上会诊、网上护理等；⑥电子政务，包括政府上网、网上会议等。

“数字城市”将整个城市的虚拟现实作为一个平台，整个城市是一个电脑的三维模型，用户可以从中选择所需的服务，如查询某一辆公共汽车的运行状况，正行驶在何处；也可以进入一所大学去演讲，或者到一家商店挑选喜爱的商品，这一切都在网上进行。同时，这座城市的很多地区都将通过固定的数码相机和适当的装备连成一体，人们可以把每一个地方的企业、机构、工厂、农田、森林以及每个人自己的实况输送进网络。人们可以通过网络了解世界上发生的一切，也可以通过网络来完成工作和生活中的很多事情。他们可以在网上购物、与政府机构联系、玩游戏、上剧院、电影院、上学校、去图书馆、去医院等。人们通过网络对虚拟商场和厂家进行“网上购物”，但是货物不可能直接到达顾客手中，还要通过送货上门，如送货就存在最佳路径的问题，需要采用城市的GIS技术；此外，RS、遥测、空间定位、人工智能、多媒体和虚拟仿真等技术都是“数字城市”的主要内容[47]。

（二）“数字城市”框架

现代城市的基本功能是整合设施，优化配置，发展经济，稳定社会，服务于广大人民，满足人民需求。所以，在“数字城市”框架中，电子商务位于系统的中心，智能交通和智能社区紧伴两翼，安全保障备受重视，电子政务和科技教育政府投入加大，文化娱乐和信息服务增长强劲。他们都运行在城市公用信息平台上，还形成了各具特色的业务平台，依托市域网络和城市地理信息工程，遵循政策法规和技术标准。“数字城市”建立城市信息资源管理中心，实施数据共享与交换，支持多种服务与决策。其总体框架如图 16.1 所示。

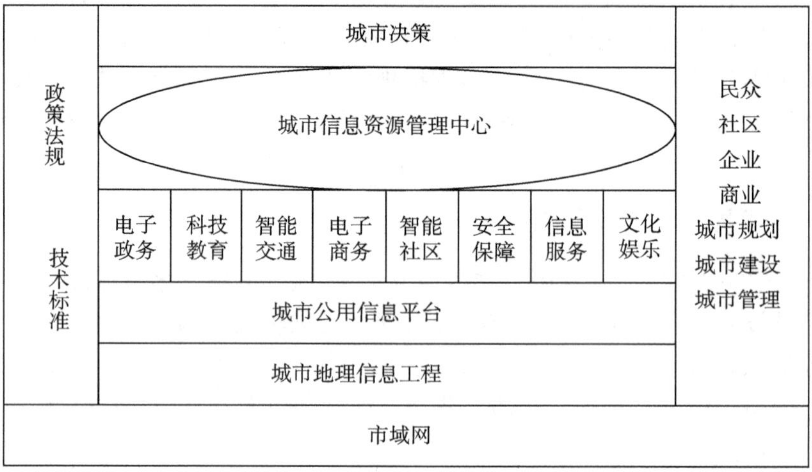

图 16.1 “数字城市”总体框架示意

可见，“数字城市”通过宽带多媒体网络、GIS 等基础平台，整合全市信息资源，建设多种信息系统工程，实现全市经济与社会的信息化，政务与商务的电子化，生产与服务的智能化。

城市公用信息平台在市域网的基础上开发和建设，有统一的标准和规范。市域网采用 IPV6 协议（internet procol version，即互联网协议第 6 版本），不但实现三网连接，即电话网、有线电视网与互联网互连、互通；而且可以拥有点对多点的按需动态分配带宽的无线接入系统，使分散的、分布式数据库和信息系统连接起来，实现互操作、多种数据的融合与立体显示、仿真和虚拟。城市公用信息平台的网络安全十分重要，采用国家安全部门认证的先进安全保密技术及防火墙，在信息网上建立起安全屏障。由于 80%以上的城市信息拥有地理属性，城市地理信息工程成为整合城市信息资源和应用系统的理想手段，并在此基础上建设城市空间信息基础设施和海量数据库，提供地理空间数据支持和技术支持，推动智能交通、安全保障、社区服务、信息服务等信息工程建设。

城市地理信息工程的技术基础是 GIS、GPS、航空航天遥感系统和数据库管理系统（DBMS）等。

电子政务依托城市公用信息平台，实现政府上网和政府联网，公开办事制度和办事程序，形成自动化的政府办公支撑环境，提高办公效率和决策能力。

电子政务工程将推动网络交互应用，实现政府网上办公。

电子商务涉及广泛，联合共建；与金融机构合作，建立金融认证中心，改进和增加多种支付手段，开发高强度加密算法并在实际应用中提高支付的安全性；建立一批重要企业参与的物流配送体系。

城市智能交通体系（ITS）。道路使用者通过ITS进行交通方式和路线的合理选择；交通管理者通过ITS进行交通疏导和事故的应急处理；运输经营者通过GPS车辆实时定位与监控系统，掌握车辆的运行状况，开展调度和跟踪指挥。系统还通过危险监测、自动报警和避撞设施，提高驾驶员对行车环境的感应和控制能力，支持安全驾驶。

城市科教信息网支持科教系统开展网上研讨、协同工作、成果发布、网上教育，实现资源共享，并支持边远地区的远程医疗，科教兴国。

安全保障包括环境保护、疾病防治、贫困救济、保险、保安、养老、未成年人保护、妇幼保健、工会、减灾、相应宣传和许多民间的有助于社会安定的系统。

智能社区是“数字城市”的单元。社区服务信息网络依托城市公用信息平台，把千家万户对各个领域、不同层次的服务需求与能够提供服务的社会资源联系起来，使百姓享受到信息化带来的好处，推动新兴的社区服务业的发展，创造广阔的就业机会。其在区及所属街道办事处建立社区服务信息网络中心，建立全市社区服务中心网站；依托街道热线服务站，组建社区服务信息网络的服务支撑体系，建设一批接入方式多样的智能示范小区。

城市综合信息服务体系提供出行、购物、休闲、娱乐、旅游、交通、教育、文化、房产交易、证券交易等综合信息服务，是“数字城市”与广大群众联系的纽带。用户既可以通过多种有线方式上网，也可以通过移动信息终端无线上网，获得服务。

文化娱乐包括文化娱乐场所活动，也包括网上互动视频点播。随着数字电视卫星直播的兴起、人民生活水平的提高，它将成为“数字城市”中的大产业。

城市信息资源管理中心是城市信息资源开发和利用的管理机构，是建立在信息基础设施和各种应用之上的更高层次的信息管理设施。其负责对全市信息资源的开发和利用进行总体规划，组织研究信息资源共享的技术手段（计算机技术、通信技术、网络技术、数据库技术等）和共享规则（标准、规范、政策、法律、模式等），实施信息工程的各项标准，协调各种数据处理、存储、共享、交换、集成、使用、融合与互操作，协调各系统间的数据交换。它为全市提供可靠的、稳定的综合性信息支持与决策支持[49]。

（三）“数字城市”的体系结构

“数字城市”由数据获取与更新、数据处理与储存、信息提取与分析、网络、应用模型、专用软件、咨询服务、专业人员、用户、教育、标准与互操作、法规和财经等体系构成。

（1）数据获取与更新体系包括各类遥感设施，如高分辨率高光谱卫星、星—机—地数据接收设施、地面台站及人文、经济等数据获取设施等。

（2）数据处理与储存体系包括高密度高速率的海量数据储存设施，多分辨率海量数据实时地存贮、压缩、处理技术，元数据管理技术，空间数据仓库等。

（3）数据信息提取与分析体系包括数据互操作，多源数据集成，信息智能提取与分析，海量空间数据的智能提取与分析，决策支持等设施与技术；网络体系包括高宽带网络，智能网络，支持基于网络的分布式计算操作系统，基于对象的分布式网络服务，分布处理和互操作协议等。

（4）应用模型体系为用户提供实际应用的解决方案，利用它能够更好地认识和分析所观测到的海量数据，从中找出规律和知识。科学计算可以突破实验和理论科学的限制，建模和模拟可以更加深入地探索城市空间信息基础数据。

（5）专用软件体系是完成城市信息处理、实现“数字城市”的功能的基本工具。其包括数字图像处理软件、GIS 软件、统计分析软件、数据可视化软件（多媒体与虚拟现实）等。

（6）专业人员体系、教育体系、标准与互操作体系、法规和财经体系是“数字城市”顺畅运行的保障系统。城市空间信息基础数据是“数字城市”的“血液”，它不仅包括中、小比例尺的空间数据，还包括局部范围的大比例尺的空间数据以及所有相关的元数据；不仅包括地球的各类多光谱、多时相、高分辨率的遥感卫星影像、航空影像、不同比例尺的各类数字专题图，还包括相应的以文本形式表现的有关可持续发展、地理、环境、生态系统、人口、教育和人文等不同类别的数据[47]。

第二节 “数字城市”的应用

一、“数字城市”的应用前景

“数字城市”作为城市地理信息系统的发展，可以在城市规划与设计、城市信息管理与服务、突发事件处理、政府决策等方面发挥巨大作用。

（一）城市规划与设计

“数字城市”方便规划人员从整体上掌握信息，改变了过去在掌握城市信息上受条件限制的局限性。同时，“数字城市”的应用使城市规划从过去偏重定性方法转向定性与定量方法并重，使规划的精度大大提高，并可提高城市规划管理工作的效率，丰富表现手法，增加信息含量，提高分析能力和准确性，从而使城市规划管理与设计更加具有前瞻性、科学性和及时性。

长期以来，中国城市规划工作中使用的土地利用现状图大多是通过人工方法进行调查的，而且误差也较大，城市规划的方案也主要靠经验，计算机辅助设计（CAD）在规划过程中只起到画图的作用。这种工作方式的效益是很低的，而且城市规划的数据质量得不到有效提高和控制。“数字城市”可为我们城市规划工作提供一个全新的手段，通过“数字城市”中的机载传感器可动态获得大量城市影像信息，经过高效的数字加工处理，提取三维城市地物的位置信息、几何信息、特征信息、分类信息和属性信息，再加上一定的整合手段，就可快速、高精度地得到城市规划中三种基本图件：大比例尺数字地形图、城市现状用地分类图和城市现状建筑分类图。上述三类图件可通过 GIS 进行管理，可方便地服务于城市总体规划工作中方案的形成、方案影响因素分析和输出等全过程。

“数字城市”利用万维网络（WWW）描绘城市规划，可以为公民提供城市规划设计图信息，倡导公民参加和进行城市规划的公开讨论。另外，“数字城市”由电子信息数据组成，便于保存城市发展的历史信息，可以为设计者提供不同设计阶段的城市模型。

（二）城市信息管理与服务

“数字城市”可促进城市信息管理与服务在方式、内容、手段、速度、效果等方面进入新时代。首先，就政府而言，“数字城市”将有助于城市政府日常办公效率的提高。这主要表现为可以提高管理手段的现代化水平，减少经济决策失误或调控措施出台滞后而引起的损失，可以使业务流程规范化、标准化和软件化，提高工作效率和办事透明度，促进建设行业的廉政建设，扩大建设行业的社会认同水平。其次，就教育等社会公益部门来说，“数字城市”也将推动其发展。教育部门可以将“数字城市”作为教学工具，用更为方便、直观、具体的方式开展教育工作。再次，对于企业来说，“数字城市”可以帮助企业管理者更好地开拓市场。诸如企业选址、区域市场战略等都可以利用“数字城市”进行辅助决策。最后，个人也是“数字城市”最重要的需求者，个人的工作、居住、交通、休闲均可通过“数字城市”进行。

例如，在城市建设方面，可为重大项目或工程的选址及优化、工程建设管理提供准确的综合信息服务；在建筑业与房地产方面，可为建筑业和房地产经营企业的生产、经营和管理提供与各专业结合的、图数结合的信息管理服务，提高这类企业的生产经营水平，改善住宅与社区的环境质量，使城市居民在生产、生活等方面得到更为有效的服务保障；在辅助政府决策方面，可及时地为政府的科学决策提供有关城市规划、建设、管理方面的各种信息和报告，使政府的管理和为社会的服务从定性化走向定量化。

（三）城市公共设施管理

“数字城市”能够提高管理公共工程设施的综合能力，实现不同管线的共同管理，提高信息的共享程度，可以在相当程度上杜绝由于地质、地下设施等基础数据不清、不准而造成的施工中管线爆裂、泄漏、线路中断、凿穿煤气管道等事故的发生。同时，也可以使不同管线间的相互影响、相互干扰达到最小，效益达到最优。

（四）城市交通管理

“数字城市”不但可以提供有用的交通信息，还可以帮助城市交通管理。例如，车载电子导航系统将小型显示器装到驾驶室内，随着车辆的行使实时显示车辆的当前位置、运动轨迹、目的地方向和距离等，为司机提供交通网络全局的或局部的信息。另外，在“数字城市”内，只要输入起点和终点，系统就会自动找出两点之间的最佳运输路线并提供沿路几天内的天气变化情况和日常车流量大小，直接帮助运输部门做出决策。

（五）突发事件处理

突发事件通常有交通事故、刑事案件、意外灾害等。目前，中国重大的城市建设灾害事故时有发生，影响了居民的正常生活，造成了巨大的经济损失。在这些事故突然发生时，现有的常规手段很难实现迅速、准确、动态的监测与预报，以至于有关部门难于快速而又准确地做出减灾决策。“数字城市”可基本解决这些问题。当突发性灾害事故发生时，GPS 和 RS 能快速探测到事故发生地，并将有关信息迅速输入 GIS 系统，由 GIS 准确显示出发生地及其附近的地理图件。大比例尺和高分辨率的地理空间数据有利于突发事件精确定位，利用大量描述其周围的自然、环境、社会、经济数据，对由 RS 得到的灾害信息进行空间模拟分析，不仅容易制定出影响小、损失小的处理方案、减灾策略，而且可以在网上实现部门协作、决策、调度与实施，将时间消耗降低到最小，满足时效性需求。

（六）市场调查与产品销售

电子商务是“数字城市”建设的一个重要内容。商家企业可以利用“数字城市”的相关信息库进行某地区某产品需求量的调查。借助对信息的分析结果，企业或公司可对商业网进行规划，并及时调整销售策略。有了“数字城市”，厂家可以将产品虚拟化后放到“数字城市”里，电子市场就可以为产品找到厂家所需要的用户，用户可以将自己虚拟化后进入“数字城市”，并在电子市场引导下找到自己所需要的产品。

（七）政府决策

“数字城市”是高度网络化的信息世界，政府工作人员可以随时随地通过有线、无线通信设施，用电脑上网得到所需信息，并且可以实现智能化分析。另外，“数字城市”提供了一个交互式的虚拟环境，市民和政府官员足不出户便可以通过特定的装置实现面对面的交谈。

（八）城市综合管理

有效的城市管理是促进城市健康发展的重要手段。目前中国主要以手工或者单纯以 GIS 为主的城市管理，已经越来越不适应城市迅速发展的实际需要，这就迫切需要采用“数字城市”来集成化解决城市管理中遇到的问题。“数字城市”在城市管理中的主要优势包括：动态、快速、高精度、规范地得到和存贮城市规划、建设与管理的成果信息（包括空间的和属性的）；快速、高精度地进行城市管理信息的查询检索和统计，方便用户获取各类精确信息；有效进行城市信息的空间分析，支持城市管理工作的深化；快速、高精度地更新城市定位信息，保证城市管理工作中信息的现势性。

与此同时，“数字城市”建设对于提高政府决策的科学性、前瞻性和民主化，提高城市规划、建设与管理工作的规范化和效率，进而促进城市的可持续发展具有重大的现实意义。

总之，“数字城市”在城市规划、建设、管理与服务行业的应用，可以带来巨大的益处，这主要体现在提高工作效率、改善工作质量、拓展工作范围和集成化解决城市规划、建设与管理问题等方面。可以肯定地说，“数字城市”将成为城市规划、建设、管理与服务的重要技术支持[50]。

二、建设“数字城市”的基本任务

（一）政府上网

从世界范围来看，推进政府部门办公自动化、网络化、电子化、全面信息共享已是大势所趋。在世界各国积极倡导的“信息高速公路”的五个应用领域中，“政府上网”被列为第一位，可以说政府信息化是社会信息化的基础。“政府上网”主要体现在以下几个方面：电子政务、电子采购及招标、电子福利支付、电子邮递、电子资料库、电子化公文、电子税务、电子身份认证等。

如果政府上网工程不能有效实施，就不能真正意义上实现建设“数字城市”的目标。政府上网工程正是“数字城市”建设的基本内容。政府通过上网工程实现政府网络与其他网络的互联互通，政府除提供一般性的网络信息服务之外，将逐渐建立网络政府，从而开启政府管理的全新时代。“数字城市”的建设不单是目前城市自我发展的需要，也是为了更好地发展和与世界交流的需要。实际上，各城市的各行各业各部门，都已经在进行信息化、数字化的工作，并且取得了不同程度的进展，这些都是“数字城市”建设的基础，是“数字城市”建设工作的一部分，因而可以说“数字城市”的建设是不以人们的意志为转移的。

（二）发展电子商务

电子商务是影响整个社会和时代的一次经济革命。如果说互联网在改变着社会，电子商务则在改变互联网。它不仅改变我们经营的途径，而且改变我们的购物方式乃至思维方式。就目前来说，电子商务是一个里程碑式的新事物，它把互联网由单纯的媒体转变为一个市场。媒体的本质和市场的本质，其在影响的深度、广度方面是截然不同的，因为商务模式已经触及人类的方方面面。目前，电子商务在全球呈现出竞相发展的态势。美国政府于 1997 年 7 月 1 日发布了“全球电子商务框架”；1998 年年初，又宣布美国电子商务为免税区。欧盟提出了“欧盟电子商务行动方案”，并于 1997 年 12 月与美国发表了有关电子商务的联合声明。电子商务对中国未来国民经济和社会发展具有重要作用。据统计，目前全国已有四万家商业网站，其中网上商店七百余家。电子商务项目大量推出，几乎每天都有各类电子商务咨询网站、网上商店、网上商城、网上专卖店、网上拍卖行等诞生。电子商务应用与发展地域也由北京、上海、深圳等极少数城市，开始向各大中城市发展。目前，网上购物（B to C）或网上交易（B to B）是两种主要的电子商务模式。

（三）建设信息港

建设信息港是指运用 RS、遥测、网络、多媒体及虚拟仿真技术等对城镇的全部基础设施、功能机制进行动态监测与管理、辅助决策服务的技术系统。它具有城市地理信息系统的全部功能，而且是以其为基础的，但功能更强、更丰富，直接与社会生产和生活密切相关的（网络生存）技术系统。其内容包括以下几方面。

1. 建立信息化城市基础设施

在城市地理信息系统标准化的情况下建立数据库：城市遥感信息、城市基础地图，反映地形、地下管线、规划、土地、交通、绿化、道路、环境、经济、开发、旅游、房地产、人口、商业、农业、林业、矿业、渔业、水利、金融、电信、电力、事业、企业、工业等单位信息；反映城市的基本面貌以及各种专业地质的地理数据，如城市规划、土地利用、地下管网、环境污染等；反映它们的空间属性、专题属性、时间属性和统计属性等。

2. 建立空间信息工程系统

空间信息工程系统不同于GIS，通过空间信息工程系统可以完成从遥感（卫星、航空等遥感信息）及各种空间（即在三维或多维的信息、含地理信息）信息的采集，到GIS以及管理信息系统（MIS）和通过网络实现的分布式地理信息管理系统的全程建设和运行，实现各种信息的数字化、标准化、计算机化和网络化，从而达到可以进行统一交流、管理、数据共享与办公自动化相连等一系列的运行系统功能。

3. 建立城市辅助决策支持系统

在以上空间信息工程系统的基础上建立不同专业的分析模型和辅助决策支持系统，对城市的主要问题，如交通网络、投资环境、规划管理、企业选址、工程效益等，进行综合评价、分析，提出方案；也可以对城市安全、城市防灾减灾、水利与防洪等，建立专题系统，进行有效的科学管理，使城市决策者有据可依地做出快速反应。

（四）发展智能建筑

建筑智能化的目的是应用现代4C[①]技术构成智能建筑结构与系统，结合现代化的服务与管理方式，给人们提供一个安全、舒适的生活、学习与工作环境空间。建筑智能化结构是由以下三大系统组成：楼宇自动化系统（BAS）、办公自动化系统（OAS）、通信自动化系统（CAS）。

智能化住宅小区是综合运用了计算机技术、通信技术、控制技术，由家庭智能控制系统、通信接入网、小区物业管理服务系统和小区综合信息服务系统来支持实现的。

（五）发展智能交通

智能交通系统是充分利用现代化的通信、定位、RS，以及GIS、电子地图和其他相关技术来减少交通拥挤、提高交通流量、改善安全状况、充分利用路网资源并减少对环境的影响，从而改善地面交通运输条件的一项具有战略意义的工程。在公路运输及城

① 4C即现代计算机技术（computer）、控制技术（control）、通信技术（communication）和图形显示技术（CRT）。

市交通领域，智能交通系统将汽车、司机、道路及其相关的服务部门相互联系起来，使汽车在道路上的运行功能实现智能化，即出行者可实时选择交通方式和交通路线；交管部门可自动进行合理的交通疏导、控制和事故处理；运输部门可随时掌握车辆的运行情况，进行合理调度。从而使路网上的交通处于最佳状况，进而改善交通拥挤和阻塞，最大限度地提高路网的通行能力，提高整个公路运输系统的机动性、安全性和生产效率，最大限度地节省能源。智能交通系统是技术、系统与交通管理的集合，它提供了出行者、车辆与宏观基础设施的智能连接。

（六）加大城市规划、城市建设和管理的信息化力度

“数字城市”建设要求形成若干适合中国城市规划、建设与管理工作的数字化业务应用系统，极大地推进全市范围内城市规划、建设与管理工作的信息共享与业务应用。空间信息工程系统在“数字城市”中最大的特长是根据城市的现状、发展趋势和潜在能力等综合因素，通过不同的预测模型展现可能的前景，供中长期规划和宏观调控使用，随着系统论、控制论、信息论的发展，在协同、突变、混沌等科学思想方法的指导下，进一步解决城市面临的复杂而综合的问题，如区域经济与城市可持续发展，城市增长、规划与土地增值，城市动态演变和预测，城市交通网络的时空模型，城市其他专题，以及综合问题的决策支持系统。

数字化业务应用系统有城市规划综合管理系统、城市规划办公管理系统、城市规划决策支持系统、城市综合管线管理系统、城市给水管理系统、城市燃气供应管理系统、城市集中供热管理系统、城市排水管理系统、城市公共交通系统、城市园林和风景名胜区管理系统、城市环境卫生管理系统、城市建设档案管理系统、建筑市场及交易管理系统、工程造价管理系统、工程质量管理系统、施工安全管理系统、工程设计管理系统、工程项目管理系统、工程项目监理管理系统、房地产市场行政管理系统、房地产市场交易管理系统、房地产投资方案经济评价系统、房地产价格评估系统、产权产籍登记系统、房地产金融服务系统、住房公积金管理系统、房地产网络服务平台等[48]。

第三节 “数字城市”的发展

进入21世纪以来，包括下一代通信网络、物联网、三网融合、新型平板显示、高性能集成电路和以云计算为代表的高端软件等新一代信息技术的发展和应用正深刻影响着人类社会的发展进程。在“数字城市”建设的进程中，各国对物联网“大体系、大平台”的摸索和实践，使得智能建筑、智能交通、智能家居等都纳入了“数字城市”建设的整体布局中，物联网、云计算、移动互联网等新一代信息技术的集成应用使信息采集、信息处理、信息提供更加自动化和智能化，城市信息化建设开始进入了新的阶段，“智慧城市”理念应运而生，城市智能发展的新模式开始孕育成型。伴随着“云计算”等技术的发展，“智慧城市”作为以互联网、物联网、电信网、广电网、无线宽带网等网络组合为基础，以智慧技术高度集成、智慧产业高端发展、智慧服务高效便民为主要特征的城市发展新模式，对城市管理、政府建设提出了更高的要求，也为电子政府发展

指明了方向。以数字化、网络化、智能化为主要特征的“智慧城市”作为新一代信息技术在公共服务领域的新探索开始推动城市管理模式发生深刻变革。

一、“智慧城市”的内涵与特点

（一）“智慧城市”的基本内涵

1. “智慧城市”的起源

2008年，在全球金融危机的背景下，IBM发布了《智慧地球：下一代领导人议程》主题报告，提出了“智慧地球”理念，以应对危机、振兴产业。“智慧地球”的核心是以一种更智慧的方法通过利用新一代信息技术平台来改变政府、企业和公民相互交互的方式，以便提高交互的明确性、效率、灵活度。2009年1月28日，美国奥巴马总统就职以后，对“智慧地球”的概念给予了积极的回应，高度重视以物联网为基础的新一代信息技术的发展，在经济领域提出“智能地球”，即将互联网和物联网结合起来，将已经有的物流和生产力等各种要素依靠计算机和电子信息技术进行优化组合，在原有基础上投入更少、成本更低、效益更好，以期引领世界经济发展的制高点。2009年2月，IBM在北京召开年度论坛，提出“智慧的城市在中国突破”的战略，并相继与十余个省市签署了“智慧城市”共同开发的相关协议。由此以物联网为核心的“智慧地球”、“智慧城市”等新概念开始引起人们的广泛关注。

作为“智慧地球”理念的延伸，“智慧城市”概念具体包括三个方面：更透彻的感知（instrument）、更广泛的互联互通（interconnected）、更深入的智能化（intelligent），即所谓的“3I”[51]。美国、欧盟、日本、新加坡等国家和地区几年前已开始“智慧城市”的尝试和实践。中国引进“智慧城市”理念时间不长，各城市在实践中也呈现出较大的差异性。有的侧重发展现代信息通信技术，集聚高技术产业；有的侧重信息网络互联互通，促进三网融合。但是，利用新一代信息技术改变交互方式的理念和采用的技术手段基本是相同的。

2. “智慧城市”的基本内涵

维也纳技术大学区域科学中心的R. Giffinger等在2007年的报告中将“智慧城市”定义为智慧的经济（smart economy）、智慧的公民（smart people）、智慧的治理（smart governance）、智慧的移动（smart mobility）、智慧的环境（smart environment）、智慧的生活（smart living）。在此基础上，A. Caragliu等将“智慧城市”的特点归纳为以下六点：①利用网络设施提高政府、企业的效率并为社会、文化及城市发展带来益处；②推崇市场导向的城市发展；③为城市居民提供优质公共服务；④推动高新技术及创新产业的发展；⑤注重社区的学习型及联动型功能；⑥推进城市的可持续发展与环境保护[52]。

“智慧城市”的核心是以一种更智慧的方法通过利用以物联网、云计算等为核心的新一代信息技术来改变政府、企业和人们相互交往的方式，对于包括住宅、教育、医疗、环保、公共安全、交通及公用事业服务、工商业活动在内的各种需求做出快速、智能的响应，提高城市运行效率，为居民创造更美好的城市生活，使城市管理、公共安全等更加智能、互通与高效[52]。其目的是，在城市管理领域实现无缝隙管理；在教育领域提供更多接入，且更高质量以及更低成本；在医疗领域提高便利性及快速准确的诊断；在公共安全方面提高突发灾难与危机的及时回应；在住宅方面降低建造成本、提升价值及增加空间利用率；在交通方面减少拥堵及提高道路利用率；最后在公用事业方面实现合理供给和杜绝浪费。

从本质上讲，“智慧城市”就是用一种更为智慧的方法通过新一代的信息技术来改变政府、社区或公司和公众相互交互的方式，以提高交互的明确性、效率、灵活性和响应速度。通过城市空间信息基础设施与城市空间设施等的结合，使得政府、社区或企业、城市居民做出更明智的决策。其核心思想是充分运用信息技术手段，全面感测、分析、整合城市运行核心系统的各项关键信息并对城市管理和服务、工商业活动、居民生活等各层次需求做出智能响应，为城市管理部门提供高效的城市管理手段，为企业提供优质服务和广阔的创新空间，为市民提供更好的生活品质。

“智慧城市”利用新一代信息技术，充分借助互联网、数字网络，以整合、系统的方式（涉及城市楼宇的智能化、智能家居、路网监控、智能医院、企业管理、智能服务等领域）来管理城市的综合运行，使城市管理更加的系统化、安全化，是将城市中具有的数字化、智能化、网络化、信息化集为一体，使城市各个功能得以相互协调地实现，为城市的发展提供更优质的保障，为市民提供更加舒适、便捷、安全的生活环境。“智慧城市”是以可持续发展、城乡一体化、民生核心等关注焦点为核心，通过对城市信息数据的实时收集、筛选、存储，构建智能化的城市，犹如智能化的 IT 城市，并通过互联网进行数据的互联、交换共享、协同的关联的应用，为城市的治理与运营提供高效、灵活、稳定的工具；为人们提供更安全、更舒适、更便捷、更绿色的生活服务质量。“智慧城市”对城市的管理更具备智能化、数字化，处理城市突发事件更快速、可靠。

（二）“智慧城市”的建设内容

“智慧城市”是将新一代信息技术与城市管理功能进行有效的融合，通过对城市的人文地理、生活环境、经济发展等进行网格化、数字化、智慧化管理，为城市提供更加有效、快捷、灵活的管理创新服务模式。它是城市信息化、服务化的更高阶段，更加注重“互联互动”的场景特征。“智慧城市”概念是在数字化、信息化、网络化、云计算、物联网等概念上的一次“整合式”的高度概括。

“智慧城市”的建设内容包括四个部分：应用智慧技术、建设智慧政府、发展智慧经济与建设智慧社会。

（1）应用智慧技术。智慧技术是“智慧城市”建设的技术支撑和实现基础。目前，全球信息技术创新持续加快，以云计算、云存储为代表的新兴网络技术正在推动下一代互联网大潮，物联网技术在促进各单元互联的同时，也将带来更加广泛的信息量。以“云计算”、“物联网”为标志的新一代信息技术的不断整合和创新，推动了智慧技术的发展和应用，成为建设“智慧城市”的基础。建设“智慧城市”，首先必须加大公共信息通信基础设施建设力度，要尽快完善信息基础设施，加快骨干光纤、无线宽带网络建设，实施三网融合等信息资源整合，以点到面推进传感器布局，实现城市基础设施向智慧化的转变。因为城市的运行管理、居民服务、产业服务都需要以信息化为基础和支撑。通过公共信息通信基础设施的建设使智慧技术的应用成为可能，并可以降低应用系统开发的难度，加快开发的进度，降低部署的成本，提高资源利用率，并避免重复建设。

（2）建设智慧政府。“智慧城市”注重“互联互动”，城市政府是城市公共服务和公共设施的提供者，在城市信息化建设中，向居民和企业提供智慧化的服务是政府创新发展的根本目标，政府应充分利用新一代信息技术，提高政府办公、监管、服务、决策的智能化水平，形成高效、敏捷、便民的新型政府，不断推进电子政务发展，建设智慧政府。智慧政府就是要充分利用现代信息技术，建设高效电子政务系统，逐步形成统一的经济发展、城市建设、社会管理、环境保护、公共安全、应急处理等方面的数据库系统与信息网络平台，提高政府信息的利用水平和政策科学制定水平，促进城市信息资源的共享和开发利用。一般来讲，智慧政府包括智能办公、智能监管、智能服务、智能决策四大领域。

（3）发展智慧经济。智慧经济是指集科技、信息、知识、环境、文化、伦理、道德于一体的战略性经济、创新性经济，它更加追求经济发展对环境保护、人类福祉的深切关怀和人类自由发展的核心目标。智慧经济是“智慧城市”建设的实体，它更多地涉及物联网等新兴信息技术产业以及由此对其他产业的带动与升级。发展智慧经济，需要跟踪信息化最新技术，掌握物联网、第二代互联网等与“智慧城市”相关的先进技术的最新成果和发展趋势，得出完整技术图谱，突破物联网核心关键技术，促进物联网等新技术对新区工业、服务业、农业的渗透与带动升级。

（4）建设智慧社会。智慧社会是建设“智慧城市”的落脚点，也是建设“智慧城市”的根本目标。“智慧城市”建设就是通过不断创新和应用智慧技术，在交通、公共安全等领域推广使用物联网等新一代信息技术，从而推进教育、文化、卫生等社会领域的智慧化管理，提高居民生活质量和便利程度，并为企业提供高品质、高效率的服务。智慧社会要加大医疗健康、社区服务、文化教育、休闲娱乐、福利保障、金融服务等方面建设，为企业提供其生产、产品和信息流通、市场交易等企业活动所使用的信息基础设施，降低企业的生产成本，为企业高效地配置资源[53]。

二、“智慧城市”的建设和发展

（一）国外“智慧城市”的发展

国外“智慧城市”发展大致经过了四个阶段：网络基础设施建设，城市政府与企业内部信息化建设，城市政府与企业之间的互联网连接，完成数字大厦、数字社区、“数字城市”的建设。目前，美国、加拿大等发达国家已基本完成了前三个阶段的任务，正在开始第四阶段的建设。

1. 新加坡——打造“智慧政府”[54]

新加坡政府长期以来将信息通信作为增效手段，促进政府有效运转。围绕民众和产业需求，其自2006年起实施了《智慧国家2015规划》（iN2015）和“整合政府2010”五年规划。《智慧国家2015规划》旨在使新加坡成为一个由信息通信所驱动的智慧国家与全球都市，描绘了信息通信将如何改变人们的生活、工作、学习与交流的方式。其核心目标是通过应用信息通信技术提高主要经济领域的竞争力，建设能够良好互联互通的社会。“整合政府 2010” 规划对政府进行重新组织与整合，确定了“增加电子服务的范围和内容、增加国民意见的参与比重、提高政府的行政能力以及增强国家的竞争优势”四项战略目标，其目的就是通过信息通信系统与民众建立良好联系。迄今为止，“整合政府 2010” 已实现了政府内部的流程、数据和系统更大规模的共享，并成功运行了五十多项共享服务和系统。

新加坡建设“智慧城市”的经验可以概括为三点：①分阶段梯次推进。其 1980～1985 年实现办公自动化；1986～1991 年实现部门之间的数据共享和政府与企业之间的电子数据交换；1992～1999 年建成公民不论何时何地都可以获得 IT 服务的“智慧岛”；1998 年开始全面运行覆盖全国的高速宽带多媒体网络，对企业和社会公众提供全天候不间断的网络接入服务；2000～2003 年实施“21 世纪信息通讯技术计划”，主要内容包括促进电信市场自由化、构建宽带和无线通信基础设施、创建值得信赖的电子商务中心等；2003～2006 年实施“互联新加坡计划”，通过信息通信技术和计算机技术使公民个人、组织和企业变得更富效率和更具效能；2006 年启动《智慧国家 2015 规划》，实施一个为期 10 年的信息通信产业和社会发展计划。②发挥政府引领作用。新加坡政府的引领作用突出体现在从电子政府到整合政府的转型方面。1980～1990 年，新加坡的电子政府最先启动了公共服务电脑化项目，该项目实施 8 年后共精简了 5 000 个岗位，占当时公务员总数的 7.2%。20 世纪 90 年代初期到 20 世纪末，其工作重心转向连接政府服务与企业。2000～2006 年推行电子政府行动计划（EGAP），“整合政府 2010” 加大了从电子政府到整合政府的转变，超出技术层面，更强调以公众为中心、增进公众在电子政府中的参与度，强化政府的能力和协同性，在机构内部和各机构之间实现安全无缝的协作。③管理机制上的充分保障。新加坡形成了由“一部、一局、四委员会”组成的电子政府体系，“一部”即财政部，“一局”即新加坡信息通信发展管理局，“四委员会”是指公共服务系统委员会、ICT（即信息与通信技术）委员会、公共领域 ICT 指导委员会和公共领域 ICT 审查委员会。各机构既有明确的分工，又能够相互协调，建立了良好的信息化管理机制。

2. 日本——投入新一代试验区

目前，日本“智慧城市”建设主要朝节能和环保方向发展，重点是利用最新节能和信息技术，对家庭、建筑物和社区实施智能化能源和资源管理。政府在建设“智慧城市”过程中，主要扮演推动者和协调者的角色，日本经济产业省策划了“新一代能源及社会系统试验地区”项目，将神奈川县的横滨市、爱知县的丰田市、京都府以及福冈县的北九州岛市四座城市，确立为“智慧城市”示范验证区，形成在能源、通信、城市开发、交通系统和生活方式等领域的智能化效应。

这四座城市的建设各有侧重，横滨市实施“横滨智能城市项目”，丰田市推进“‘家庭社区型’低碳城市建设实证项目基本计划”，京都府实践“关西文化学术研究生态城项目”，北九州岛市则推行“北九州岛智能社区项目”。以丰田市为例，该市东山町实验区“智能住宅”安装了家庭能源管理系统，系统控制器根据太阳能电池的发电情况及家用电器的耗电情况，在最有效利用能源的时间进行精细控制。例如，在降雨后太阳能电池发电量减少的情况下，控制家电的用电量，或通过预测天气变化事先向蓄电池中存储电力等，自动对电能使用进行控制。这一系统还可通过蓄电池实现在灾害等突发状况时的能源自给，这在灾害频发的日本尤其重要。

日本政府极力将企业推到前台，充分利用企业拥有的先进技术和管理经验。例如，日产、松下、东京电力、东京天然气等公司就承担了建设横滨市太阳能发电系统的任务，在 4 000 户家庭中安装具有通信功能的智能仪表，以实现能源供给的自动调整，同时配备 2 000 辆电动汽车，设置快速充电装置；丰田、中部电力、夏普、东芝、富士通等企业则在丰田市以套的方式，将太阳能电池、燃料电池、各种蓄能设备安装到户，在公共设施以及购物场所配备充电站，供 3 100 辆新一代汽车使用。

日本东京市的“东京泛在计划”是一项利用 IC（即集成电路）标签等信息新技术，为了实现“不论何时，不论何地，不论何人”都可以得到自己所需信息的“电脑终端电子向导社会”而推进的信息基础设施建设工程。“东京泛在计划”于 2005 年开始实施，这项计划建立在日本先进的信息技术基础上，以日本国内信息基础设施的标准化为目标。作为泛在计算技术的运用计划，它不仅进行大规模的信息基础设施建设，还希望通过信息的广泛提供使得东京成为世界上最安全、最放心、最宜居的城市，最终实现日本政府“将东京建设成为世界第一魅力城市”的远大目标。

3. 韩国——加快建设“U-City”

对韩国“智慧城市”建设而言，其主要聚焦在将市民及周围环境与泛在技术（ubiquitous technology，U-IT）相关联，形成“U-City”发展模式。可以说，U-City 是 u-Korea 战略在韩国城市的具体落实，它把信息技术包含在所有的城市元素中，使市民可以在任何时间、任何地点，从任何设备访问和应用城市元素。韩国中央和地方政府非常支持 U-City 建设，按照“互联阶段”、“丰富阶段”、“智能阶段”逐步推进。其在互联阶段偏重信息基础设施建设，如无线网络、传感器安装；丰富阶段偏重服务，即提供无所不在的服务；智能阶段偏重管控一体化，即利用泛在技术，特别是无线传感器网络，达到对城市设施、安全、交通、环境等的智能化管理和控制。目前韩国 U-City 已开始进入“智能阶段”。

仁川市作为 U-City 示范城市，通过整合泛在网络，市民可以方便地享受远程教育、远程医疗、远程办税服务。而位于仁川的松岛以打造“智慧＋互联小区”为目标，设置了“绿色感知（green aware)”系统，实时通报屋主与建筑开发企业有关小区内二氧化碳排出量、能源与水资源消耗量等；无所不在的联网摄像头能捕捉交通信息，并将信息传到智能网络控制总中心 U-media，根据乘客数量的变化或实时交通情况来调度公共交通工具等。

（二）中国“智慧城市”的建设

中国各地政府深刻认识到发展“智慧城市”对城市管理、经济拉动、社会发展等各方面的重要意义，各地争相开展实施“智慧城市”项目。据统计，2011 年中国规划和在建的“智慧城市”数量已达 36 个，密布在环渤海、长三角、珠三角地区，三大区域的“智慧城市”数量占据了总数的74%。其中，环渤海地区有9个，占总数的26%；长三角地区有11个，占总数的31%；珠三角地区有6个，占总数的17%。此外，武汉城市群、成渝经济圈、关中-天水经济圈等中西部地区也已经呈现出较好的发展态势。从“智慧城市”在不同级别城市分布来看，一级城市包括北京、上海、广州、深圳都提出了“智慧城市”建设规划，二级城市有65%开展“智慧城市”规划和建设，三级城市的比例为18%。像北京的海淀、佛山的禅城、常州的武进等区县也已提出“智慧城市”建设规划。但总体来说，中国智慧（数字）城市的理论研究和关键技术体系研发仍基本处于起步阶段，存在着诸多尚未被认识的问题和风险，一些项目甚至沦为了政绩工程、花架子，成为城市发展的负担。

信息技术是“智慧城市”建设中的核心要素，但“智慧城市”建设是一个复杂的系统工程，需要信息技术与体制机制、资金、人才等资源要素有机结合并共同发生作用。根据“智慧城市”建设的要求以及国外先进经验，中国推动“智慧城市”建设需要加强以下四方面的工作。

（1）重视顶层设计。通过顶层设计，规划好“智慧城市”建设的途径、创新的方向和发展的战略，明确发展的路径。例如，北京市“十二五”期间，围绕城市智能运转、企业智能运营、生活智能便捷、政府智能服务等方面，全面启动“智慧城市”建设工程。上海市“十二五”规划中，“智慧城市”是重点部分，形成宽带城市、无线城市、云计算、物联网等多个重点工程及产业专项。2012年，中国工业和信息化部正式发布《物联网“十二五”发展规划》，明确了中国物联网的发展思路，对全国范围内的物联网项目进行统筹规划，以解决各自独立、资源分散的问题，使物联网产业真正成为支柱产业。

（2）发展智慧产业。我们应调整城市产业结构、转变城市发展方式，将转型跨越作为“智慧城市”建设的根本目标。例如，天津市在“智慧天津”战略部署中着力培育若干个产值超千亿的战略性新兴产业，强化产业核心竞争力、提升生态环境承载力，快速摆脱旧有发展方式；株洲市因地制宜提出了建设智慧株洲，着力发展信息、环保和新材料等为主导的智慧产业；沈阳市借助“智慧城市”建设，从老工业城市向可持续发展的生态城市转型，运用绿色科技和智慧技术打造生态沈阳。

（3）加强智慧管理。将创新社会管理作为建设的主要任务，通过信息化技术手段改造提升城市管理和服务的智能化水平，促进城市和谐可持续发展。例如，南京市通过构建智慧南京，推进信息基础设施建设和先进智能技术的广泛应用，优化提升城市综合管理和服务水平。西安市将“智慧城市”建设作为改善民生、产业转型升级的战略选择，将信息化建设成果落实到民生领域，切实推动公众生活方式的转变和改善。

（4）发展智慧服务。将“智慧城市”建设的重点放在与城市居民生活息息相关、社会高度关注的领域，实现率先突破，提高民众幸福指数。例如，深圳市从科技、人文、生态三个方面打造“智慧城市”，并以此作为建设国家创新型城市的突破口；重庆市提出要以生态环境、卫生服务、医疗保健、社会保障等为重点建设“智慧城市”，提高市民的健康水平和生活质量，打造“健康重庆”[54]。

➤复习思考题

1. 谈谈你对“数字城市”的认识。
2. 发展“数字城市”在城市管理中有什么作用？
3. “智慧城市”的发展有哪些特点？

第十七章 城市竞争力

随着全球经济一体化和地区经济集团化进程的加快，产品和企业之间的竞争已逐渐演变为区域和国家之间的竞争。如何提高城市的竞争力，发挥其作为区域经济发展“领头羊”和组织者的角色，推动地区和国家经济的迅速增长，已经被提上各级政府的议事日程，中国的江苏、上海等省市更是率先把增强城市综合竞争力明确列入“十五”计划中，我们可以预见一个大力营造城市竞争力的热潮即将到来。

第一节 城市竞争力概述

一、城市竞争力的内涵与特征

（一）城市竞争力的内涵

1. 竞争力的概念

竞争力是竞争的基础和源泉。竞争力的概念最早来源于企业，世界经济论坛（WEF）在《关于竞争能力的报告》中指出，企业竞争力是指“企业目前和未来在各自的环境中，以比他们国内和国外的竞争者更具吸引力的价格和质量来进行设计、生产并销售货物及提供服务的能力和机会”。目前竞争力的概念已开始被引用到区域之中，但主要研究的是国家竞争力。比较常见的论述有：

“国际竞争力是在自由的、良好的市场条件下，能够在国际市场上提供好的产品、好的服务，同时又能提高本国人民生活水平的能力。”——美国《关于工业竞争能力的总统委员会报告》。

“一国能获得经济（人均 GDP）持续高增长的能力。”——世界经济论坛。并且其进一步提出以下的公式：国际竞争力＝竞争力资产×竞争力过程。

“国家的竞争力是社会、经济结构、价值观、文化、制度政策等多个因素综合作用下创造和维持的。在此过程中，国家的作用不断提升，最终形成一个综合性的国家竞争力。”——美国学者波特的《国家竞争优势》。

“在一定经济体制下的国民经济在国际竞争中表现出来的综合国力的强弱程度，实际上也就是企业或企业家们在各种环境中成功地从事经营活动的能力，就是一个区域为其自身发展在其从属的大区域中进行资源优化配置能力。”——《中国国际竞争力发展报告（1996年）》联合研究组。

2. 城市竞争力的内涵

综合分析和参考以上这些概念，把区域范围由国家缩小至城市，可以认为城市竞争力是指一个城市在国内外市场上与其他城市相比所具有的自身创造财富和推动地区、国家或世界创造更多社会财富的能力。城市竞争力综合反映了城市的生产能力、生活质量、社会全面进步及对外影响。

城市竞争力的内涵至少应包含以下几个方面：

（1）参与竞争力的主体应是城市而非国家。城市竞争力实质上是运用微观经济学的原理进行较为宏观的经济研究，即一个城市仿佛是一个“企业”，区域内城市相互之间的竞争相当于企业与企业之间在市场上的竞争，因而城市竞争力体现为一个“企业”在国内外市场上较竞争对手获取更多财富的能力。

（2）城市竞争力是受经济、社会文化、政策制度等诸多因素综合作用的，其发展也是一个渐进的过程，不可一蹴而就。

（3）城市竞争力本质上是为城市发展在其所从属的区域内进行资源优化配置的能力，战略目标是促进区域和城市经济的高效运行和持续高速增长。

据此，城市竞争力的概念也可理解为：在社会、经济结构、价值观、文化、制度政策等多个因素综合作用下创造和维持的，一个城市为其自身发展在其从属的大区域中进行资源优化配置的能力，目的是获得自身经济的持续高速增长，推动地区、国家或世界创造更多的社会财富，表现为与区域内其他城市相比能吸引更多的人流、物流和辐射更大的市场空间[55]。

3. 城市竞争力与城市综合实力的区别

城市竞争力与城市综合实力的概念有重要的区别：

（1）城市综合实力是从规模、总量上衡量城市在经济、文化、科技等领域的总体综合力量，而城市竞争力是从质量、效率上衡量城市的竞争能力；

（2）城市综合实力主要着眼于城市自身，而城市竞争力强调与其他城市相比较，是一个相对的概念，只有进行比较才能反映出竞争力的高低；

（3）城市综合实力着重于城市现实状态，即城市当前所具有的总能力的高低，而城市竞争力不仅着眼于城市现在，更强调城市的发展潜力及城市的增长后劲。正因为存在上述区别，城市竞争力指标体系所选取的指标全部采用相对指标或人均指标[56]。

（二）城市竞争力的特征

1. 系统性

城市竞争力是由各种因素构成的有机统一整体，它的大小取决于各个要素综合作用的结果，如果只强调其中某一个因素或几个因素，都会陷入盲目性和片面性。因此，营造城市竞争力将是一项系统工程，我们必须从整体出发，全面考虑，始终把握系统的整体特性和功能，从而达到在整体上增强城市竞争力的目的。

2. 动态性

由于在经济运行过程中，各种因素总是处于不断的发展变化之中，城市竞争力的内涵也会不断的发生变化，因此城市竞争力是一个动态平衡的开放系统。同时，动态性也决定了提高竞争力将是一项长期性的工作，在实践中应注意克服存在的不利因素，不断调整和理顺因素之间的相互关系，从而保持较高的城市竞争力水平。

3. 相对性

城市竞争力是一个相对的概念，强调与其他城市的横向比较，因为只有进行比较才能体现出竞争力的大小。另外，随着作用因素的不断改变，同一城市在不同的发展阶段竞争力水平也各异。

二、城市竞争力的理论模型

目前对区域竞争力的研究基本局限于国家这一层面上，由此构造了许多国家竞争力的研究模型。其中最具代表性的有两个：一个是近年来在国际上流传甚广的美国哈佛大学教授波特所提出的“钻石模型”（波特国家竞争力模型）；另一个是在国际上影响较为广泛的瑞士洛桑国际管理发展学院（IMD）的国家竞争力模型，该机构根据模型的评价结果每年发布一次世界各国的竞争力排序。

1. 波特国家竞争力模型

波特认为，劳动成本、利率和规模经济是竞争力的最主要的决定因素，一个国家的竞争力集中体现在其产业在国际市场中的竞争表现。而一国的特定产业能否在国际竞争中取胜，取决于四个因素，即生产要素，需求状况，相关和支持产业，企业战略、结构和竞争的优劣程度。此外，政府的作用以及机遇因素也具有相当大的影响力。这六大要素构成了著名的“钻石模型”，即波特国家竞争力模型（图 17.1）。

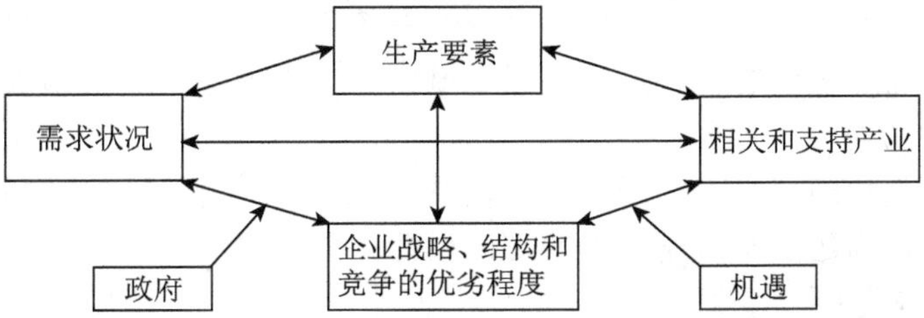

图 17.1 波特国家竞争力模型

波特的模型在宏观和微观层面之间架起了一座桥梁，它在对影响产业竞争力的六个因素进行深入剖析的基础上，得出对产业竞争力的整体评价，从而最终完成了对国家竞争力的最后判断。同样，具体到区域或城市范围，由于经济是由产业构成的，产业结构的合理程度、效率的优劣、技术水平的高低等直接关系到区域或城市的整体发展，因此，产业竞争力也必然是区域或城市竞争力的核心之一。但是我们不能就此把波特的模型简单移植到城市竞争力模型之中，因为一个城市毕竟不同于一个国家，城市竞争力除了产业以外还受其他一些较为重要或独特因素的影响。

2. IMD 模型

IMD 模型以国家竞争力作为直接研究对象，目的是探讨世界各国的竞争力排序。它认为，国家竞争力核心是企业竞争力，即国家内企业创造增加值的能力，而企业是否具有竞争力的大小又体现在国家环境对于企业营运的有利或不利影响程度，二者相互作用、相互补充，共同以持续发展作为取向。在此基础上，其选择了企业管理、经济实力、科技实力、国民素质、政府作用、国际化度、基础设施、金融环境八个方面的构成要素予以评价，而这八个方面又取决于四大环境要素，即本地化与全球化、吸引力与扩张力、资产与过程、冒险与和谐四组因素的相对组合关系（图 17.2）。

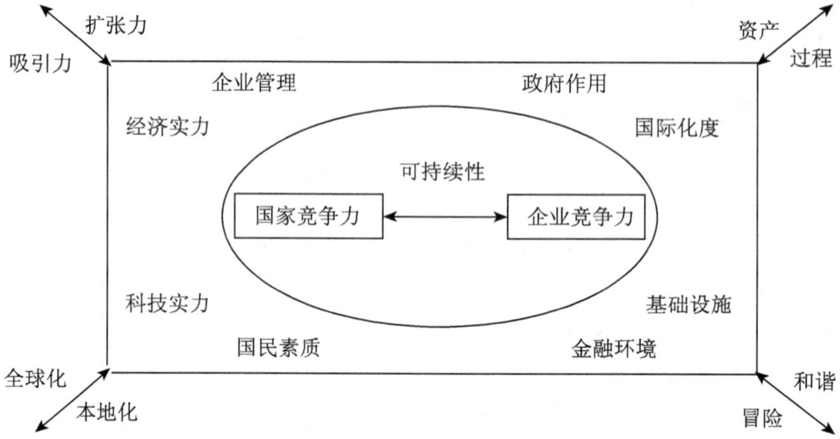

图 17.2 IMD 国家竞争力模型

由于 IMD 模型研究的重点仍是国家竞争力，因此套用到城市竞争力模型中也是不妥的，但是该模型所主张的国家竞争力与企业竞争力之间以持续发展为取向的关系，却为城市竞争力模型的塑造提供了有益参考。企业是市场经济的主体，是产业活动的载体和基石，因此，企业竞争力也应是城市竞争力的核心内容之一，而构成企业竞争力内涵的八个构成因素经过适度的调整也相应成为城市竞争力模型的重要组成部分。

3. 城市竞争力的理论模型

作为介于企业与国家之间属于中等层次的城市，国内学者在继承 IMD 和波特竞争力模型的基础上，构建了城市竞争力的理论模型（图 17.3）。

该模型的含义包括：

（1）城市竞争力是必须在一定的环境中加以培育的，受企业管理、基础设施、国民素质、对外开放程度、金融环境、政府作用等环境因素推动或制约，这些环境因素既蕴涵着对城市竞争力提升有利的机会，也潜伏着对城市竞争力不利的影响，因此，城市竞争力可以视为环境的函数。同时，城市竞争力对环境也具有一定的反作用。

（2）产业竞争力、企业竞争力、综合经济实力、科技实力四者相互作用、相互影响共同构成城市竞争力的基本内涵。在一定意义上，城市竞争力实质上表现为产业竞争力，而产业竞争力则是通过企业竞争力来加以支撑和维持的，因此，产业竞争力和企业竞争力是城市竞争力的核心。综合经济实力是城市竞争力的基础，它不仅反映了城市经

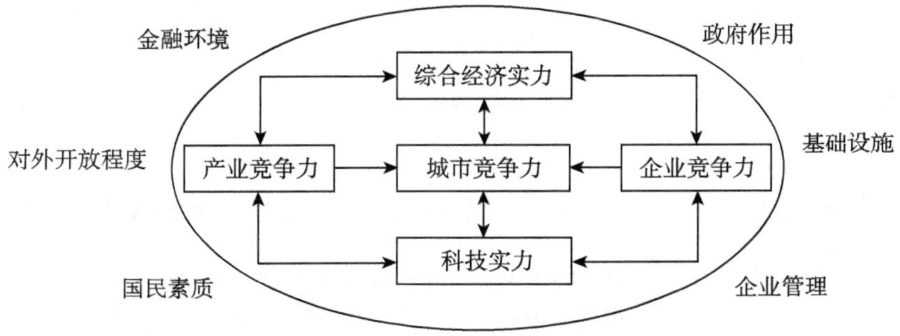

图 17.3　城市竞争力模型

济发展的现状水平和所处的阶段，而且也预示着未来城市参与整个区域竞争所具备的基本能力。技术创新是一个民族进步的灵魂，也是经济发展和生产率提高的基本驱动力和源泉，因而科技水平的高低直接关系到城市是否能在未来的激烈竞争中立于不败之地，获得持续性的发展。总之，该模型在强调城市竞争力的两大核心同时，也兼顾了城市发展的现状水平和未来的可持续发展，较为全面地反映了城市竞争力的深刻内涵和独特性[55]。

第二节　城市竞争力的影响因素

一、提高城市竞争力的必然性和紧迫性

21 世纪中国的全球竞争力将在很大程度上取决于我们能否建设起一批具有全球竞争力的城市和城市群。21 世纪是中国城市发展和竞争的世纪，全球化、市场化、工业化和城市化不仅会把中国城市推向前所未有的重要位置，还将使中国各城市和地区间业已存在的关于资源、市场的纷争鏖战变得更加残酷。

（一）提高城市综合竞争力是增强中国国民经济整体实力的内在要求

经过三十多年的改革开放和经济高速发展，中国的经济实力有了显著的提高。但主要由于中国目前的市场经济体制尚处于幼稚期，加上中国原先的经济基础薄弱，经济层次较低，更因为在经济发展初期各地区以本地的社会经济繁荣为目的而进行自我扩张的发展模式，经济能量、产业结构比较分散，国民经济整体的专业化协作联系被割裂，各经济部门间的协调性差，产业的规模化和集中度存在缺陷，资源有效利用遭受阻碍，巨大的经济发展潜能被压抑。这些缺陷导致中国国民经济目前的主要特征是：发展速度不慢，经济总量不小，但经济质量不高，综合竞争力较弱。因此，如何有效调整产业、产品和企业结构，对中国现有经济能力进行全面整合，努力在目前已经具有的经济总量基础上增强国民经济质量，从而提高中国国民经济整体在全球市场中的综合竞争力，就成为一个非常紧迫的问题。

在以上探索过程中，以提高中国大都市和区域性中心城市的经济实力和竞争力为核心，构建有机的区域性、全国性的经济协调和运作体系，强化国民经济的专业化协作程

度，从而带动周边地区或更大区域，乃至促进国民经济发展、提高经济增长质量、增强国民经济综合竞争力的思路，正越来越被接受和实施。中国的大都市和区域性中心城市正在成为地区、乃至全国的社会经济发展的动力源、辐射点，及重要的产业联系与分工协作架构的组织者。

（二）提高城市竞争力是在全球化条件下抓住机遇、迎接挑战的战略性举措

21 世纪，世界经济发展和国际市场竞争出现新的格局。其特征是：在经济全球化环境中，世界各国市场全方位开放，资源利用和生产体系愈益全球化配置，导致强国的竞争优势全面凸现，使其在激烈的世界市场竞争中占据先机，获取更大利益，而弱势竞争力国家则陷入困境之中。以经济实力为基础的国民经济综合竞争力已成为在世界市场中取胜的重要法宝。为适应这一国际大趋势及国内经济发展要求，自 20 世纪 90 年代末起，中国经济发展战略也从单纯地追求经济增长转向以经济增长为基础，强调社会经济全面进步，从而提高国民经济综合实力和综合竞争力，以有效应对中国即将加入 WTO、进一步扩大开放后所面临的挑战和机遇。这一发展战略在中国“十五”计划建议中得到突出的体现。

中国是一个发展中国家，基础薄弱，水平较低。但中国经过三十多年的发展，在整体上已成为世界舞台上的经济大国，但还远远不是经济强国，我们在人均水平方面还是很落后。进入世界竞争市场，我们将面对着强劲的竞争对手。如何取胜的重要策略是扬长避短，发挥我们的优势，增强综合竞争实力，以整体力量迎接挑战。因此，中国自 20 世纪 90 年代后期以来十分强调提高综合国力和综合竞争力，是有深刻背景的。而提高城市综合竞争力，则是增强国民经济综合竞争力的关键。

（三）提高城市综合竞争力是城市社会经济进一步发展的必然选择

作为中国的区域性中心——大城市和特大城市，尤其是像上海、北京，如何增强经济实力，提高综合竞争力，在区域经济乃至国民经济中发挥更大的作用，在世界经济舞台中扮演一个更重要的角色，是城市经济在 21 世纪所面临的重大课题。因此，比较国内外城市经济的发展特点、城市经济功能的作用机制、城市经济在国民经济中的地位，并充分吸收国内外城市经济发展中的经验教训，加快中国城市经济发展，提高城市的综合竞争力，具有深刻的意义。

以上海为例，上海作为中国改革开放的排头兵，作为中国经济发展的“一个龙头、三个中心”，特别是在进一步扩大对外开放的环境中，其经济所面对的问题十分艰巨。回顾上海经济的发展，其存在着需要提高和完善的方面。上海在 20 世纪 90 年代主要实施了快速的经济外延扩张，使得上海经济取得全面的长足进步，城市功能和面貌发生巨大的变化。但问题在于这种发展还局限在比较浅显的层次，各种经济能量的增长还没有形成一种强大的合力以及强劲的综合竞争力，使得上海经济的能力还没有在世界市场、甚至在国内市场中真正表现出来。上海经济“看看不错，用用可以”，但在国内外市场中真刀真枪地进行竞争就暴露出很多弱点。经过“八五”和“九五”时期上海经济实施产业结构的调整和经济增长方式的转变，上海正从外延的经济增长和规模扩张转向深刻

的以内涵增强为主的发展模式：有所为，有所不为，调整结构，增强实力，形成合力，提高综合竞争力，以真正推动上海在更加开放的国内外市场中崭露头角，发挥更积极的作用[57]。

二、加强城市管理以提高城市竞争力

为了应对全球化的竞争，培育中国城市的国际竞争力，中国政府迫切需要了解各城市的状况，加强城市管理，针对全球化时代决定和影响城市竞争和发展的关键因素，调整和制定城市竞争和发展战略，切实提高城市竞争力，以争夺最大化的利益，争取最快速的发展。

（一）影响中国城市竞争力的关键因素

根据倪鹏飞的研究，城市竞争力是一个复杂的混沌系统，其众多的要素和环境子系统以不同的方式存在，共同集合构成综合竞争力，创造城市价值。具体而言，城市竞争力由硬分力和软分力构成，其中，硬分力包括劳动力、资本力、科技力、结构力、设施力、区位力、环境力、聚集力；软分力包括秩序力、文化力、制度力、管理力、开放力。以上各分力对城市产业价值的创造都具有不同程度的贡献作用。城市竞争力是各分力的耦合，各分力系统及系统内诸要素通过直接和间接两种途径创造城市价值，贡献于城市综合竞争力。各分力系统及系统内诸要素对城市价值体系的不同构成部分贡献不同，因而对城市竞争力有不同的贡献，其关系也是非线性的。城市竞争力各分力之间相互作用，每一分力在作用其他分力的同时其他分力也正作用于它。以上分力构成系统，互动增进，形成复合力量，并主要通过产业或企业竞争和增长的绩效表现出来。

如果把硬分力比做弓，把软分力比做弦，把城市产业比做箭，它们相互作用形成城市竞争力。弓弦质量越好，搭配越恰当，所形成的力越大，产业箭射得越远，获得的价值越大。任何部分有问题都影响城市价值的获取。由于产业的主要内容纳入到软硬分力中，产业形式上成为弓弦力量的传导。这一理论框架被称为城市竞争力的弓弦框架。

在这一框架下，倪鹏飞选取了中国 24 个城市（北京、上海、天津、广州、重庆、武汉、深圳、厦门、杭州、南京、苏州、西安、成都、无锡、东莞、青岛、福州、温州、宁波、大连、南昌、珠海、石家庄、哈尔滨）为样本，通过设计指标体系、采集大量的数据（1997 年），进行分析研究，总结出影响中国城市竞争力的关键因素如下：

（1）现阶段，在人力资本领域内，对中国城市竞争力起主要贡献作用的是劳动力的数量和基本素质，因此，中国城市劳动力对城市竞争力的贡献作用，也仅处在一般水平上。劳动力是城市竞争力的基本推动力量，中国城市劳动力对城市竞争力没有起到应有的作用，关键在于中国城市劳动力的科技素质低、城市教育水平低，尤其地方教育体系的质量差。

（2）当前资本力是中国城市竞争力的第一构成力量，特别是对中西部地区城市，资本对提高城市竞争力更加重要。这一方面证明了资本在城市竞争力中的关键作用；另一方面表明中国城市经济正处于投资推动型发展阶段。这一结论与中国的发展实情正好相符。金融机构指数对城市竞争力的贡献高于城市贷款余额对城市竞争力的贡献表明：城市拥有资本控制能力比拥有存量资本更重要。

（3）科技力对城市竞争力具有重要贡献作用，但目前在城市竞争的各分力中科技力还不是最重要的力量。这除了可能因为科技力与其他分力相关性较强，它会渗透在其他分力中发挥作用以致造成计量上的遗漏外，还可能与目前城市科技成果转化不强有关。这同时说明中国城市经济发展还没进入科技推动型的时期。

（4）在中国的当前阶段，城市基础设施对城市竞争力的贡献很大；基本技术性基础设施和高级技术性基础设施对城市竞争力的贡献比一般基础设施要大得多。

（5）区位对城市竞争力有一定的贡献。城市腹地经济发展水平、城市自然区位便利度和城市科技区位对城市竞争力贡献是比较大的。至于城市在区域中的优势度、城市的行政区位对城市竞争力的贡献度不像人们通常感觉的那样大。

（6）环境力对城市竞争力的贡献比较小，与中国的实际较相符，它说明中国城市还处在工业化和经济起飞阶段，环境对城市竞争力提升的作用还没有像发达国家那样大。不过这里已经初步显示，优美的城市环境对提高城市竞争力具有一定的积极作用。

（7）在经济的转轨和起飞阶段，秩序对经济发展的影响不像与人们的想象的那样特别严重。经济的波动、经济的风险、经济违规行为发生、社会的不稳定对经济的改革和发展有消极的影响，但如果这些能控制在一定限度内，它们的消极影响不会太大。不过，城市的供给和需求不平衡对城市竞争力影响是比较大的。社会治安良好对城市竞争力提高的贡献也是很大的。

（8）城市文化观念对中国城市竞争力的影响非常大。文化力的几个构成要素价值取向、劳动观念、竞争意识、创新精神、兼容心理等对城市竞争力的贡献都比较大，其中交往操守是最大的。文化对城市竞争力具有重要的作用，中国的经验特别是东南沿海的经验给予了很好的证明。

（9）制度状况、制度创新对城市竞争力的提高有重要贡献。个人权益保护度对城市竞争力的贡献度尤其高，在七十多个要素指标中它是最高的。

（10）城市管理力是城市竞争力的重要组成部分。在管理力的要素构成中，政府战略、城市管理水平和企业管理水平对城市竞争力的提升极为重要。

（11）城市开放力对城市竞争力有重要的贡献。城市国内外贸易依存度、外资以及旅游业对提升城市竞争力具有重要作用。

就各分力而言，对城市综合竞争力贡献较大的前五个分力依次为（按贡献弹性系数由大到小排列）资本力、文化力、设施力、聚集力、管理力[58]。

（二）城市政府与城市竞争

从以上关于城市竞争力之硬分力和软分力的分析研究中，我们可以发现这些分力中，无一不与城市政府的管理能力和水平、城市政府职能的有效发挥等有着密切的关系。

市场经济体制下，现代化的城市管理是以城市基础设施和城市公共资源为主要对象，以城市规划为有效手段，以发挥城市经济、社会、环境整体效益为特征的综合管理。无论是资本力、文化力，还是设施力、聚集力和管理力等，都是现代城市政府管理系统建设所追寻的根本目标。

下面我们来看看欧洲国家城市竞争中政府的作为。

第二次世界大战以后，欧洲城市相继出现了郊区化，政府在战前为防止城市急剧膨胀而采取的遏制城市的政策不再继续执行，相反，人口出生率下降和郊区化导致的内城衰落成为新的城市问题，同时，经济和政治形势也发生了重大变化。一方面，战后重建和经济恢复的任务完成以后，民间投资能力大为增强，为城市建设多元化的投资体制奠定了基础。另一方面，中央政府在降低公共开支和"最少干预"（minimal intervention）的政治背景下，将城市建设与规划的权力和责任一并移交给地方当局。1973 年的石油危机加剧了内城衰落的状况，城市政府承担着城市更新和复兴的责任，但在失去中央财政支持和本身缺乏公共基金的情况下，怎样利用外部条件和吸引城市外的投资，成为城市更新的关键。因此，吸引投资的竞争在城市之间展开，以城市规划为重要内容，由城市政府制定的各种政策具备了竞争性，成为城市政府吸引外部投资的手段。

20 世纪 70 年代以来，欧洲国家的城市政府对利益组合和资源来源组合更为关注，通过公私协作（public private partnership）和城市促销（city marketing）使城市政府在管理概念和方法上与地方当局的目标更加紧密结合。其中，"公私协作"使私人投资集团在规划决策中摆脱了单纯从属的地位；城市促销则是典型的以城市为基点和提倡城市竞争的争取发展资源的战略，其宗旨是努力把城市"卖"出去。这一理念近些年在中国颇为流行，如城市形象设计和城市营销，其目的都是增强城市对外来投资的吸引，提高城市为区外服务的能力和水平，其根本点就是提高城市的竞争力。

这一时期，欧洲国家普遍在城市规划中运用 SWOT（strength，weakness，opportunity，threat）方法，即优势、劣势、机遇和挑战的评价方法，反映出立足于竞争的城市发展目标的定位原则。在这种社会经济背景下，德国鲁尔地区政府制定发展规划的目的，是希望外界改变对其作为传统工业区的灰暗印象；比利时安特卫普市突出其码头工业区的改建规划，强调城市滨水地区具有"城市脸面"的形象作用；法国城市在争取冬季奥林匹克运动会和欧洲迪斯尼乐园项目中，表现出极大的主动性；在荷兰，即使不存在大都市的规模和组织机构，城市政府也提出了"兰斯塔德是世界城市"的口号，力求与伦敦、巴黎等欧洲传统大都市相抗衡，以吸引大型国际公司与机构。

国内关于城市竞争力的实证研究一致表明，上海和北京的城市竞争力居全国之冠。上海市原市长徐匡迪强调的六项标准是：投资的成本和市场机会，政府管理和服务，社会保障和社会治安，生态环境和生活质量，文化、体育、教育的环境，交通和通信基础设施。可以看出，政府在提高城市竞争力方面，是可以大有作为的。

在某种意义上，作为地方政府，其主要职责就是营造一个开放的、宽松的、高效的投资环境和经营环境，使原有企业得以健康发展、外来企业得以顺利成长。也可以说，完善服务是树立城市形象，提高竞争力的根本。

提高城市竞争力，必须依靠市场机制，也不能离开政府的管理。竞争是市场运行的一个重要现象，它在一定程度上体现了市场运动的内在逻辑。但是众所周知，仅仅依赖市场导向，竞争效果不是十全十美。因此，城市竞争力的提高必须在市场竞争导向的同时，注重政府的决策、制度组织等在城市竞争力中的作用。"小政府、大社会"，并非淡化政府职能，而是要求更加精干、高效、廉洁。政府要坚持决策的民主化、科学化，并保证其贯彻执行，提高对突发事件的应变能力和疑难问题的解决能力。

城市竞争作为市场经济发展的必然产物，使资源和利益成为城市发展和管理的核心，也使城市政府更加重视采用各种手段来提高城市发展的竞争力。在市场化、全球化过程中，政府的直接干预生产或创造物质财富的作用或能力下降。为适应市场和全球化的需要，转变政府职能，为城市提供和创造一个良好的竞争环境，从原来直接的“财富创造”到“场所创造”（place producing），为城市竞争力提供或创造适宜的“硬件”、“软件”环境，是城市政府的中心任务。21 世纪之初，面对激烈的区域竞争和国际竞争，在提高竞争方面，中国城市政府不仅可以大有作为，而且可以实现城市之间竞争的双赢[59]。

第三节　经营城市与城市竞争力

经营城市是市场经济条件下政府管理城市的一种新理念，其核心是将城市当做最重要的国有资产，用企业家经营企业的理念进行运作，以实现城市建设的自我积累和自我发展。中国大连市按照“不求最大，但求最好”的城市发展思路，创造性地走出了一条“经营城市，增强城市综合竞争力和发展后劲”的成功之路。

城市是最重要的国有资产，必须经营好城市，让城市增值，必须搞环境经济。富有创意是经营城市的方略；重规划、重管理是经营城市的前提；城市的凝聚力是经营城市的保障。

一、经营城市的理念及内涵

（一）“经营城市”理念的产生

经营是经济学上关于企业发展与竞争的一个概念，经营的目的是以尽可能少的资本投入，调动起更多的社会资源，经过一定的创新活动，如设计、加工、制造、包装、重组、交易、置换等使之增值，并实现增值。市场经济条件下，城市面临来自各方面的激烈竞争，在城市的相互竞争中，基础设施是奠定城市竞争力的基础，所以，每个城市都争相扩大基础设施投资规模。世界银行提示，发展中国家在人均收入超过 1 000 美元时，基础设施的投入就显得越来越重要，而且在此阶段的某些发展中国家，对基础设施的投入将超过私人资本投资，因此建议基础设施的投入不能少于 GDP 的 5%。但是，如果城市政府按照这一比例进行基础设施投资和建设，那么大部分城市将所有的财力全部投入基础设施可能还不够。所以，每一个城市政府都希望能大量举债。但是，大量举债进行城市基础设施建设是有很大风险的。在这种情况下，如何筹措资金，进行基础设施建设，以提高城市竞争力，成为一个紧迫的现实问题。在这种背景下，经营城市的理念应运而生。

中国经营城市的行为最早可以追溯到 1982 年深圳率先实行城市土地有偿使用制度试点的时候，但是真正把经营城市作为一个系统化的概念提出并推广，只是最近的事。

不少城市都纷纷地提出了“建立经营城市新理念”的口号。

在中国，由于长期实行计划经济，城市的土地、基础设施、基本公共服务都是由国家统一投入、统一管理、供城市居民无偿或低价使用，没有形成再投入机制。加之经济实力不足、资金匮乏以及重视程度不够等因素，使中国城市发展普遍存在着基础设施落后、城市公共服务水平低的问题。改革开放后，伴随着中国社会经济的快速发展，人口增长和产业发展对城市基础设施的需求越来越大，要求也越来越高，城市基础设施成为一段时期内阻挡城市经济社会发展的突出“瓶颈”，成为制约中国绝大部分城市竞争力的关键因素。同时，随着城市投融资体制的改革，国家对城市基础设施的直接投资日益减少，城市发展逐渐形成了基础设施需求强劲但有效供给不足的突出矛盾，这是中国经营城市产生的直接原因。

另外，随着市场经济体制的逐步建立，城市中诸如土地等政府垄断资源逐步放开，在政策上为经营城市奠定了基础。一些体制改革比较超前的城市，率先在城市基础设施领域开始实行投资和建设的多元化，广泛地吸引境外资金和社会资金参与城市的建设与管理，逐步形成了城市建设管理需求与供给之间的良性循环，这就是最初经营城市的实态。

（二）经营城市的概念和内涵

从经营城市的产生根源来看，所谓经营城市，就是充分运用市场经济手段，对城市所有资产进行集聚、重组、运营，从中获取收益，谋求城市的自我积累和自我发展。它是对城市建设只讲投入、不讲收益的计划经济时期公共福利老路子的一种重大改革，走以地建城、以城养城的城市建设市场化路子，是“建设城市、管理城市、经营城市”三位一体发展原则中的最高形式。其实质上就是指在市场经济条件下，城市政府充分运用市场机制和市场规律，采用市场化的方法来解决城市建设和管理中存在的各种问题，满足人们对城市环境的各种需求的观念和行为。它是市场经济体制的产物，是在市场经济体制下政府建设和管理城市理念的一种转变。

经营城市不是一种短期的、片面的市场交易行为，它的核心内容应该是在政府的宏观控制下，通过市场作用，使城市资产得到最大程度的保值和增值。其最大的目的应该在于保证城市基础设施的持续供给，支持城市经济的有效运转，而不是实现利润最大化的问题。

具体来讲，它有以下几方面的内涵：

（1）经营城市的主体是各级城市政府。经营城市的主体是各级城市政府，因而经营城市本质上是一种政府行为，是在市场经济条件下的政府行为。它是城市政府对城市实施管理和调控的一种新观念和新方法，是城市政府从城市的公众利益出发，为改善城市发展环境、促进城市社会经济发展所进行的活动。因而它从根本上不同于一般的企业经营行为，它不仅要强调经济利益，更要强调社会效益和社会公平的实现。虽然经营城市的具体操作行为是由一些企业化的组织来承担的，而且运行机制也趋向于市场化，但是从根本上它是政府管理和建设城市的一种手段，因而它最终代表的应当是社会公众的利益。虽然经营城市的主体是城市政府，但在城市经营中必须注意要发挥政府机制、市场机制、社会机制的整合作用。

（2）经营城市的客体是“城市资产”。城市资产，包括城市的土地、市政设施等有形的资产和依附于其上的名称、形象等无形的资产。这些“产品”长期以来都带有很强的垄断性，由国家单一投资、单一建设、单一经营，进入市场受到国家法律法规的严格限制。因此，经营城市也是使城市的土地、基础设施等“城市资产”进入市场，实现其潜在价值的行为和过程。由于“城市资产”的所有权属于国家，进入市场必然涉及一个所有权和经营权、使用权分离的机制，也必然涉及相应的法律法规体系的建立和体制的创新。

（3）经营城市的实质。从实质上来说，其是对城市的传统投资、建设和管理体制的市场化改革，是市场经济体制下城市建设的一种新理念和新模式。城市政府在不改变国有资产所有权的前提下，通过对所掌握的土地、基础设施、各种公共服务等“城市资产”的使用权、经营权、冠名权等相关权益的市场化运作，采用有偿使用、协议出让、委托经营、股份合作、租赁、承包、转让、抵押、拍卖等市场经营形式将“城市资产”推向市场，利用市场的作用发展和建设城市，以较少的投入取得较大的产出，从而解决在传统的城市建设和管理中经常存在的投资资金缺乏、建设效率低下等一系列问题。从这一意义上说，经营城市也涉及政府职能转换的问题，在解决对策上，必须有新方法和新思路。

（4）城市经营的模式从资金导向向功能导向转变。当前区域之间的竞争主要表现为区域城市之间的竞争，而城市之间的竞争已经由单纯的规模竞争转向综合竞争力的竞争。这就要求，城市发展和竞争中，必须对城市经营有战略高度的认识。传统意义上的城市经营的思想着重于城市资源的市场利用，从而形成城市建设资金的投入产出循环上，因此，城市经营本质上是服务于城市建设资金筹集这个目的的。这种资金导向的理解不仅对城市经营理论的传播产生了误导，更重要的是，它对经营城市的实践指导中产生了一系列的不良后果。对于原有的政府资本资产运作和管理城市资源的城市经营思想，有必要从经营城市的目的、过程和效果等方面全面重新界定城市经营的理论和实践。原有的资金导向的城市经营模式必须从根本上加以改善和提高，其目标就是功能导向的城市经营模式，或者说，基于功能观点的城市经营框架。具体而言，就是政府根据城市功能对城市环境的要求，运用市场经济手段，对构成城市空间、城市功能和城市审美载体的各种城市资源进行资本化的市场集聚、重组和营运，以实现这些资源资本在容量、结构、秩序和功能上的最大化与最优化，从而实现城市建设投入和产出的良性循环和城市的可持续发展。

（5）经营城市的目标从单纯增加政府的财力扩展到提高城市的竞争力。城市竞争力反映的是城市的综合素质，理应成为经营城市的首选目标。但是，现在大多还是把经营城市的目标描绘成解决城市政府的财力短缺问题。

（6）经营城市的维度从单一的基础设施投资融资扩展到影响城市竞争力的所有项目。城市竞争力是一个复杂系统，与之相关有很多子项目，这些项目是多维度的，所以，城市经营的维度也大大增加了。

（7）经营城市的范围从城市的内部资源配置转向更大区域范围内的资源配置。城市的竞争力要在更大的空间、在国际范围的比较中培育。21 世纪的城市政府应该是全球经纪人，要学会推销自己的城市。所以，经营城市不能局限于城市内部与周边地区。

二、经营城市目标的层次性

（一）第一层次目标：缓解政府在城市建设资金上的困窘

在传统的城市建设模式下，城市的基本建设都是由政府包揽包办、单一投资的。随着经济的发展对城市建设的要求越来越高，各项基础设施和服务所需的投资也越来越大，城市政府日益面临着城市建设需求强烈但投资供给不足的困窘。通过城市经营，把城市的各类建设项目推向市场，实行产业化经营，本着“谁投资，谁受益”的原则，吸引各方面的投资参与城市建设，从而打破单一政府投资的模式，使城建投资由主要依靠政府转向依靠社会，由主要源于财政转向主要源于市场，从而解决城市建设资金缺乏的困难，这是经营城市的最基本的出发点，也是各地区开展经营城市的首要目标。

（二）第二层次目标：促进城市建设效率的提高

在计划经济体制下，城市基础设施部门被视作福利部门，按照事业单位来管理，建设方式主要依靠行政指令，建设周期长、资源浪费多、成本高，建设缺乏积极性且效益难以保证。而政府通过经营城市，实行投资主体多元化、建设项目业主化、运行机制市场化，城市建设和管理主要依靠市场手段。业主对项目实行企业管理、自负盈亏，按照市场经济规律运行，基础设施建设从整体上实行社会化管理，从而杜绝资源浪费、重复建设、零散建设和建而不用、用而不全等现象的发生，使建设的成本降低、周期缩短、效益上升，促进建设效率的提高，增强城市基础设施部门的活力。这是经营城市的另一重要目标。因此，经营城市不仅要考虑如何去“生财”的问题，而且要切实研究对资金、资产的有效管理和使用，以期发挥最大的效益。

（三）第三层次目标：推动政府职能的积极转变

在计划经济时期，城市资产都是为人们提供生产、生活条件的无偿服务型、共享型的公共产品，政府职能重叠、混乱不清，严重影响了城市功能的发挥。通过经营城市，可以使政府把精力更多地投入到城市的发展、规划和城市资产的监督、管理中，把城市资产的投资和经营尽可能地交由市场来完成，从而促进政企分离和政府职能的转变，使城市政府更加适应于市场经济的发展环境，这是经营城市所应达到的另一个重要目标。也就是说，“生财”、“理财”仅仅是经营城市的最基本的目标，其深层次目标应当是能够解决一个体制的问题。

（四）第四层次目标：促进城市的可持续发展

按照市场经济规律经营城市，综合运用各种城市资产，在整个城市范围实现资源配置效益的最大化、最优化，从更大的深度和广度上使城市资源实现优化配置，从而使城市资源和资本得到了尽可能的节约；由于它又是政府的行为，所以会首先从城市公众的整体利益出发，从而避免了市场经济的负面效应，达到经济效益、社会效益和环境效益的最佳统一，实现城市的可持续发展，这是经营城市所应达到的最终目标。也就是说，经营城市的核心目的应该是着眼于解决城市发展中的各种关系和矛盾，是一个“协调”和“发展”的问题。如何使城市建设中的城市资源供给与资源需求、市场利益与公众利益、长远利益与眼前利益达到一个恰当的平衡，从而促进城市建设持续快速地发展，才是经营城市所应该着眼的最大的课题[60]。

三、经营城市的基本原则

（一）规划先行

经营城市采用市场化的运作方式，而市场行为常会导致发展的无序，为了追求局部利益的最大化而忽视整体的发展利益。城市规划则恰好是从城市的整体利益出发，通过对城市发展状况的准确把握，科学地分析和确定城市未来的发展方向和目标，同时对城市未来发展的空间格局进行合理的安排和部署。它是城市未来发展的蓝图，因而也是一切城市建设活动的标准和依据。经营城市只有在城市规划的指导下，才能保证其最终目标的实现。因而，在经营城市的过程中，城市政府要注意规划先行，重视城市的总体规划、详细规划的制定和监督执行，切实遵循规划意图，体现规划精神，避免受长官意志左右，搞德政工程，也避免受到片面的经济利益的干扰，搞短期行为和无序建设。同时，对现行的僵化的规划体制，也应该结合经营城市的要求，积极进行探索改革，增强公众参与规划的程度，提高规划的科学性。

（二）必须重视法律法规的建设

“城市资产”的市场化运营，实际上是计划经济和市场经济的碰撞，是城市建设模式的改革过程，涉及许多敏感、有争议的问题，特别是涉及政企分开等一些深层次的问题，必须严格地遵循法律，同时要使已有的行为尽量规范化、法制化，尽可能做到有法可依、有章可循，及时地总结和巩固改革的成果，避免经营城市中出现各种各样的失误和违法问题。而且，市场经济本身就是法制经济，法制的完善，有助于尽快地建立市场化的运行体系，也有助于经营城市的顺利进行。

（三）避免“一刀切”式的市场化经营

在完全市场经济中，经济利益是市场行为的唯一目标。经营城市虽然也有市场行为，但它从根本上是政府代表公众利益而行使的政府行为。所以经营城市不但要考虑城市建设中的经济效益，而且必须综合考虑城市建设的社会效益和环境效益，并使三者有机统一。在推进城市建设和管理市场化的同时，也必须注意不能因为经营城市而一味地追求经济利益，过度提高基础设施服务的收费标准，从而增加城市居民的生活负担，降低其福利水平。政府依然应该是城市基础设施投资的主体，城市税收依然应该是城市投资资金的基本来源。进行城市经营决不意味着要放弃原有的城市建设方式和融资渠道，也绝不意味着放弃政府的主导地位。一些不宜市场化的特殊的“城市资产”，如消防设施、福利设施、重要的城市标识等，是市场的“盲区”，特别要注意防止“一刀切”式的市场化运作。对于这些资产，可以通过转变经营观念和机制、加强经营管理方法等措施来提高其经营效率，但原则上必须由城市政府直接经营。总之，是单纯的管理城市，还是把管理和经营有机结合起来，是城市改革深入发展的重要标志。迄今为止的城市改革，仅仅实现了部分城市要素的市场化，主要是进入企业的那一部分要素和成为有形资产的要素的市场化。而解决城市中未进入企业的那些基础要素、基础设施以至于基础环境等领域中的体制和机制问题，无疑是包括经营城市在内的城市改革深入发展的客观要求和必然趋势。

（四）应实行有效的开源节流

从节流方面讲，主要是政府要缩短投资战线，降低投资成本。杭州就推出了建设工程无标底投标。从开源方面讲，一是土地，因为城市土地凝聚着城市基础设施建设投资物化了的价值，对经营性土地全部实行公开招标出让，不仅实现了土地资源价值的最大化，而且也消除了许多暗箱操作的腐败因素。二是城市的空间资源，如出租车经营权、广告设置权、公交车经营线路和新的信息资源等。三是适度安排，超前经营，进行土地储备。例如，在城郊收购农民土地，建成简易的高尔夫球场，并对周围的土地予以控制，前期投入低，进行土地储备。随着周围环境因基础设施建设不断改善，政府再进行拍卖、出让，将产生巨大的收益。四是把原有的国有资产进行转换，如对煤气公司、自来水公司等采用公开拍卖的方式，盘活存量资产，实现国有资产价值的最大化。五是在城市基础设施、公共品提供领域，降低进入门槛，让民营经济发挥作用如自来水、煤气的供应等，或者是采用 BOT（建设—营销—转让）方式进行建设。

总之，经营城市战略是一个系统工程，涉及的问题很多，需要政府、金融、财政等部门的大力支持；还应搞好国有企业的改革、改制工作，以实现企业效益好转和优化资产重组；调整城市产业结构，特别是对第三产业要采取更加积极的措施；经批准可开征城市市政公用设施配套费，按建设项目以一定比例向建设单位和个人收取基础设施配套费，逐步实行公用设施有偿使用。同时，要以党的十五届六中全会为契机，强化党的作风建设，加强对经营城市的研究、领导、组织、实施工作，做到各级政府密切配合，齐心协力，为建设富饶、美丽的绿色城市而奋斗[60]。

四、经营城市的基本思路

（一）确立“城市是重要的资产”

长期以来，人们一提到国有资产，就会想到国有企业，并把国资和国企等同起来。为了发展经济，许多城市常走相同的路子，即跑项目、争贷款、办企业。但因种种情况，常常达不到预期目的，相反，还背上了沉重的债务包袱。而按照经营城市的思路来融资，就是要突破把城市资产仅仅当做某个企业、某个局部的狭隘观念，确立把城市本身当做资产，并从整体上运作城市资产的思路。也就是说，政府挣钱，不仅可以通过征收企业的税收，也可以通过经营城市使财政收入增加，企业可以由董事长和总经理来管，如果市长的兴趣不在城市而只在企业，这个城市就会因疏于管理而荒废；而脏乱差的城市，以经济眼光来看，就意味着悄悄地贬值，也就是国有资产的流失。正是由于大连市把城市作为国有资产去经营，因而取得了显著成绩。大连市 1992 年全市的可支配财力是 21 亿元，其中可用于生产建设的资金只有 8 000 多万元；到 1999 年，大连市可支配财力已发展到 90 亿元，可用于建设的资金近 40%。如果以 1992 年的财政收入为基数，则从 1993 年至 1999 年的 7 年间，全市就多挣多花了 268 亿元。同样，重庆万州市通过成功经营城市来筹资，填补了“九五”期间 100 亿元的资金缺口。

（二）城市基础设施建设走向市场

公共财政理论认为：在市场经济条件下，基础设施属于“混合型产品”，其性质是公共消费与私人消费兼而有之的，其使用与消费可以部分地直接对私人收费，弥补投资和部分成本费用。企业和私人资本完全可以进入基础设施建设投资领域，参与经营并获取利益，要敢于突破仅仅依靠财政资金建设城市的局面，盘活存量资产，运用市场机制最大限度地发挥城市设施的使用效益，以存量资产吸引增量资金，大胆引进外资。我们可以把某些设施向社会招商，出租经营权，借以取得城市建设资金，用于城市广场、城市绿化等不宜经营的公共设施的建设；或者有偿转让供水、供气、公交等公用事业企业的全部或部分股份，或采取 BOT、TOT（转让—营销—转让）和投资拍卖等方式，有偿转让道路、桥梁、电厂、公园、公厕等城市公共设施经营权。例如，上海在 20 世纪 90 年代中期将黄浦江上三座大桥、两个隧道的经营权全部转让，收回大约 100 亿元的投资；把上海到南京的高速公路上海段的 40 公里在通车之时转让，收回的投资用于建设上海到杭州的高速公路。此外，随着城市建设规模的不断扩大，市区建筑物立面的商业价值也逐步提高，可实行广告有偿使用，对重要位置可招标拍卖，可对城市道路及路灯的广告权进行招标，出让公益设施冠名权，将路名、桥名、街名、站名、广场名、校名、公交线路牌等设施名有偿转让，获得城市维护资金，用于建设维护城市。

（三）盘活城市土地资产

城市政府通过精心规划和建设城市，使城市土地和空间不断升值。城市土地是一个城市的珍贵资产，又是有限的资源，是国有资产中最大的存量资产。马克思主义地租理论告诉我们，地租是土地所有权在经济上的实现形式。建筑地段地租是资本家为租地建造住宅、企业、码头等建筑物，向土地所有者交纳的地租。在建筑地租中，土地的位置对级差地租具有决定作用。随着城市人口的增长，城市各种建筑物的发展，以及土地的投机买卖活动，建筑地段地租在不断提高。这一理论对社会主义仍有指导作用。从法律角度看，《中华人民共和国土地管理法》第 2 条规定：“国家实行国有土地有偿使用制度。”第 55 条规定：“以出让等有偿使用方式取得国有土地使用权的建设单位，按照国务院规定的标准和办法，缴纳土地使用权出让金等土地有偿使用费和其他费用后，方可使用土地。”《中华人民共和国城市房地产管理法》第 27 条规定：“依法取得土地使用权，可以依照本法和有关法律、行政法规的规定，作价入股、合资、合作开发经营房地产。”可见，必须以市场经济的眼光看待城市土地问题。首先，要搞好规划。一是宏观上统筹。根据社会经济发展的状况和需要，对一定区域内农村城市化的步骤、数量、规模、布局等进行总体运筹，制订切实可行的发展计划和远景目标。二是微观上谋划。各地要根据自己的地理、资源、文化、历史以及生产力发展状况，制定本地发展的近期和远期目标、发展策略、运行措施等。我们必须按照经济效益、社会效益、环境效益相统一的原则，实行全面规划、合理布局、综合开发、配套建设，应建高质量的“精品工程”、“艺术工程”，充分体现城市建筑的艺术性、文化性、观赏性、实用性。其次，限量批租土地，提高土地利用率。应限量批租土地，在发展新城市的同时，注重对老城市的改造，走集约化道路，坚决防止一哄而起搞低水平重复建设。应深入贯彻党的十五届六中全会精神，加强党的作风建设，杜绝“形象工程”、“政绩工程”、“羊胡子工程”、“豆腐渣工程”。

此外，应创造良好的城市环境，以扩大招商引资面。美化、亮化城市是前提。例如，南宁市建成绿色城市，全市绿化面积 3 160 多公顷，绿化覆盖率达 36.71%，人均公共绿地面积 716 平方米，空气质量达到国家二级标准，饮用水水质达标率为 94.04%，成为一座“绿城”，1998 年获“全国造林绿化十佳城市”称号，2000 年又获得了联合国人居技术委员会颁发的“人居环境改善良好范例奖”。与此同时，其引进的外资不断增长，土地价格接连上扬，加快了城市经济发展，很值得各地借鉴学习。另外，应加强对土地的一级垄断，即由政府统一征地、统一规划、统一开发、统一管理、统一出让，强化法制管理，规范土地市场，实现城市土地资源的优化配置。对规划用地要完善基础设施，将“生地”变成“熟地”再出让，采取公开招标的办法，使土地获得最大的收益。为严格防止炒卖地皮，对土地中标的商家，须签订“履约保证书”，并在规定时间内交纳保证金，两年内未动工建设的一律收回土地使用权。例如，大连市的土地价格，1999 年比 1994 年增长了五倍。同时，对土地出让金的科学管理也是一个很重要的问题。经营城市，既要千方百计挣钱，又要精心地管好、用好钱。《中华人民共和国房地产管理法》第 18 条明确规定：“土地使用权出让金应当全部上缴财政，列入预算，用于城市基础设施建设和土地开发。土地使用权出让金上缴和使用的具体办法由国务院规定。”

（四）建立良性循环的经营城市投资体制

应采取多种途径搞好经营城市的投资。

一是要积极鼓励要素资源全面开放、全面流动。其主要是吸纳各种投资者，特别是吸纳外地的、本土的、城乡的各类个人和民间的投资者参与城市发展；吸纳各种人才和各种技术，包括那些不为人们注意的民间技术，为城市发展注入新的活力。采取民办公助、公办民助和多方联办等多种办法，兴办城市公益事业。可采取买断经营的方式筹集建设资金，实行股份合作制或股份制、租赁制、合资经营等形式，提倡各类投资者以资入股投入城市建设。尤其应在鼓励民间资金投资房地产市场上多下工夫。

二是成立城市建设投资公司，为筹集更多的城建资金创造条件，并采用“公司制”等新运行机制，使城市基础设施资金参与经营，滚动增值，不断加大投入的力度。

三是加大发展城市非公有制经济的力度。目前，城市非公有制经济呈现出蓬勃发展的局面。应继续解放思想，鼓励和支持非公有制企业进入城市，为城市经济的发展奠定基础。

四是争取发行市政债券。许多西方国家的地方政府投资搞基础设施时，常借助于发行债券来解决，国内有的城市也采取这种办法。例如，广州市 1997 年发行的地铁建设债券，发债主体是广州市地铁总公司，但实际上是广州市政府负责偿还债券本息，其实是市政债券，只不过采取了一种变通手法而已。

五是设立投资基金。例如，设立城市“绿化基金”，可以考虑对在城市居住者，尤其是有职业、有固定收入的成年人每人每年征收适当的费用；也可接受外界捐赠。这样做既可以弥补园林绿化资金的不足，又可以引导人们对城市园林绿化事业的关注，从而提高市民的绿化意识和环保意识，以带动城市的全面发展[61]。

➢复习思考题

1. 简述城市竞争力的内涵。
2. 如何通过加强城市管理以提高城市竞争力？
3. 谈谈城市政府经营城市的基本思路。

第十八章

城市营销的理论与实践

20世纪90年代，中国市场经济快速发展使城市在国民经济中的重要作用日益凸现，经营城市的理念开始流行，其实践活动不断发展。通过经营城市，努力提升城市竞争力，国内城市逐渐适应了市场竞争的压力和挑战。但是，市场经济条件下，竞争是一个动态演进过程，竞争的要素、表现形式和发展态势都在不断发生变化，对于产业而言，绝对优势、比较优势和竞争优势在不同时期的产业竞争中扮演着不同的角色，全球化的竞争格局复杂而多变。对于城市而言，因城市竞争力影响因素及其组合、互动等不断发生变化，其竞争优势同样也发生变迁。在市场经济条件下，如何在动态、多变的城市竞争格局中保持城市的竞争优势，成为现实而紧迫的问题。在此背景下，把企业的治理结构和理念引入城市治理中已经成为现代城市管理的一种新趋势，从而使城市走向了营销时代，城市营销成为创造城市竞争优势的一条重要途径。

城市营销是经营城市的发展和高级阶段，现在城市之间竞争的加剧，要求城市的管理者要像商品一样来推销城市，这样才能赢得消费城市者的青睐，才能获得城市更大的发展。

第一节　城市营销概述

21世纪是全球化时代，城市竞争愈演愈烈，城市营销已经成为应对城市竞争格局的有效途径，由此，城市营销开始成为人们关注的热点话题。专家们认为，目前，城市已进入营销时代，没有个性化的城市品牌、专业性的城市营销能力和体系就无法有质量、有效率地开展以吸纳投资等为主要形态的城市招商活动。因此城市竞争力与城市营销已成为当今发展的主题，如何管理和经营城市，如何提高城市的竞争力已经成为城市政府思考和探索的焦点问题。

一、营销的内涵

根据营销学理论，就企业而言，市场营销活动是“引导商品和劳务从生产者到达消费者所实施的一切企业活动”，此定义将市场营销和企业经营活动完全融为一体。其背景是企业的经营活动经历了以下四个阶段：生产阶段、销售阶段、营销阶段和社会营销阶段。就经营而言，经营是一切将企业生产和市场需求、企业目标三者联系起来并达到动态平衡的企业活动。在企业经营的生产阶段，市场处于短缺状态，企业根据市场需求生产产品，扩大生产和降低成本是企业经营活动的核心。在企业的销售阶段，市场需求趋于饱和，扩大销售获得更多利润成为企业经营活动的核心。在企业的营销阶段，大众市场基本饱和，市场需求开始细分，占领市场、抓住顾客的“顾客导向”成为企业经营活动的核心。在企业的社会营销阶段，营销观念包括消费者导向、管理和利润导向，增进社会福利三个要点。由此可见，企业营销和企业经营活动是完全融合在一起的，是企业经营活动的重心随市场变化而不断变迁的具体反映，企业营销是企业经营发展的高级阶段。另外，在企业经营发展的高级阶段，即企业的营销阶段和社会营销阶段，消费者导向具有外向性，主要是面向市场的，可视做企业营销活动；管理和利润导向具有内敛性，主要是面向企业内部（生产环节），可视做企业经营活动。所以，在市场发育成熟阶段，营销和经营是企业发展的基本组成部分。或者说，市场条件发生变化后，企业营销是企业经营的别称。

二、城市营销

企业营销活动的发展是以市场竞争为舞台的，对城市而言，因为城市竞争活动古已有之，所以，城市营销活动也在不断地发展。城市营销活动最早可以追溯到中世纪的意大利城市政府促进旅游胜地的做法，但局限于时代发展阶段，在理论上一直没有对城市营销进行概括总结。20 世纪 50 年代以来，城市世界开始经历转型时期，城市发展的内外部环境发生了很大变化，全球竞争加剧、技术变化、经济转型、政府重塑等，使得很多城市面临各种困境，如金融缺口、经济衰退、失业率增加、环境污染，面临困境，不同的城市有不同的表现，很多城市成功地实现了转型，在这一过程中，人们开始重新思考城市发展的内在驱动力。20 世纪 80 年代末 90 年代初，随着市场营销学的发展以及城市的发展，现代营销之父菲利普·科特勒等系统地提出了“地方营销”的概念。

根据菲利普·科特勒的定义，所谓地方营销就是将地方视为企业，将地方的资源和未来视为产品，分析它的内部和外部环境，以及它在全球性竞争中的强项与弱项以及面临的机遇和威胁，确定它的目标市场，借此强化地方经济基础，主动培育和营销地方特色，针对目标市场进行创造、包装和营销，从而更有效率地满足和吸引既有的与潜在的目标市场（主要包括产业、投资者、定居人士、旅游者、会议人士等）。从菲利普·科特勒的观点出发，任何一个国家、都市甚至城镇都可以进行“地点营销”，菲利普·科特勒鼓励不同地点切合自身实际，建设作为居住、投资或旅游胜地的竞争优势和品牌形象。

在中国，随市场经济体制的建立和发展，城市竞争态势日显明朗且日趋激烈，伴随着城市经营活动的不断深入，城市营销理念被引入中国，近两年来城市营销的案例不胜枚举。2001 年上海承办 APCE（即亚太经济合作组织）会议使得上海成为全世界的焦点，堪称城市营销的成功案例；昆明喊出“营销昆明”的口号，并大打春天概念“名片”，使昆明在 2002 年实现旅游收入 141.4 亿元人民币。城市营销的绩效除了受区域自身资源位水平、营销能力等自身因素影响外，还与它所处的国家的资源位水平有关。

城市营销是市场经济发展对一个城市的必然要求。作为一个全新的概念，它是经济学、企业管理学、社会学、营销学的理论在城市建设与发展中的综合体现和反映。目前，就城市营销的概念而言，中国尚未有统一的界定，一种观点认为，从营销学的角度上看，城市营销是一种整合营销，是一种系统的营销方法，具有自身的指导理念、分析方法、思维模式和运作方式，以市场为调节方式，以价值为联系方式，以互动为行为方式，是现代城市面对复杂竞争环境的最有效选择；从企业管理学上看，营销城市理念关注经营成本、产品市场，倚重市场配置资源的作用；从社会学领域考察，营销城市理念弘扬和尊重人本思想和持续发展观，在城市建设、经营和营销中突出人居环境的地位，从人的生存发展出发追求城市品位的提高。综合起来讲，城市营销就是指把市场经济中的营销意识、营销机制和营销方式的理念和手段运用到城市建设和管理上，把城市中可经营的资源如城市土地、城市基础设施、城市生态环境、文物古迹和旅游资源等有形资产以及依附于其上的名称、形象、知名度和城市特色文化等无形的资产，通过对其使用权、经营权、冠名权等相关权益的市场运作，最大限度地盘活存量、引进增量，广泛利用社会资金进行城市建设，以实现城市资源配置的最优化和效益的最大化，实现城市的自我滚动、自我积累、自我增值的新的城市建设和管理模式，从而促进城市发展、社会进步、人民物质文化生活水平的提高。“营销城市”是对“经营城市”的质变性跃升。

四川大学左仁淑教授认为，城市营销就是以充分发挥城市整体功能为立足点，通过树立城市独特形象，提升城市知名度和美誉度，从而满足政府、企业和公众需求的社会管理活动和过程的总称。其含义应该包括城市营销的立足点、城市营销的内容、城市营销的目的和城市营销的性质。城市营销的立足点是发挥城市整体功能。城市整体功能是指城市的政治功能、经济功能、社会功能和文化功能的集合。城市营销不是仅以经济发展为目的的活动，而且也是政治稳定、经济发展、文化创造和社会资源配置等诸多方面的综合性的社会活动。城市营销的实践依赖于城市整体功能的发挥，城市整体功能的发挥是城市营销的立足点和归宿。

无论怎样界定，城市营销是利用市场营销的理念和方法来管理城市，这是其真正的本质。城市营销的基本原则要体现市场化，城市营销的观念是要进行城市定位。定位首先要建立在竞争的基础上，定位是一个竞争力分析的结构，城市营销的目标就是要提升城市的竞争力。城市营销的内容是提升城市内在能力。城市内在能力是城市人文环境、要素禀赋、产业结构、政府作为等方面的集合。具体而言，城市内在能力主要是指城市自然资源（包括自然景观和土地矿产等资源）、城市人文精神、城市政府素质（包括政府效率和政府廉洁度）、城市基础设施（包括道路交通、水电气供应、通信设施、绿地面积等）等。城市内在能力外在表现为城市个性、城市形象。城市营销的目的是满足政府、企业和公众的需求。

从一定意义上讲，城市营销就是通过提升城市形象，获得与城市内在能力对应的收益，让本地企业的品牌更鲜明，使本地居民更富裕，使其对投资者更有吸引力，使旅游者满意而归，最终使城市政府的绩效更突出。城市营销是一种综合的社会管理活动或过程。它通过城市规划、城市建设、城市治理以及城市形象传播等一系列管理活动实现城市营销的目的，这些活动应以城市营销的立足点为出发点，强调其相互间的协调性，功能发挥的整体性。

综上所述，使用菲利普·科特勒“地方营销”的概念来界定城市营销，我们可以将城市营销界定为：将城市视为企业，将城市的资源和未来视为产品（商品），分析它的内部和外部环境，以及它在全球性竞争中的强项与弱项以及面临的机遇和威胁，确定城市的发展定位和发展目标，通过改善基础设施、创造与吸引高素质人才、刺激城市企业有效扩张，发展强有力的公私合作组织，筛选和吸引产业集群、创造城市独特魅力及城市文化等，针对目标市场进行创造、包装和营销的过程。城市营销的前提是把城市当做一种产品，要吸引消费者“消费城市”，城市消费者包括城市居民（含潜在的移民）、投资者和旅游者。城市营销的产品（商品）包括居住产品、投资产品、旅游产品、服务产品、历史产品、人文产品、体育产品、娱乐产品等[62,63]。

三、城市营销的程序

（一）调查、分析城市营销的环境

我们应从国际政治经济形势、国内政治经济文化、城市的发展阶段和未来趋势、周边城市或同类城市的态势和城市内部的政治经济文化发展等方面进行广泛而周密的调查和分析，找到城市的强项与弱项、城市面临的机会和挑战。从一定意义上讲，城市营销就是努力让城市内部环境和外部环境相适应的过程，通过环境调查与分析，明确自身优势劣势，为城市准确定位奠定基础。

（二）选择城市类型细分的标准

根据不同的细分原则，对城市利益主体的需求进行全面分析，结合城市自身的优势劣势，进行科学分类。在细分时要重视内部市场（本城居民）和外部市场（外城居民），旅游市场和投资市场，经济市场、政治市场和文化市场的差异性。

（三）确定城市定位

城市类型细分之后，从城市地位和角色等方面，确定城市定位和城市营销目标，树立城市形象。在城市定位时，要考虑城市形象的独特性和不可替代性，要有包容性、前瞻性，要体现人与自然、现代与传统、生活与工作的统一。在定位方法上，首先进行城市内在能力分析，即从人文环境、要素禀赋、产业结构、政府作为等方面得出城市的内在能力水平；然后，通过 SWOT 分析、横向和纵向的比较，最终确立城市定位。

（四）制定城市营销战略

城市营销战略包括明确“城市产品”、城市营销策划以及制定系统的营销组合策略。不同的城市“产品”是不同的。对于具有优势自然景观的城市来说，自然景观就是它的主要“产品”；对于拥有良好的市政设施的城市来说，基础设施就是它的主要“产品”；对于拥有悠久历史文化的城市而言，历史文化就是它的主要产品。城市营销策划不止是一个城市形象的策划，而是一个城市发展的总体设想和规划。目前，对于中国城市而言，城市营销策划主要有三个方面的工作：一是人文环境的再塑；二是基础设施的改善；三是政府效率的提高。制定系统的营销组合策略时，要注意从城市的内在能力和城市产品消费者的需求出发，从关系、关联、反应、回报等角度系统思考，制定相应战略和具体的实施步骤。城市营销战略的制定，要做到长期性和阶段性的统一。

（五）实施城市营销战略

根据城市定位和城市营销策划，进行城市形象推广和城市产品销售。从组织上，应多管齐下，发动多元主体力量。在实施营销战略时，应注意对营销活动进程的控制，加强对营销人员的管理，保证营销项目的协调，重视对营销活动资金的监管等。

（六）调整城市营销战略

根据城市内在能力的提高和外部资源的变化，在监测城市营销战略进程时，应定期进行绩效评估，动态地调整城市营销策略，以保证城市营销战略的有效性和目的性，同时注意城市形象的稳定性和一致性。通过以上实施程序的保证，使城市营销的有效性得以提高，从而推进城市营销与管理工作，加快城市发展。

第二节　城市营销的基本要素及基本模式

一、城市营销的基本要素

城市营销是一项复杂的系统工程，是由诸多要素构成的。这些要素各自形成一个个独立的子系统，都有自身的特征、结构、功能、目标和运行程序，并在城市营销的总体目标规范下有序运行。

（一）城市规划是城市营销的灵魂

城市营销并不是想到哪里做到哪里，不是今天把这块地批租出去，明天把那块地批租出去，也不是今天在这边建座高楼，明天在那边建座高楼，它是一盘棋，我们必须通盘考虑。这就离不开科学的规划，因为城市规划是城市建设的灵魂，城市发展的龙头，我们不难想象没有科学合理规划的城市建设将是什么样子。综合先进城市在城市营销方面的经验，我们必须从以下几个方面搞好城市规划。

(1) 城市规划必须要求高瞻远瞩，立足现实，放眼长远，既不可急功近利，又不可好高骛远。

(2) 城市规划必须发挥致富功能，通过规划，让土地、道路等国有资产升值。

(3) 必须注意维护好城市规划的严肃性、权威性，规划一经确定，任何人不得随意更改，严格执行规划一张图、审批一支笔、建设一盘棋制度，保证城市规划不折不扣地落实。

(4) 城市规划既要摆脱“水泥森林”的形象，又要克服向纽约、东京等玻璃围幕高层建筑、成片草皮广场、音乐喷泉这种城市“固定模式”发展的趋同倾向，要因地制宜，强调城市特色。

（5）城市规划的制定必须科学民主，既要请专门的科研机构进行专业规划，制定详细的规划编制，又要征求广大市民的意见，做到集思广益，特别是重点规划好城市的功能分区，住宅区、商贸区、工业区、文化区、行政区等必须按照科学的原则合理划分。

（6）城市规划必须兼顾旧城改造与新区开发，既要注重新区建设，又要加快旧城改造。

（二）经营土地是城市营销的起点

土地是政府掌握的最大的城市资产，同时也是城市的稀缺资源，所以它的收益是直接的，因此许多地区把城市营销片面理解为经营城市土地，从而产生了不少问题。例如，急于求资，批光卖光；暗箱操作，价值流失；不留储蓄，后继为难；缺少规划，布局零乱等。这也正从另一个方面说明城市土地在城市营销过程中的重要性，它是城市营销的起点。其一，它解决了营销城市起始阶段的资金问题，如昆山市近几年来实行土地有偿使用制度，每年土地收益达 5 亿元，占地方财政收的 25%；其二，它为其他城市资产的市场化运作提供了经验。上海、大连、天津、苏州等城市在城市营销土地方面获得了巨大的收益，也积累了大量宝贵的经验。

（三）市场运作是城市营销的手段

市场经济手段是经营城市与传统意义上的城市建设之间的根本区别所在，这就要求在建设城市过程中，确立“无处不营销”的至上理念，利用城市资产优势，通过市场运作和机制创新，促进城市资产保值增值，以推动城市良性发展。

（1）走“以地生财”之路。通过垄断土地一级市场，对土地使用权、项目开发权实行公开拍卖，将土地增值收益全部收归财政。

（2）走“以资生财”之路。将长期以来由政府建设、所有、营销、管理的道路、桥梁、公厕、公园等公用基础设施的投资权、营销权、使用权、管理权进行拍卖、出让，将收益收归财政，改变过去部门收益状况。在改革城市基础设施建设管理体制过程中必须具体问题具体对待，对于纯公共产品，我们仍需由国家政府直接投资；对于由私人提供的准公共产品，完全市场化运作，计价收费；对于介于两者之间的由私人提供的公共产品，虽是国家政府投资，但不是由政府直接建设，它是由城市投资公司具体负责招标建设和管理，政府在中间仅起监督作用。

（3）走“企业化”之路，积极推进城市公用事业改革。按照“政企分开、权责分离、建管分开、责任明确”的原则，把公用事业中的行政管理职能与具体化业务相剥离，引入竞争机制，并区分不同类型，实施分类指导。对供水、供气、供热行业，按照建立现代企业制度的原则，创造条件，通过独立改制、引资改制、切块改制等形式灵活运作，逐步进行公司改造。市政维修、园林、环卫等事业单位改组为市政公司、绿化公司、保洁公司，实行有偿服务、代办服务。

（4）走“无中生有”之路，变现无形资产。随着城市整体价值的提升，城市无形资产也越来越引起人们的重视，许多城市在无形资产市场化运作方面积累了一定的经验，通过出售道路、桥梁、河道、广场、绿地的冠名权，拍卖城市公用设施广告发布权、城市公交线路使用权，完全市场化运作，计价收费；对于介于两者之间的由私人提供的公共产品，虽是国家政府投资，但不是由政府直接建设，它是由城市投资公司具体负责招标建设和管理，政府在中间仅起监督作用。山东淄博市临淄区全区通过出让城市基础设施建设权、营销权和道路冠名权，吸引了近 4 亿元民间资金。山东省莱州市 2001 年 8 月筹建的集中政府 24 个具有审批和收费职能部门统一办公的便民服务中心缺乏建设资金，便将“中心”18 年收费的“存款权”以底价 600 万元进行拍卖，最终工商银行以 680 万元竞买成功。

（四）投融资渠道是城市营销的源泉

城市建设的关键问题是资金问题，“城市营销”理念的提出，使我们可以通过“以地生财”、“以资生财”解决这一问题。而这个工作由谁直接负责，怎样才能做到“生财有道”？资金在城市建设过程中又如何实现有效配置？这就要求我们加快城市建设投融资体制改革，畅通投融资渠道。

(1) 组建城市建设开发公司，确立其城市建设投资主体的法人地位，实行企业化运作，下辖几个分公司，具体负责国有资产营销管理、城市基础设施投资、投资服务等工作，以资本运营为根本，盘活城市存量资产，多渠道为城市建筹集资金。

(2) 按照“谁投资、谁营销、谁受益”的原则，采取独资、合资、合作等多种形式，吸引国内外投资者参与城市基础设施建设经营，或采用 BOT 方式建设城市营销基础设施。盘活城市现有基础设施存量资产，通过产权转让、入股、拍卖、使用权出让、营销权转让等方式，吸纳社会资金，进行资产运营，也可采用 TOT 方式直接把存量资产转让给社会独立法人营销。

(3) 通过发行股票、债券、彩券等方式进行融资，以拓宽城市基础设施融资渠道。

（五）主导产业是城市营销的支撑

城市营销如果离开了城市产业的发展，营销的将是一座空心城；如果一座城市没有主导产业的支撑，它将很难塑造城市特色，发挥中心城市的聚集、辐射功能，并失去长远发展的后劲。所以，各地城市营销不管是从营销土地开始还是从美化城市环境、创造城市品牌、培育城市产业开始，都不得不将培育城市主导产业作为近期或长期的发展战略。

(1) 充分研究城市的性质、功能和历史基础，依据城市发展的总体目标，准确定位城市的主导产业，并以市场选择为基础，通过适当的政策倾斜，使资源在主导产业部门得以最优配置。

(2) 以主导产业为中心，提升城市产业关联度。在同一城市中，产业之间的关联度越高，运输、管理等方面的成本将越低，从而整个城市产业的效益大大提高。所以，我们在培育主导产业的同时，更重要的是要能形成以主导产业为龙头，与支柱产业、配套产业、服务产业等紧密相连的产业链。

(3) 围绕主导产业，优化城市产业结构，加快传统产业的改组改造。在提升劳动密集型产业技术水平的基础上，重点发展高新产业、附加值高和就业容量大的制造业以及其金融保险、信息服务、物流配送、专业服务等现代服务业，逐步淘汰和转移城市中心区污染重、占地多的工业，因地制宜发展持续产业和替代产业，促进形成新的增长点。

（六）形象塑造是城市营销的目标

当今社会，品牌经济、品牌社会等理念已日渐深入人心。不但物质产品讲究品牌，精神产品也要讲究品牌，公司、团体、景观、城市，甚至服务方式也讲究品牌。对于城市来讲，城市品牌的创立其实就是城市形象的塑造。近年来，在报纸、电视等媒介上频频出现城市形象宣传的内容和画面，各大中城市都在塑造城市形象的同时加大城市宣传力度。因为城市形象就是吸引力、竞争力，它有助于城市整体价值的提升，有助于聚集更多的经济社会要素。毋庸置疑，城市形象的塑造和宣传，给人们留下了一个个各具个性的城市品牌：北京是中国的首都，政治文化中心；香港是东南亚最大的金融中心，中国的特别行政区；大连是中国北方著名的海滨城市，花园城市；深圳是中国第一个经济特区；西安是中国最著名的古都……诚然，城市个性形象的形成离不开历史的积淀，但更离不开后天的塑造和营销，如深圳特区最初只不过是与香港隔海相望的小渔村。那么又如何塑造城市形象呢？塑造城市形象就像塑造一个产品品牌一样，既需要遵循统一的标准，又需要突出自己的亮点。

进行形象塑造，首先要结合自身实际进行合理的目标定位，应当通过改善城市生态系统，以优化城市环境，改善城市外在形象。其次，要根据城市的历史、文化特质创造性地设计城市形象工程，城市形象工程必须体现一定的价值观、理念和社会文化艺术涵养。再次，要提高市民素质，树立市民形象。市民形象是城市形象的一个重要方面，它的树立是一个长期的过程，最主要是通过行业服务和政府服务两个窗口来树立，同时在人与人交往过程中体现。最后，要加大文化设施投入，提升城市文化品位。

（七）品牌建设是城市营销的基本战略

在迈克尔·波特的竞争战略理论框架下，企业竞争的三大基本战略包括总成本领先战略、标歧立异战略和目标集聚战略，其中标歧立异战略就是品牌战略，该战略利用消费者对品牌的忠诚以及由此产生对价格的敏感性下降使公司得以避开竞争。就城市竞争而言，标歧立异战略对城市营销具有重要的应用价值，可以说，品牌战略（方法）是城市营销的基本战略。城市营销最重要的是打造城市品牌、管理城市品牌、维护城市品牌。

城市品牌的塑造有两个层次，一是用于打造城市某个侧面形象的一个个的城市产品品牌，这是较低层次的塑造；另一更高的层次就是城市本身的总体形象品牌的塑造。

城市总体品牌与单个的城市品牌的最大区别就在于，城市品牌是一个个具体而实在的品牌，而城市总体品牌则是一个城市在总体概念上的形象的反映，它不可能是具体而实在的东西，而只能是比较“虚”的东西。城市的总体品牌是这个城市的最抽象的概括，所以，它应该能高度综合而全面地反映这个城市的总体特征和城市的精神风貌，能把城市的最有吸引力的核心价值有效地传达给人们。

城市总体品牌的核心价值是一个城市的最灵魂的东西，环境、资源、文化、历史、经济和人本身都是构成和决定一个城市品牌价值的要素，这些要素结合起来最终决定了品牌的本质。不同于单一的城市品牌，城市总体品牌的核心价值既包含了看得见摸得着的东西，同时，也渗透了许多复杂多元的无形价值[63]。

二、城市营销的基本模式

城市营销的各个要素不仅自成系统，而且相互之间存在着种种联系，这些联系使各要素按照特定的目标结成大系统。而各要素在大系统内部组合的结构、层次和目标不同，又将形成不同的城市营销模式。

依据一定阶段上城市发展的总体目标定位的不同，可将城市营销模式归纳为环境经济模式、产业经济模式和综合经济模式。依据城市营销过程中市场化运作方式的不同，可将城市营销模式归纳为开发营销模式、资本转换模式、节支效益模式。

（一）环境经济模式

环境经济模式是将城市作为最大的产品从总体上来规划、设计、建设和营销，通过营造城市最佳投资环境和最宜人居住环境，吸引国内外商家投资和国内外游客消费，从而为城市发展争取到足够的资金，进而带动城市经济社会发展的一种营销模式。环境经济模式以大连、昆明为主要代表，从 1993 年开始，大连就开始了整体的城市规划，大规模的旧城改造和拆迁使大连在城市建设方面很快就走在全国主要城市的前面，欧式建筑与现代建筑交相辉映、星罗棋布的城市广场、女骑警风采、魅力市长、花园式绿化、规范的城市管理、服装节、足球，这些新的形象和标识构成了大连的新名片。环境建设和形象塑造只是一个近期的或者说浅层次的目标，而长远的、深层次的目标是通过形象塑造提高城市的知名度，以聚集更多的外来经济要素，使城市实现增值。

（二）产业经济模式

产业经济模式是通过大力发展工业名牌，形成以名牌企业集团为支柱的工业体系，来提升城市知名度的一种营销模式。产业经济模式以青岛、广州为代表，这类城市一开始就把自己定位为一个工业中心，到一定的阶段后，即拥有了工业名牌后，再开始建设城市品牌。以海尔、海信、青岛啤酒、澳柯玛为代表的明星企业为青岛的经济注入了新的活力，成为青岛经济可持续发展的巨大动力，也成为青岛城市名片的重要标志。通过已建立起的知名企业来吸引外来投资，通过自己所生产的产品输出到区外来获取收入，从而带动城市基础设施建设和经济发展。

（三）综合经济模式

综合经济模式是指在城市建设过程中使环境与经济都得以兼顾，既大力推进环境建设，又建立起一系列工业品牌的一种营销模式。综合经济模式以上海、香港为代表，这类城市由于经济发展阶段上的先天优势和强大的经济实力的保障，在城市建设中将环境建设与产业建设并举，无法准确界定发展阶段。上海作为中国最大的经济城市，随着浦东的全面开发重新崛起，上海让人最容易联想起来的形象已不仅仅是外滩、南京路、城隍庙、国际饭店，陆家嘴金融区林立的超高层建筑群、杨浦大桥、上海大剧院、东方明珠电视塔、金茂大厦、内环高架路则构成了上海的新城市景观，而上海人那种对自己城市充满信心的精神面貌让所有人相信，上海在世界的重新崛起将是迟早的事情。

（四）开发营销模式

开发营销模式主要是通过土地、旅游、环保等资源的高质量、多层次的开发，使资源增值，增加对社会资本的吸引力，增强可变现能力。苏州、武汉、成都是这一模式的典型。苏州的再度被关注是从苏州新城和苏州工业开发区的崛起开始的，这里云集了众多的跨国企业和台资企业，逐渐成为全球一个新的 IT 产业生产基地，发展速度非常惊人，这里是苏州的希望，逐渐取代了 20 世纪 80 年代乡镇企业曾经带给苏州的辉煌。武汉曾经是计划经济时代重要的工业中心和科教基地，但后来的发展却使武汉的经济地位逐渐下降，似乎只有黄鹤楼、东湖才能使人联想起武汉。21 世纪，武汉开始打造“光谷”，利用自己的科技优势在五年里建成中国最大的光纤基地，成为中国新兴的科技基地，“光谷”概念的推出成为武汉未来若干年的主要“卖点”。地处西南的成都一直以来能够被人记住的恐怕就是小吃、川菜、杜甫草堂这些历史和传统的标志，自从《新周刊》把成都评选为中国“第四城”后，成都似乎一下子就成为一个明星城市，科技城、美女城、成都球市似乎成为成都新的标志，成都人也陶醉在“第四城”的光环里，借着西部大开发又火了一把。

（五）资本转换模式

资本转换模式主要是盘活城市拥有的有形、无形的存量资产，转换资本形态，优化资源配置，加快城市开发和建设，如房地带路、市政设施有偿服务、出让有时限营销权、土地置换、抵押置换等形式。

（六）节支效益模式

节支效益模式主要是指在城市营销过程中从资金源头上抓起，精打细算，尽量少花钱多办事。例如，在城市规划和设计环节上搞好科学论证，尽可能降低造价；公用事业单位实行企业管理，减少财政负担等。

当然，依据其他标准还可以归纳出更多的城市营销模式，而在这些模式中，我们无法确定何种模式是最优模式。具体到某个城市选择何种模式，必须要结合自身实际和具体发展阶段来确定。不管怎样，我们在城市营销过程中应始终记住，当处在城市营销初级阶段时，由于缺乏经验，应当选择少数部门或领域进行试点，优先选择易于资产化、资本化的有形资源进行营销，利用其放大效应筹集城市建设资金；当城市发展进入较高级城市化阶段，已具备了一定的物质基础时，城市营销的重点应当向精神文明、生态环境、教育文化等方面倾斜，否则将无法实现城市的可持续发展[63]。

➢复习思考题

1. 什么是城市营销，城市营销与城市经营有何不同？
2. 简述城市营销的基本要素。
3. 简述城市营销的基本模式。

城市可持续发展

1992年联合国环境与发展大会通过了《21世纪议程》，这一历史性会议标志着全人类将“可持续发展”作为共同追寻的目标，使可持续发展成为全球的共同行动战略。可持续发展的基本含义是“满足当代人的需求，又不损害子孙后代满足其需求能力的发展”，其核心是人类的社会、经济发展不能超越资源与环境的承载能力。

1996年6月，联合国第二届人类住居大会在土耳其的伊斯坦堡通过的《生境议程》中确认，人类可持续发展的战斗，其成功与失败将在城市内见分晓，而良好的管理将是成败的关键所在。

2000年7月在德国柏林召开的“21世纪城市”国际会议上，皮特·霍尔教授和其他国家的一些专家发表了《21世纪的城市：关于城市未来发展的专家报告》。报告认为，21世纪，世界的未来发展取决于城市的可持续发展，城市的可持续发展是人类可持续发展的重心和焦点。报告特别强调，完善的城市管理是实现城市可持续发展目标的最主要的中心任务。

21世纪，中国已经进入城市化快速发展的时期，城市增长表现出蓬勃繁荣的景象。但是，随城市人口的迅速增长和经济的快速发展，环境状况恶化和社会贫富差距扩大的趋势也随之加剧。无论是生机蓬勃的发展中的城市，还是已经成熟、逐渐老化的城市，以及自发而过度增长的城市，都面临着促进经济增长、保护环境、维护社会公正方面的困境，城市的可持续发展正面临严峻挑战。加强城市管理，寻求城市可持续发展的有效途径，促进城市健康发展，对中国具有十分重要的意义。

第一节　城市可持续发展概述

一、可持续发展的内涵

“可持续性”（sustainability）是指“一种延续不断与永不衰竭的能力”。“可持续发展”（sustainable development）最初是由世界保护战略委员会于1980年提出的。1987

年世界环境与发展委员会（WCED）发表了著名的布伦特兰报告《我们共同的未来》，首次明确了其含义“可持续发展是既满足当代人的需要，又不对后代人满足其需求构成危害的发展”。国内学者对此定义从空间尺度上做了补充，加上了“特定区域的需要不削弱其他区域满足其需求的能力”。即可持续发展的定义为：不同空间尺度区域的需要不危害和削弱其他区域满足其需求的能力，同时当代人的需要不对后代人满足其需求能力构成危害的发展。

虽然可持续发展的提出时间不长，但可持续发展思想的起源却是植根于历史发展进程基础上的。从中国古代“天人合一”的哲学思想到现代的“人地关系协调观”，人类在创造文明的活动中，在不同的历史发展阶段有着不同的思想认识。正是20世纪后期逐渐加深的人口剧增、资源紧缺和环境失衡等问题迫使人类重新审视发展的内涵、发展的目标、发展的主题。在回顾历史、审视环境危机、反思人类发展观的基础上，人类已清楚地认识到，“走可持续发展之路”是当今人类社会必然的选择，“人地共生”、“人地关系协调发展”成为人类社会持续发展的最终目标。

可持续发展有着丰富的内涵，不同学科、不同领域对它的理解侧重点不同。但其根本思想是一致的，归纳起来有以下几点：

（1）公平性原则。其表现为不同时空尺度上的公平，在时间上包括代内公平和代际公平，在空间上包括区域内的公平及不同区域之间的公平。

（2）可持续性原则。即可持续的发展至少不应当危害支持地球生命的自然系统，其核心是指人类的经济和社会发展不能超越资源和环境或生态的承载能力。

（3）发展性原则。经济的发展对可持续发展有重要意义，布伦特兰报告认为“发展就是经济与社会循序前进的变革”，即在生态可能的范围内最大限度地提高生产潜力，以满足人类不断增长的需求，并特别强调要恢复贫困地区的经济增长、强调社会变革对可持续发展有着重要作用。

（4）共同性原则。即人类危机和实现可持续发展是人类所面临的共同问题和共同挑战，全人类要共同努力。每个国家、每个民族、每个地球公民都要积极参与，共同迎接挑战，采取全球共同的联合行动。

二、可持续发展的基本要素与核心

1. 可持续发展的基本要素

可持续发展从理论上包括三个相互联系的重要方面，即社会可持续发展、经济可持续发展、环境资源的可持续利用，即经济增长要以人类社会与自然的和谐发展为前提，以经济、社会、环境之间协调发展为途径。

（1）社会可持续发展：通过教育、居民消费和社会服务，提高人口的整体素质和健康水平，实现人口的再生产；通过可持续发展政策，消除贫困，改善居住环境，提高人口的生活质量，为经济环境的可持续发展奠定良好的社会基础。

（2）经济可持续发展：内容包括农业、工业及第三产业的可持续发展，即调整产业结构，优化经济发展机制，以相对少的资金投入，实现较高的产出，最终达到经济长期的持续增长。

(3) 环境资源的可持续利用：建立环境资源法规体系，控制生态危机和环境恶化局势，提高自然环境资源的综合利用率。

2. 可持续发展的理论核心

(1) 努力把握人与自然之间关系的平衡，寻求人与自然关系的合理化。这是因为，人的发展与人类需求的不断满足同资源消耗、环境的退化、生态的胁迫等紧密地联系在一起。全球所面临的“环境与发展”的命题，其实质就是体现了人与自然之间关系的调控和协同进化。

(2) 努力实现人与人之间关系的和谐。通过舆论引导、观念更新、伦理进化、道德感召等人类意识的觉醒，更要通过政府规范、法制约束、社会有序、文化导向等人类活动的有效组织，去逐步达到人与人之间关系（包括代际之间关系）的调适与公正。概括而言，“可持续发展”的实质主要体现了人与自然之间和人与人之间关系的和谐与平衡。

有效协同“人与自然”的关系，是保障人类社会可持续发展的基础，正确处理“人与人”之间的关系，则是实现可持续发展的核心。“基础”不稳，则无法满足当代和未来人口的幸福生存与发展。“核心”悖谬，将制约人类行为的协调统一，进而又威胁到“基础”的巩固[64]。

3. 决定可持续发展水平的基本支撑系统

追求人类社会的可持续发展，旨在满足当代人的发展需要，又应以不损害、不掠夺后代的发展需求作为前提；旨在满足本地区的发展需要，又应以不损害、不掠夺其他地区的发展需求作为前提。这意味着，我们在空间上应遵守互利互补的原则，不能以邻为壑；在时间上应遵循理性分配的原则，不能靠“贴现”或在“赤字”状况下运行；在伦理上应遵守“只有一个地球”、“人与自然平衡”、“平等发展权利”、“互惠互济”、“共建共享”等原则，承认世界各地“发展的多样性”。决定可持续发展的水平，可由五个基本支撑系统及其间的复杂关系来衡量。

(1) 生存支持系统，是一个国家或地区按人均的资源数量和质量对于该空间内人口的基本生存和发展的支撑能力。如果可以满足，则具备了可持续发展的初步条件，如在自然状态下不能满足，则应依靠科技进步寻求替代资源，务求使“生存支持系统”保持在区域人口第一需求的范围内。这是可持续发展的基础条件。

(2) 发展支持系统，是一个国家或地区的资源、人力、技术、资本转化为产品和服务的总体能力。可持续发展要求这种生产能力在不危及其他子系统的前提下，应当与人的进一步需求同步增长。这是可持续发展的动力条件。

(3) 环境支持系统，是一个国家或地区的环境以其缓冲能力、抗逆能力和自净能力的综合，形成一定的容量去维护人类的生存支持系统和发展支持系统。可持续发展要求人类的生存支持系统和发展支持系统必须在环境支持系统的容许范围内发展，否则就会导致崩溃。这是可持续发展的限制条件。

(4) 社会支持系统，是一个国家或地区的社会发展以其稳定、有序、安全、保障等条件为可持续发展提供必要支持的能力，即可持续发展必然要在一种秩序稳定和法规健全的社会中才得以进行。这是可持续发展的保证条件。

(5) 管理支持系统，要求人的识别能力、人的行动能力、人的决策能力和人的创新能力，能够适应总体发展水平。它涉及一个国家或地区的教育水平、科技竞争能力、管理能力和决策能力，是前四个系统综合能力的最终限制因子，是可持续发展的持续条件。

由此可见，生存支持系统、发展支持系统和环境支持系统更多地涉及了“人与自然”的关系，而社会支持系统和管理支持系统则更多地涉及了“人与人”的关系[65]。

三、城市可持续发展的内涵

城市可持续发展是对普遍追求的人类可持续发展的区域性延伸和社区性实践。21世纪，城市正在成为人类最主要的居住环境，国家经济的发展也将在更大程度上取决于城市经济的发展，而城市诸多问题的有效解决，必须选择可持续发展的对策。也就是说，走可持续发展之路，是城市发展的必然选择。

城市的可持续发展思想的内涵与可持续发展的内涵是一致的，即坚持公平性原则、持续性原则、发展性原则、共同性原则等。同时，城市作为人类生存和发展整体的一个重要组成部分，是地球空间中的一个以集聚为本质特点的特殊区域，所以，其内涵可以进一步从以下几个方面界定：

（1）生态方面的含义。城市是人类活动与自然生态发生冲突最频繁、最密集的区域，城市的发展又必然受到生态方面的制约。从这个角度，城市可持续发展就是指城市经济和社会的发展不能超越资源和环境的承载能力，在人地关系和谐发展中不断追求其内在的自然潜力得以实现，其目的是建立一个以生存容量为基础的可持续发展的城市。这是可持续发展思想中持续性原则的体现。

（2）经济方面的含义。城市可持续发展是指在全球实施可持续发展的过程中，在生态可能的范围内最大限度地提高城市生产潜力，使城市系统结构和功能相互协调，在保持能够从自然资源与环境中不断得到服务的情况下，使城市经济增长的净收益最大化。这是可持续发展思想中发展性原则的体现。

（3）社会方面的含义。城市的可持续发展在社会方面应追求一个社会福利、城市文明得到极大发展的城市，尤其是消除城市贫穷和犯罪，以富有生机、稳定、公平为标志。同时，城市的可持续发展是城市市民面临的共同问题和共同挑战，全体市民要积极参与、共同努力。这是可持续发展思想中公平性和共同性原则的具体体现。

（4）管理方面的含义。现代人的一切活动，都受三种机制调节，即政府机制、市场机制和社会机制。从管理方面的角度，城市的可持续发展就是通过持续性管理来整合这三种机制，将城市的社会行为控制在生态限度之内，达到城市经济不断增长、社会不断进步的发展目标。

概括而言，城市可持续发展是指城市在一定的时空尺度上，在一定地域内与其外部相和谐、统一，城市内部组织结构和运行机制协调优化，以公平的原则实现城市资源和环境的管理，促进城市资源、城市经济、城市社会和城市环境之间协调发展的过程，是一种新的城市发展模式[66]。

第二节 城市可持续发展的基本途径

2005年6月1～5日，联合国环境规划署在美国旧金山举办世界环境日庆典活动，来自世界各国六十多个城市的市长会聚一堂，探讨城市发展和环境保护问题，并签署《城市环境协定——绿色城市宣言》（简称《绿色城市宣言》），在《绿色城市宣言》中，各城市呼吁在以下七个方面努力促进城市可持续发展和改善城市居民生活质量：能源、废物减少、城市设计、城市自然、交通、环境健康和水。

可持续发展是一个过程，是一个实现目标的过程，而不是一个结果。在追求可持续目标的发展过程中，各国致力于强调改善、进步和良性变化，将环境和社会因素融合起来，借此获得可持续性。在城市领域，人们着力于通过对城市环境、经济、社会的生态设计和管理的一系列做法，来促进城市的可持续发展，探寻实现可持续发展的基本途径。根据可持续发展的核心“人与自然的平衡、人与人的和谐”，以及可持续发展的基本构成要素进行归纳，人类探寻实现城市可持续发展的基本途径基本上沿三个方向展开，即生态方向、经济方向和社会方向。

一、建设生态城市

资源与环境是城市可持续发展的基础条件和限制性条件，生态原则是可持续发展的题中之意。从可持续发展的内涵出发，可持续性是城市发展的基本特征，保持生态平衡，维护优良适宜的城市环境，已成为城市可持续发展的基础和前提。因此，运用生态学的原理和方法，建设生态城市，是城市领域实施可持续发展战略的基本途径之一。

1. 生态城市的概念

生态城市这一概念是在联合国教育科学及文化组织发起的“人与生物圈计划”研究过程中提出的，这一崭新的城市概念和发展模式一提出，就受到全球的广泛关注，其内涵也不断得到发展。

苏联生态学家扬诺斯基（O. Yanitsky）认为生态城市是一种理想城模式，其中技术与自然充分融合，人的创造力和生产力得到最大限度的发挥，而居民的身心健康和环境质量得到最大限度的保护，物质、能量、信息高效利用，生态良性循环。

美国生态学家 R. Register 则认为生态城市即生态健康的城市（ecologically healthy city），是紧凑、充满活力、节能并与自然和谐共存的聚居地。

黄光宇教授认为生态城市是根据生态学原理，综合研究城市生态系统中人与“住所”的关系，并应用生态工程、环境工程、系统工程等现代科学与技术手段协调现代城市经济系统与生物的关系，保护与合理利用一切自然资源与能源，提高资源的再生和综合利用水平，提高人类对城市生态系统的自我调节、修复、维持和发展的能力，使人、自然、环境融为一体，互惠共生。

杨开忠教授认为生态城市是一个经济发展、社会进步、生态保护三者高度和谐，技术与自然达到充分融合，城乡环境清洁、优美、舒适，从而能最大限度地发挥人的创造性、生产性并有利于人们生存的城市。

从历史发展的角度看，人类在社会发展中的生态思想经历了生态自发（直觉）—生态失落—生态觉醒—生态自觉几个阶段，反映了人对自然的关系从敬畏顺应—控制征服—保护利用—协调共处的变迁。生态城市概念的提出和付诸行动，正是人类生态觉醒和自觉的直接表现，反映了人类社会有限理性的不断进步过程。所以，生态城市是生态文明时代的产物，是在对工业文明时代城乡辩证否定的基础上发展而来的新的更为高级的人类生存空间系统。

简而言之，生态城市就是与生态文明时代相适应的人类社会生活新的空间组织形式，即为一定地域空间内人-自然系统和谐、持续发展的人类住区，是人类住区（城乡）发展的高级阶段、高级形式。生态城市已经超越了传统意义上的“城市”概念，是一个高度城市化区域，而且也超越了狭隘的环境观念，融合了社会、经济、技术和文化生态等方面的内容。生态城市不仅要实现社会文化生态、经济技术生态、自然环境生态的持续发展，更重要的是实现社会—经济—自然复合生态的整体和谐。

“生态城市”是一种经济高效、环境宜人、社会和谐的人类住区。因此，“生态城市”最基本也是最深刻的思想渊源就是人与自然和谐相处的思想。生态城市是一种在城市生态环境综合平衡制约下的城市发展模式，涉及经济、社会、环境、制度的持续性。生态城市不仅包含了塑造城市外在形象的内容，还包含了生态文明在公众中的普及和人与人、人与社会、人与自然关系的调整。

2. 生态城市的基本特征[67]

生态城市是现代的理想的可持续发展城市的新模式，是人与自然高度和谐的理想人类聚居形式。生态城市作为一个全新的城市发展方案，是城市建设有序发展的高级阶段。生态城市的最终目的是把社会、经济发展与生态环境建设结合起来，努力创造人工环境与自然环境互惠共生、高效、和谐的人类栖境。

（1）和谐性。生态城市的和谐性，不仅反映在人与自然的关系上，即自然与人共生，人回归自然、贴近自然，自然融于城市，更重要的是体现在人与人的关系上。现代人类活动促进了经济增长，却没能实现人类自身的同步发展，生态城市是营造满足人类自身进化所需要的环境，拥有强有力的互帮互助的群体，富有生机与活力，生态城市不是一个用自然绿色点缀而僵死的人居环境。这种和谐性是生态城市的核心内容。

（2）高效性。生态城市一改现代城市建设中“高能耗”、“非循环”的运行机制，提高一切资源的利用效率，物尽其用，地尽其力，人尽其才，各施其能，各得其所，物质、能量得到多层次分级利用，废弃物循环再生，各行业、各部门之间注重协调联系。

（3）持续性。生态城市是以可持续发展思想为指导的，兼顾不同时间、空间，合理配置资源，公平地满足现代与后代在发展和环境方面的需要，不因眼前的利益而用“掠夺”的方式促进城市暂时的“繁荣”，保证其发展的健康、持续和协调性。

（4）整体性。生态城市不是单单追求环境优美或自身的繁荣，而是兼顾社会、经济、环境三者的整体效益，不仅重视经济发展与生态环境协调，更注重人类生活质量的提高，它是在整体协调的新秩序下寻求发展的。

（5）区域性。生态城市其本身即为一个区域概念，是建立在区域平衡基础上的，而且城市之间是相互联系、相互制约的，只有平衡协调的区域才有平衡协调的生态城市。

生态城市是以人-自然和谐为价值取向的，就广义而言，区域观念就是全球观念，要实现生态城市这一目标，就需要全球全人类的共同合作，共享技术与资源，形成互惠共生的网络系统，建立全球生态平衡。全球性映衬出生态城市是具有全人类意义的共同财富。

3. 循环经济是建设生态城市的重要手段

循环经济（circular economy）是一种以资源的高效利用和循环利用为核心，以“减量化、再利用、资源化”为原则①，以低消耗、低排放、高效率为基本特征，符合可持续发展理念的经济增长模式。发展循环经济，是根据生态学原理和方法进行生态城市建设的重要举措，是城市可持续发展的重要手段。

工业革命以来，由于人类过于注重物质财富的生产，而忽视了资源的高效利用和对环境的保护，形成了单纯追求经济增长的发展模式，这种经济方式对人类的可持续发展造成了极大的危害。为了改变这一局面，低能耗、低物耗、低污染的循环经济逐步取代了传统的城市经济模式，成为世界经济发展的趋势。

20世纪90年代以来，循环经济作为实施可持续发展战略的重要途径，日益受到关注。人们在不断探索和总结的基础上，提出以资源利用最大化和污染排放最小化为主线，逐渐将清洁生产、资源综合利用、生态设计和可持续消费等融为一套系统的循环经济战略，使循环经济的内涵从概念导向的议题，逐渐完善和发展，最终上升为国家、社会层次的发展模式。德国、日本、美国等国家在发展循环经济、建立循环型社会等方面做了大量的工作，循环经济发展迅速，特别是在经济活动的三个层次——企业层次、区域层次、社区层次形成了物质闭环型经济的三种关键思路。在企业层次上，主要是推行清洁生产，进行污染排放最小化实践；在区域层次，依据工业生态学原理，通过企业间的工业代谢和共生关系，形成生态工业园，建立起一种新兴工业组织形态；在社会层次上，比较成功的国家主要是德国和日本。德国分别于1991年和1996年颁布《包装废弃物处理法》和《循环经济和废物管理法》，规定对废物管理的首选手段是避免其产生，然后才是循环使用和最终处置。在德国的影响下，欧盟和北美的国家相继制定旨在鼓励副产品回收、绿色包装等的法律，同时规定了包装废弃物的回收、回用或再生的具体目标。

目前，循环经济发展已经纳入中国政府的议事日程。1998年，中国引入德国循环经济概念后，确立了“3R”原理的中心地位。1999年从可持续生产的角度对循环经济发展模式进行整合。2002年从新型工业化角度认识发展循环经济的意义。2003年将循环经济纳入科学发展观，确立物质减量化的发展战略。2004年中央经济工作会议提出大力发展循环经济，从不同空间规模——城市、区域、国家层面大力发展循环经济，“循环经济”已经融入中国主流经济概念当中。

循环经济运用生态学规律来指导人类社会的经济活动，它按照自然生态系统物质循

---

① 即3R原则。减量化原则（reduce），旨在减少进入生产和消费流程的物质量，包括减少空间的使用；再利用原则（reuse），通过重复利用，尽量延长产品和服务的时间强度，防止物品过早成为垃圾，空间、能源、物资均可被重复利用；资源化原则（recycle），通过把废弃物再次变成资源进行循环利用，减少最终处理量。

环和能量流动规律重构经济系统，使城市经济由工业时代的资源—产品—污染排放的单向流动的传统模式转变为资源—产品—再生产资源的反复循环流动的模式。这种模式的运用不仅可以使人类在进行生产活动中，充分地反复利用各种资源与能源，而且减少了生产过程中的废弃物对资源与环境的损坏与损耗。可以说，循环经济有利于从现行退化型经济增长方式转变为环境无害化、资源化的经济发展模式，它为实现城市经济可持续发展提供了重要途径[68]。

二、发展低碳经济

为应对传统经济发展模式引发的越来越严重的气候变化问题，许多学者从不同角度探究人类可持续发展的途径。1999 年，美国经济学家莱斯特 · R. 布朗在《生态经济革命》一书中指出：创建可持续发展经济“首要工作乃是能源经济的变革”，并提出面对地球温室化的威胁，应尽快从化石燃料（石油、煤炭）为核心的经济转变为以太阳能等为核心的经济。2003 年，布朗出版的《B 模式——拯救地球延续文明》一书，掀起了低碳发展模式的热潮。2003 年，英国政府发表了能源白皮书《我们能源的未来：创建低碳经济》，首次提出低碳经济（low-carbon economy）概念，并宣布英国将实现低碳经济作为能源战略的首要目标，到 2050 年要把英国变成一个低碳经济国家。从此，发展低碳经济成为世界各国应对能源危机和全球气候变暖的现实选择得以大力推动。2008 年的世界环境日主题定为“转变传统观念，推行低碳经济”，联合国召开的气候变化会议，也将发展低碳经济作为会议主要议题，试图通过协调世界各国立场，开展合作，共同应对全球气候变暖。

中国在应对气候变暖方面，早在 2006 年就出台了《气候变化国家评估报告》。2007 年又出台了《中国应对气候变化国家方案》。在 APEC 第 15 次领导人会议上胡锦涛首次明确提出发展低碳经济、研发和推广低碳能源技术、增加碳汇、促进碳吸收技术发展。2007 年 12 月 26 日，国务院新闻办公室发表《中国的能源状况与政策》白皮书，着重提出能源多元化发展，并将可再生能源发展正式列为国家能源发展战略的重要组成部分。2008 年，国务院发布了《中国应对气候变化的政策与行动》白皮书，明确提出将大力发展低碳经济。2008 年 1 月 28 日，全球性保护组织世界自然基金会（WWF）在北京正式启动“中国低碳城市发展项目”，上海、保定入选首批试点城市。2010 年 3 月 19 日，吉林发布中国首个城市低碳发展战略——《吉林市低碳发展计划》，加快建设低碳城市。2010 年 8 月 10 日，国家发展和改革委员会决定，中国将首先在广东、辽宁、湖北、陕西、云南五省和天津、重庆、深圳、厦门、杭州、南昌、贵阳、保定八市开展发展低碳产业、建设低碳城市、倡导低碳生活的试点工作。至此，中国各省纷纷将低碳经济作为区域可持续发展的重要路径和实现经济发展方式转变的重要路径。

1. 低碳经济的内涵[69]

低碳意指较低的温室气体（二氧化碳为主）排放。英国政府在其能源白皮书中指出，低碳经济是通过更少的自然资源消耗和更少的环境污染，获得更多的经济产出；低碳经济是创造更高的生活标准和更好的生活质量的途径和机会，也为发展、应用和输出先进技术创造了机会，同时也能创造新的商机和更多的就业机会。

近年来，国内学者对低碳经济的定义进行了许多积极深入的研究，取得了一定的学术成果。牛文元、贺庆棠等认为，低碳经济是绿色生态经济，是低碳产业、低碳技术、低碳生活和低碳发展等经济形态的总称，低碳经济的实质在于提升能源的高效利用、推行区域的清洁发展、促进产品的低碳开发和维持全球的生态平衡。方时姣指出，低碳经济是经济发展的碳排放量、生态环境代价及社会经济成本最低的经济，是一种能够改善地球生态系统自我调节能力的可持续性很强的经济。庄贵阳、何建坤、付允等认为，低碳经济的核心是能源技术创新和制度创新，在不影响经济和社会发展的前提下，通过技术创新和制度创新，可以尽可能最大限度地减少温室气体排放，从而减缓全球气候变化，实现经济和社会的清洁发展与可持续发展。

综上所述，低碳经济是一种以低能耗、低污染、低排放为特点的发展模式，是以应对气候变化、保障能源安全、促进经济社会可持续发展有机结合为目的的规制世界发展格局的新规则。其实质在于提高能源的高效利用、推行区域的清洁发展、促进产品的低碳开发和维持全球的生态平衡，是从高碳能源时代向低碳能源时代演化的一种经济发展模式，其核心是能源的高效率和洁净的能源结构，关键是技术创新和制度创新。

低碳经济是一种新的经济形态，碳排放（即二氧化碳排放量）是其新的价值衡量标准，削减碳排放、遏制全球气候变暖，已成为21世纪世界各国的共识。从碳排放角度审视人类发展的历程，可以将其分为三个阶段：农业社会，以基于碳水化合物利用之上的低碳经济模式为主；工业社会，以基于碳氢化合物利用基础上的高碳经济模式为主；知识社会（后工业社会），以基于化石能源高效清洁利用和开发可再生能源基础之上的低碳经济模式为主。

发展低碳经济是要通过技术创新、制度创新、产业转型、新能源开发等多种手段尽可能减少煤炭石油等高碳能源消耗，减少温室气体排放，实现经济社会发展与生态环境保护双赢的发展形态。发展低碳经济将催生新一轮的科技革命，以低碳经济、生物经济等为主导的新能源、新技术将改变未来的世界经济版图，低碳经济是21世纪人类最大规模的经济、社会和环境革命，将比以往的工业革命意义更为重大，影响更为深远[70]。

2. 低碳经济的基本特征[69]

低碳经济具有经济性、技术性和目标性三大特征。

(1) 经济性。其包含两层含义，一是低碳经济应按照市场经济的原则和机制来发展，二是低碳经济的发展不应导致人们的生活条件和福利水平明显下降。也就是说，既反对奢侈或能源浪费型的消费，又必须使人民生活水平不断提高。

(2) 技术性。即通过技术进步，在提高能源效率的同时，也降低二氧化碳等温室气体的排放强度。前者要求在消耗同样能源的条件下人们享受到的能源服务不降低；后者要求在排放同等温室气体情况下人们的生活条件和福利水平不降低，这两个“不降低”需要通过能效技术和温室气体减排技术的研发和产业化来实现。

(3) 目标性。发展低碳经济的目标是将大气中温室气体的浓度保持在一个相对稳定的水平上，不至于带来全球气温上升影响人类的生存和发展，从而实现人与自然的和谐发展。

3. 低碳经济的五大要素[69]

低碳技术、低碳能源、低碳产业、低碳城市和低碳管理是低碳经济的五个构成要素。

（1）低碳技术是低碳经济发展的动力。低碳技术是国家核心竞争力的一个重要标志，是解决日益严重的生态环境和资源能源问题的根本出路。低碳技术广泛涉及石油、化工、电力、交通、建筑、冶金等多个领域，包括煤的清洁高效利用、油气资源和煤层气的高附加值转化、可再生能源和新能源开发、传统技术的节能改造、二氧化碳捕集和封存等。这些低碳技术一旦物化和作用于低碳经济的生产过程就成为直接生产力，成为低碳经济发展最为重要的物质基础，成为低碳经济发展强大的推动力。

（2）低碳能源是低碳经济发展的核心。低碳经济的实质就是用低的能源消费、低的排放和低的污染来保证国民经济和社会的可持续发展。低碳能源是指高能效、低能耗、低污染、低碳排放的能源，包括可再生能源、核能和清洁煤，其中可再生能源包括太阳能、风力能、水力能、海洋能、地热能及生物质能等。由此看来，低碳经济发展的核心就是低碳能源。发展低碳经济就是要改变现有的能源结构，使现有的“高碳”能源结构逐渐向“低碳”的能源结构转变。这就要求我们：一方面大力推广使用现有技术可控的低碳能源；另一方面大力推进科技创新，积极开发高效、经济、实用的低碳能源新技术，并将其转化成实际生产力。

（3）低碳产业是低碳经济发展的载体。“载体”是事物从一种状态变化到另一种状态的过程中所借助的中介物质；经济发展载体是经济发展中起核心支撑作用的平台，它的作用就是承载、传递和催化经济数量的增长和经济质量的提升。经济发展不同阶段应有不同的经济发展载体与之相对应，低碳经济发展的载体是低碳产业。低碳经济发展的水平取决于低碳产业承载能力的大小（低碳产业发展规模的大小、质量的好坏）；低碳产业的传递和催化作用体现在：低碳产业的发展将带动现有高碳产业的转型发展，催生新的产业发展机会，形成新的经济增长点，促进经济“乘数”发展。

（4）低碳城市是低碳经济发展的平台。低碳城市是指在经济社会发展过程中，以低碳理念为指导，以低碳技术为基础，以低碳规划为抓手，从生产、消费、交通、建筑等方面推行低碳发展模式，实现碳排放与碳处理动态平衡的城市。它以绿色能源、绿色交通、绿色建筑、绿色生产、绿色消费为要素；以碳中和、碳捕捉、碳储存、碳转化、碳利用、碳减排为手段，通过组织机制创新、激励机制创新、治理机制创新、制约机制创新、评价机制创新可以实现低碳城市的平台作用。

（5）低碳管理是低碳经济发展的保障。低碳管理包含发展目标的明确、法律规章的完善、体制机制的创新和科技创新的推动等方面，它是低碳经济发展的保障。借鉴国际发达国家的低碳管理经验与启示，结合自身的低碳管理实际与存在的问题，如何合理构建完善的低碳管理制度与体系，如何将低碳管理规则转变为政府、企业和个人自觉践行的低碳生活方式，是强化低碳管理面临的现实问题。

三、构建和谐社会

1. 和谐社会的基本含义

“和谐”是可持续发展思想的核心，可持续发展既要实现人与自然的和谐，也要实现人与人的和谐，和谐社会的发展是可持续发展的基本要求和基本内涵。1996 年，中国政府正式把可持续发展作为国家的基本发展战略，2003 年提出了“全面、协调、可持续”的科学发展观，到党的十六大把“社会更加和谐”① 作为全面建设小康社会的目标之一提出，中国已经形成了比较完整的可持续发展行动方案。构建和谐社会，是本阶段中国实施可持续发展战略的具体行动，是全面落实科学发展观、实现全面建设小康社会奋斗目标的必然要求。

“全面、协调、可持续发展”是科学发展观的基本内涵，树立和落实科学发展观，就是要坚持从历史与现实、全面与发展的观点来评估发展问题，不能单纯追求“数量、速度与规模。”过去由于片面追求经济发展，带来许多环境污染问题、资源短缺问题、社会失调问题等，出现“一条腿长、一条腿短”的现象，人与自然、人与社会之间的矛盾日益突出。因此，树立和落实科学发展观，构建社会主义和谐社会，就要求我们正确处理好质量与结构的关系、均衡与速度的关系、政府统筹与市场基础的关系、全面与重点的关系、效率与公平的关系，从而促进人与自然、人与社会、人与人之间的和谐发展、共生共容，以达到可持续发展的目的。同时，也只有在经济社会全面协调可持续发展的基础上，才能逐步理顺各方面的经济社会关系，促进经济社会发展更加健康有序，使各项事业蓬勃发展，不断完善和创新社会管理和公共服务，持续巩固安定团结的政治局面[71]。

人类社会是一个不断从低级向高级发展的历史过程。建立平等、互助、协调的和谐社会，一直是人类的美好追求。和谐社会不是一个抽象的理想，而是一个有着明确所指的现实战略构想。在中国目前的情况下，和谐社会的最基本含义是在市场经济条件下形成一种大体均衡的利益格局。具体而言，和谐社会是一个全社会充满创造活力的社会，是一个全体人民各尽其能、各得其所而又和谐相处的社会，是一个社会成员相互尊重、相互理解、相互信任的社会，是一个国兴民安的社会。它的基本要求是人与自然的和谐、人与社会的和谐、人与人的和谐。

2005 年 2 月 19 日，胡锦涛在中央党校省级领导干部“提高构建社会主义和谐社会能力”专题研讨会上的重要讲话中指出，根据新世纪新阶段中国经济社会发展的新要求和中国社会出现的新趋势新特点，我们所要建设的社会主义和谐社会，应该是民主法治、公平正义、诚信友爱、充满活力、安定有序、人与自然和谐相处的社会。民主法治，就是社会主义民主得到充分发扬，依法治国基本方略得到切实落实，各方面积极因素得到广泛调动；公平正义，就是社会各方面的利益关系得到妥善协调，人民内部矛盾和其他社会矛盾得到正确处理，社会公平和正义得到切实维护和实现；诚信友爱，就是全社会互帮互助、诚实守信，全体人民平等友爱、融洽相处；充满活力，就是能够使一切有利于社会进步的创造愿望得到尊重，创造活动得到支持，创造才能得到发挥，创造成果得到肯定；安定有序，就是社会组织机制健全，社会管理完善，社会秩序良好，人民群众安居乐业，社会保持安定团结；人与自然和谐相处，就是生产发展，生活富裕，

---

① 党的十六大提出，我国建设小康社会的宏伟目标就是要使经济更加发展、民主更加健全、科技更加进步、文化更加繁荣、社会更加和谐、人民生活更加殷实。

生态良好。这些基本特征是相互联系、相互作用的，需要在全面建设小康社会的进程中全面把握和体现。

2. 建设和谐城市的基本要求[72]

和谐城市是和谐社会概念的延伸和发展，是和谐社会在城市空间的投影。从空间维度看，构建和谐社会的首要任务就是建设和谐城市。根据发展和谐社会的具体要求，结合中国城市化发展态势，中国建设和谐城市的基本要求包括六个方面。

一是区际和谐。必须树立和落实科学发展观，坚持以经济建设为中心，坚持“五个统筹”，促进区域性的社会主义物质文明、政治文明、精神文明建设与和谐社会建设全面发展。要在城区之间、城乡之间、包括都市圈之间，能够做到协调发展，真正突出大城区的理念，就像大纽约、大伦敦、大巴黎一样，形成一个都市圈中心，形成一个区际协调发展的和谐板块。

二是区内和谐。就是要在各个城区之间，形成经济、社会、生态、文化等各种要素的协调发展。必须坚持以人为本，始终把最广大人民的根本利益作为党和国家工作的根本出发点和落脚点，为了促进社会主义和谐社会建设，要切实保持经济持续快速协调健康发展、发展社会主义民主、落实依法治国的基本方略、加强思想道德建设、维护和实现社会公平和正义、增强全社会的创造活力、加强社会建设和管理、处理好新形势下的人民内部矛盾、加强生态环境建设和治理工作、做好保持社会稳定的工作。

三是人居和谐。从宏观上讲，就是要使城市居民的发展能够和城市的发展同步。微观上讲，就是城区居民和所在的社区能够协调发展，能够直接参与到社区建设中去。同时社区也要能够以居民的发展为主体，以满足人民的最根本的物质文化需求为基本出发点。

四是人群和谐。就是每一个不同阶层的人，他们之间能够尽量地和谐，在恩格尔系数下降的同时，基尼系数也能够同步下降。目前，随不同阶层不同程度的富裕，恩格尔系数下降了，但基尼系数上升了，收入分配越来越倾向于两极分化。不同的阶层之间并没有随之和谐，反而出现了各种各样的分化、不和谐的行为和心理以及不协调的发展趋向等。因此，要实现人群和谐，就必须要把分配差距逐渐拉小，加大中间阶层的发展，妥善协调社会各方面的利益关系，广泛调动各方面积极因素，正确处理人民内部矛盾和其他社会矛盾，社会公平和正义得到切实维护和实现，从而提高全社会的凝聚力。

五是人际和谐。就是在个人之间加强法制建设和道德建设，加强个人之间的朋友情、同乡情、同学情等感情的建设，使得我们真正在以人为本过程中，人人都是朋友、人人都是亲人，形成一种“人人爱我，我爱人人”的理念。要把这些落实到我们的市民精神中，就是全社会互帮互助、诚实守信，全体人民平等友爱、融洽相处、充满活力，使一切有利于社会进步的创造愿望得到尊重，创造活动得到支持，创造才能得到发挥，创造成果得到肯定，真正形成团结、协作、合作、协调的人际关系。

六是人生和谐。就是我们每个人本身的精神生活、物质生活应该和谐发展。富民不仅仅是物质上的“富口袋”，也包括精神上的“富脑袋”。生活的健康、生理的健康和物质水平的提升应该相同步。在人生和谐上，我们要在城乡居民物质生活水平提高的同时，提高他们的精神生活水平，提升他们的个人素质。

综上所述，人类在探寻实现城市可持续发展基本途径的过程中，其思路基本上沿着生态方向、经济方向和社会方向展开，提出了不同的概念，包括生态城市、园林城市、知识型城市、学习型城市和和谐城市等，以可持续发展理念为线索，这些概念并不是截然分开的，他们彼此的发展更是形成一种相互支持的概念框架。生态城市强调了人与自然的和谐，是基于人类发展受制于生态环境的客观规律，知识型城市的发展侧重于在发展与保护之间寻求和谐的现实途径，和谐城市则强调了人与人的和谐，是因为社会系统是可持续发展的基本保证。

简言之，城市的可持续发展应当始终贯穿“人与自然的平衡、人与人的和谐”这两大主线，并由此出发，去进一步探寻“城市活动的理性规则，城市与自然的协同进化，城乡发展轨迹的时空耦合，城乡财富分配的相对公平、城乡供需要求的自控能力，城乡社会约束的自律程度，以及城乡活动的整体效益准则和普遍认同的道德”等，通过平衡、自制、优化、协调，最终达到城乡之间的协调与统筹[73]。

➢复习思考题

1. 简述城市可持续发展的基本内涵。
2. 简述低碳经济的基本内涵和特征。
3. 简述建设和谐城市的基本要求。

引用参考文献

[1] 张跃庆，贾克诚，燕秋梅．城市管理概论．北京：北京经济学院出版社，1990
[2] 朱铁臻．现代城市管理：21世纪管理学的重课题．上海城市管理职业技术学院学报，2003，(1)：7～9
[3] 饶会林．城市经济学．大连：东北财经大学出版社，1999：758～760
[4] 叶南客，李芸．战略与目标——城市管理系统与操作新论．南京：东南大学出版社，2000
[5] 蔡孝箴．城市经济学．天津：南开大学出版社，1998
[6] 许学强，周一星，宁越敏．城市地理学．北京：高等教育出版社，2001
[7] 张永桃．市政学．北京：高等教育出版社，2000
[8] 戴均良．中国市制．北京：中国地图出版社，2000
[9] 夏书章．市政学．北京：高等教育出版社，1991
[10] 吴锦良．政府改革与第三部门发展．北京：中国社会科学出版社，2001
[11] 张丽堂，唐学斌．市政学．台北：台湾五南图书出版公司，1983
[12] 徐宏．对中国城市政府职能转变的若干思考．现代城市研究，2001，(5)：29～32
[13] 安增军．论市场经济条件下城市政府职能的定位．福建经济管理干部学院学报，2003，(1)：31～34
[14] 唐喜泉，实行城市管理综合执法．江南论坛，2001，(11)：32～33
[15] 谭少华，倪绍详．城市规划应作为一级学科建设的构想．城市规划汇刊，2002，(1)：53～55
[16] 戴小平，陈红春．城市规划的制度作用与制度创新．规划研究，2001，(2)：22～24
[17] 周干峙．迎接城市规划的第三个春天．城市规划，2002，(1)：9～10
[18] 周岚．西方城市规划理论发展对中国之启迪．国外城市规划，2001，(1)：34～37
[19] 王茂林．新中国城市经济50年．北京：经济管理出版社，2000
[20] 文国玮．城市交通与道路系统规划．北京：清华大学出版社，2001
[21] 任福田．城市交通问题之管见．交通运输工程与信息学报，2003，(9)：14～17
[22] 马良成，张培林．城市交通管理策略探讨．综合运输，2003，(10)：50～51
[23] 王晶，莫自元．住房——普遍短缺及解决之道．城市问题，2001，(1)：28～31
[24] 王树湘．西方城市经济管理．大连：大连出版社，1997
[25] 饶会林．城市经济学．大连：东北财经大学出版社，1999
[26] 高培勇，崔军．公共部门经济学．北京：中国人民大学出版社，2001
[27] 张雪．中国城市危机管理体制存在的主要问题及对策分析．吉林大学硕士学位论文，2009：2
[28] 林莉．中国中小城市危机管理初探——以连云港市为个案．苏州大学硕士学位论文，2009：5～6
[29] 印海延．中国政府自然灾害应急管理的探索研究．华中师范大学硕士学位论文，2009：6～7
[30] 李芳，邓贵胜．试析城市危机管理主体的多元化．辽宁行政学院学报，2007，(12)：9～11
[31] 赵成根．国外大城市危机管理模式研究．北京：北京大学出版社，2006：2
[32] 陈刚，张永艳．论城市危机管理机制的构建．沿海企业与技术，2009，(12)：107～109
[33] 吴小娜．浅析新时期我国城市危机管理的路径选择．科协论坛，2010，(2)：186～187
[34] 王铭霞，王金桃．企业危机管理预案及设计．商业研究，2005，(2)：55～56
[35] 张雪．中国城市危机管理体制存在的主要问题及对策分析．吉林大学硕士学位论文，2009：28～29

[36] 毛薇．城市化加速发展与经济全球化背景下的城市危机管理．重庆大学硕士学位论文，2006：8～9
[37] 王东升．资源储备问题严重．中国国情国力，1998，(3)：24～26
[38] 温志强，边修蕊．城市突发事件的危机管理：挑战与对策．防灾技术高等专科学校学报，2006，(2)：15～19
[39] 陈柳钦．城市危机管理及其机制创新研究．南都学坛，2010，(5)：109～115
[40] 郭惠民．危机管理的公关之道．上海：复旦大学出版社，2006：9
[41] 周兆君．城市危机管理及其中国实践．山东大学硕士学位论文，2007：26～27
[42] 张京祥，庄林德．管治及城市与区域管治——一种新制度性规划理念．城市规划，2000，(6)：36～39
[43] 俞可平．治理和善治分析的比较优势．中国行政管理，2001，(9)：15～17
[44] 陈振光，胡燕．西方城市管治：概念与模式．城市规划，2000，(9)：11～12，26
[45] 沈建法．城市政治经济学与城市管治．城市规划，2000，(11)：8～11
[46] 黄光宇，张继刚．中国城市管治研究与思考．城市规划，2000，(9)：13～18
[47] 段学军，顾朝林，于涛方．“数字城市”的初步研究．地理学与国土研究，2001，(2)：33～38
[48] 李京文，甘德安．建设“数字城市”的经济学思考．城市规划，2002，(1)：21～25
[49] 段学军，顾朝林，甄峰，等．“数字城市”的概念、框架与应用．现代城市研究，2001，(3)：61～63
[50] 寇有观．关于“数字城市”的初步研究．地球信息科学，2001，(1)：59～62
[51] IBM 商业价值研究院．智慧地球赢在中国．http://www-900.ibm.com/innovation/cn/think/downloads/smart _ China.pdf，2011-12-20
[52] 巫细波，杨再高．智慧城市理念与未来城市发展．城市发展研究，2010，(11)：56～60
[53] 吴建新．以智慧政府建设推进智慧城市发展的对策研究．中国信息界，2011，(5)：24～26
[54] 张陶新，杨英，喻理．智慧城市的理论与实践研究．湖南工业大学学报（社会科学版），2012，(2)：1～7
[55] 唐礼智．试析城市竞争力．哈尔滨师范大学自然科学学报，2001，(6)：93～97
[56] 郝寿义，成起宏．上海等城市的竞争力与城市建设关系的研究．南开大学学报，1999，(1)：41～49
[57] 上海社会科学院城市综合竞争力比较研究中心．国内若干大城市综合竞争力比较研究．上海经济研究，2001，(1)：14～24
[58] 倪鹏飞．提升中国城市竞争力的战略选择．中国城市经济，2001，(21)：30～33
[59] 华晨．城市竞争——影响城市发展和规划的双刃剑．城市规划，2002，(1)：55～57
[60] 徐效坡，刘云刚．对经营城市的思考．城市发展研究，2001，(增刊)：19～22
[61] 李祖革．对经营城市的几点认识．学习论坛，2002，(1)：33～35
[62] 左仁淑，崔磊．城市营销误区剖析与城市营销思路．四川大学学报，2003，(3)：41～44
[63] 孙成仁．城市营销时代的来临．规划师，2001，(5)：5～8
[64] 中国科学院可持续发展研究组．中国可持续发展战略报告（1999）．北京：科学出版社，1999：115～116
[65] 中国科学院可持续发展研究组．中国可持续发展战略报告（1999）．北京：科学出版社，1999：99～109
[66] 王浒，李琦，承继成．数字城市与城市可持续发展．中国人口·资源与环境，2001，(2)：114～118

[67] 鲁敏，李英杰．生态城市的理论框架及特征标准．山东省青年干部管理学院学报，2005，(2)：117～120
[68] 王明浩，李小羽，刘迎，等．城市可持续发展的动力与保障．现代经济探讨，2004，(8)：12～13
[69] 袁男优．低碳经济的概念内涵．城市环境与城市生态，2010，(1)：43～46
[70] 冯之浚，周荣，张倩，等．低碳经济的若干思考．中国软科学，2009，(12)：18～23
[71] 戈钟庆，殷化龙．关于构建社会主义和谐社会的几点思考．石家庄学院学报，2005，(2)：19～22
[72] 叶南客．建设和谐城市是中国城市现代化的目标与动力．http://news.xatvs.com，2005-03-30
[73] 中国科学院可持续发展研究组．中国可持续发展战略报告（2005）．北京：科学出版社，2005

其他参考文献

毕宝德．2001. 土地经济学．北京：中国人民大学出版社

陈叔红，蒋建国．1999. 城市管理概论．长沙：湖南人民出版社

陈为邦．2002. 对城市规划本质的一点认识．城市规划，(1)：11～12

陈伟新．2002. 法国城市建设与管理经验和做法．国外城市规划，(1)：32～34

杜建人．1996. 日本城市研究．上海：上海交通大学出版社

冯健，周一星，程茂吉．2001. 南京市流动人口研究．城市规划，(1)：16～22

高小平．2001. 实现良好治理的三大基础．中国行政管理，(9)：18

顾朝林．2000. 论城市管治研究．城市规划，(9)：7～10

顾朝林，李满春．1999. "数字城市"研究漫谈．城市规划汇刊，(5)：25～27

胡仙芝．2001. 从善政向善治的转变——"治理理论与中国行政改革"研讨会综述．中国行政管理，(9)：22～24

黄良会，叶嘉安．1996. 保持城市交通畅通：香港城市交通管理．北京：中国建筑工业出版社

黄忠河．2002. 大连经营城市的理念和实践．东北财经大学学报，(2)：23～25

李景鹏．2001. 中国走向"善治"的路径选择．中国行政管理，(9)：16

李森．2001. 城市社区建设概论．济南：山东大学出版社

刘君德，汪宇明．2000. 制度与创新——中国城市制度的发展与改革新论．南京：东南大学出版社

刘歧，金良浚．1991. 城市管理学．杭州：浙江教育出版社

罗龙昌．1995. 房地产经营管理．广州：暨南大学出版社

美国加州大学伯克利分校．1998. 现代城市管理．潘国和译．北京：中央广播电视大学出版社，上海：上海大学出版社

宁越敏，唐礼智．2001. 城市竞争力的概念和指标体系．现代城市研究，(3)：19～22

诺伊 R A，霍伦拜克 J，格哈特 B，等．2000. 人力资源管理：赢得竞争优势．刘昕译．北京：中国人民大学出版社

潘汉生．2001. 现代大城市政府机构改革．武汉：武汉出版社

潘小娟．1998. 市政管理体制改革：理论与实践．北京：社会科学文献出版社

彭兴业．2001. 加强经济全球化时代国际大都市治理研究．中国行政管理，(9)：19

仇保兴．2001. 经营城市与城市竞争力．中共中央党校学报，(4)：84～88

桑五成，杨建荣，顾铮铮，等．1999. 从五里桥经验看城市社区管理的体制建设．政治学研究，(2)：40～48

孙施文．1999. 美国的城市规划体系．城市规划，23 (7)：44～47

唐子来．1999. 英国的城市规划体系．城市规划，23 (7)：38～42

汪承杰．1994. 城市土地管理．南京：南京大学出版社

王建民．1987. 城市管理学．上海：上海人民出版社

王延辉．2000. 城市经济制导管理．北京：社会科学文献出版社

王郁．2003. 从城市规划到城市管理的转型与挑战．上海城市管理职业技术学院学报，(2)：44～45

吴德隆，谷迎春．1996. 中国城市社区建设．北京：知识出版社

夏书章，严家明．1990. 中国城市管理．北京：知识出版社

徐晓林．2001. "数字城市"：城市政府管理的革命．中国行政管理，(1)：17～20

杨雪冬．2001. 要注意治理理论在发展中国家的应用问题．中国行政管理，(9)：20
杨紫烜．1999. 经济法学．北京：北京大学出版社，高等教育出版社
于涛方，顾朝林，涂英时．2001. 新时期的城市和城市竞争力．城市规划汇刊，(4)：12～14
余赴礼．1988. 香港都市问题研究．北京：商务印书馆
俞德鹏．2001. 现行城市外来人口管理方式的弊端．城市问题，(1)：43～47
张京祥，刘荣增．2001. 美国大都市区的发展及管理．国外城市规划，(5)：6～8
张耀儒．1998. 现代城市建设经济学．北京：中国城市出版社
郑杭生．1991. 社会学概论新修．北京：中国人民大学出版社

后　记

本书是应中国公共管理与城市管理等专业高等教育的急需所编写，是华中科技大学公共管理学院《现代城市管理丛书》之一。

城市管理学在中国虽然发展历史很短，但由于这门学科在经济建设中发挥着重要作用，并且随着城市管理的重要性日渐被人们所认识，许多大学公共管理专业、行政管理专业以及城市管理专业都普遍开设了此课程。在过去的十余年里，虽然已有不少研究成果问世，但是随着信息技术和经济全球化的迅猛发展，中国市场经济体制的逐步建立，现代城市管理的主体与客体、手段与方法都已发生了很大变化，因而目前我们急需适应时代发展要求的体系较完整的基本理论丛书。我们正是在这样的背景下，在现有文献和教学实践的基础上，充分吸收前人的研究成果，编写了这本书，并于 2003 年 1 月第一版出版发行，于 2005 年 6 月第二版出版发行。本书出版后，先后印刷四次，许多高等院校有关专业都以此书作为教材。在这期间，承蒙众多学者的关心和支持，结合其提出的许多宝贵意见，综合考虑同仁们的修订意见和城市管理发展的态势，以及我们的教学积累，我们进行了这次修订工作。

本书第三版得以问世，要感谢华中科技大学公共管理学院名誉院长夏书章教授、徐晓林教授以及《现代城市管理丛书》编委会的各位编委们，要感谢科学出版社的王京苏编辑，感谢他们为本书的出版给予的支持和帮助，在此一并致以诚挚的谢意！

在本书修订和编写过程中，我们参考并直接引用了大量的文献，在此向各位原作者表示感谢，遗漏之处还请多多谅解。

全书编写分工如下：第 1、2、4、6～11、13、15～19 章由马彦琳负责编写，第 3、5、14 章由孙春霞负责编写，第 12 章由刘建平负责编写。全书由马彦琳、孙春霞、刘建平统稿、修改及定稿。

编者

2013 年 1 月